· 高等院校精品课程教材 ·

普通高等教育国家级精品课程教材

组织行为学

Organizational Behavior

（第2版）

袁凌　雷辉　刘朝　编著

中国人民大学出版社

· 北　京 ·

前言

随着信息技术的迅猛发展，特别是计算机和互联网技术的广泛应用，组织管理的环境、技术和手段都发生了巨大的变化。在知识经济时代，经济全球化使组织管理的外部环境变化速度加快，稳定性减弱，比如产品生命周期进一步缩短，顾客需求不断变化，下游企业对快速交货的要求越来越高；同时，由于现代组织与社会环境的关系日趋密切，使组织管理的外部环境复杂性增加，确定性减弱，比如组织管理者要掌握更多的重要环境因素的信息变得越来越困难。组织管理者借助现代信息技术、方法和工具建立起来的管理系统，从仅仅为组织的某项业务提供数据逐步发展到在大量收集与处理信息的基础上引入决策机制，为组织提供预测、控制和辅助决策，控制组织行为，帮助组织实现长远的规划目标。另外，还出现了办公自动化、电子商务等新的管理技术和经营方式。这就要求组织行为学的研究不断适应这些变化。

“组织行为学”课程于2007年被列入普通高等教育“十一五”国家级规划教材建设项目，到2010年成为普通高等教育国家级精品课程建设项目，再到2013年成为普通高等教育国家级精品资源共享课程建设项目。在此期间，本书的编著者一直在探索研究组织行为学的内容结构、知识体系、资源构成和教学方式，不敢有丝毫懈怠。

《组织行为学》自2011年10月问世以来，先后被山东大学、吉林大学、重庆大学、湖南大学等50余所综合类、师范类、财经类大学选为教材，并受到广大师生的一致好评。该书的特点主要体现在体系脉络清晰，逻辑结构严谨，内容新颖实用，资源配置完整，教学效果好，但也存在一些问题，主要是篇幅较大，内容偏难。通过认真研究教材使用者的宝贵意见，并吸收国家级精品课程和国家精品资源共享课程建设的成果，此次再版作了如下修订：一是删除了部分难度较大的内容，如第1章第3节、第2章第3节等；二是重新编写了第5章，重点研究工作压力问题，增加了工作压力管理的内容；三是补充了有中国特色的最新的知识卡片和随堂测试，如“大七”人格模型；四是调整了部分章节的案例研究内容，使之更具有代表性和经典性，如“完美的激励计划”等。

在本书修订过程中，内容确定、材料选取、结构安排和统稿定稿由袁凌教授负责。各章修订的分工为：第3章、第5章由刘朝副教授修订，第6章、第9章由雷辉教授修订，其余各章由袁凌教授修订。本次修订在资料收集方面得到了陈琛、余悦、张磊磊和代波同学的帮助，在出版过程中得到了中国人民大学出版社的大力支持，在此深表感谢。

由于本书涉及的学科多，加上编著者水平有限，书中难免有疏漏或错误，敬请广大读者批评指正。

袁凌

第1版前言

我们正处在一个重视团队精神、群体动力和知识管理的时代，组织行为和组织管理这些概念正逐渐深入人心。在今天如此激烈的市场竞争中，管理者如果不能有效发挥组织的效能或者集聚团队的能量，将无法取得成功，这就要求管理者具有丰富的组织行为学的理论知识和熟练的人力资源管理技能。

在全球化和后工业化的时代背景下，人本主义思想给组织行为学发展注入了新的活力；组织的全球化定位使得对适合时代和组织目标的管理技术与方法的呼声越来越高，也使得对于组织内的文化融合、组织行为形成的复杂过程的研究日益重视；心理学、社会学、政治学、人类学等学科的研究成果更广泛地应用于组织行为的研究，使得组织行为学不断朝着更综合化、更具普遍性和更多元化的方向前进。鉴于此，在新经济、新环境下探讨组织行为管理问题是编撰本书的一个重要出发点。

湖南大学“组织行为学”课程的开设可以追溯到20世纪80年代，之后经历了一个发展的过程。80年代初，湖南大学唐子畏教授开设“行为科学概论”课程，并编撰出版了全国较早的教材《行为科学概论》。80年代末，湖南财经学院袁凌教授开设“管理心理学”课程，并于1993年与中南大学曾力生教授等合作编撰出版了《现代管理心理学》，该书曾获湖南省普通高等教育优秀教材二等奖。湖南财经学院1995年正式开设“组织行为学”课程，1997年由袁凌教授组织编撰出版了《组织行为学》，该书于2000年修订再版。2000年，湖南大学与湖南财经学院合并，湖南大学国际商学院和湖南财经学院工商管理系组建了湖南大学工商管理学院。2003年由陈收、谢赤和袁凌三位教授牵头组织编撰出版了工商管理系列教材，其中，《组织行为学》由袁凌、李敬和吴文华负责编撰，依托该系列教材的教学改革项目2004年获湖南省优秀教学成果三等奖；2007年《组织行为学》列入普通高等教育“十一五”国家级规划教材建设项目，2008年《组织行为学》修订再版，2009年获湖南省普通高等教育优秀教材奖；2010年“组织行为学”课程先后成为普通高等教育湖南省省级精品课程和国家级精品课程建设项目。

在“组织行为学”课程的建设与发展过程中，我们注重教学方法的研究和教学内容的不断更新与充实，2005年以来，组建组织行为与人力资源管理教学团队，全面采用电子信息化教学手段，改革教学方法和内容，加强和完善教育实践环节。教学方法从最早的老师单向讲课，转变为授课、案例分析与讨论、角色扮演、模拟和企业现场实习等多种方式；从单纯的理论教学模式发展成为“理论教学——案例教学——模拟教学——实习教学”四位一体的互动式教学模式；变以“教师为中心”为以“学生为中心”，变以“教育为中心”为以“学习为中心”；在教学内容与知识结构安排上，实现纵深发展的“T”形综合与平衡教学。

本书是在前面提到的《组织行为学》的基础上重新编撰的，虽沿用了国内普遍接受的个体行为、群体行为、组织行为的编撰顺序，但在章节结构上做了很大调整，补充了组织行为学研究的最新成果。本书在每个章节中增加了有趣的知识卡片，以拓展学生的知识面；每章附有案例研究，以对理论加以形象说明，巩固学生的知识点，让学生能够近距离感受组织行为实际问题的复杂性；另外，每章末还附有随堂测验，以丰富课堂教学的内容。本书由袁凌教授负责编撰大纲的设计以及全书书稿的组织和总纂工作。本书各章的执笔人分别是：第3章、第5章由刘朝副教授编撰，第6章、第9章由雷辉教授编撰，其余章节由袁凌教授编撰。

作为工商管理专业的系列教材之一，本书的编撰得到了湖南大学工商管理学院领导、老师和中国人民大学出版社的大力帮助与支持，在此表示衷心感谢。另外，本书在编撰过程中引用了国内外学者的许多研究成果，恕不一一列出，我们对学者们的辛勤研究及创造性劳动表示敬意。多年来，尽管我们一直对“组织行为学”课程教材的编撰进行着各种努力和尝试，很想奉献给读者一本满意的教材，但仍有可能达不到各方面的要求。书中的不当或疏漏之处在所难免，恳请同行和读者提出宝贵意见。

编著者

目 录

第1篇 导 论

第1章 组织行为学概述 …… 003
第1节 组织行为学的形成与发展 …… 003
第2节 组织行为学的内容、学科基础与研究方法 …… 017
案例研究 新生公司遇到问题的原因何在 …… 024

第2篇 个体行为与管理

第2章 个体行为基础 …… 029
第1节 知觉与归因 …… 029
第2节 态度与价值观 …… 039
案例研究 高副总经理的困境 …… 051

第3章 个性与情绪 …… 053
第1节 个 性 …… 053
第2节 情 绪 …… 070
第3节 工作情绪管理 …… 074
案例研究 用人的艺术 …… 083

第4章 工作环境中的激励 …… 084
第1节 激励概述 …… 084
第2节 激励理论 …… 089
第3节 管理工作中的激励实践 …… 102
案例研究 完美的激励计划 …… 112

第5章 工作压力 …… 113
第1节 工作压力概述 …… 113
第2节 工作压力管理 …… 123
第3节 工作生活平衡 …… 127
案例研究 美国某医院的压力管理 …… 132

第6章　组织公民行为管理 …… **134**
第1节　组织承诺与心理契约 …… 134
第2节　组织公民行为过程 …… 144
第3节　组织公民行为管理策略 …… 148
案例研究　心理契约与员工激励 …… 157

第3篇　群体行为与管理

第7章　群体行为基础 …… **161**
第1节　群体行为概述 …… 161
第2节　群体规范与压力 …… 175
第3节　群体士气与凝聚力 …… 180
第4节　群体决策 …… 186
案例研究　美国航天飞机失事的原因 …… 191

第8章　信息沟通 …… **193**
第1节　信息沟通概述 …… 193
第2节　人际沟通 …… 198
第3节　组织沟通 …… 207
第4节　有效沟通 …… 214
案例研究　张总的沟通艺术 …… 220

第9章　团队建设 …… **221**
第1节　团队建设概述 …… 221
第2节　创业团队建设 …… 226
第3节　高管团队建设 …… 230
第4节　虚拟团队建设 …… 236
案例研究　团队沟通技巧 …… 240

第10章　群体冲突管理 …… **242**
第1节　群体冲突概述 …… 242
第2节　群体冲突过程 …… 247
第3节　企业冲突管理策略 …… 253
案例研究　企业高层出现裂痕和冲突之后 …… 259

第4篇　组织行为与管理

第11章　组织行为基础 …… **265**
第1节　组织结构 …… 265
第2节　组织设计 …… 273
案例研究　星巴克公司的成功与组织结构 …… 284

第 12 章　领导与权力 …… 287

第 1 节　领导概述 …… 287

第 2 节　领导权力与组织政治 …… 293

第 3 节　领导权力管理 …… 301

案例研究　史玉柱败中求胜 …… 306

第 13 章　领导理论 …… 308

第 1 节　领导素质理论 …… 308

第 2 节　领导行为理论 …… 312

第 3 节　领导权变理论 …… 318

第 4 节　组织管理中的领导实践 …… 323

案例研究　危机中的克莱斯勒与艾柯卡 …… 335

第 14 章　组织变革与发展 …… 338

第 1 节　组织变革 …… 338

第 2 节　组织发展 …… 347

案例研究　东原公司的组织变革 …… 356

第 15 章　组织文化管理 …… 358

第 1 节　组织文化概述 …… 358

第 2 节　组织文化建设 …… 364

第 3 节　企业组织的跨文化管理 …… 368

案例研究　英特尔公司的企业文化创新 …… 372

参考文献 …… 375

第 1 篇
导　论

第 1 章　组织行为学概述

第 1 章

组织行为学概述

内容提要

本章主要介绍组织行为学的形成与发展；组织行为学的研究对象和内容，包括个体行为、群体行为和组织行为；组织行为学的研究方法，包括行为观察法、自然实验法、谈话法、问卷法、心理测验法和个案法；组织行为学面临的挑战。在本章的学习过程中，组织行为学的研究对象以及组织行为学面临的挑战是重点，对组织行为学的产生与发展的理解是难点。

第 1 节　组织行为学的形成与发展

一、组织与组织行为

（一）组织

1. 组织的概念

组织是对完成特定使命的人的系统性安排。组织之所以存在，是因为它能够满足人们在日常生活和社会活动中的各种需要，这些需要日趋复杂化、多样化，仅仅通过孤立的个体活动无法自我满足，于是出现了人们的群体活动。在群体活动中，为了协调不同人的行为，就需要按照一定的关系建立特定的规则。这种活动正式化、稳定化的结果就是导致组织出现，如家庭、乐队等社会组织的出现。

对经济组织而言，其产生的基本原因在于某些生产与经济活动的规模超过了单个人能力的极限，同时又具有技术上的不可分性，必须通过团队劳动才能完成。因此，组织是其成员为了完成共同的使命和目标，按照一定的方式组合而成的有机整体，从而形成单独的个人力量简单加总所不能比拟的整体力量。从这个意义上说，组织活动扩大了人的活动范围，增强了人们认识、改造客观世界的能力。

2. 组织存在的条件

（1）由人组成。组织是由人构成的，同时组织活动也需要一定的物质资源。因此，组织既有物质结构，又有社会结构。组织活动的资源配置是通过人来完成的，正是人群形成了组织，没有人群便没有组织。

（2）有使命和目标。任何组织都有其基本的使命和目标，企业生产产品、提供服务以满足顾客需要，教育机构培养人才，医院为病人提供健康服务，等等。组织的使命和目标说明了组织存在的理由。

（3）有专业分工和协作。组织的存在是由于有自身的使命和目标，这些使命和目标是社会所必需而单个人又不能完成的。为了实现自己的目标，组织必须开展实际的业务活动（统称作业活动），如医院的诊治、学校的教学、工业企业的生产等。组织是直接通过作业活动来完成组织目标的，而作业活动的展开又离不开相应的人力资源（员工）、物力资源（原材料和机器设备）、财力资源（资金）和信息资源（各种数据和情报）等的运用，否则作业活动就成了无米之炊。形成分工关系的个人、群体、部门是组织的一部分，只有他们相互作用、密切配合才能保证组织整体目标的实现。这就必然需要加强协作，否则内部各自为政便会造成混乱。因此，组织是通过分工和协作来实现目标的。

3. 组织有效性的决定因素

一个组织的有效性受到多种因素的影响。图1—1显示了主要的影响因素：环境因素、组织因素、员工因素以及管理政策和实践因素。

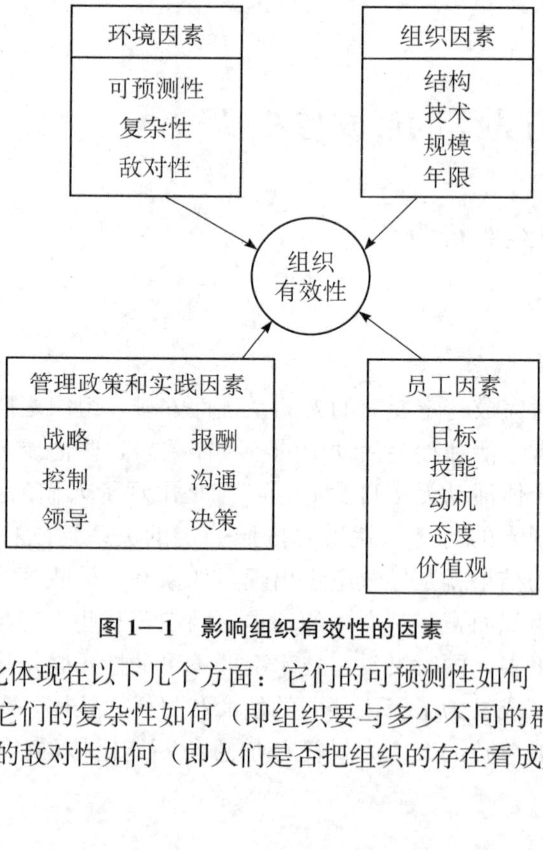

图1—1 影响组织有效性的因素

环境因素的变化体现在以下几个方面：它们的可预测性如何（即组织的原材料供应的稳定性如何）？它们的复杂性如何（即组织要与多少不同的群体、供应者、政府机构打交道）？它们的敌对性如何（即人们是否把组织的存在看成是合乎需要的）？

组织的有效性也受整个组织的某个重要特点的影响。组织的结构是否合理地分为许多不同的部分？这些部门的工作是否有效地协调？组织是否有效地利用技术？这种结构是否反映所用技术的内在要求？组织的设计对组织的规模是否合适？这种设计在一段时间以后是否适应组织成长的需要？

组织成员的特点也会影响组织的有效性。员工是否拥有高效工作所必需的技术和能力？员工个人的目标是否和组织的目标相一致？员工是否受到激励而有效工作并得到组织的信任？员工的态度和价值观促进还是延缓效率的取得？

最后，组织所采用的管理政策和实践对有效性也有重要的影响。管理者制定策略和采取措施来奖惩和控制员工的方法会影响组织的有效性。同样，与管理者所用的决策方法相联系的信息沟通和领导方式，也在很大程度上决定了组织的有效性。

（二）组织行为

随着社会的进步和经济的发展，人类生产、生活的社会化程度日益提高，组织活动影响和改变着人们生活的广度和深度。例如，随着社会分工的深化、人们需求的变化、社会联系的日益增加，保险机构、网络型企业等崭新的组织形式应运而生，对人们的工作和生活产生越来越大的影响。同时，专业化的增强、对规模收益的追求、专业知识的积累、管理水平的提高，又使得组织规模和员工构成不断变化，内部结构日趋复杂，对社会经济、政治、文化和社会心理的影响不断增大。

组织活动的复杂性决定了对组织行为的分析和研究有不同的角度，呈现出多层面的特点。

1. 组织行为是一个独立的研究领域

组织行为研究组织中行为的决定因素：个体、群体和结构。另外，组织行为把研究个体、群体和结构对行为的影响所获得的知识运用到实践中，使组织的运作更有效。

2. 组织行为研究涉及两个基本问题

第一个基本问题是组织对其成员的思想、感情和行动的影响方式。我们所处的组织会影响我们观察世界的方法、对待工作的态度以及对自己的看法，也会影响我们执行任务过程中的行为以及作为组织成员的责任。组织行为学试图阐明组织影响其成员的各种方式，研究人在组织中的行为，揭示组织有效整合、个人规范自律的规律，以创造、管理更大规模、更为有效的组织。

第二个基本问题是组织各个成员的行为方式及其绩效对整个组织绩效的影响。组织对其成员活动的协调方式决定了组织自身的努力是否会取得成功。

对每个人来说，进入视野的组织比比皆是，因此在理解组织行为时，大家易于找到共同的标准。通过研究组织如何制约个人以及个人如何影响组织，有助于人们从新的角度看待问题，丰富我们对日常生活和工作的认识，进而不断完善组织的管理，使人类的群体活动更和谐。

二、组织行为学的形成

（一）组织行为学形成的历史背景

组织行为学在 20 世纪 20 年代开始孕育，60 年代初期产生于美国。同其他学科一样，它的产生并非偶然的人为的结果，而是社会与历史发展的必然。

1. 资本主义社会生产力的推动

资本主义社会生产力的发展，客观上推动了组织管理实践的发展，为组织行为学的诞生注入了强有力的“助产剂”。在19世纪70年代以前，西方的资本主义还处于自由竞争的阶段。70年代以后，自由竞争开始向垄断阶段发展。到19世纪末20世纪初，资本主义完成了自由竞争向垄断的过渡，整个西方资本主义世界发展到了帝国主义阶段。这时，资本主义的工业生产也进入了一个新的历史时期，以蒸汽机、化学、电力、电子为代表的工业生产已由简单的机器生产发展成为机械化程度更高的自动化生产体系，生产的工序、工艺、技术、过程日趋科学化、精确化和复杂化。在这种生产条件下，劳动者如果不具备相应的文化、科学和技术知识，就无法了解机器设备的原理、结构、性能，无法掌握它的运转与使用的规律，更无法适应生产的需要。因此，随着社会生产力的进一步发展，人的因素在生产过程中显得越来越重要。

随着资本主义社会生产力的发展，垄断也进一步加强，发达的资本主义国家推行了产业部门的企业合并，出现了大型的联合企业和垄断组织。这就使得企业和组织的规模日益扩大，管理的过程日趋复杂，商品市场的竞争也异常激烈，从而导致对管理水平与管理效益的要求越来越高。对于管理实践的发展提出的上述问题，古典管理理论已无法回答和解决，必然要求助于新的管理理论。所以说，资本主义社会生产力的发展给重视人的因素和强调发挥人的积极性的组织行为学注入了强有力的“助产剂”，推动了组织行为学的诞生。

2. 资本主义生产关系中阶级矛盾的激化

资本主义生产关系中阶级矛盾的激化对组织行为管理理论产生了迫切的需要。

以泰勒为代表的古典管理理论和以法约尔为代表的古典组织理论在企业组织管理中的应用，在提高劳动生产效率方面取得了很大的成绩，但是古典管理理论和古典组织理论过分强调科学性、法律、集权和等级链的作用，忽视了人的作用的发挥。尤其是泰勒制，把工人看成是机器的附属物，采用强制性的纪律约束，并用严格的劳动定额和标准化的作业方法来提高劳动生产率。工人在这种严酷的组织管理下进行生产，整天围着机器疲于奔命，感到异常紧张、单调和劳累，精力消耗在亿万次简单重复与枯燥无味的操作活动中，身心健康受到了严重的损害。因此，这种管理方式日益激起工人的极大不满与强烈抵制。随着资本家对工人剥削的加剧，工人也日益觉醒，开始反抗资本家的剥削，并组织起来与资本家进行斗争，致使工人阶级与资本家之间的矛盾激化。这时，古典管理理论已不能满足资本家进行组织管理的需要。在这种情况下，资本家为了巩固自己的垄断地位，在激烈的竞争中击败对手，把更多的资本集中到自己的手里，只得另谋出路，开始聘请越来越多的心理学家、行为科学家从事提高组织生产效率和经营决策水平的研究；同时，为了缓和阶级矛盾和掩盖更加残酷的剥削手段，也集中了大批心理学家、行为科学家进行人际关系、团体组织和领导行为的研究。这些研究成果构成了组织行为学的基本内容。

3. 社会学、心理学的发展

社会学、心理学和行为科学等学科的发展为组织行为学的产生奠定了理论基础。

随着生产的发展，在生产过程中人的积极性的发挥对提高劳动生产效率的作用问题引起了管理学家、社会学家、心理学家和行为学家的高度关注，特别是心理学家开始从理论研究走向应用研究，逐步探索心理学的有关原理在管理中的应用，研究管理如何适应和转变工人的心理，进一步提高生产效率等问题。美国心理学家雨果·芒斯特伯格（Hugo Munsterberg）应邀从德国来到美国，在哈佛大学建立了心理实验室，研究工业心理学。1912 年，他出版了《心理学与工业效率》一书，与泰勒出版的《科学管理原理》一书相呼应。他从个体心理差异出发，提出通过测量心理因素与能力倾向的办法来提高工作效率。此后，许多社会学家、心理学家也相继进入管理领域，把社会学、心理学的理论成果与研究方法应用于管理理论的研究，提出采用调节人际关系、改善劳动条件等富有人情味的管理方式与措施来提高劳动生产效率。

到 20 世纪初，心理学已经初具规模，初步形成了一套心理学的研究手段和方法，各个理论学派日趋成熟，而且社会心理学这一领域也已独立出来，从事心理学研究的队伍逐步扩大。30 年代起，社会学和社会心理学在对个体心理进行研究的基础上开始了对群体的研究。德国心理学家勒温（Kurt Lewin）的群体动力和瑞士心理学家莫里诺（J. L. Moreno）的社会关系测量法都是这一时期的研究成果。这些方面的努力加强了管理理论对人的因素与人的作用的研究，相关的研究成果为组织行为学的产生奠定了必要的理论基础。

综上所述，组织行为学的产生是社会与历史发展的必然产物。它既反映了社会化大生产进一步发展的客观要求，又反映了一定历史时期垄断资本家缓和阶级矛盾和更加残酷地剥削工人的需要。

（二）组织行为学的产生

组织行为学的产生是组织演变、管理理论发展的必然结果，与工业心理学、管理心理学、组织心理学有着历史渊源。

我们知道，人类对组织活动有效管理的历史已超过六千年，埃及金字塔、巴比伦古城、中国万里长城等宏伟的古代建筑和希腊民主制度、古罗马法律体系、中国封建社会文官制度的完备运转，就是人类早期组织管理能力的有力证明。但是，那时对组织活动的管理基本上是建立在个人观察、判断和直观基础上的传统经验管理，尽管管理思想源远流长，管理理论却进展甚微。真正促使组织行为学诞生的理论基础是工业心理学、管理心理学和组织心理学。

在第二次世界大战前，美国将心理学用于工业，一直称之为“工业心理学”。在美国，最早研究工业心理学的是雨果·芒斯特伯格。1892 年，他率先提出心理学能应用于工业以提高生产率。他的突出贡献在于，继泰勒之后对工业生产中劳动者的行为做了进一步的研究。这种研究不再只关注工人的劳动动作方式和机器、工具、材料等方面的标准化，而是探索劳动者的心理素质以及根据心理素质安排最合适的工作岗位。他还注意研究在什么样的条件下，工人能够最大限度地发挥作用和被激发出劳动积极性，并开始研究什么质和量的物质报酬对工作效率产生最佳影响。他的研究归纳起来主要是三个方面的问题：一是如何选择工人以适应工作的要求；二是如何安排条件使工人得到最大的满足和达到最高的效率；三是如何发挥一切有益经济发展的心理影响。这三个方面的问题成为后来工业心理学、工程心理学和管理心理学研究的主要课题。

20 世纪 20 年代，梅奥等人的“霍桑实验”在泰勒的科学管理之外，开辟了组织管理研究的新领域。“人群关系学说”（Human Relation Theory）闻名于世，成为行为科学研究的先声。从此，更多的管理学者关注并致力于对人的行为研究，自然科学和社会科学方面不断取得的成果又促进了这一问题的研究进程，从而导致在一次跨学科的研究讨论会上，经过对这一学科问题的讨论，正式把这门综合性极强的学科定名为“行为科学”（behavior sciences)。行为科学是对员工在组织活动中的行为以及这些行为产生的原因进行分析研究的学科。它涉及员工的需要、动机、个性、情绪、思想，特别是人群之间的相互关系，等等。以此为标志，行为科学学派成为管理理论的主流学说。由于人们的行为表现是多方面的，因此对人的行为的研究涉及多学科，主要包括心理学、社会学、社会心理学、人类学、生理学等。

60 年代中叶之后，行为科学的又一个重要发展方向是对组织行为的研究，主要论述企业性组织中人和群体的行为。该研究既注意人的因素，又注意组织的因素（例如工作任务、组织结构、隶属关系等)，因此在一定意义上是人群关系学派和组织理论的综合。最近 20 年来，行为科学主要是围绕组织行为的一些课题发展的，因而目前比较流行把该学科称为“组织行为学”（organization behavior)。

三、组织行为学的发展

（一）组织行为学在西方的发展

任何一门学科都不是某位哲人主观臆造出来的，而是有一个漫长的萌芽、产生与发展的历史过程的，组织行为学也不例外。组织行为学在西方的发展过程大致分为四个阶段。

1. 萌芽阶段

(1) 科学管理的诞生。泰勒是整个科学管理运动的灵魂，被誉为“科学管理之父”。通过长期的管理实践，泰勒总结出了侧重研究车间生产活动的管理原理和方法，先后出版了《计件工资制》、《工厂管理》、《科学管理原理》等论著。1911 年，《科学管理原理》的面世标志着科学管理从此诞生。

什么是“科学管理”？泰勒认为，“科学管理不过是一种节约劳动的手段而已，也就是说，科学管理只是能使工人取得比现在高得多的效率的一种适当的、正确的手段，这种手段并不会大量增加比工人现有负担更重的负担”。具体来说，科学管理涉及两个方面的内容，一是怎样提高管理人员的工作效率，二是怎样提高工人的劳动生产率。在生产组织方面强调建立各级责任制，企业的管理者而不是企业主应当负起管理职责。在工资支付方面制定“级差计件工资制”，明确规定工作方法，超过标准定额的以高工资率计件，以资奖励，否则一概以低工资率计件。这种管理方法不仅大大激发了工人劳动生产率的提高，而且大大增加了企业主的利润收入。

同时，泰勒认为一切管理问题都能够而且应该采用科学方法解决，主张一切工作方法都应该通过考察并由管理人员决定。他把管理的职能概括为：1）搜集、分析、整理企业所有的经验数据，提出并不断完善科学的工作方法；2）对工人进行严格的挑选和培训，充分发挥他们的潜力；3）在工人和管理人员之间培养合作精神，确保工人按规定方法努力工作；4）在管理人员和工人之间进行明确适当的分工，使管理任务的完成有保证。

泰勒作为科学管理之父是众所公认的，但其科学管理理论的创立、传播和发展与他的一大批合作者和追随者的共同努力、支持是分不开的。特别是亨利·甘特（Henry Gantt）、吉尔布雷斯夫妇（Frank B. Gilbreth and Lillian M. Gilbreth）、哈林顿·埃墨森（Harrington Emerson）等人，他们在不同的领域进行了孜孜不倦、锲而不舍的研究，对科学管理作出了重大贡献。

（2）古典组织理论的创立。古典组织理论的创始人亨利·法约尔是第一个明确提出和阐述"一般管理"理论的人，他在泰勒科学管理原理的基础上进一步明确和充实了管理的概念。他认为，管理职能只是六项经营职能之一。一个企业的经营必须具备技术生产职能、营业购销职能、财务筹划职能、会计统计职能、安全保护职能、经营管理职能，与这些职能相对应的是技术能力、营业能力、管理能力等能力。他根据自己长期的管理经验，提出了著名的14项管理原则：1）分工；2）权威和责任；3）纪律；4）统一命令；5）统一指导；6）个人利益服从整体；7）人员报酬；8）集中；9）等级链；10）秩序；11）公平；12）工作稳定；13）首创性；14）集体精神。

法约尔还提出了五种管理要素：1）计划，即管理人员为制定组织行为方针而进行的全部活动；2）组织，即确定工作任务和权力结构的所有活动，它具体表现为对组织的人、财、物的调配；3）指挥，即对下属的行动给予指导，包括通过与下属进行双向交流了解下属，对下属作出估计以及在下属不称职时解雇他们；4）协调，即调和组织各部门以及全体员工的活动，促使他们走向一个共同的目标；5）控制，即对计划、制度等的执行情况进行检查，发现错误，及时纠正，以保证实际活动与计划目标的一致性。

法约尔不仅深入研究了组织理论和管理行为，而且将管理理论进一步系统化和普遍化。法约尔的管理理论绝大多数被实践证明是正确的，它不仅在当时，而且直到现在，仍对管理理论与实践有着重大的影响。与法约尔同时代的德国社会学家马克斯·韦伯（Max Weber），以及美国著名的管理学家穆尼（Mooney）、厄威克（Urwick）、戴维斯（Davis）等人，从不同的方面丰富和发展了法约尔的理论。

韦伯对近代管理理论的贡献是提出了"理想的行政组织体系"。他认为"理想的行政组织体系"应该具有以下特征：1）成员间有明确的任务分工；2）上下级间有职、权、责分明的结构；3）组织内部任何人都必须遵循共同的法规和制度；4）上下左右是工作与职位之间的关系，不应受个人情感的影响；5）选拔、任用任何人都必须一视同仁，严格掌握标准。只有这样，行政组织体系才具有准确性、稳定性、纪律性和可靠性，具备提高工作效率的条件。

以泰勒为代表的科学管理学派，虽然在当时把企业管理提高到一个新的水平，为现代管理理论奠定了基础，但是，它把管理工作的重点放在提高生产率、完成生产任务方面，对于人的感情、积极性的充分调动则根本不予考虑，并且把人看成是单纯的“经济人”，一切活动均出于经济动机，只强调个人作用，反对集体行为。法约尔、韦伯等人研究的出发点也是“如何管理人”，在组织结构上的基本倾向是独裁式的管理，只强调组织形式，而不尊重人格，只强调成文法律的规定，而不允许根据客观情况的变化作任何灵活的处理。由于他们把人都看成是“经济人”，把工人看成是机器的附属品，只强调科学性、严密性，而忽视了人是活生生的感情动物，因此激起了广大工人的不满和反抗；除此之外，由于生产和科技的不断发展，使得资本家感到单纯运用科学管理方法不能达到极大地提高生产率和利润的目的，因此管理学家开始积极寻找更为有效的管理方法。但此时，管理学家似乎察觉到，人的因素应该受到重视，这一点从理论研究重点的变化中得到体现：从亚当·斯密提出的“经济人”观点，到欧文倡导的重视人力资源投资，重视人的地位与作用；从泰勒悉心研究工人的作业行为和管理者的行为，强调物质刺激与物质鼓励，到莉莲·吉尔布雷斯肯定人的作用，关心工作中人的因素；从法约尔潜心研究劳动报酬分配的公平合理，到厄威克在近代两大管理流派的基础上对组织行为的初步研究。我们不难发现，重视人的地位与作用，强调关心人、爱护人、承认人是提高生产效率和增加利润的一个不可忽视的重要因素，这些行为管理思想的雏形已初步形成。因此，我们完全可以说，近代管理理论的发展为组织行为学的萌芽奠定了基础。

2. 人群关系学说阶段

人群关系学说的创立为组织行为学的产生提供了契机。19 世纪末到 20 世纪初，随着大机器生产规模的扩大和社会化程度的提高，以及资产阶级剥削工人的加剧，工人运动进一步发展，劳资矛盾日趋尖锐和激化，在这种情况下，西方一些管理学家开始意识到以往的管理理论对“人”的因素重视不够，他们从提高劳动生产率的目的出发，试图寻找新的管理办法。

人群关系学说形成于 20 世纪四五十年代，它吸收了科学管理中后期出现的以探讨人的因素为主题的许多新的研究成果，它的着眼点是工作周围的社会环境，它对个人行为的多种差异和工作组合对个人的影响给予了充分的关注。人群关系学说的建立过程，大体上就是西方著名的霍桑实验的进行过程。

（1）霍桑实验简介。霍桑实验是指 1924—1932 年在美国西方电气公司所属霍桑工厂进行的一系列实验。这次著名的研究活动可以分为两个大的阶段：第一阶段为 1924 年 11 月—1927 年 5 月，主要是在美国国家科学委员会的资助下进行的。第二阶段为 1927—1932 年，主要是在美国哈佛大学教授梅奥的主持下进行的。整个实验包括四方面的内容：照明实验（1924—1927 年）、福利实验（1927—1932 年）、访谈实验（1928—1931 年）、观察研究（1931—1932 年）。

霍桑实验的一个重大贡献在于，它不同意泰勒把人只看成是“会说话的机器”或人的活动只是受金钱的驱使，认为人是“社会人”。霍桑实验的另一个重大贡献在于，它发现并证实了“非正式群体”的存在，这种“非正式群体”有其特殊的规范、感情和倾向，控制着每个成员的行为，甚至影响整个正式群体的活动。霍桑实验所取得的系列成果，经梅奥归纳、总结、整理成《工业文明中人的问题》一书，于1933年正式出版，由此形成了著名的人群关系学说。

（2）人群关系学说的主要内容。人群关系学说的内容主要包括以下四个方面：

1）工人是“社会人”。传统管理观念把人看成是仅仅追求经济利益的“经济人”。人群关系学说认为，组织中的人不是孤立存在的，而是属于某一集体并受其影响的，人所追求的不单纯是金钱收入，还包括显示自己社会重要性的社会承认，以及被接纳为一个团体的成员所带来的安全感等。

2）工人士气是决定生产效率的关键。科学管理理论认为，生产效率与作业方法、工作条件之间存在必然的因果关系，只要正确地确定工作任务，推行恰当的刺激制度，适当改善工作条件，就可以提高生产效率。人群关系学说认为，生产效率并不是单纯受工作条件和工作方法的制约，主要取决于员工的情绪和态度，即“士气”，而士气主要取决于社会和家庭生活以及企业中人与人之间的关系。

3）企业中存在非正式组织。这种无形的组织是通过感情、爱好、倾向等把人们联系在一起的，并且有自然的领袖人物。其内部有特殊的不成文的准则和倾向，左右着每一个成员的行为。在感情和逻辑之间，人们的行为往往会更多地受感情支配。

4）新型的领导能力在于提高员工的满意感。领导者不仅要处理人的合乎逻辑的行为，而且要理解人们不合乎逻辑的行为。领导者要善于倾听员工意见、与员工沟通，使正式群体的经济需要与非正式群体的社会需要保持平衡，使员工认识到自己的工作价值和对企业的贡献，从而提高员工的满意感。

人群关系学说的中心思想是强调重视“人性”，即要把工人当作人而不是机器对待，主张对工人进行“友善的监督”，使工人保持很高的“士气”。人群关系学说的出现，使西方许多管理学家开始重视企业中人的因素的研究，为管理工作和管理理论的发展开辟了新的途径，同时为行为科学的产生提供了契机。

3. 行为科学阶段

在人群关系学说的基础上，20世纪40年代末50年代初，行为科学作为一门学科正式诞生了。

第二次世界大战结束后，科学技术迅猛发展，劳动性质和劳动结构发生了深刻的变化，工人的文化素质、知识水平普遍得到提高。在企业里，知识性劳动、知识性劳动者所占的比重越来越大。工人们除了生理和安全的需要外，有了更多的文化和精神方面的需要，这必然给管理工作带来新的挑战，从而使仅凭棍棒、皮鞭和纪律监督的控制式管理失去了效力。这些因素与心理学、社会学、文化人类学在理论与实践上的发展结合起来，使行为科学应运而生，其研究与应用迅速风起云涌：1949年，在芝加哥会议上首次确立行为科学之后，美国福特基金会成立了行为科学部；1952年又成立了行为科学高级研究中心，每年选拔40位美国行为科学家和10位其他国家的行为科学家进行研究讨论；1953年拨款给哈佛、斯坦福及芝加哥等大学，委托它们从事行为科学的研究。此外，美国联邦政府和另外一些基金会也先后拨款支持行为科学的研究。到50年代末，行为科学出现了“工业人本主义”的概念，其主要内容是在工业组织中消除独裁倾向，实行民主管理，促使个人目标与组织目标趋向一致。进入60年代中期又出现了“组织行为”的概念，它主要论述企业中人的行为管理。此时，行为科学在企业中的应用已普及至西欧和美国、日本等许多国家，并创造了多种应用形式，如目标管理、无缺点计划、员工参与管理、工作扩大化与工作丰富化、工作再设计、员工教育与训练等。

4. 组织行为学的分化与综合阶段

美国斯坦福大学的莱维特（H. J. Leavitt）认为，在第二次世界大战前美国只有工业心理学，主要用来测试个体的差异，战后聚焦于群体的社会学受到重视。他本人于1958年出版了《管理心理学》一书，开始正式用“管理心理学”这个名词代替原来沿用的“工业心理学”，这标志着该学科成为一门独立学科。

60年代初期，莱维特和巴斯（B. Bass）在为《美国心理学年鉴》所写的一篇综述文章中使用了“组织心理学”一词，这篇文章旨在强调社会心理学，尤其是群体心理学在企业界日益显著的作用。紧接着，美国心理协会第十四分会——工业心理学分会改名为工业和组织心理学学会。这意味着当时的研究已从群体扩大到整个组织。这时学校也做了相应的调整，研究这门学科的队伍由心理系转到管理系，教师队伍中加入了社会心理学家、社会学家和人类学家，一般都以“组织行为学”为名称开设课程。从“管理心理学”到“组织心理学”，再到“组织行为学”，反映了这一领域的发展过程。组织行为学是最宽广的范畴，包括了组织心理学和管理心理学的概念。

知识卡片1—1

组织行为学与管理心理学的区别见表1—1。

表1—1　组织行为学与管理心理学的区别

对比要素	组织行为学	管理心理学
研究对象	一定组织中人的行为（指外观的活动、动作、运动、反应或行动）。	研究管理过程中各层次人员的心理（包括感觉、知觉、记忆、思维、情绪、意志、气质、性格等心理现象的总称）。
理论基础	社会科学、行为科学、管理科学、自然科学，范围比较宽广	心理学、社会学、经济学、教育学、管理学、生理学等
学科性质	行为科学	心理科学
形成背景	1949年“行为科学”一词出现； 1953年正式命名； 20世纪60年代末开始形成组织行为学； 80年代组织行为学分为宏观组织行为学和微观组织行为学。	莉莲·吉尔布雷斯1914年在《管理心理学》一书中首次使用“管理心理学”一词，20世纪二三十年代工业心理学与人际关系学说进一步发展。 莱维特1958年正式使用“管理心理学”一词，管理心理学成为独立学科。

美国管理学会（Academy of Management）前主席古明斯（L. L. Cummings）在论述组织行为学与组织心理学的异同时说："两个领域都集中讨论组织中人的行为，其主要区别在于组织心理学把心理学作为纲领，组织行为学则从多种学科吸取知识。当组织心理学的范围不断扩大时，两者之间的区别可能趋于一致。"沙因（E. H. Schein）在他的《组织心理学（第 3 版）》（1980）序言中指出，"把许多组织行为学、管理心理学和工业组织心理学的教科书所刊载的组织中人的行为的研究成果汇总起来，说明这一领域正在扩大，更具跨学科性……但是我仍沿用'组织心理学'这一名称"。美国西部保留地大学教授科尔布（D. A. Kolb）等人在主编的《组织心理学论文集（第 3 版）》（1979）引论中说，在过去的 10 年里，组织心理学经历了很大的变化，它是一个很大的领域，没有固定界限，与社会心理学、社会学、人类学、运筹学以及企业政策、工业管理领域重复交叉。诺贝尔奖获得者西蒙教授的观点是："在管理心理学与组织行为学之间，可能有人认为存在不同，我没有看到真正的差别。"

1988 年，美国的罗伯特·维卡和富兰克林·斯克伯兹（Robert P. Veca and Franklin D. Scburz）在组织行为学分化的基础上，又进一步提出了一个综合的概念——组织科学。他们从微观和宏观、理论性和应用性两个维度，把组织科学分为四个组成部分，即：微观方面，包括组织行为（理论性）、人力资源管理（应用性）；宏观方面，包括组织理论（理论性）、组织发展（应用性）。组织行为着重研究组织与组织设计、工作设计与事业生涯设计的理论与方法，正确处理人与事、人与人、人与物等各方面的关系，充分发挥个人与组织的创造性和革新精神，以保证组织的有效运转，保持组织的合理行为；人力资源管理（人事管理）主要研究如何把行为科学的原理应用于工作，侧重于行为技巧和方法的应用性研究。组织理论主要研究传统组织理论、行为组织理论和现代组织理论等；组织发展主要研究组织变革的动力与过程、组织变革的方法、组织变革与组织效能、组织发展的特点与基础、组织发展的类型及组织发展的新趋势。

（二）组织行为学在中国的发展

1. 中国古代管理思想对组织行为学研究的贡献

中国是世界文明的发源地之一。中国古代有大禹治水、四大发明、举世闻名的万里长城、都江堰工程和贯通南北的大运河，统一的文字和度量衡，留下了《孙子兵法》、《孙膑兵法》、《红楼梦》、《三国演义》等宝贵的文化遗产。在这些文化遗产中，有许多有关行为管理的思想可供我们择善吸取。

（1）关于"人性"问题的争论。人性问题是管理理论的哲学基础。我国古代的思想家对"人性"问题有不同的论述。春秋时期，孔子指出："性相近，习相远也，"（《论语·阳货》）。他对人性善恶问题的表述还不具体。战国时期，孟子主张"人之初，性本善"，他认为人人都有善的萌芽，统治者能保持并发展它，庶民则不能。孟子的"性善说"是其"仁政说"的理论基础，类似于现代西方的 Y 理论的观点。荀子主张"人之初，性本恶"，他指出："人之性恶，其善者伪也"，"今人之性，饥而欲饱，寒而欲暖，劳而欲休，此人之情性也”（《荀子·性恶》）。这种看法与现代管理的X理论认为工人天生懒惰、缺乏雄心、不愿负责任的观点相似。韩非子提出，“凡治天下，必因人情。人情者，有好恶，故赏罚可用”（《韩非子·八经》）。这是自然人性论。汉代的杨雄认为人性中既有善的一面，也有恶的一面，这近似于现代权变理论的观点。

知识卡片 1—2

孔孟思想中的权变管理观

孔子主张，在遵循原则性的同时也要注意处理问题的灵活性。他说：“可与共学，未可与适道；可与适道，未可与立；可与立，未可与权。”也就是说，在处理实际问题时要灵活，有创造性；同时要把握一个合适的度，而什么是合适的度，并不是固定不变的，要根据不同的事情、不同的场合、不同的人加以衡量。他将这种处理问题的方法称为“通权达变”。

在现代管理学界，我们将这种通权达变的管理方法称为“权变管理”。管理的权变观认为，管理理论和管理科学不主张存在一种适用于所有情况的最佳方法，而是认为在普遍原理与视情况而定之间有一个折中地带，应根据实际情况而定。孔子的权变思想，主要体现为把握中庸之道的一个“度”。这个度并不是固定不变的，要视实际情况而定，抓住以下几个关键。一是要抓住一个问题的两个方面。孔子说：“吾有知乎哉？无知也。有鄙夫问于我，空空如也，我叩其两端而竭焉。”只有全盘考虑一个问题的两个方面，才能得出对问题的总体认识，从而作出决策。二是要把握“两害相权取其轻”的方法。懂得权衡轻重、变通处理，才能避免造成更大的损失。这主要是决策者在面对的决策方法都不尽如人意，而形势又刻不容缓时，不得已而采取的对策。三是要避免过分追求“执中”。孟子说：“子莫执中，执中为近之，执中无权，犹执一也。”意思是说，不要刻意追求中道，假如执守中道而无权变，就和固执不变一样了。

（2）关于“人能合群”的组织管理学说。荀子说：“人力不若牛，走不若马，而牛马为用，何也？曰：人能群，彼不能群也”（《荀子·王制》）。他认为人能合群（即构成社会组织）是与动物的根本不同之处。人为什么能合群呢？因为人能“分”（即有不同的社会地位、职务），“分”的标准是“义”（即道德）。他指出：“义之分则和，和则一，一则多力，多力则强，强则胜物。”也就是说，人有了社会组织，能利用群体的力量，胜过自然界的其他动物。这是一种集体行为管理思想的萌芽。

（3）关于治国安邦的领导策略。《管子·心术篇》中说：“心安是国安也，心治是国治也，治也者心也，安也者心也。治心在于中，治言出于口，治事加于民。故功作而民从，则百姓治矣。”这段话的大意是，要治理国家，使国家安定，必须先治民心，安定民心；要想治好民心，安定民心，则必须把国家的事、人民的事办好。这是一条很重要的管理思想。

《老子》第六十六章中说："欲上民，必以言下之；欲先民，必以身后之。是以圣人处上而民不重；处前而民不害。是以天下乐推而不厌。"其意思是，管理人民，必须对人民谦逊；领导人民，必须将自己放在人民之后。"圣人"在人民之上（统治），而人民不感到有负担；在人民之前，而人民不认为有妨碍。对于这样的领导者，人民会爱戴他而不厌弃他。

（4）关于将帅的心理品质问题。有关领袖或将帅必须具备的心理品质在我国古代四部兵书及其他典籍中有充分的反映。

《孙子兵法·计篇》指出："将者，智、信、仁、勇、严也"，提出统帅三军的将帅应具备才智、诚信、仁慈、勇敢、严威等五个条件。

《孙膑兵法》中写道："恒胜有五：得主专制，胜。知道，胜。得众，胜。左右和，胜。量敌计险，胜。"也就是强调有职权、懂规律、得民心、讲团结、晓情报的重要性。战争如此，商战也是如此。

（5）关于士气激励问题。孙膑很重视激励问题，他明确指出："不信于赏，百姓弗德。不敢去不善，百姓弗畏"（《孙膑兵法》）。也就是说，对好人好事要奖，对坏人坏事要罚。他还提出"赏不逾日"、"罚不还面"等及时强化的观点。他把"激气"（激发士气）、"利气"（使士兵有锐气）、"断气"（使士兵果断、有决心）、"延气"（有持续作战精神）、"厉气"（鼓励斗志）等列为"合军聚众"、克敌制胜的要务。他认为："合军聚众，务在激气。复徙合军，务在治兵利气。临境近敌，务在厉气。战日有期，务在断气。今日将战，务在延气"（《延气篇》）。

韩非子的激励观是赏罚分明，重赏重罚。他在《韩非子·五蠹》中说："是以赏莫如厚而信，使民利之，罚莫如重而必，使民畏之；法莫如一而固，使民知之，故主施赏不迁，行诛无赦，誉辅其赏，毁随其罚，则贤不肖俱尽其力矣！"

（6）关于人事管理问题。孟子提出："天时不如地利，地利不如人和"，并认为"城非不高也，池非不深也，兵革非不坚利，米粟非不多也，委而去之，是地利不如人和也"（《公孙丑下》）。这表明人的作用、人心归向、调动人的积极性在管理过程中的重要作用已被充分认识。

《吴子兵法》认为，兵不在多，"以治为胜"，"若法令不明，赏罚不信，金之不止，鼓之不进，虽有百万，何益于用？"

关于治军的原则，就是文武兼施，恩威并重。《孙子兵法·行军篇》中写道："卒未亲附而罚之，则不服，不服则难用也。卒已新附而罚不行，则不可用也。故令之以文，齐之以武，是谓必取。"

搞好将与士的关系是治军的重要条件。吴起主张身先士卒，以身作则。《史记·孙子吴起列传》中写道："起之为将，与士卒最下者同衣食。卧不设席，行不骑乘，亲裹赢粮，与士卒分劳苦。卒有病疽者，起为吮之。"

（7）关于能力和人才使用问题。战国时期，赵国人慎到指出："民杂处而各有所能，所能者不同，此民之情也。大君者，太上也，兼畜下者也；下之所能不同，而皆上之用也。是以大君因民之能为资，尽包而畜之；无能去取焉。是故不设一方以求于人，故所求者无不足也。大君不择其下，故足。不择其下，则易为下矣。易为下，则莫不容，莫不容故多下，多下之谓太上”（《慎子·民杂篇》）。这段话的大意是：人的能力有个别差异，要根据人的能力特点去使用，尽量兼收并蓄，而不能有偏见；要不拘一格地使用人才，才会人才济济。《老子》第六十八章中也曾提出善于用人、对人态度谦虚的“善用人者为之下”的用人哲理。这些都是丰富的人才使用的思想。

（8）关于人的行为与时间管理。“一寸光阴一寸金，寸金难买寸光阴”，告诫人们要珍惜时间。明代诗人文嘉曾用《明日歌》和《今日歌》说明了同样的道理。

知识卡片 1—3

文嘉的明日歌与今日歌

明日歌

明日复明日，明日何其多！
明日待明日，万世成蹉跎。
世人皆被明日累，春去秋来老将至。
朝看水东流，暮看日西坠。
百年明日能几何？请君听我明日歌。

今日歌

今日复今日，今日何其少！
今日又不为，此事何时了？
人生百年几今日，今日不为真可惜！
若言姑待明朝至，明朝又有明朝事。
为君聊赋今日诗，努力请从今日始。

2. 组织行为学在中国的发展过程

行为科学自 1978 年引进以来，在我国的发展可以分为三个阶段：

（1）引进介绍阶段。第一个阶段是 1978—1984 年，为引进介绍阶段。在此期间，国内几家经济方面的权威刊物（如《经济管理》、《外国经济管理》、《企业管理》等杂志）大量地介绍了行为科学的知识；各种现代化管理讲习班，都不同程度地讲授了这门学科，机械部系统最为突出，一些工厂组织了研讨会；全国连续召开了两次行为科学学术讨论会。与此同时也展开了辩论，对中国要不要研究行为科学、行为科学是不是科学等问题进行了研讨。

（2）组织发展阶段。第二个阶段是 1985 年 1—11 月，为组织发展阶段。中国行为科学学会本来在 1983 年上半年的第二次学术讨论会上就酝酿成立了筹备会，但直到 1985 年 1 月才在北京正式成立。在国家级的学会成立后，北京、上海、甘肃、陕西、浙江、四川、大连等纷纷成立了自己的分会，另外有 13 个省（直辖市）成立了筹备会。

（3）巩固发展阶段。从 1986 年起，人们关注的不再是要不要研究行为科学，以及行为科学属于哪个范畴之类的争论，因为行为科学组织得到蓬勃发展，学术研究成果迅速、广泛地传播和应用，并且在体制改革和经济建设中发挥越来越大的作用。从此，行为科学进入了一个新的发展阶段。在此阶段，出版了不少行为科学专著，创办了《行为科学》杂志，召开了第四次行为科学学术讨论会。

3. 组织行为学在中国的研究领域

在我国，行为科学的研究主要包括个体行为、群体行为、领导行为、组织行为四个方面。

（1）对个体行为的研究。西方的思路比较窄，一方面从个体的生理、心理所处的环境及人际关系等方面进行研究；另一方面从一个企业的管理方法着手，研究如何适应个体的生理、心理特点和需要。近几年我国对个体行为的研究从一开始就突破了这一局限，除了对个体和企业内部的群体进行研究外，还着重从企业外部环境入手进行多层次、多领域的研究，并与宏观的大环境联系起来考虑，这在资本主义国家还没有见到。

（2）对群体行为的研究。这方面的研究有两条路线：一是对正式群体的研究，其核心在于如何提高凝聚力。现在比较热的是对企业文化、企业意识以及公共关系的研究。二是对非正式群体的研究。现在企业内部出现了许多新的非正式群体，一般的研究都局限于对亲族群体和同学、同乡等非正式群体的研究。

（3）对领导行为的研究。对领导者行为的研究，是从政治、经济、文化的传统和现状出发，联系政治体制、经济体制的改革进行的，其中吸取了现代管理思想中优秀的成分。从这一点出发，主要研究如何提高领导者的影响力，树立领导威信，提高领导效率，如何处理领导与被领导的关系。

（4）对组织行为的研究。组织行为研究主要集中在四个方面：一是制定企业目标与计划；二是将各项工作划分为多项业务；三是将业务分给合适的部门并授予各部门相应的职权，制定协调配合的措施；四是满足员工的需要，并激励员工为完成任务而努力。其中包括一个结构（即组织结构）、四个系统（即评估、奖励、甄选、开发系统）。

第2节　组织行为学的内容、学科基础与研究方法

一、组织行为学研究的内容

组织行为学的研究对象是人的心理和行为的规律性，也就是说，组织行为学既研究人的心理活动的规律性，又研究人的行为的规律性。组织行为学之所以把人的心理活动和行为的规律性作为自己的研究对象，是因为人的行为与心理密不可分。心理活动是行为的内在诱因，行为是心理活动的外在表现。只有把两者统一起来加以理解，才能真正把握组织行为学的研究对象的本质。

组织行为学研究人的心理活动与行为的规律性，但它研究的不是所有人的心理活动与行为的规律性，而是一定组织范围内的人的心理活动与行为的规律性。具体来讲，该组织范围包括企业、机关、部队、学校、医院等。组织的基本要素是人，

组织中的人有个体、群体以及由个体、群体按照一定的结构模式组织起来的结合体，因此，组织行为学研究一定组织中人的心理活动与行为的规律性。

组织行为学的研究对象规定了组织行为学的研究内容包括以下三个方面：

1. 个体行为

个体是组织的细胞，对个体行为的研究是组织行为学研究的基点。组织行为学研究的个体行为主要包括两大部分：一是关于影响个体行为的主观因素，即个体的知觉、态度、价值观、个性差异、个体的需要、动机等；二是关于个体行为的外部控制，即个体行为的激励，它包括内容型激励、过程型激励、强化型激励等。

2. 群体行为

群体是介于个体与组织之间的人群结合体。人们都在一定的群体里工作和生活，因此，对群体行为的研究是组织行为学的重要课题。群体行为主要包括群体动力、群体规范、群体压力、群体凝聚力、群体决策、群体沟通、群体冲突和群体中的人际关系等。

3. 组织行为

对组织行为的研究主要包括领导权力、领导威信、领导者的影响力和领导有效性理论等。尽管早期管理理论已有许多相关的探索性成果，但组织行为学使这方面的研究更加深入、充实和系统化。组织行为研究的核心问题是如何才能提高组织效能，因此，组织行为的研究还包括组织设计、组织变革、组织发展等。通过这些方面的研究，可以实现以下目标：设计合理的组织结构，保证组织的人、财、物的有效配置与支配；根据组织外部环境和内部情况的变化及时进行必要的组织变革，以保持组织的活力；通过变革，改善组织中的人这一因素，促进组织的健康发展。

二、组织行为学的学科基础

组织行为学和其他任何一门学科一样，不是孤立地形成与发展的，在其形成和发展的过程中，汲取了与其密切相关的学科的“营养”作为自身成长的基础，是一门多学科、多层次相交叉的边缘学科，具有很强的应用性。

组织行为学的边缘性主要表现为多学科的交叉性。组织行为学是在心理学、社会学、人类学、生物学、生理学、伦理学和政治学等多种学科相交叉的边缘形成的新学科。它综合地运用这些学科的有关原理，分析说明组织管理实践中人的心理和行为的规律性（如图1—2所示）。

组织行为学与管理学、社会学、人类学、伦理学、政治学具有不同的学科性质，它不是理论性学科，而是应用性学科。组织行为学在应用理论性学科的原理的基础上，探索和揭示组织中人的心理和行为的规律性。与组织行为学相关的学科很多，限于篇幅，下面只着重介绍几门学科的内容。

（一）心理学

普通心理学是研究人的心理活动的一般规律的科学，它揭示了人类心理的本质，概括了人的心理活动的基本范畴。心理学的基本范畴是心理过程、心理状态和

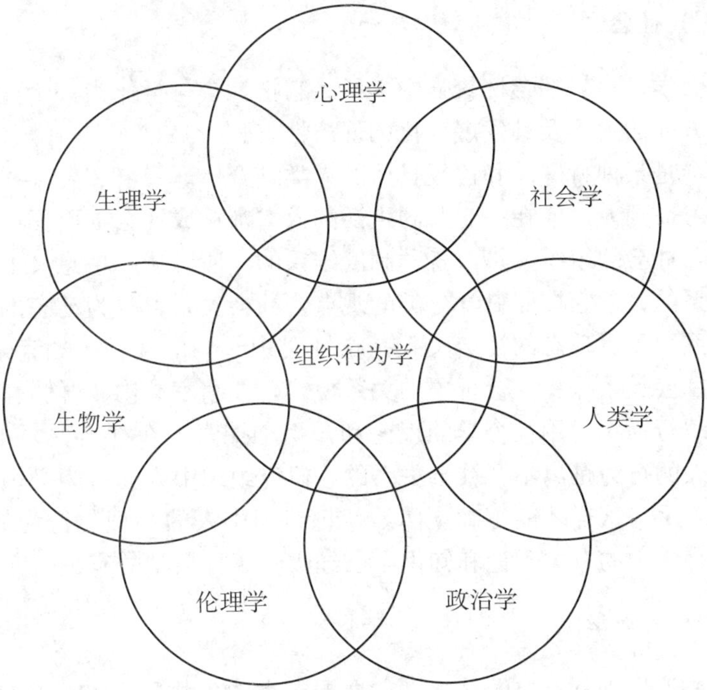

图 1—2　组织行为学的边缘性

资料来源：周菲：《组织行为学》，北京，机械工业出版社，2007。

个性特征。心理过程包括认识过程、情感过程和意志过程。其中，认识过程是人的最基本的心理过程，包括感觉、知觉、记忆、思维、想象。心理状态包括注意状态、情绪状态和疲劳状态等。个性特征包括个性倾向性和个性心理特征。个性倾向性包括需要、动机、兴趣、理想、信仰、世界观；个性心理特征包括能力、气质和性格。心理学认为，人脑是心理的器官，心理是人脑的机能；客观现实是人的心理的源泉，人的心理是客观现实的主观映象；生活实践活动是人的心理产生和发展的基础，人的心理是在生活实践中产生和发展的。

心理学的研究与组织行为学有着密切的关系，它所揭示的人的心理活动规律构成了组织行为学的主要理论基础。

（二）社会心理学

社会心理学研究特定社会生活条件下个体心理活动发生、发展及变化的规律，着重研究个体与社会的相互作用。它不但研究个体心理活动如何在特定生活条件下受其他人或群体的影响，而且研究个体心理活动如何影响社会中的其他人或群体。总之，社会心理学研究个人与社会相互作用中的心理现象及其规律。它包括个体心理、群体心理，以及个体、群体的相互影响、相互作用的心理现象及其规律。

社会心理学是组织行为学的理论基础，以及重要的知识来源之一。有许多问题是社会心理学和组织行为学共同研究的课题。

（三）社会学

社会学是一门综合性较强的学科。它把社会科学作为一个整体，综合研究社会现象各方面的关系及其发展变化的规律性。

社会是某种特殊的和比较具体的人类结合体。一群有着某些共同的观念、态度和行为习惯的人，或在一起共同生活的人，都构成社会。而任何社会或群体都是有组织的，社会的组织又是由各种制度维系的。所以从严格意义上讲，社会学是研究社会关系的科学。按照科学分类的观点，社会关系可分为动态的社会关系与静态的社会关系两种。动态的社会关系是指社会中人们的互动，如竞争、合作与冲突等；静态的社会关系是指社会现象的关系模式，如家庭结构、群体、组织与阶级等。

组织行为学运用社会学的理论和知识来探索人在社会关系中表现出来的行为。组织中人的行为是离不开社会关系的，研究组织中人的行为必须从其所处的整个社会关系着手，这样才能正确全面地认识组织中人的心理与行为的规律性。事实上，组织行为学中的有关理论和知识，已经吸收了社会学的有关研究成果。

（四）人类学

人类学是研究人类的科学。它根据人类的生物特征和文化特征综合地研究人，并且特别强调人类的差异性以及种族和文化的概念。按照科学分类的观点，人类学可分为体质人类学、文化人类学和考古人类学。人类学中与组织行为学的理论有渊源关系的是文化人类学，即社会人类学。文化人类学主要研究不同社会环境中人类的不同生活方式和不同群体、不同种族之间的文化差异。

组织行为学吸取了文化人类学的有关研究成果。这些成果主要包括组织中的行为与人类社会的起源理论、人类社会行为与人类文化的关系等知识。

（五）政治学、伦理学、生物学与生理学

政治学、伦理学、生物学、生理学等学科也是组织行为学的理论基础。诸如政治学中的权力与冲突，伦理学中的道德规范，生物学、生理学中的生物节律、体力、智力与情绪等，都会影响人的行为。组织行为学也需要运用上述学科的这些知识来进一步研究组织中人的心理和行为。20 世纪 80 年代，组织行为学开始研究工作压力对个体、群体、组织的行为与工作绩效的影响。随着科学技术的发展和组织行为学自身理论的成熟，还会进一步运用上述学科的有关原理和方法来研究组织中人的心理和行为。

三、组织行为学的研究方法

（一）自然实验法

实验法一般分为自然实验法、实验室实验法和模拟实验法三种。组织行为学研究通常使用自然实验法和模拟实验法。下面重点介绍自然实验法。

自然实验法又称现场实验法。它是在实际生产情境（工作现场、作业车间）中，对由实验者创造或改变一些条件所引起的某些心理行为进行研究的方法。

自然实验法的使用，有助于实验者探明实验中的自变量与因变量之间的因果关系。实验操作的基本原则是：实验者在控制情境的条件下系统地操纵自变量，使其按照预定的计划改变，观察自变量改变时对因变量的影响。例如，美国行为科学家埃尔顿·梅奥的霍桑实验中的照明实验采用的就是自然实验法。实验者试图通过实验探明照明强度的变化对生产的影响。

为了保证自然实验法取得良好的效果，实验者除了要遵守行为观察法的几项具体要求外，还要特别注意对三种变量的控制。自变量（刺激变量），即实验者按照实验目的安排的实验情境；因变量（反应变量），即实验者研究的对象和期待的结果；控制变量，即实验者根据实验需要加以控制或排除的可能影响实验结果的其他变量（因素）。

自然实验法的主要优点是：利用实验法和观察法的优点，将前者的主动性与后者的自然性相结合，排除了实验室实验明显的人为性质与观察法的被动局面；能揭示心理、行为变化的原因，并有数量指标，便于定量分析；将科学研究与日常活动结合起来，研究的结果比较切合实际，具有实践意义。它的缺点是：实验情境不易严格控制，客观指标的拟定和变量的分析与控制比较困难。

（二）行为观察法

行为观察法是在日常生活条件下，用感官考察被试者的外部表现，了解其心理现象的方法。组织行为学研究的对象是一定组织中人的心理和行为的规律性，无法直接观察研究，但人的行为反应的状态和特征是可以观察到的。因此，行为观察法是组织行为学研究的基础方法之一。

根据观察时的不同情境，行为观察法可分为自然观察法和控制观察法。自然观察法根据预定的目的，在完全自然的条件下对人的行为表现进行直接观察、记录和分析、解释，以期获得所需的资料。自然观察法的特点是观察对象并不知道自己处于被观察之中，其行为表现是自然的、客观的。控制观察法根据预定的目的，在限定的条件下观察人的行为表现，以期在特定的条件下获得某种结果。根据观察者与被观察者之间的关系，行为观察法又可分为参与观察和非参与观察。参与观察是指观察者直接参与被观察者的活动，在共同的活动中观察、记忆被观察者的言语、行为，事后整理所获得的资料。非参与观察是指观察者以旁观者的身份观察被观察者的言语、行为表现，并直接记录观察的结果。

为保证行为观察法达到预期的效果，研究者必须做到以下几点：观察要有明确的目的性和周密的计划性，以保证有选择地观察与研究任务有关的活动；不干预被试者活动的正常进行，保持其行为的自然性，以便取得真实可信的事实材料；善于利用各种手段（记忆、文字、录音、录像）捕捉并记录有关的事实，积累充分、全面的材料。

行为观察法的主要优点是：能保持被试者的心理、行为表现的自然性和客观性，操作简便易行。它的缺点是：研究者处于被动地位，影响观察的条件难以控制，取得的材料不易做定量分析，难以精确地判定某种心理、行为发生的原因。要克服这些缺点，就必须使用控制观察法，即实验法。

（三）心理测验法

心理测验法是采用标准化的心理测验量表或精密的测验仪器测量被试者有关心理品质和行为反应的研究方法。心理测验使用心理量表的步骤是：由被试者自己或测验者记录刺激个体所引发的反应结果，按照规定好的程序和计分方法，经过统计方法处理得出反应结果，然后进行分析解释，作出结论。心理量表分为顺序量表、等距量表、比例量表三类。顺序量表没有相等单位和绝对零点，只是把某物按照某种标准排出一个顺序；等距量表可以测量对象之间差别的大小，但没有绝对零点；比例量表既有绝对零点又有相等单位，可以测量对象之间的差别，也可以确定它们之间的比例。

通常使用的心理测验方法有：能力测验、人格测验、态度测验、兴趣测验、职业性向测验、驾驶员反应能力测验、领导功能测验和人际关系测验等。在组织行为的研究中，心理测验常用于人员考核、员工选拔、人员配置。心理测验要取得满意的效果，最关键的环节是保证量表制作的科学性。量表中的每个问题都要有典型性、代表性，要进行效度、信度和区分度的检验。同时，在使用量表测验时，被试者必须遵循一定的程序和指导语的要求；主试者要严格按照测验的原理、程序和要求进行操作。

心理测验法的优点是：能对所要研究的心理现象进行定量分析，具有一定的科学性和应用价值。它的缺点是：量表制作过程比较复杂，上述各种具体的测验方法都有自己的相对局限性。因此，在进行组织行为学研究时，需要根据研究课题的实际情况采用几种方法，以便相互取长补短，使测验结果更加科学。

（四）现场调查法

现场研究是在现有组织的环境范围之内进行的。现场研究所用资料可以是观察者记载的所观察到的组织成员的行为，也可在调研中要求组织成员填表答问或提供信息。书面文件连同有关产量和质量的客观计量都是可用的现场研究资料。

现场调查包括从有代表性的群体中通过访谈或问卷收集数据。使用样本可节省精力和时间（不必接触研究对象群体中的每个人）。现场调查的最著名的实践者是美国盖洛普调研公司（Gallup)。从1935年开始，它的电话和上门访谈者已收集到各方面的数据，涉及经济、对双语教育的看法等诸多领域。

1. 问卷法

问卷法是通过被试者书面回答一定的问题，研究其心理与行为的方法。问卷法运用内容明确、表达正确的问卷量表来测试被试者的心理。为了达到问卷的预期效果，调查者应注意：问卷量表中的问题要明确具体，言简意赅；问卷项目不宜过多，作答时间一般不超过30分钟；问卷取样要有足够的数量，并有代表性；采取不记名方式，以求真诚合作。问卷法要求被试者回答问题内容明确，表达正确，态度严肃认真，实事求是。

问卷法的优点是：可以在较短的时间内取得范围广泛的材料，问卷的结果达到数量化和程序化的要求。它的缺点是：取得的材料一般较难进行质量分析，不能将卷面答案与被试者的活动或行为进行对比研究。

2. 谈话法

谈话法是通过与被试者的交谈，了解其心理特点和行为反应的方法。按谈话过程中结构模式的不同，谈话法可分为有组织的谈话和无组织的谈话。在有组织的谈话中，研究者根据预定的目的事先拟定好谈话提纲，谈话过程中结构严密、层次分明，具有固定的谈话模式。无组织的谈话虽然有一定的目的，但谈话过程中结构松散、层次交错、气氛活跃，无固定的模式。谈话中，主试者提出的问题往往涉及较大的范围，被试者可以根据自己的想法，自主地、创造性地回答问题。通过这种谈话，双方不仅交换了意见，而且交流了感情。

谈话法的优点是：简单易行，便于迅速获得第一手资料。它的缺点是：谈话对象的选择往往受主试者主观因素的影响，谈话内容不一定真实可信。同时，有关谈话对象心理特点的结论必须从被试者回答的内容中去寻找，因此具有较大的局限性。

以上几种方法都有一定应用价值，但也有局限性，没有绝对的好坏之分。事实上，研究者在进行组织行为学研究时，并不是只采用一种方法，而是根据研究的对象与任务同时采用几种方法，以达到取长补短、解决问题的目的。

思考与讨论题

1. 古典组织理论对组织行为学有什么贡献？
2. 人群关系学说对组织行为学有什么贡献？
3. 简述组织行为学的研究对象和研究内容。
4. 举例说明不同的道德准则对组织行为的影响。
5. 为什么说“看待组织行为学最好的方式是权变观”？
6. “对于组织的成功，了解组织行为学比了解任何其他商业或管理学科都重要”，这种观点正确吗？请给出解释。
7. 你认为组织行为学目前面临哪些挑战？

随堂测验

管理者多样性测试

请用下面的 5 级量表来表示你在多大程度上赞成这些论述：1＝坚决不赞成，2＝不赞成，3＝中立，4＝同意，5＝坚决赞成。

1. 我有意识地使自己的问题不带成见。

2. 我感兴趣地倾听与自己想法不同的人的想法。

3. 我尊重别人的意见，尽管我可能持不同看法。

4. 假如我与异族的人一起参加社会活动，我会尽最大的努力同他们交谈。

5. 我有一些年龄、种族、性别、经济状况或受教育程度与我不相同的朋友。

6. 我认识到教养对自己的价值观与信仰的影响，并认识到我的方式并不是唯一的方式。

7. 我喜欢在决策前了解问题的两方面。

8. 只要有好结果，我不在乎工作以什么方式完成。

9. 我不因自己不完全了解周围的事情就紧张不安。

10. 我对变化与新的情况适应能力强。

11. 我喜欢旅行，游览新景点，品尝不同的食品，体验不同的文化。

12. 我喜欢观察人，并努力理解人们相互作用的动力。

13. 我从错误中学到了东西。

14. 我在陌生的环境里要先观察、倾听，然后再行动。

15. 我在迷路时不是自己设法弄清楚，而是问路。

16. 在不明白别人对我说的是什么意思时，我会提问。

17. 我的确努力不去冒犯或伤害别人。

18. 总的来说，人们都是好人，我能够接受他们。

19. 我和人们交谈时总是观察他们的反应。

20. 我努力不设定任何框框。

评分方法：将你的答案的得分相加。如果你的分数是 80 分及以上，你也许很重视多样性，并很容易适应多种文化的工作环境，希望你继续努力。如果得分低于 50 分，你很可能需要了解重视多样性的必要性。

案例研究

新生公司遇到问题的原因何在

新生公司是位于中南部某大城市的制造公司，一年前，该公司被一个大型企业集团兼并。这个企业集团的主要业务集中在金融和房地产领域，对制造业并不熟悉。根据企业集团的惯例，它派自己的人担任新生公司的高层管理职务。这些人精通金融交易业务，懂得如何降低成本，他们的目标就是压缩成本，创造最高的劳动生产率。集团公司对他们寄予厚望。

然而，事情的发展并不像想象的那样好。在他们上任的头 8 个月里，销售成本率由 72%上升到 80%。企业集团领导人百思不得其解，很想尽快找出其中的原因。

新生公司原来的管理者认为，新的管理者采取的削减开支的做法适得其反，因为这些做法影响了工作氛围，工人中普遍存在不满情绪。新生公司的工人都希望企业集团能撤换这些新的管理者，让原来的公司管理者官复原职，按原来的方法管理企业。

另一方面，新的管理者认为，他们是在非常时期上任的，所采取的措施提高了劳动生产率，降低了成本，如果没有他们的努力，恐怕公司早就倒闭了。他们中有人这样辩解："你们怎么能认为我们是劳动生产率下降的祸首呢？我们疏通了销售渠道，改革了公司体系，为公司争取到了长期优惠贷款，这些都不是那么容易做到的。我们真想知道，如果不是我们来了，如果没有采取这些措施，公司现在会是什么样子。"同时，他们还认为过去的管理者之所以有看法，是因为他们自己对新管理者的到来心怀不满，新管理者取代了他们原来在公司中的管理地位。

新生公司的总裁认为，新的管理者夸大了自己的贡献，公司目前存在的问题确实是由他们导致的。他认为，新生公司的工人们担心企业集团利用这些财务管理专家来削减安装部门的人员和费用，使自己成为公司裁员的对象，这种担心导致了劳动生产率的下降。总裁面临的问题是怎样才能验证自己的看法。他认为能够找出成本上升的真实原因的唯一办法是聘请外部专家做调查，所以特别想请组织行为学专家来调查新生公司工人的满意度状况，确定工人的态度、行为与成本上升的关系。如果能够做到这一点，而且能够证明新的管理者是产生以上问题的原因和责任者，总裁相信他能够说服企业集团领导撤换这些人，让原来的管理者按照原来的方法管理公司。如果调查结果表明问题是由原来的管理者导致的，那么这些人可能被解雇，新的管理者将继续留任。总裁认为后一种情况发生的可能性很小。

新生公司内部有人不同意从外部聘请专家，他们认为：这样的问题不需要专家来回答，公司完全可以自己解决；外部专家不了解公司的运作情况，未必能找到真正的原因；如果只做工人满意度调查，公司自己就可以完成，不需要专家来做，因为这是一项简单的工作，不就是提几个问题，让工人给出答案吗？

但总裁认为这是一项很复杂的工作，满意度调查并不像人们想象的那样简单，而且，由外部专家来调查，可以避免许多偏见和不必要的麻烦。

总而言之，总裁信心十足，正如他对助手说的，"我的根本目的就是找出问题的症结所在，只要能找到真正的原因，不管是什么问题，我都能解决"。

资料来源：袁凌：《组织行为学》，2 版，长沙，湖南大学出版社，2008。

［讨论题］

1. 面对这种情况，你将建议组织行为学家采取哪种研究方法？为什么？

2. 你认为从外部聘请专家是不是解决这个问题的最好方法？为什么？

3. 如果调查结果证明工人的情绪低落、满意度低，是否可以肯定目前的状况与新的管理方式有关？怎样才能确定压缩成本的措施与生产成本上升之间的关系？

第 2 篇
个体行为与管理

第 2 章　个人行为基础

第 3 章　个性与情绪

第 4 章　工作环境中的激励

第 5 章　工作压力

第 6 章　组织公民行为管理

第2章

个人行为基础

内容提要

本章重点讨论与个体行为密切相关的知觉、态度、学习等。主要内容包括：知觉与感觉、知觉过程及影响因素、社会知觉、知觉偏差及归因理论；态度与价值观的内涵与特征、态度改变以及学习理论等。通过本章的学习，要求掌握个体行为的心理规律，并能在组织管理中自觉运用这些原理和规律有效进行人力资源的配置和使用，提高组织绩效以及员工的工作积极性。学习与行为塑造是本章的难点。

第1节　知觉与归因

一、知觉

（一）知觉的概念

个体的行为来源于他对外界环境的认识，而这种认识是从感觉开始的。感觉是人脑对直接作用于感觉器官的客观事物个别属性的反映。感觉是低层次的，也是最简单的心理过程，它只反映事物的个别属性。

在感觉的基础上，个体还存在一种层次较高的心理活动，即知觉。知觉是人脑对直接作用于感觉器官的客观事物的整体的反映。知觉对感觉获得的信息作进一步处理后，反映出事物的整体。感觉是知觉的基础，知觉是感觉的进一步发展。例如，如果我们看到一个苹果，说这个苹果是红色的，对颜色这一属性的反应就是感觉。如果我们不仅感觉到“红”这一属性，而且感觉到它的外形是圆的、味道是甜的、是可吃的等各种属性，并将所感觉到的各种属性综合为一个整体，认识到具有所有这些属性的东西都是苹果，而不是其他东西，这种反映就是知觉。

知觉比感觉复杂，除生理因素外，还受到其他很多因素的影响。心理学一直认为，个体对环境中的人、事、物的知觉，是决定其行为方式的主要因素。

感觉和知觉是人的认知心理活动的基本环节，是认知的起点。

（二）知觉的基本特征

1. 知觉是在感觉的基础上产生的，但不是感觉数量上的简单相加

知觉作为认知过程，是以感觉信息为基础，借助知识经验，经过人脑的加工，对事物加以解释的过程。如果没有一定的知识经验，就不可能有对客观事物整体形象的知觉。例如，一张电视机集成电路图上有许多符号，如果让一个未经过技术培训的人去看图，他是看不懂的。知识经验在知觉过程中还能起到以下作用：它能弥补事物未出现的属性，从而在人脑中形成对该事物的整体感觉。例如，听到熟悉的脚步声，我们就能知道走过来的人是谁。经验还能帮助人区别不同的事物和事物的不同属性，从而正确把握某些事物。例如，收款员凭经验用手触摸，就能识别假币。可见，知觉是借助知识和经验理解事物的整体过程。

2. 知觉来源于客观世界，但与客观世界有一定的距离

人类所有的知觉都来源于客观世界。古人之所以对汽车没有知觉，是因为那时还没有这一事物。但是人的知觉与客观世界有一定的距离。由于生理与心理因素的影响，人类不能完全真实地认知世界。例如，人的肉眼看不到细菌。人的情绪态度使个体往往戴着“有色眼镜”去看待事物，同样的一件事情，有人认为很好，有人却认为不好。勒温将客观世界称为“物理环境”，将认知世界称为“行为环境”。每个人都生活在行为环境中，但世界上任意两个人的行为环境都是不同的。

3. 知觉是积极能动的认识过程

人总是积极能动地认识客观世界，人的知觉能动性的主要表现是它的选择性。在同一时刻，有许多客体同时作用于人的感官，人不能同时反映这些事物，只是对其中的一些事物有清晰的知觉，其他事物则成为模糊的背景。知觉的这一特征表现出人的主观能动性。在组织环境中，员工对一切事物的知觉都是有选择的，管理者要设法让组织目标与组织制度成为每位员工的知觉对象。

4. 知觉经验有维持不变的倾向

当知觉的客观条件（角度、距离、亮度、颜色）在一定范围内改变时，人们的知觉印象在一定程度上仍保持着它的稳定性，这就叫知觉的恒常性。例如，远处有座山，近处有棵树，树在视网膜上的影像可能远比山的影像显得高，但人仍然断定山比树高。知觉的恒常性表现为人们在日常生活中对知觉对象认知的形状恒常性、大小恒常性、明度恒常性、颜色恒常性和对比恒常性等。知觉的恒常性在人们的日常生活、工作和学习中有着十分重要的意义，它有利于人们正确地认识和很好地适应环境。在企业组织中，知觉恒常性有利于员工热爱岗位，服从领导，但也存在以老眼光看待新生事物的弊端。如果恒常性消失了，人就会出现错觉，对事物的认识就会失真，在工作和人际交往中就会遇到障碍。

（三）影响知觉的因素

知觉是人对外界刺激接受、加工的心理过程。人在知觉客观世界时，总是有选

择地把少数事物当作知觉的对象，而把其他事物当作知觉的背景，以便更清晰地感知一定的事物与对象。影响知觉选择性的因素，一是刺激物本身的特征，二是知觉经验等心理原因，也就是客观与主观两方面的因素。

1. 客观因素

（1）刺激物的强度。知觉的产生，首先必须有刺激物的存在，然而人们感官的感受能力是有限的。各种刺激必须达到某一最低限度的强度，才能引起感官的反应，这种引起反应的最低限度的刺激在心理学上称为绝对阈限（absolute threshold）。例如，视觉的适宜刺激是波长为 380～760 毫微米（nm）的光波，也叫可见光。它们只是整个电磁波范围的一部分，小于 380 毫微米的是紫外线，大于 760 毫微米的是红外线，人的肉眼不能觉察到。不同波长的光波引起不同的色觉。例如，400 毫微米是紫色觉，480 毫微米是蓝色觉，520 毫微米是绿色觉，570 毫微米是黄色觉，607 毫微米是橙色觉，700 毫微米是红色觉。每个人的绝对阈限是不同的，有的人较敏感，其绝对阈限低，一有风吹草动马上就能知晓。但当一个人疲劳时，其绝对阈限会变高，可能连机器的轰鸣声也不易觉察到。当几种刺激物同时作用于人的感官时，刺激强度较大者（如巨响、强光、艳色、浓香、奇臭）容易引人注意，被纳入知觉世界。

（2）对象与背景的差别。知觉对象与背景的差别越大，人们就越容易从背景中把对象区分出来。例如，绿树丛中的一朵红花、茫茫人海中“鹤立鸡群”的高个子都很引人注目。反之，知觉对象与背景的差别越小，区别对象与背景就越困难。例如，自然界一些昆虫的体色、军事人员的着装都与大自然的颜色接近，能避免被敌人察觉。在企业组织中，企业形象设计往往使用能反映企业经营理念的视觉形象，如企业徽章、标识、品牌、制服、建筑物外形。企业视觉形象越具个性，越有特色，就越能给公众留下深刻的印象。在企业生产中，一些重要的岗位与操作装置往往被涂上红色或黄色，以便人们将此物与其他事物区别开来。

（3）反复的刺激。同样的刺激如果反复出现，会给人留下深刻的印象。据研究，一则广告连续出现 6 次，就会让人记住。在组织中，重要的信息需要反复发布，才能深入人心。

（4）对象的组合。知觉是对事物整体的反映，但整体不一定只是一个对象。有时人们会把若干事物作为一个整体来反映。德国格式塔学派（Gestalt Psychology）的学者曾研究发现，知觉对象的组合服从以下原则：

1）接近原则。两种刺激若在空间上彼此接近，则具有被看作属于一个组织单位的倾向。例如，我们在看图 2—1 时，不觉得这是 10 条直线，而认为是 5 组直线。

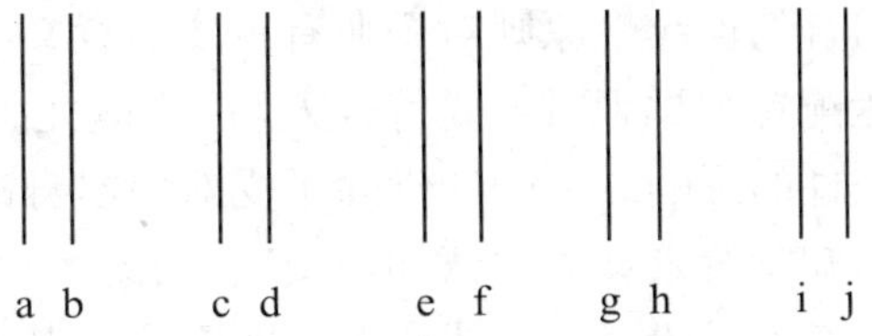

图 2—1　知觉的接近原则

2）相似原则。两种刺激的性质相似，容易被感知为一个整体。如图 2—2 所示，人们很容易感知到图中圆点是一行，三角形是另一行。在企业中，销售人员容易被视为一个群体，管理人员则被视为另一个群体。

图 2—2 知觉的相似原则

3）闭锁原则。几个知觉对象包围一个空间，则易被感知为一个整体。如图 2—3 所示，括号括起来的对象易被感知为一个整体。火车上相对的座位包围一个空间，易被看作一个整体，背对而坐的就不容易被视为整体。

图 2—3 知觉的闭锁原则

4）连续性原则。当知觉对象在时间上、空间上具有连续性时，易被感知为一个整体。如图 2—4 所示，人的知觉为直线与弧线相交，而非孤立的圆点。

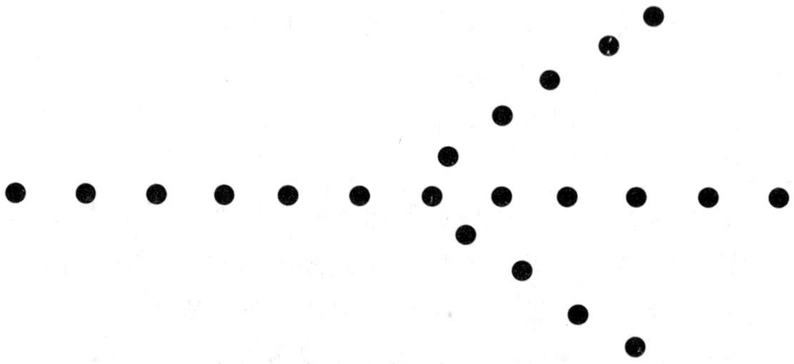

图 2—4 知觉的连续性原则

知觉对象组合的连续性原则对企业有重要的意义。例如，在设计机器和仪表的指针刻度、表盘配置与排列时，要符合人们的知觉心理，避免判读发生错误。

（5）周围条件的影响。人的知觉除了受对象本身的刺激外，还与知觉背景（周围条件）有关，知觉背景又称“认知框架”。如图 2—5 所示，a、b 两条线段事实上长度相等，但知觉上线段 a 长于线段 b，此乃受箭头方向的影响产生的错觉。在一个技术力量较为薄弱的单位，中级技术人员可能比较突出，倘若他调到一个知识分子云集的研究所工作，则可能表现一般，这是受认知框架的影响所致。

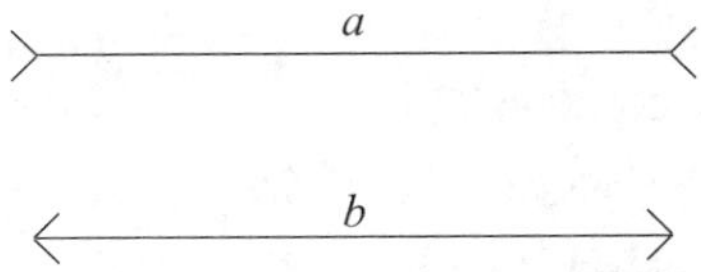

图 2—5　认知框架对知觉的影响

2. 主观因素

人的知觉不仅受到客观因素的影响，而且受到自身主观因素的影响。不同的人对于同一事物往往会产生不同的知觉。例如，企业张贴了一张光荣榜，信息虽然是唯一的，但观看者的反应是不一样的，因为他们各自的主观状态不同。影响人的知觉的主观因素主要有以下几个方面：

（1）动机与兴趣。人们对外界事物的认知是有选择性的，凡与自己的动机、兴趣、偏好、期待有关的东西，就容易引起注意，被纳入知觉世界。上例中，对光荣榜看得最认真的往往是有希望进入光荣榜的人，而那些与此事无关的人，会视而不见，听而不闻。

（2）个性特征。人们的个性特征也影响知觉的选择。例如，在价值观方面，有人崇尚社会价值，期望对社会作出无私奉献，不计报酬，视金钱如粪土；有的人则崇拜赵公元帅，追求金钱而丧失人格。例如，有一个齐国人上街经过金铺时，拿起一枚金元宝就走，结果被抓。人们问他为什么这么做，齐人曰："不见人徒见金。"现实生活中这样的人也不少。

（3）过去的学习与经验。有许多复杂的知觉是通过学习与经验获得的，我们容易注意到过去见过的熟悉的对象，而忽略不熟悉的事物。一位老农能从麦田中区分出麦子的品种与成熟程度，一位城市的小学生可能将麦苗当作韭菜。试看图 2—6，如果只看上面一行，你会看成是 A、B、C、D、E、F 六个字母，你对第二个字母的知觉（将之视为英文字母），是基于你以前学得的两种知识：其一是它的样子像英文字母 B，其二是它跟其他英文字母在一起，而且按照英文习惯上的顺序排列。事实上，置于不同背景下的同一符号之所以会引起不同的知觉，完全是因为观察者面对当前情景唤起了不同的经验。

A	B	C	D	E	F
10	11	12	13	14	15

图 2—6　知觉受学习与经验的影响

（4）知觉解释的角度不同。人们往往将从事件或事物的某一点着眼所获得的感觉作为知觉解释的根据，从自己的知觉解释角度去认识事物。例如，在盲人摸象的故事中，六个盲人有的摸着象的腿，说像柱子；有的摸着象的尾巴，认为像绳子，每人各执一词。由于获得的感觉映象不全，知觉解释也就见仁见智。

总之，人的知觉是主观因素和客观因素相互影响、相互作用的结果，由于客观世界错综复杂、千变万化，人与人之间在心理方面也各不相同，因此人们对同一事物会产生不同的知觉映象。

（四）社会知觉

1. 社会知觉的概念

知觉包括对事物的知觉和对人的知觉，凡对人的知觉都属于社会知觉。社会知觉是社会心理研究的对象，它与组织行为学有密切的关系。

"社会知觉"这一概念，最早是由美国心理学家布鲁纳（J. S. Bruner）于1947年提出的。其最初的含义是指知觉过程受许多社会因素的制约。对其一般的解释是"对人的知觉"。后来，社会心理学家将社会知觉定义为对社会对象的知觉。社会对象包括个人、社会群体和社会组织。从这个意义上讲，社会知觉不仅包括一个人对另一个人的知觉，而且包括个体对群体的知觉、群体对群体的知觉以及对个体间、群体间关系的知觉。

社会知觉是社会交往、社会互动的基础。社会心理学研究表明，人们的社会交往有三个层次。交往的第一层次是信息沟通，交往的双方借助彼此都能理解的符号系统（语言的或非语言的）互通情况。交往的第二层次是社会知觉与归因，即交往的双方都会根据对方提供的信息产生社会知觉，社会知觉主要是对人的知觉，这种知觉不仅能觉察到知觉对象的面部表情、身体姿态和言行举止，而且能通过人的外部特征去推断他的心理活动（如需求、动机、兴趣、态度、价值观等），这是与对物的知觉的最大不同之处。交往的第三层次是形成互动或拒绝互动。社会互动（interaction）是指相互作用，即一种产生了共鸣行为的交往。在社会知觉的基础上，人们凭借自己的主观印象愉快地与人交往，或采取冷淡、敌对、拒绝的态度。

2. 社会知觉的范围

（1）对他人的知觉。对他人的知觉是指通过对他人外部特征的知觉，从而推断出这个人的动机、感情、意向、性格等内在心理状态的过程。人们主要从他人的仪表、表情、风度、言谈、举止、笔迹等方面来推断他的社会地位与内心世界，从而对他人有所认知。如初次见面时，一个人的仪表、风度会影响人们对他的看法。人们总是对仪表堂堂、举止文明的人有好感，这种好感又会扩展到其他方面，进而认为他的人品不错。表情也是影响社会知觉的重要因素。人是富有表情的社会人，研究表明，人可作出25万种表情，表情不仅是个体身心状态的一种指示，而且是向他人传达心意的一种工具。在社会生活中，人们往往根据他人的多种表情来判断其心理，判断的正确程度取决于判断者对他人表情的认知和解释。在现实生活中，通过表情，领导者可以了解群众的思想情绪，父母可以猜测到孩子的心思，恋人之间可以心领神会，体育竞赛中队友能够配合默契，等等。

（2）人际知觉。人际知觉是指对人与人相互关系的知觉，包括对自己与他人及他人与他人的关系的知觉。若人际关系和谐，可以产生一种愉快的心理气氛，促进工作和身体健康。对人际关系状况的知觉也是一种主观判断，明显受情感因素的影响。人们不仅互相感知，而且会彼此产生各种情感，情感对人际关系起促进或阻碍的作用。人与人之间的关系一般可以从三个方面来观察：其一，看人际称呼。陌生人之间用尊称，熟人之间直呼其名表示关系友好；若反其道而行之，则表明关系可能不佳。其二，看人际空间距离。国外学者研究指出，两个人距离在0.47米以内为亲密区，0.47～1.2米之间为熟人区，1.2～3米为社交区。管理者找下属到办公室谈话，可以根据下属自选距离的远近来了解两个人的关系状况。其三，看社交视线。一般认为，目光停留在眉毛与额头之间，是公务视线；目光停留在眼睛与嘴巴之间是社交视线；目光流连在眼睛与上衣第二颗纽扣之间是亲昵视线。一个人的视线也能暴露出他与别人的实际关系。

（3）自我知觉。自我知觉是指个体通过对自己行为的观察来形成对自己心理状况的认识。人们不仅观察别人的行为与内心，而且把自己当作一个客体来认识。每个人都会依照自我知觉来决定该做哪些事，不该做哪些事。一个人如果自我知觉不正确，那么他的行为可能不恰当，不能正确认识自己的人，也不可能正确认识他人；反之，不能正确对待他人的人，也不可能正确对待自己。我们往往以己推人，因此，建立正确的自我观，对于个人正确处理人际关系具有重要意义。

自我知觉主要是要了解自我概念（self-concept）——简言之，就是自己对自己的看法。最先给自我概念下定义的是莱米（Raimy），他认为，“自我概念是综合现在及过去对自己观察而获得的有关自己的知觉组织，是对自己的一种看法与想法”。

威廉·詹姆斯（William James）认为，自我概念包括三个构成要素：物质自我（material self）、社会自我（social self）与精神自我（spiritual self），而这三种构成要素均伴有自我评价的感情（即对自己满意与否）与自我追求的行为（如表2—1所示）。

表2—1　　自我概念的构成要素

类型	自我评价	自我追求
物质自我	对自己的身体、衣着、家族所有物的自豪感或自卑感	追求身体外表欲望的满足，如装饰、爱护家庭
社会自我	对自己在社会上的名誉、地位、亲戚、财产的估计	引人注目，讨好别人，追求情爱、名誉、地位等
精神自我	对自己的智慧、能力、道德水平的优越感或自卑感	在宗教、道德、良心、智慧方面有高要求

自我概念与真实的自我不一定相符，有的人自我感觉良好，自认为能力强，但实际上眼高手低；有的人实际能力强，但自我感觉不好，缺乏自信心，难以发挥潜能。这表明，自我知觉并不是在任何情况下都是正确的。“人贵有自知之明”，但要真正做到有自知之明并非易事。一个人只有以人为镜，以史为镜，以己为镜，不断客观地反思自己的言行，才能逐步正确地了解自己，少犯错误，不断前进。

3. 社会知觉的偏差

对人的知觉依赖许多因素，其中有两个主要因素：一是知觉对象的外部特征，二是知觉的组织结构。知觉的组织结构是指知觉者本人所持有的观点、感情与态度。由于知觉组织结构的存在，人总是戴着“有色眼镜”去看人，因此社会知觉往往出现偏差。常见的偏差有以下几种：

（1）第一印象偏差。第一印象亦称初次印象，即两个素不相识的人第一次见面所形成的印象。在人与人的交往过程中，给人留下的第一印象至关重要。第一印象好，有利于今后的交往；第一印象不好，今后可能不再来往。第一印象主要来自亲眼所见、亲耳所闻，以及对对方的外表与才华的观察。对方的外貌、着装、气质、风度、才华，如果能引起知觉者的好感，就能形成好的第一印象。了解第一印象的作用有实际意义。一方面，任何人在看待别人时，要尽量避免受第一印象的影响，对人产生错误的看法；另一方面，组织的领导者和管理者也应该注意在群众中留下良好的第一印象，不仅上台之初要烧“三把火”，而且要积极地努力工作，树立领导干部勤政爱民的形象，以利于工作的开展。同时，组织的领导者和管理者对组织中犯错误的员工也不宜“印象定格”，而要看到他们的进步与变化，积极做好思想教育工作。

（2）晕轮效应偏差。亦称哈罗效应偏差。人们在观察某人时，如果他的某种品质或特征有明显突出的特点，这个特点可能成为笼罩他的光环，使人们看不到他的其他品质，仅由此作出对这个人整个面貌的判断。例如，某人技术高超，被人认为各方面都好，殊不知，此人也可能有不良嗜好和缺点。

（3）社会刻板印象偏差。社会刻板印象是指人们对于某一种人或某类事物产生的一种比较固定的看法，也是一种概括而笼统的看法。一般人认为，当官的喜欢摆架子，学生很单纯，商人很奸诈；北方人直爽，南方人机灵；等等。人们往往把知觉对象的某些特征归于某一类，带着社会刻板印象去看别人，因而常出偏差。例如，人们认为李白是文人，一定弱不禁风，但事实上，李白的剑术相当好。

知识卡片 2—1

刻板印象阻碍女性从事技术工作

工程、科技和信息技术领域女性人员不足的警钟已经在全球范围内敲响。在美国、加拿大和澳大利亚等国的大学生中，有一半以上是女性，但是其中只有20%学习计算机科学与工程专业。“女性在这个领域仍然是少数，”加拿大渥太华大学电子工程专业四年级学生阿扎尔说，“你能想象到这一情景，当我进入一个四五十人的课堂时，只有三四个女生。”

问题之一是，人们对工程与信息技术工作人员的印象不符合女性希望中的自我形象。“假如问一位女性如何形容典型的IT人士，她很可能这样描述：一位留着长发的男青年，一边嚼着比萨，一边喝着可乐，在电脑前一坐就是一整天。”英国工程人员行业协会的负责人安·斯温嘲弄道。这种担心也被澳大利亚的新闻报道所支持，有报道称：“这个产业留给人们的印象是让女性望而却步的一个主要因素。”

性别角色的刻板印象同时导致很多女性对自己完成工程和技术课程的能力缺乏信心。尽管工程学科的女生和男生的成绩相当，但女生更可能在得到低分时退出这些课程。“学得不好的男生会抱怨教授、课本或课程等种种让他们讨厌的事，”加拿大Calgary大学的一位工程学学生贾斯蒂娜·德雷西卡说，“但女生常常抱怨自己，她们会说‘我确实不够聪明，不能成为一名工程师’，或者说‘这真的不适合我’。”结果，男生留下来了，因为他们抱怨的是环境；而女生离开了，因为她们抱怨的是自己。

（4）投射偏差。投射偏差是指个体在认知他人时，把自己的想法与爱好转移到他人身上。例如，某人请客吃饭，做了几个自己喜欢吃的菜，认为客人也一定喜欢，但事实并非如此。在组织中，管理者在协调各种关系时，一定要将各方人员的真实想法摸清楚，否则以己推人就会产生矛盾。

二、归因

（一）归因的概念

归因是人们对他人或自己的所作所为进行分析，指出其性质或推论其原因的过程。人们在认识外界事物时，并非依靠对各个对象无关联的知觉，而是倾向于考虑前后左右的关系，组成因果系统。例如，某个员工的工作绩效很差，他的主管就有必要搞清楚原因，并进而提出改进建议。这就是一个寻求因果联系的过程。

（二）归因的类型

一个人的行为总是有原因的。如果将人的行为的原因归因于外界环境（如社会舆论、社会条件），称为情境归因；如果将人的行为的原因归因于行为者本身（如能力、兴趣、信仰、态度、性格），则称为个人归因。

个人归因（内在归因）一般可分为两种：一是个人努力程度，二是个人能力。情境归因（外在归因）也可分为两种：一是任务（事业）难度，二是机遇状况。其中，能力、任务难度为稳定因素，努力和机遇则随时改变，不够稳定。在现实中，一般人对行为的成功或者失败有四种归因，不同的归因对以后的工作积极性有很大的影响。

把工作与学习中的成功归结为内部原因，会使人感到满意和自豪；把工作与学习中的成功归结为外部原因，会使人产生惊奇或感激的心情。把工作与学习中的失败归因于智力差、能力弱等稳定的内因，或归因于任务重、难度大等稳定的外因，则可能降低行为者的自信心、成就动机、努力程度，从而降低以后工作的积极性。把工作与学习中的失败归因于自己努力不够等相对不稳定的内因或偶然生病、其他事故等不稳定的外因，则可能增强今后的努力程度与持续性行为，提高以后工作的积极性。

现实中，许多人倾向于把成功归为内因（能力或努力），把失败归为外因（任务难度或运气），这并不奇怪。这种倾向称为利己倾向。员工的这种接受良好行为反应而拒绝接受不良行为反应的倾向是管理者进行行为评价时面临的一项严峻的挑战。利己倾向也可能引发其他问题。例如，它阻碍个体准确地评价自己的行为和能力，且给个体确定行为失败的原因带来很大困难。个体在失败后推卸责任的倾向常常和不良行为及在工作与其他社会环境中无法建立满意的人际关系相联系。一般而言，利己倾向发生在工作环境要求个体将自己和他人进行对比时，管理者和员工通常认为自己比一般人更有道德、更有效率、有更好的表现等。

总之，如果把工作和学习中的失败归因于内外原因中的稳定因素，就会降低人们对成功的期望和信心，难以产生坚定的、持续的努力行为；相反，如果把失败归因于内外原因中不稳定的偶然因素，就会使行为者在今后的学习和工作中接受教训，减少不稳定因素造成的影响，增强信心，不断努力，争取成功。

（三）归因理论

1. 凯利的归因理论

在归因理论中，凯利（H. Kelly）提出的三维归因理论影响最大。凯利根据共变原则提出了一个试图全面解释归因过程的理论。在凯利的理论中，行为的原因有可能来自三个方面，即行为者主体、行为指向的对象和行为发生的环境，归因就是要从中找出能够说明行为发生的主要原因的方面。

凯利认为，人们在生活和工作中主要根据对上述三个方面进行的比较来判断行为背后的真实原因。据此，他提出了归因所依据的三个原则：

（1）一致性原则。将行为主体的行为和他人的行为相比较，看他的行为表现是否与众不同。与他人相同，则一致性高；与他人不同，则一致性低。

（2）一贯性原则。将行为主体的行为根据时间和空间的不同来进行对比。如果行为的发生在时间和空间上具有稳定性，则一贯性高；反之，则一贯性低。

（3）差异性原则。看行为主体的行为表现是否因行为对象而异。如果行为主体的某种行为表现因事而异或因人而异，则差异性高；反之，则差异性低。

2. 维纳的三维归因理论

心理学家维纳（B. Weiner）认为，人们对自己的成功和失败主要归因于四个因素：努力、能力、任务难度和机遇。这四个因素可以根据内外因、是否稳定和是否可控三个维度分类。其中，努力和能力属于内因，任务难度和机遇属于外因；能力和任务难度属于稳定因素，努力和机遇属于不稳定因素；努力是可控的，任务难度和机遇则不可控的。维纳的归因模式如表2—2所示。

表2—2　维纳的归因模式

归因因素 / 归因维度	努力	能力	任务难度	机遇
内外因	内因	内因	外因	外因
稳定性	不稳定	稳定	稳定	不稳定
可控性	可控	—	不可控	不可控

人们对工作成功和失败的归因模式对随后的心理感受和行为反应有很大的影响。表2—3汇总了人们对自己行为的归因模式及相应的心理与行为反应。

在绩效管理中，管理人员对下属的成功与失败也会作归因分析，管理人员对下属工作归因的结果直接影响指向下属的管理措施（如表2—4所示）。

表 2—3　　人们对工作成功和失败的归因模式及相应的心理与行为反应

归因模式 \ 行为结果	成功	失败
能力、努力	满意、自豪	挫折、无助
任务难度、机遇	幸运、感激	不满、敌意
能力、任务难度	工作努力	降低努力程度
努力、机遇	积极性提高/降低	积极性可能提高

表 2—4　　管理人员对下属工作的归因结果及其管理措施

归因结果 \ 行为结果	成功	失败
能力	赞扬、认可、奖励	培养、辞退
努力	赞扬、认可、奖励	批评
任务难度	增加任务难度	降低任务难度
机遇	—	同情、支持

(四) 归因理论对于组织管理的意义

管理者和员工对行为原因的归因对理解组织行为十分重要。比如，一个习惯于把低绩效直接归因于下级的管理者比一个把低绩效归因于超越下级所能控制的环境的管理者更容易采取惩罚手段。管理者若确信员工没完成任务是因为缺少适当的培训，那么他在了解到原因后会给予员工更好的指导或更多的培训。管理者若确信下级因不努力而造成极简单的错误，则会非常愤怒。

归因理论对我们认识人的行为规律也有重要的指导意义。在组织管理工作中，各级管理者在对员工的思想与行为进行引导时，要尽可能地把成功与失败归因于不稳定性因素。对于成功者而言，不能将成功完全归因于他们智力水平高、能力强，要引导他们注意不稳定的内部和外部原因，如他们工作努力、各方面支持配合、任务较易完成、精神状态好等。对于失败者，要引导他们将失败归因于努力不够、条件不成熟、领导不力等，而尽量避免归因于能力差、水平低、任务太难等稳定的内外部因素。这样，才能使成功者不骄不躁，使失败者不懈努力。

第 2 节　态度与价值观

一、态度

(一) 态度的概念

态度是个人对特定对象所持有的心理倾向。这种倾向是外界刺激与个人反应之间的中介因素。特定对象的范围非常广泛，包括人和各种事物，这些对象可称为态度对象。个人根据态度的不同，对外界刺激作出不同的反应。

态度包括三种心理成分：认知成分、情感成分和行为倾向成分。其中，认知成分是指对态度对象的感知、思维、理解和看法，即对态度对象真假好坏的笼统的认识。情感成分是指个人对态度对象的情感体验，即对态度对象的好恶情感反应的程度，通常使用“喜欢—厌恶”、“尊敬—轻视”、“热爱—仇恨”等词表示。例如，“他是一个好员工”。行为倾向成分是指个人对态度对象的行为倾向。例如，“他是一个好员工，我打算褒奖他”。态度的行为倾向是行为的准备状态，是行动之前的意向活动。

（二）态度的特征

态度是复杂多样的，但也有自身的规律。许多心理学家认为，态度具有以下特征：

1. 习得性

心理学家谢里夫（M. Shenf）认为，态度不是生来就有的，而是在经验的基础上后天习得的。也就是说，态度是在社会生活中，受社会环境的影响并经过学习逐渐形成的。例如，雷锋“对待同志像春天般的温暖，对待敌人像严冬一样毫不留情”，这种态度是党和人民多年教育的结果。一个人的态度形成后，又反过来对外界事物、对他人产生反应。在反应过程中，个人不断调整和发展自己的态度，使其态度体系不断完善。

2. 对象性

态度是针对某一对象或状况而产生的，反映了主体和客体的关系。态度不是抽象的，而是针对某些对象的。例如，管理人员对员工的态度，群众对某项管理制度的态度等都是针对具体的对象的。由于社会事物具有多样性，因此态度也具有多样性。态度的种类很多，包括政治态度、工作态度、学习态度、经济态度、文化态度等，一个人往往有多种态度并存。

3. 协调性

态度中的认知、情感、行为倾向三种心理成分是相互协调一致的。例如，大家认为某劳模是一个无私奉献的人（认知成分），对他十分钦佩（情感成分），都愿意向他学习（行为倾向成分）。这一过程由认知到情感继而产生行为倾向，十分自然和谐，但有时态度的三种心理成分之间也会发生不一致的情况，当三者发生矛盾时，其中的情感成分起主要作用。在现实生活中，有些道理大家都明白，但这些道理并不能真正转变一个人的态度，因为认识上的转变很容易发生，要在思想感情上发生转变就比较困难，也很缓慢。在企业组织中，有些员工犯了错误后，写了许多书面检讨，但态度并没有发生根本的改变，原因就在于对企业、领导者与同事缺乏感情。情感成分具有很强烈的抗变化性。如果不参与一场激烈的竞争，不面临一种特别大的压力，人们是不会轻易改变自己的态度的。

4. 持续性

态度的持续性亦称态度的稳定性。态度不是一下子就能形成的，但态度形成之后，将持续一段时间而不会轻易改变，久而久之，将内化为个性的一部分，以固有的行为方式表现出来。例如，爱抽烟者不管在什么场合都会掏出烟来抽，不仅自己抽，而且会递烟给别人。态度在一定条件下也是可以改变的，特别是在态度还不太稳定或有新经验介入的情况下，容易发生变化。例如，当顾客还未真正喜欢某种品牌时，商家可以使用各种促销手段来吸引顾客，以改变顾客对品牌的态度。

5. 内隐性

态度是一种内在心理倾向，它虽然影响行为，但并不等于行为本身。态度是内隐的，只能从当事人的言行举止中去推测。例如，有的人虽然不善言辞，但时时处处都认真工作，我们可以认为他对工作的态度是认真的。由于态度是内隐的，个人的态度不一定都会从行为中体现出来，因此真正的态度需要经过长期的观察才能了解。

（三）态度的功能

态度作为刺激与行为反应之间的中介因素，对个体具有很多方面的功能：

1. 影响社会知觉

某一特定态度一旦形成，就会成为一种知觉框架，个体凭借自己的好恶喜厌情感，对信息进行筛选，有选择地接受对自己有利的信息，排斥不合适的信息，甚至曲解信息而产生错误的认识，形成某种偏见。例如，某员工对某领导持不信任的态度，把领导的一言一行都看成是虚情假意，实际上就歪曲了事实。

2. 影响社会行为

社会行为明显受到态度的影响，主要表现在以下方面：

（1）忍耐力。个体从事有目的的活动，在环境中遇到障碍或干扰而无法达到目标时，便会产生挫折感。对于挫折，人们的态度是不同的，有的人勇于向挫折挑战，百折不挠；有的人却很容易一蹶不振，精神崩溃。这种对挫折的适应能力，即挫折的忍耐力（容忍力）与个体对引起挫折的事物的态度密切相关。奥尔波特（Allport）指出："态度是根据经验而系统化了的一种心理和神经的准备状态，它对个人的反应具有指导性的或动力性的影响。"态度是人的行为的一种准备状态。一个人如果持乐观的人生态度，也许能经受住许多挫折的考验，反之则不能容忍挫折。可见，一个人的态度与忍耐力是密切相关的。

（2）社会交往。人的某种态度与某种情绪、情感是否满足有关，社会交往能满足个人的感情需要，但个人的社会交往又受到其原有的态度体系的影响，个人已形成的态度会使他对特定的人持有一套或强或弱的固定看法。"物以类聚，人以群分"，人总是根据自己的品位去选择交往的对象。例如，有的人彼此住得很近却无话可讲，有的人相隔很远却成了好朋友。

（3）行为动机。态度具有动机作用，包含行为意向因素，因而能驱使人们趋向或背离某些事物，使人具有某些嗜好和禁忌。有些人热衷于炒股票，就是由于对"炒股票能赚钱"的说法持有肯定的态度。

（四）态度与行为的一致性

态度与行为关系密切，但也存在差异。

1. 态度对行为有一定的影响

人的行为按性质可划分为积极的、中性的和消极的。不同的行为受到不同的态度的影响，员工对企业的发展持合作关心的态度、消极对抗的态度还是无所谓的态度，会影响他们的行为方向和方式。根据态度，可以预见人的行为倾向。管理人员可以通过观察、访谈与测量等方法了解人们的态度。

2. 态度与行为不完全一致

20世纪30年代，美国心理学家拉皮尔（Lapiere）研究了旅馆老板的表面态度与具体行为之间的关系。拉皮尔曾带领一名中国学生和他的妻子游历美国，他们先后体验了66家旅馆、184家饭店。所有的旅馆都为他们提供了床位，所有的饭店都为他们提供了餐饮。事实上，在此之前，他们曾给这些地方寄去一封信，问他们是否愿意把中国人当做客人接待，有92%的答复为“不愿意”。这项研究表明，态度与行为并非一一对应。

布罗伊菲尔德（A. H. Broyfield）和克罗克特（Crockett）对员工的工作态度与生产率的关系进行了长达40年的研究。他们发现，对工作感到满意的员工，其工作效率可能很高，但对工作持消极的态度、感到不满意的员工，工作效率也可能很高。他们认为，员工对工作所持的态度与生产效率没有一一对应的关系。为什么态度与行为会不一致呢？这主要有几个原因：

（1）同一对象具有许多属性与特征，因此，可能有几种相矛盾的态度并存，而人们总是根据自己的价值观、需要与兴趣采取相应的行为。上述例子中，旅馆老板歧视东方人，但他也想赚钱，在两种相互矛盾的态度中，他的行为倾向于后者。

（2）受到当时情境的影响。例如，某人到西藏工作，尽管他不喜欢吃牛肉、羊肉，但别无选择，不吃就要挨饿，只好硬着头皮吃。有的员工对工作不满意，但是他不能消极怠工，否则会受到批评与处罚，甚至被除名，组织情境的压力迫使他认真做好本职工作。

（3）态度不以口头表示为标准。由于心理结构的复杂性，个体行为往往受多种因素的制约。口头表示往往是不甚可取的态度。有的人口口声声拥护改革，但是一旦实施改革，他们可能成为改革的阻力。所以，想了解人的态度与行为二者的关系，不能听他是怎样说的，而要看他是怎样做的。

知识卡片 2—2

登门槛效应

登门槛效应是指一个人一旦接受了他人的一个微不足道的要求，为了避免认知上的不协调，或想给他人留下前后一致的印象，就有可能接受更大的要求。这种现象犹如登门槛时一级台阶一级台阶逐级向上，这样能更容易、更顺利地登上高处。当个体接受了一个小的要求后，为保持形象的一致，可能会接受一项更重大、更不合意的要求，这叫做登门槛效应，又称得寸进尺效应。

心理学家认为，一般情况下，人们都不愿接受较高、较难的要求，因为它费时费力且难以成功，相反，往往乐于接受较小、较易达到的要求，在达到了较小的要求后，人们才慢慢地接受较大的要求，这就是登门槛效应对人的影响。明代的洪自成也曾谈到这个问题，他在《菜根谭》中说："攻之恶勿太严，要思其堪受；教人之善勿太高，当使人可从。"

社会心理学家弗里德曼（Friedman）在 20 世纪 60 年代做了一个非常经典的实验。研究的第一步是，先到各家各户向家庭主妇们提出一个小的要求，请她们支持"安全委员会"的工作，在一封呼吁安全驾驶的公开信上签名。研究的第二步是，在两周以后，由原来的两个大学生实验者重新找到这些主妇，问能否在她们的前院立一块不太美观的大告示牌，上面写着"谨慎驾驶"。实验的结果表明，先前在公开信上签过名的大部分人（55%以上）都会同意立告示牌，而没有签过名的主妇，只有不足 17%的人接受了这一要求。这个实验验证了登门槛效应的存在。

（五）态度的改变

态度形成后，能保持长久，成为个性的一部分。但态度不是一成不变的，它会随着外界条件的变化而变化，态度的形成与转变可以同步进行。

1. 关于态度改变的理论

（1）认知失调理论。认知失调理论是心理学家费斯廷格（L. Festinger）于 1957 年创立的。他把个人的知觉、思维、观点、信念、价值观以及与认知有关的环境称为认知元素，把每两种认知元素之间的关系分为协调、不协调、不相关三种情况。认知失调是指两种认知元素之间的不一致。

认知失调理论的假说是，认知元素之间的矛盾或失调，使个体心理上的不快感和压迫感加剧，这时人们就设法减轻或消除不协调关系，从而促使个人的态度发生改变。认知元素之间不协调的强度与方向差距越大，人们想要减轻或消除不协调关系的动机就越强。

认知失调主要有两种来源：一是个人的决策行为，即需要在多个有同等价值的方案中作出选择的行为；二是与自己的态度相矛盾的行为，即采取与自己意愿不一致的行为。这种认知的不一致将产生某种推动力，使人的态度发生改变。例如：

认知元素 A——我喜欢抽烟

认知元素 B_1——抽烟可以提神

认知元素 B_2——抽烟可导致肺癌

很显然，认知元素 A 与 B_1 之间的关系是协调的，认知元素 A 与 B_2 之间的关系则是不协调的。要减轻或解除认知失调，费斯廷格认为有三种方法：

1）改变某种认知元素，使之与其他元素间不协调的关系趋于协调。例如，认知元素 A"我喜欢抽烟"与认知元素 B_2"抽烟可导致肺癌"是不协调的，那么这个人要么将认知元素 A 改为“我不抽烟”，要么将认知元素 B_2 改为“我不相信抽烟可导致肺癌”，以达到认知协调。

2）增加新的认知元素，加强认知系统的协调。若某人坚持认知元素 A“我喜欢抽烟”，则可能增加认知元素 C“抽烟可以减轻精神压力，有利于心理健康”，或增加认知元素 D“抽烟者中也有很多人长寿”等，以强化认知元素间的一致性。

3）强调某认知元素的重要性与不可动摇性。例如，某人坚持要抽烟，他会说：“我不愿戒烟，但是可以少抽点，不抽差烟，抽好烟”，“抽烟有好处，也有坏处，要一分为二。”

（2）平衡理论。心理学家海德（F. Heider）于 1958 年提出了改变态度的“平衡理论”，有人称之为 P-O-X 模型。海德认为，在人的认知系统中存在使某种情感或评价之间趋向一致的心理压力，消除这种心理压力的过程，就是态度发生改变的过程。

海德认为，态度的对象包括人物、事物和概念。海德把构成一体的两个对象的关系称为单元关系，其关系由类似、接近、相属构成。人们对构成单元关系的每种对象都有“喜欢—不喜欢”、“肯定—否定”的情感或评价。海德把这种情感与评价称为思想感情。当个体对单元对象的思想感情方向一致时，其认知体系便呈现平衡状态。反之，当个体对单元对象的思想感情方向矛盾时，其认知体系便呈现不平衡状态。这种不平衡状态将引起个体心理的紧张与不满，从而激活改变态度的动机。

海德十分重视人际关系对态度的影响。一个人（*P*）对某一对象（*X*）的态度，受他人（*O*）对该对象态度的影响。如果 *P*、*O*、*X* 三者关系相适应，则 P-O-X 体系呈现均衡状态；否则，呈非均衡状态。海德从单元关系出发，通过推论提出了 *P*、*O*、*X* 三者关系的八种模式，其中四种是平衡的，四种是不平衡的（如图 2—7 所示）。

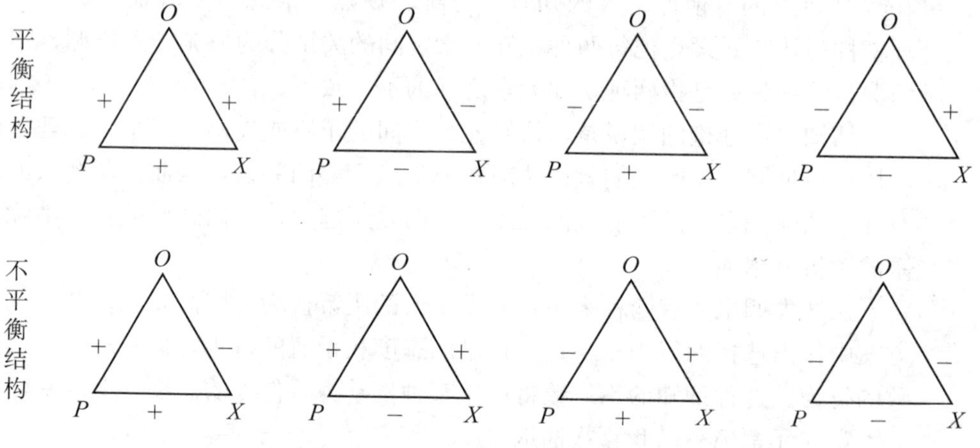

图 2—7　海德平衡理论示意图

由图 2—7，我们可以发现两条规律：

1）平衡结构的三角形三边的符号相乘为正。

2）不平衡结构的三角形三边的符号相乘为负。

假设 *P* 为工人，*X* 为音乐，*O* 为厂长。如果 *P* 喜欢 *X*，*O* 又鼓励工人学 *X*，这时 *P-O-X* 为平衡结构。如果 *P* 喜欢 *X*，*O* 否定 *X*，这时 *P-O-X* 为不平衡结构，不平衡结构会导致认知体系发生各种变化。

海德的平衡理论使人们可用“最小努力原则”来预测不平衡状态所产生的效应，使个体能有效地改变思想感情关系，形成新的平衡结构。平衡理论直观地描述了通过改变认知来改变态度的方法，说明在现实生活中有多种改变不平衡状态的途径。因此，平衡理论成为解释态度改变的一种重要理论。

（3）参与改变理论。德国心理学家勒温于 20 世纪 40 年代提出了参与改变理论。勒温认为，个体态度的改变依赖于参与群体活动的方式，不能离开群体的规范和价值；个体在群体中的活动性质，既能决定他的态度，也会改变他的态度。

勒温在群体动力研究中发现，个人在群体中的活动可分为主动型和被动型两大类。主动型的人主动介入群体活动，他们参与政策的制定，参与权力的运用，自觉遵守群体规范。被动型的人被动地介入群体活动，他们服从权威和别人制定的政策，盲目遵守群体规范。为了研究个人参与群体活动对改变态度的影响力，勒温就美国家庭主妇会不会改变对吃动物内脏的态度做了实验。

实验分为控制组和实验组。他用演讲的方式对控制组成员讲解动物内脏的营养价值和烹饪方法，要求他们改变对动物内脏的厌恶态度，把它作为日常食材。勒温组织实验组的人讨论动物内脏的营养价值，共同研究烹饪方法，并且分析用它做菜有可能遇到的困难和清洁问题等，最后由营养专家指导每个成员亲自尝试烹煮。实验结果为：控制组中有 3%的人用动物内脏做菜；实验组中有 32%的人用动物内脏做菜。实验证明，由于实验组的主妇们主动参与了群体活动，因此态度的改变非常显著。由此，勒温提出了参与改变理论。

2. 影响态度改变的因素

改变态度并不像一般学习那么简单。学习有时只能改变一个人的认知，不一定能改变他的情感和意向。态度的改变比态度的形成更困难，但是态度毕竟是在后天经过学习形成的，这种可塑性为态度的转变创造了条件。

（1）态度本身的特性。主要包括：幼年时习得的态度不容易改变，极端的态度不容易改变，建立在许多事实基础上的态度不容易改变，认知、情感、意向三者协调的态度不容易改变，多次得到强化的态度不容易改变，与价值观有密切关系的态度不容易改变。

（2）个性因素。主要包括：1）智能水准。对于复杂的事物，智能水准高者能判断是非，主动改变态度；智能水准较低者缺乏判断力，容易受他人与群体的影响并屈从于压力，被动地改变自己的态度。2）性格特征。顺从型性格的人有较强的依赖性，信任权威，易改变自己的态度；独立型性格的人爱思考问题，能根据事实决定是否改变态度；偏执型性格的人对别人的观点缺乏理解力、否定权威、思想固执、不愿变通，态度不易改变。3）自我防卫机制。弗洛伊德认为，当人遭受挫折而产生强烈的焦虑时，为了缓和内心的冲突与不安，人的意识中出现了一些歪曲现实、保护自我的机制，这就是自我防卫机制。自卑感强的人，自我防卫机制能量大，为了维护自尊，很少向外界让步，其态度很难改变；自信心强的人则挫折感小，自我防卫机制能量小，乐于接受他人观点并改变自己的态度。

（3）个体与群体的关系。由于态度的形成与个人所属的群体有密切的关系，因此，当一个人对其所属的群体具有认同感与归属感时，要他采取与群体规范不一致的态度就不太容易。反之，如果个体缺乏群体的认同感，他就容易受外界影响而改变原有的态度。

（4）社会情境的变化。社会情境包括社会大环境和社会亚环境。社会大环境包括社会制度、国家法律、经济状况和社会风气等因素；社会亚环境包括组织环境、群体环境中的管理状况、人际关系现状、生产经营状况等因素。社会情境对个体而言都是社会刺激。这些社会刺激潜移默化地影响人的态度的形成与变化。许多年前有人对改革开放持怀疑态度，但是，几年后由于改革开放获得了成功，大家都得到了一定的实惠，许多人纷纷改变了原来的态度。

3. 促使态度改变的方法

（1）改变认知因素。1972 年贝姆（D. J. Bem）提出了自我知觉理论。他通过研究认为，人们所有的态度都建立在对自己行为的知觉的基础上，人们对其态度的自我知觉通常被人们的内驱力唤起，从而导致态度的改变。可以通过学习新知识、观察新事物来激起认知因素的运动，唤起自我知觉的更新。

（2）接触。史密斯（F. T. Smith）的实验证实：增加接触有助于改变态度。该实验安排 46 位白人学生到黑人居住区，连续两周与著名黑人见面、听演讲、参加午餐会等。结果有 40 人对黑人的态度变得友善，这种友善态度相当稳定，一年后仍未改变。

（3）参与活动。通过参与实践活动、学习知识来改变态度，是理论联系实际改变态度的好方法。如管理人员下车间劳动，学生参加军训，领导深入群众调查研究等。

（4）利用群体规范。群体的法规、制度、公约具有一定的强制力，可以迫使个体服从规范改变态度。如果将群体规范与思想政治工作结合起来，效果会更好。心理学家认为，舆论能够使人们的道德行为迅速地发生定向反应，使人们在心理上激起情感波动而改变自己的态度。

二、价值观

（一）价值观的概念

关于“价值”，各学科有不同的解释。哲学家认为，价值是客体满足主体需要的关系。心理学家认为，价值是事物对人的意义与重要性，是主体在一般行为中表现出来的对于选择对象的重要性的认可和断定。一个事物有价值，意味着该事物对人有一定的重要性，值得追求与行动。

心理学家斯普兰格（Spranger）将价值划分为经济的、理论的、审美的、社会的、政治的和宗教的等类型。不同的价值对应不同的追求和行为。一个人价值体系中占主导地位的价值，决定着他的人生态度和生活方式。经济型的人重功利和实用，理论型的人重科学和智慧，审美型的人重形式和和谐，社会型的人重利他和感情，政治型的人重努力和影响，宗教型的人重神灵和超越。由此可见，价值的定位与人性假设有关系。这里所说的人性，实质上是对人的价值观念与行为取向的一种描述。事物的价值一旦内化为人的个性，所形成的价值体系就成为个体头脑中存在的对事物重要性的评价尺度，这便是价值观（values）。

（二）价值观的基本特征

1. 价值观是事物价值的主观反映

任何事物都有使用价值和实际效益，每个人由于视角不同，对事物价值的感受与评价各不相同，也就是说，价值观有很大的主观性，对同一事物可能存在多种价值评价尺度。

2. 价值观以人的需要为基础

赖因（R. Lane）认为，“价值”这一术语有两方面的含义：一是一个人想要的，即需要和动机的对象；二是一个人觉得应该要的，是值得期望的。事物是否有价值，取决于满足个体需要的程度。离开了需要，事物就无价值可言，价值观是建立在人的基本需要之上的，反过来又调节人的需要。

3. 价值观是一个具有不同层次和类型的结构系统

价值观是一个具有不同层次和类型的复杂结构，也称价值系统。英国心理学家罗姆·哈里和罗杰·兰姆（Rom Hare and Roger Lamb）在《心理学百科词典》中提出：价值存在不同的层次，道德是最基本的。根据他们的观点，价值观可分为不同的层次，最高层次为社会整体价值观，以道德伦理、社会规范、社会需要作为判断事物是否有价值及有多大价值从而决定取舍的标准；中间层次为组织价值观，即建立在组织、群体利益与需要基础上的价值评价尺度；最低层次为个人价值观，即以个人的情感、需要为依托的价值观念。在社会化的过程中，随着社会实践范围的扩大，个人价值观逐渐发展成为组织价值观与社会整体价值观；随着年龄的增长，不同层次的价值观日趋丰富。

价值系统不仅具有层次性，而且可以划分为不同的类型。高尔顿（Galton）将价值的形态分为事物价值、个人价值与社会价值。他认为，事物有价值，人本身也有价值，人既是有需要的主体，又是以自己的实践来满足自身需要和社会需要的客体。个人的社会实践活动对于社会需要的满足程度，则表现为社会价值。由上述研究可知，价值观是个体对周围世界中人、事、物的价值及价值取舍的看法。由于客观世界复杂多样，个体的社会经历不同，因此价值观是一个多层次、多类型的结构系统，其中，占主导地位的价值观决定着个体的人生态度与生活方式。

4. 价值观是个性心理结构的核心因素

价值观处于个性心理结构的深层，经常调节和制约其他个性品质和特点，使它们成为统一的结构或整体。价值观是个性倾向中高层次的定向系统，是个体适应社会环境、参与社会生活的内在的调整机制，保证个体在生活中作出重要的、有意义的选择，所以，它直接决定一个人理想、信念、生活目标和追求方向的性质。价值观也调节和制约个性倾向中低层次的需求、动机、兴趣和愿望等内在倾向。价值观对人的性格、能力、气质等心理特征均有制约作用。由此可见，价值观对个体行为的影响最大，组织者要引导员工实施良好的行为，就应从培育他们正确的价值观入手。

（三）个体价值观的确定

个体价值观的确定是社会化的结果。在社会化过程中，个体把一些对自身生存发展有积极意义的客体的有关方面和关系内化成价值观。从个性心理形成的历史看，最初形成的是“价值表象”，随后形成抽象的“价值概念”，最后形成系统的“价值观”，此三者构成人的价值系统。从个体价值观确立的具体过程看，大致要经过以下环节：

1. 从满足需要中产生价值感

价值感是认识价值的起点。价值感是一个人的主观感受，感受到的是事物、他人、自我、社会的价值。这种感受是自发的、感应性的。自发感应的原动力则是需要。因需而求，因求而得，因得而生价值感。例如，因饥饿而觅食，觅食得以饱腹，食欲满足使人产生价值感；为了实现个人价值而努力工作，努力工作取得了成就，成就使人产生价值感。总之，没有需要，人们就不会对事物的价值产生主观感受；组织若能创造条件满足员工合理的需要，就有利于员工形成良好的价值感。

2. 在社会学习中确定价值观

价值观与价值感不同，价值感以感情为基础，价值观偏重于认知，它是个人对事物的价值的判断。世界上的价值观有很多种，哪一种更适合自己，不是一下子就能弄清楚的。一般来说，个体的价值观是价值感与多种价值观冲突调适的结果。个体在了解客观现实、认识自我的过程中，需要经过了解、思考、选择、比较、组合与调适等学习阶段，才能建立自己的价值观。组织中的员工个人的价值观，是员工对社会价值、集体价值、事物价值的自觉选择内化的结果。因此，从组织行为来说，组织不能将某种价值观强加于每个员工，只能营造一种组织价值理念，通过教育引导员工，让他们在工作中获得成就感，认同并自觉接受组织所需要的价值观念。

3. 依据价值标准作出价值判断

价值观的核心是价值判断，价值判断是个体对事物、他人、自己、组织及社会的价值评价。价值判断是内在的一种尺度，是依据某种价值标准作出的。价值标准包括是非标准和善恶标准。前者根据客观规律来区分事实的是非真伪，是追求真理的标准；后者根据社会伦理道德的规范去判断善恶美丑的标准。是非标准比较客观，因为它以科学事实为依据，比较容易作出价值判断；善恶标准比较主观，善与恶是相对的概念，且各民族、各地域民俗风情不同，善恶标准有很大差异，即使在一个民族、一个国家内，善恶标准也因阶级、阶层、集团、组织、群体和个体而存在差异。所以，一个人要有正确的价值判断，就必须学习科学知识，掌握辩证唯物主义和历史唯物主义，看清事物发展的方向，同时还要主动积极地参与社会生活的实践，注重伦理与实践的结合，认同社会整体价值标准与道德规范，将社会整体的价值标准、组织的是非善恶标准与个人的需要及价值感结合起来。

（四）价值取向与行为

价值观与人的行为关系密切，当一种价值观内化为人的行为导向时，就被称为价值取向。价值取向指导一个人的生活方式和社会行为规范，它的任何变化都会直接影响个体的生活态度。

1. 价值取向的类型

（1）社会价值取向。根据一个人对社会的态度，可分为亲社会价值取向和反社会价值取向。亲社会价值取向的特征是遵从社会道德标准与社会主导价值，在我国，就是以利他和服务社会作为自己的价值标准，在行为上表现为以社会主义事业与经济建设为己任，把服务他人和服务社会作为最主要的工作。反社会价值取向的特征是与社会道德标准和社会主导价值观相对抗，以极端利己和为社会制造麻烦作为自己的价值标准，在行为上表现为违法乱纪，反叛越轨，多见于犯罪分子。

（2）组织价值取向。根据一个人对组织的态度，可分为亲组织价值取向和反组织价值取向。亲组织价值取向的特征是遵从组织与群体的价值取向，在我国，就是以组织规范与利益作为自己的价值标准，在行为上视组织与群体为自己的归属，"厂荣我荣、厂耻我耻"，以主人翁的姿态对待工作。反组织价值取向的特征是破坏或阻挠组织或群体的价值取向，以背离组织规范、我行我素为价值标准，在行动上表现为违反组织纪律，多为"害群之马"或与组织格格不入者。

（3）根据一个人对自己的态度，可分为自我肯定价值取向和自我否定价值取向。自我肯定价值取向的特征是承认并肯定自己的价值，"天生我材必有用"，对自己的能力和作用有较高的评价，以自尊、自爱为价值标准，在行为上多表现为非常自信，肯定自己，有较强的独立性与创造意识。自我否定价值取向的特征是否定与抹杀自己的存在价值，对自己的能力和作用感到怀疑，以自卑、自我否定为价值标准，在行为上表现为否定自己，轻视自己，不尊重自己，独立性差，消极被动，依赖性强，常有孤独感和自卑感。

事实上，人的价值取向是多元的，经过排列组合，可以形成诸如"亲社会—自我肯定"、"反组织—自我肯定"、"亲组织—自我否定"等价值取向，影响或直接导致个体形形色色的社会行为的发生。

2. 三种价值取向的关系

社会价值取向、组织价值取向与个体价值取向之间相互影响、相互制约，共同控制个体的心理状态与外显行为。

社会价值取向是一种全民利益价值取向，它将社会、国家、民族的利益放在首位，强调遵循局部服从整体、个人服从国家的社会生活准则或道德态度。个体价值取向是满足个体潜能需要的行为取向，它是个体行为最基本的动力。组织价值取向是组织全体成员共同认同的行为准则与价值取向。它为所有成员提供一种朝着同一方向努力的意识，也为全体成员日常行为规范提供指导方针，是一个组织产生持久的向心力和凝聚力的源泉。

组织价值取向是个体价值取向和社会价值取向产生交互作用的中介。它的存在受社会价值取向的引导，否则就会产生社会与组织的冲突。同时，它也需要结合全体员工的个体价值取向的共性，否则就会产生个体与组织冲突。通过上面的分析，我们应该清醒地认识到，要正确处理组织价值取向、个体价值取向和社会价值取向三者的关系，必须做到以社会价值取向为主导，以个体价值取向为基础，以组织价值取向为主体。只有这样，才能确立一个具有特色的个性化的组织价值取向。

思考与讨论题

1. 什么是知觉？知觉的基本特征是什么的？
2. 什么是态度？态度的结构是什么样的？
3. 态度与行为的关系是什么样的？管理者如何改变员工的态度？
4. 什么是归因？归因有哪些类型？请举例说明。
5. 什么是价值观？价值观的基本特征是什么？
6. 价值取向有哪些类型？请列举并说明各类型的特征。

随堂测验

反馈态度测试

下面的14句话都是上级经常向下级说的。请用下面的5级量表来表示你在向下级说这些话时的感觉：1＝很不舒服，2＝比较不舒服，3＝有些不舒服，4＝有一点不舒服，5＝没有什么不舒服。

1. 告诉你朋友的下级，他不能总是迟到。
2. 跟一位员工谈他的工作绩效。
3. 问一位下级对你给他的绩效评分有什么看法。
4. 对一位下级说，他跟别的员工打交道和相处有些问题，应在这方面采取措施。
5. 一位下级对你给他的绩效评分不满意，你对此作出反应。
6. 在你与一位下级谈到他工作中的错误时，他比较冲动，并且保持警惕和防卫态度。
7. 给一位未达到基本的工作要求的下级打分，表明他的工作需要改进。
8. 与一位下级进行考核谈话时，让他也谈谈想法。
9. 在你给一位下级做绩效讲评时，他要求你说明你给他这种评价的根据是什么。
10. 向上级建议辞退一名员工。
11. 告诉一位下级，你对让你给他的工作当裁判感到不安。
12. 对一位下级说，他的绩效是可以改进的。
13. 告诉一位下级，你不能容忍他工间休息超过规定时间。

14. 告诉一位下级，你不能容忍他上班时间打私人电话。

评分方法：将第 1～第 14 项的得分相加，得分越高，表示你的感觉越好；得分越低，表示你的感觉越糟糕。

案例研究

高副总经理的困境

得益于中澳两国政府的推动，在辽宁地质矿产勘探局和澳大利亚光塔公司的共同努力下，经中澳双方近半年的协商，中澳金刚石有限公司在东北重工业城市沈阳市正式成立。澳籍华人高建由于其前期的出色工作，被任命为公司的常务副总经理，主管日常工作。作为深受光塔公司器重的年轻经理，他一心想将海外的高新科技和现代管理知识应用于国内，施展一番拳脚，中澳金刚石有限公司就是他的一个成功“杰作”。但随后几个月的工作让他感到事情并不像原来想象的那么简单。

检验筛事件

由于勘探前期工作需要大量的野外作业，因此该公司与辽宁省地矿局第九地质队签订了承包协议，将地质工作设计的水系重砂样品、水系大样、物探检测、钻井等主要的勘查工程发包给第九地质队施工（其中包括实验室成果鉴定工作）。公司对工程和样品发包的质量进行监督，监理工程师和总工程师负责工程和样品的最终验收，地质队按公司提出的设计完成工程，公司按样品完成的数量、质量及工程进展情况付给第九地质队工程承包款。

5 月末，第九地质队队长向高副总经理抱怨说，地质队自 4 月 15 日开展野外作业以来，布设了大量水系重砂样品、水系大样，完成了大量的实验室检查和物探查证工作，却一直未收到公司的工程款，野外工作人员怨声载道，人心涣散，如此下去将影响工程的进程和质量。此外，实验检验人员也要求尽快注入资金，更换原有的检验设备。

工程付款涉及技术、监理、财务等几个环节，过程比较复杂，事关双方的合作和公司的发展，高副总经理自然非常重视。他首先找到了主管工程监理的郝先生。郝先生原来是第九地质队的地质专家，有丰富的找矿经验，在国内享有盛誉，是第一位获得政府津贴的地质专家。他为人正直，工作勤恳、努力，深得澳方信任。常年的野外工作练就了他的走路本领，即使在山上也健步如飞，澳方地质专家琳达戏称他为“兔子”。从野外赶回来的郝先生向高副总经理汇报说：第九地质队为了多挣钱，一个月内完成了 60 个样品，大大超过了公司要求的每个月 45 个样品的限额，而且完成的样品中有许多是不合格的。郝先生作为第九地质队的资深专家，作出这样的鉴定报告是要承受巨大的压力的，这使高副总经理很受感动。高副总经理在视察时也发现，实验室的鉴定成果并不尽如人意，并且更令他吃惊的是，在原有标准检验筛虽磨损但仍可使用的情况下，检验员竟然用自制筛筛选样品，严重违反了技术规程。当被问及自制筛会不会漏掉有价值的样品时，检验员却说以前就是这样做的（原因应该是标准检验筛磨损后使用不便，而自制筛则使用非常简便），尤其令高副总经理不可容忍的是，她竟然说了句：“漏掉样品是正常的，神仙也不能保证做到不漏掉样品……”

地质图延误事件

公司的技术工作主要是将野外的地质工作及成果形成文字，同时由绘图员绘出样品布设图及勘探成果图发送给澳方总部，再将澳方的意见与指示下达给地质队。澳方地质专家琳达6月初来公司视察后，要求公司使用Mapinfo软件绘图（因澳方一直使用该软件），这使绘图员小蔓非常为难。

小蔓一年前毕业于武汉某测绘中专学校绘图专业，在校学习时使用的是当时比较先进的Mapzip制图软件，毕业后也一直使用该软件制图，表现非常优秀。在澳方要求使用Mapinfo软件后，她马上与软件商联系购买该软件，并很快自学了该软件的操作方法，但由于软件在运行过程中与原系统不兼容，总是出现一些问题，小蔓不得不三番五次地找软件商过来调试。经过五天的加班工作，小蔓终于使用Mapinfo软件制出了高质量、高清晰度的地质图。当她满心欢喜地将制好的工作图交给琳达和高副总经理时，不但没受到表扬，反而因时间的延误受到了指责。因为在澳方光塔公司内部，制图员必须按地质专家的要求及时、准确地提供地质工作图和成果图，不允许出现晚交或递交有错误的地质图的情况。由于小蔓未能按琳达的要求在指定时间内绘制出勘探成果图，琳达和高副总经理对此很不满意。这件事让小蔓很生气，她周围的中方员工也纷纷为她抱不平：琳达突然要求换软件，出图时间又那么紧，小蔓这几天每天都加班工作到晚上10点，高总连声“辛苦”都没说，只强调以后一定要按时交图，太没有人情味了。

对工资的抱怨

到了7月，也许是夏季炎热天气的影响，公司员工的情绪明显有些低落，不像前几个月那么热情高涨。由于公司员工少，每个人都要做几份工作，每天的工作量特别大，很少正点下班，晚上加班也是常有的事，遇到特殊情况，星期六也要加班，但从未得到过加班费，大家心里都很不是滋味。尤其是三位司机，因为经常要送公司经理、总工程师及澳方专家去野外，起早贪黑，十分辛苦，节假日也因工作关系很少在家，他们私下里常常议论工资待遇问题。虽然公司中方人员的工资比在原单位要高，但原来的工作强度远没有现在大，也很少有加班的情况。刚开始大家觉得工资给得多，工作多干些也是可以的，但随着工作强度的增加，个人休息时间的减少，大家都有种得不偿失的感觉。为此，一些原来从地矿局抽调来的人员思想波动较大，甚至有人开玩笑说：“外国老板给的钱是多，但不如自家的大锅饭好吃。”

高副总经理对大家情绪上的变化虽已有察觉，但一直无暇顾及。这几个月来，他一直奔波于公司、野外和澳方总部之间，大部分时间都用于地质技术、成果的汇总与汇报，与澳方的沟通、协调，做计划安排等工作。

资料来源：余凯成：《组织行为学》，3版，大连，大连理工大学出版社，2001。

[讨论题]

1. 你认为高副总经理在与员工的沟通交流上存在哪些问题？试分析原因。
2. 如果你是高副总经理，下一步将怎么做？

第3章

个性与情绪

内容提要

本章着重探讨员工的个性与工作中的情绪问题。主要内容包括：个性的特征与个体个性的决定因素，个性与组织管理策略；影响工作情绪的因素，情绪理论、情绪功能、情绪智力，工作情绪管理策略和方法。通过本章的学习，要求理解个性在组织管理中的作用，掌握有关个性与情绪的理论与管理方法，并在工作中运用这些方法。个性与工作匹配是本章的难点。

第1节 个　性

一、个性概述

（一）个性的概念

个性，亦称人格（personality），是一组心理特征的有机组合。世界上没有两个个性完全相同的人，心理学家用“个性”这个概念来表示一个人与众不同的心理特点。每个人都有一些这样或那样的个性特征，这些个性特征结合在一起，就构成了一个人的个性。

关于个性的概念，心理学家从不同的角度来定义。奥尔波特在20世纪30年代探讨了有关个性的定义，发现学者们对个性的定义有50多种，说明个性的概念具有多义性。历史上关于人格的重要定义包括特质论（可观察的、长时间存在的行为模式）、弗洛伊德的心理分析或心理动力学理论（行为的无意识因素），以及卡尔·罗杰斯（Carl R. Rogers）和马斯洛的人本主义理论（自我实现和实现个人潜能的动力），还包括一个整合历史上所有理论的更具综合性的观点，包括天性（遗传和生理学/生物学角度）和教养（环境、发展角度）、禀性特质、人和环境间社会认知的交互作用，以及社会化过程的自我概念。

综上所述，个性是指个体独特而又稳定地表现出来的倾向性与心理特征的总和，即个体对他人的反应方式和交往方式的总和，它常常通过可以测量的人格特质来描述。倾向性是指人对社会环境的态度、行为的积极性特征，由需要、动机、态度、兴趣、理想、信念、世界观等组成。它主要表现在心理活动对客观事物的选择性、对事物的不同态度以及行为方式上，它是个性的潜在力量，是人们进行社会活动的基本动力。心理特征是人的个性差异中比较经常的、稳定的、具有决定意义的部分，表明一个人的典型心理活动和行为。它包括：人能够顺利完成某种活动所必备的心理特征，即能力；人的心理活动的动力特征，即气质；人对现实的稳定的态度和习惯化了的行为方式，即性格。

（二）个性的特征

1. 组合性与整体性

个性不是一个孤立的心理特征，而是一组心理特征的有机组合，具有相对完整的结构。比如，虚怀若谷的人往往平易近人；骄傲自满的人则往往追求名利。在某个具体的、活生生的人身上，某种孤立的个性倾向、个性特征是不可能存在的。因此，要准确描述某个人的个性，就必须说出一组心理特征，仅有某个特征是不够的。同时，构成个性的各个方面只有在个性整体中才有确定的意义和作用。

2. 独特性与共同性

个性的最大特点是独特性。每个人的先天和后天条件都很不相同，因而在每个人身上，总有许多与他人不同的心理特点和相应的行为方式。世界上找不到两个个性完全相同的人。例如，有的人脾气温和，有的人性情急躁；有的人木讷沉默，有的人善于交际；有的人大公无私，有的人自私自利。

个性的独特性并不排斥人与人之间在心理上的共同性。个性的共同性是指人们具有共同的典型的心理特征。一个组织在发展过程中逐步形成了特有的组织文化与心理氛围。组织的价值观念一旦深入人心，就会成为组织个性的组成部分。组织的个性总是通过本组织的成员个人体现出来，并影响每个人的独特性。

3. 稳定性与可变性

个性具有稳定、持续的特点，只有在个体行为中经常表现出来的心理倾向和心理特征才能称为个性。一个人的个性是在先天和后天的条件下，经过主体实践逐渐形成的独特的精神面貌、心理特征和行为方式，它引导个人的行为活动，使其带有一定的倾向性，在不同的情境下显示出相同的品质。例如，一个头脑冷静的人，在日常工作中能冷静细致地思考，遇到突发事件也能冷静面对和处理，最终化险为夷。

个性的稳定性并不排斥个性的可变性。当人的心理活动的外部条件（组织、社会、人际关系等）和内部条件（年龄、身体、心理状态等）发生变化时，人的个性也随之逐渐变化。人的个性变化有两种情况：其一，个性心理特征受情境与身体状况的影响而发生变化，如气质、能力、性格等常常会因个人所处的情境而发生变化。其二，个性倾向性（如需要、动机、信念、理想、世界观和价值观）是在社会实践中逐渐形成的，是在社会化过程中由不典型走向典型、由不成熟走向成熟的。

4. 受动性与能动性

个性受制于环境，是社会的产物，这就是个性的受动性。一定的环境是人的个性形成的客观条件和影响因素，离开了人的生活环境，就不能真正理解个性的形成。从小生活在山区的人，在艰苦的地理环境和经济环境中养成了吃苦耐劳的性格；而生活在沿海地区的人，由于良好的航海条件推动了商业贸易，头脑比较精明，善于经商。

同时，个性也表现为主体性，一切外来影响都要经过一个人的个性倾向性与心理特征的调节、筛选和定向，通过人的自主性、自律性和创造性表现出巨大的能动性。这种能动性的表现之一，就是对某种活动准备状态的倾向性。人会积极地适应环境，并且在社会实践活动中对一定的事物、人及客观世界的方方面面表明自己的观点和态度，这种个性倾向性对于行为方式的选择有明显的影响。从一定意义上讲，一个人在社会实践中的能动性愈强，就表明个性愈明显；反之，能动性愈弱，就表明个性愈不明显。

二、个体个性的决定因素

个体的个性是在多种因素的相互作用下逐步形成和发展起来的。对于决定个体个性的因素，心理学界有遗传论和环境决定论的争论。遗传论者认为个体的独特个性完全是由遗传决定的，环境决定论者则认为一个人的后天经验（环境）决定了个性。目前的观点趋于平衡：虽然某些人的个性特征更多地受一种因素的影响，但遗传、环境和情境都是影响个性的重要因素。详细讨论这些因素有助于我们理解人的个性差异性。

个性的形成主要由以下几个因素决定（如图 3—1 所示）。

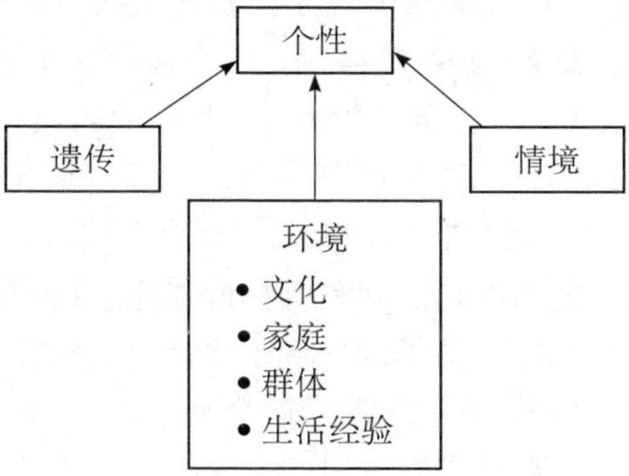

图 3—1　个性的主要决定因素

（一）遗传

个性有其遗传基础已是毋庸置疑的事实，比如："他特别像他爸爸"，"她的温柔性格与她的家族有关”等。遗传是个性形成和发展的生物学前提。遗传是指生物个体前后代特征上的（包括生理的与心理的）相似性。近年来，由于基因工程的发展，许多研究证实了遗传和个性之间存在相当密切的关系，如智力、敏感性以及语言、数学、音乐等才能都与遗传有关。还有研究结果表明，神经系统的某些遗传特征可能会影响某些个性的形成，加速或延迟某些行为方式的产生和发展。研究发现，母亲的某些心理病理症状与儿童的胆小、退缩的性格特征有关。个体素质是可以遗传的，著名音乐家巴赫的家族在1550—1800年的250年间先后出了60名音乐家，其中有20多名是著名音乐家；音乐家莫扎特的家族也与此相似。

基因影响个性，国内外学者主要从以下两个方面入手研究个性与基因的关系：

一是关于双胞胎基因与个性关系的研究。同卵双胞胎具有相同的基因，因此如果基因会影响个性，他们应该具有相似的个性。有研究表明，即使同卵双胞胎出生时就被分开，在完全不同的环境下被抚养成人，他们仍然有一些相同的个性特质和职业偏好。一些特质（如外向、冲动、灵活、害羞、畏惧、不安等）很大程度上是由内在的基因特点决定的。研究者曾对100多对刚出生就分离，并分别在不同家庭中成长起来的同卵双胞胎进行研究，结果发现，双胞胎的个性有很多相似之处。研究结果还表明，50%～55%的个性特征来自遗传，30%的娱乐和业余兴趣特征来自遗传。

二是关于新生儿的测评研究。由于新生儿与世界几乎没有接触，他们展示的性情、对刺激的敏感性以及一般的性格倾向，绝大部分都可能是由基因决定的。如果通过新生儿的性情能预测他将来的个性，那么基因和个性之间的关联就得到了证实。一些研究证实了这种关联性的存在。其中一项研究对8～12周的新生儿进行追踪调查，直到他们成人，结果发现，通过出生头几个星期的性情能预测他们成年后的某些个性特征。

（二）环境

环境因素指个体成长过程中的外部因素，包括社会、文化、政治、经济背景，家庭社会经济地位，父母教养方式，与朋友和社会群体的互动。它是决定个性的主要因素。遗传建构了前提条件或物质限制，但个体的总体潜能取决于如何调整自己以适应环境的要求。事实上，在某种环境下，长期行为习惯会形成一定的性格特质。

影响人的个性的外部环境可以分为自然环境和社会环境两大类。其中，社会环境，特别是文化、家庭、群体、生活经验等因素是人的心理、意识产生的主要源泉，对人的性格、能力的形成起关键性的作用。研究发现，中国儿童胆小、退缩的程度比美国儿童高，胆小孩子的比例也更高。这种不同国家儿童胆小、退缩特性之间的差异，也在一定程度上说明了社会环境对个性的影响。美国父母认为开朗大方、好交往比害羞、胆怯更合乎社会需要，中国的妈妈则认为儿童要顺从、听话。这也许是美国儿童胆大、进取的比例高于中国儿童的原因之一。

1. 文化

文化是指不同人类群体或他们所处社会组织的独特方式。研究不同文化的人类学家明确指出，文化对于人格发展有重要作用。每个社会都有自己的文化传统，生存在社会中的个体接受了当地环境的价值观、准则、解决问题的方法和行为模式，形成了自己的个性。文化决定了某一群体行为的相似性。生活在某一特定文化中的人们，往往是有共同的关于正统行为的标准，会形成相同或相近的行为模式。

虽然文化决定了某一群体中行为的相似性，但同一文化对单个个体的影响程度是不同的。例如，东西方文化都提倡努力工作、反对消极怠工的工作道德观，但并非每个人都会崇尚这种道德观。在实际工作中，管理者常犯的错误之一就是认为员工在社会价值观、人格或其他方面与自己一样。

2. 家庭

家庭也是造成个性差异的一个重要原因。其影响包括家庭规模、社会经济水平、种族、宗教和地理位置、家庭成员的出生顺序、父母受教育程度等。例如，在贫困家庭中成长的个体与在富裕家庭中成长的个体有着不同的经历和机遇；独生子女和有兄弟姐妹的个体在个性的某些方面也有显著差异。对于大多数人来说，家庭成员特征对个性发展起着重要作用。除父母亲及兄弟姐妹之外，祖父母、叔叔、姨妈及表兄弟同样会影响个性的形成。其中，父母对子女个性的形成影响最大，父母的为人处世及对生活的态度也会对子女人格的形成产生潜移默化的作用。

3. 群体

许多个体从属的第一个群体是家庭。在人的一生中，个体要参加各种不同的群体，从儿时的玩伴到少年时的同窗、运动队成员、成人之后工作的组织以及其他社会群体。个体作为不同群体成员所扮演的各种角色以及不同经历是一个人个性差异的又一重要来源。不仅早年的玩伴和同窗对人格的形成有强烈影响，在以后的生活中，社会和群体体验也会继续影响个性的发展。要理解某个人的个性，就需要了解他所从属或过去曾经从属的群体。

4. 生活经验

从所经历的事件和经验的角度看，每个人的人生都是独一无二的，当然这也是个性的重要决定因素。例如，自尊的发展取决于一系列经历，包括达到目标的机会和期望值、影响他人的能力、获得他人认可等因素。复杂事件以及和他人的相互作用会有助于提高自尊水平。

（三）情境

情境对个性的形成也起着一定的作用。情境是指在特定情况和环境下表现出的个性的“特殊性”，这种特殊性既指在平常环境条件下没有表现出的“潜在”个性，也指在特殊环境条件下表现出的一些“反常”举动。比如，一个平时柔弱温顺的女子，在关键时刻可能会表现出比男子更坚韧的刚强；而一个平时巧舌如簧、大大咧咧的男子，在他喜欢的女孩面前可能显得语无伦次，手足无措。个体的个性虽然从总体来说是稳定持久的，但在不同情境下会有所不同。在不同情境中，一个人的个性会表现出不同的方面，因此我们不应该孤立地看待个性。

情境因素影响个体的人格特点这种假设具有内在逻辑基础，但是要对其进行明确系统的划分，以了解不同情境类型对于个性的具体影响，难度比较大。我们已经知道，在影响个性方面，一些情境因素比另一些情境因素所起的作用更大。

在对情境进行分类时值得注意的是，情境对行为的影响似乎与其他限制因素有着本质的不同。一些情境（如教堂、招聘面试现场）限制了很多行为，另一些情境（如公园野餐）则对行为的限定相对较少。

三、个性特征理论

（一）气质类型理论

2 000 多年前，古代希腊哲学家希波克拉底（Hippokrates）按人的体液来划分人的气质类型。他认为人体里有四种液体：源于心脏的血液，源于肝脏的黄胆汁，源于胃部的黑胆汁，源于胸部的黏液。这几种液体在不同人的身体中所占的比例不同，不同的人有不同的思维模式和行为方式，这就是古代医学上的体液学说。现代医学和心理学家在此基础上提出了现代气质学说，将人的气质划分为四种类型：胆汁质、多血质、黏液质和抑郁质。在同一环境中，这四种气质类型的典型人物在举止、言行和表现上各不相同。气质本身并无优劣之分，与一个人的社会价值和成就高低也无直接关系。然而气质与一个人处理问题的方式及反应是有关联的，因此气质对所从事的工作的性质和效率有一定的影响。

每种气质类型都有其相应的典型特征：

胆汁质的人直率、热情，精力旺盛，情绪易冲动，意志力坚强，不怕挫折，勇敢果断，在工作中热情很高，表现出雷厉风行，顽强有力，但自制力较差、理解问题时容易粗心大意、容易冲动的缺点会影响决策。这种气质类型的典型代表有李逵、鲁智深、张飞等。

多血质的人活泼、好动、敏感，反应迅速，善于交际，情感易外露，但容易被外界事物所吸引，注意力容易转移，情绪不稳定，易喜易怒，常有不守信用的行为表现。有的心理学家把《红楼梦》中的王熙凤视为多血质的典型代表。

黏液质的人安静、稳重，反应迟缓，自制力强，富有理性，但有时情感过于冷淡，行动拘谨，不善于随机应变，缺乏创新精神，且不易适应新的工作环境和工作。林冲、薛宝钗属于这种气质类型，能忍耐，较保守，善坚持。

抑郁质的人孤僻、好静，行为迟缓，多愁善感，感情细腻，沉稳冷静，富于想象，工作认真，不轻易许诺，情绪不易外露，善于察觉、领会别人的想法与感觉，但不善与人交往，在处理事情上优柔寡断，主动性较差，在工作中常显得信心不足，缺乏果断，易有孤独感。有的心理学家把《红楼梦》中的林黛玉视为抑郁质的典型代表。

（二）艾森克的个性理论

德裔英国心理学家艾森克（H. J. Eysenck）以研究个性著称，是一位著名的特质论者。他运用精神病临床诊断、问卷测验、客观性动作测验、身体测量等各种可能的方法收集个性素材，并对其进行因素分析。他认为个体之间的个性差异主要是遗传造成的，由此提出了独特的个性理论。

1. 个性维度

艾森克和同事威尔逊（G. D. Wilson）等人对个性维度做了深入研究。他指出，维度代表一个连续的尺度，每个人都在这个连续尺度上占有一个特定的位置，每个人都可以或多或少地具有某种特质。通过测定，他提出了五个维度（外内向、神经质、精神质、智力和守旧性、激进主义），但外内向、神经质和精神质是个性的三个基本维度。

（1）外内向。艾森克提出的外内向（extroversion-introversion）与瑞士心理学家卡尔·荣格（Carl G. Jung）提出的外内向的含义并不完全相同。艾森克认为，外向的人不容易受周围环境的影响，在个性上具有情绪冲动且难以控制、善交际、渴望刺激、粗心大意、冒险和爱发脾气等特点。内向的人容易受周围环境的影响，在人格上具有情绪稳定、不善交际、冷淡、沉静、深思熟虑，喜欢有秩序的生活和工作、极少发脾气等特点。内向的人从外表上看似乎是略显悲观的、可靠的人。

艾森克将外内向这一个性维度与大脑皮层的兴奋过程及抑制过程相联系（如表 3—1 所示）。

表 3—1　外内向与神经过程

神经过程	兴奋过程	抑制过程
外向的人	慢/弱/短	快/强/长
内向的人	快/强/长	慢/弱/短

从表 3—1 中可以看出，外向的人兴奋过程强度弱、发生慢、持续时间短，因此难以形成条件反射；内向的人兴奋过程强度强、发生快、持续时间长，因此容易形成条件反射。

1976 年，雷维尔（Revelle）等人开展了一项研究，他们推论，在正常条件下，内向的人的大脑皮层已经具有高度的兴奋水平，如果进一步提高他们的兴奋水平，就会降低被试者的工作效果；而外向的人的大脑皮层兴奋水平相对较低，如果提高他们的兴奋水平，就会提高被试者的工作效果。实验结果支持了艾森克的观点。在做言语能力倾向测验时，内向的人在放松的条件下（如不限制时间）得分高，但是如果给他们服用提高大脑皮层兴奋性的药物（如咖啡因）或在时间上加以限制，他们的得分就会急剧下降；外向的人则大不相同，他们在放松的条件下得分低，在时间压力（时间上加以限制）和兴奋性药物的作用下，他们的得分会提高。

（2）神经质。神经质（neuroticism）又称情绪性。艾森克指出，情绪不稳定的人容易产生焦虑。这种人喜怒无常，容易激动。情绪稳定的人，情绪反应缓慢而轻微，并且很容易恢复平静。这种人稳重、温和，并且容易自我控制，不易焦虑。当外向性和情绪不稳定性同时出现在一个人身上时，很容易在不利情境中表现出强烈的焦虑。艾森克进一步指出，情绪性与植物性神经系统（特别是交感神经系统）的机能相联系。

艾森克认为，外内向和情绪性是两个互相垂直的维度，以外内向为横轴、情绪性为纵轴，构成个性二维模型，包括 32 种基本特质。表 3—2 反映了个性类型与气质类型之间的关系。

表 3—2 个性类型与气质类型

个性类型	气质类型
稳定外向型	多血质
稳定内向型	黏液质
不稳定外向型	胆汁质
不稳定内向型	抑郁质

稳定外向型具有善交际、开朗、易共鸣、健谈、活泼、随和、无忧无虑、领导力八种特质；稳定内向型具有被动、深思、谨慎、有节制、平衡、可信赖、性情平和、镇静八种特质；不稳定外向型具有敏感、攻击、不安、兴奋、冲动、多变、乐观、活跃八种特质；不稳定内向型具有忧郁、焦虑、刻板、沉默、严肃、不善交际、悲观、安静八种特质。

艾森克指出，特定的个性维度的结合与特定的行为类型相联系，例如，情绪不稳定与外向维度相结合可能会出现进攻好斗等行为问题；情绪不稳定与内向维度相结合可能会出现焦躁不安的个性问题。

（3）精神质。精神质（psychoticism）又称倔强性，并非暗指精神病。研究表明，它存在于所有人的身上，只是程度不同，但是，如果个体表现出明显的精神质，则容易导致行为异常。在精神质项目上得分高者会表现出固执、倔强、粗暴蛮横和铁石心肠的特质；得分低者会表现出温柔、善良、心肠好的特点。精神质强烈的人，性情孤僻，对周围的人及事物漠不关心，对动物缺乏情感和怜悯，攻击性强，甚至对很亲密的人也常常表现出恶意。

在特质和类型关系方面，艾森克在对个性进行广泛研究的基础上提出了个性层次模型。他不仅采用了特质的概念，而且采用了类型学的观点。在心理学史上，加德纳·墨菲（Gardner Murphy）和詹森（Jensen）都试图把特质论和类型论联系并统一起来。他们认为，个性类型是由特质之间的必要联系构成的。艾森克则认为，特质是观察到的个体的行为倾向的集合体，类型是观察到的特质的集合体。

艾森克将人的行为分为类型、特质、习惯性反应和特殊性反应四种水平。外向或内向是上位概念，特质是下位概念，在特质之下又有习惯性反应和特殊性反应。

1）特殊性反应水平（specific response level）。这是个体在一次实验性试验时的反应或对日常生活经验的反应，可能是个体的特征，也可能不是个体的特征。

2）习惯性反应水平（habitual response level）。这是在相同环境中可以再次发生的特定反应，如果重复实验就会产生相同的反应；如果生活情景重新出现，个体会以相似的方式作出反应。

3）特质水平（trait level）。这是在观察一些不同的习惯反应的相互关系的基础上得到的。

4）类型水平（type level）。这是在观察一些不同特质的相互关系的基础上得到的。

（三）卡特尔的个性理论

雷蒙德·伯纳德·卡特尔（Raymond Bernard Cattell）受化学元素周期表的启发，用因素分析法对人格特质进行了分析，提出了基于人格特质的一个理论模型。模型分成四层：表面特质和根源特质；共同特质和个别特质；体质特质和环境特质；动力特质、能力特质和气质特质。

1. 表面特质和根源特质

表面特质是指从人们的外部行为能够直接观察到的特质，根源特质是指以相同原因为基础且相互联系的行为特质。表面特质和根源特质既可能是个别的特质，也可能是共同的特质。它们处于人格层次中最重要的一层。

2. 共同特质和个别特质

共同特质是指一个社区或一个群体成员所共同具有的特质，个别特质是指某个人才具有的特质。

3. 体质特质和环境特质

根源特质又可分为体质特质和环境特质两类。体质特质是由先天的生物因素决定的，环境特质则由后天的环境决定。

4. 动力特质、能力特质和气质特质

动力特质是指具有动力特征的特质，它使人趋向于某一特定的目标；能力特质是表现在知觉和运动方面的差异特质；气质特质是决定一个人情绪反应速度与强度的特质。

卡特尔对人格特质理论的主要贡献在于提出了根源特质。1949 年，卡特尔用因素分析法提出了 16 种相互独立的根源特质，并编制了《卡特尔 16 种人格因素测验》。这 16 种人格特质是：乐群性、聪慧性、情绪稳定性、恃强性、兴奋性、敢为性、自律性、有恒性、敏感性、幻想性、怀疑性、世故性、忧虑性、独立性、激进性、紧张性。卡特尔认为，每个人都具备这 16 种特质，但它们在不同人身上的表现有程度上的差异。

（四）迈尔斯-布里格斯的个性理论

50 多年前，凯瑟琳·布里格斯（Katherine Briggs）和伊莎贝尔·布里格斯·迈尔斯（Isabel Briggs Myers）这对母女开发了迈尔斯-布里格斯类型指标（Myers-Briggs Type Indicator，MBTI），这一个性指标库可用来识别人在认知和处理信息时的基本偏好。MBTI 是以个性理论为基础的。个性理论于 20 世纪 20 年代由瑞士心理学家卡尔·荣格提出，旨在辨识人们认知环境和获取、处理信息的偏好。荣格指出，人要么是内向型的，要么是外向型的，并且在认知、判断和决定行为时有特定的偏好。MBTI 用于测量这些偏好，以了解人们如何对待外部世界。

1. 感觉与直觉

感觉与直觉偏好描绘了感知的偏好，或者我们如何收集信息的偏好。从本质上说，这一偏好反映了我们关注什么。感觉型的人关注那些通过五官感知到的信息，以及那些真实存在的东西；直觉型的人更关注“第六感”以及可能会怎样，而不是事实是怎样的。在工作中，感觉型的人喜欢对问题有明确的回答；直觉型的人喜欢解决新问题，他们对日常的琐碎工作感到不耐烦，乐于学习新技能，而不是真正使用这些技能。

2. 思维与情感

思维与情感偏好描述了我们做决策时偏爱的方式。思维型的人以一种逻辑性、客观性的方式做决策，情感型的人则以一种个人的、价值取向的方式做决策。思维型的人会对决策进行分析，情感型的人则偏重共鸣。思维型的人试图尽量使自己避免受个人的影响，情感型的人则依据结果对当事人的影响做决定。

3. 判断与感知

判断与感知偏好反映了一个人对外部世界的定向性。判断型的人喜欢封闭的环境，喜欢有计划性、组织性的生活方式，喜欢做决定。在他们的工作中，每一件事情都会有正确或错误的选择。感知型的人则正好相反，他们喜欢更加灵活和自然的生活方式，并且喜欢开放性的选择。感知型的人好奇心强，并且乐于接受新信息，他们可能会同时开始许多项目，却一个项目也完不成。

MBTI是应用最广泛的人格框架之一。这一人格测验包括100道问题，用以了解个体在一些具体情境中会出现的感觉和进行的激励。根据个体的回答，可以将人格区分为外向的（extroverted）或内向的（introverted）（E或I）、感觉的（sensing）或直觉的（intuitive）（S或N）、思维的（thinking）或情感的（feeling）（T或F）、感知的（perceiving）或判断的（judging）（P或J），并在此基础上组合出16种人格类型。我们举几个例子来更清楚地说明这个问题。INTJ型的人是幻想者，他们有创造性思想，并有强大的内在动力来实现自己的想法和目标，他们的特点是怀疑、批判、独立、决断，甚至常常有些顽固。

MBTI在组织中得到广泛的应用。仅在美国本土，每年就有200万人接受MBTI测验。使用MBTI的组织包括苹果、AT&T、花旗集团、通用电气、3M等公司，另外，一些医院和教育机构，甚至美国海陆空三军也在使用这种测验。

（五）“大五”个性理论

从柏拉图时代起，学者们一直在努力构建并描述个性特征，他们将多年来描述过的大量个性特征进行分类和压缩，分成171个集合，然后进一步缩减，归类为五个抽象个性维度，即“大五”个性维度（如图3—2所示）。

1. 外向性

外向性（extraversion）是指一个人与外界交流以及在人群中释放活力的程度。20世纪早中期，许多著名心理学家对外向性特征进行了广泛的研究，其中包括荣格、艾森克和卡特尔。对于荣格和许多同时代的人来说，个性被认为是行为最重要的驱动力，外向性反映个人外向的程度以及能够从与其他人接触的过程中获得能量的程度。

现代研究表明，在需要经常与他人接触的职业中，外向的人一般比内向的人表

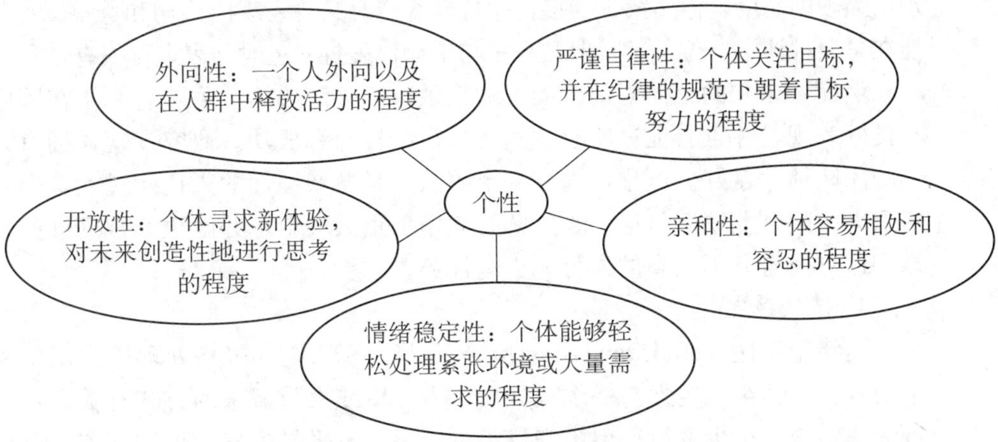

图 3—2　“大五”个性维度

资料来源：Costa P. T.，McCrae. Revised NEO personality inventory & NEO five-factor inventory professional manual. Psychological Assessment Resources，1992.

现出适度但可衡量的绩效优势。外向的人擅长的职业包括销售和管理，相反，内向的人一般在财务、工程机械和信息技术等工作中表现非常好，这些工作通常要求其独立工作。在以团队为核心的组织或者强调团队的高度参与性的组织中，外向的人比内向的人有优势，因为团队需要共同交流、群体决策，以及以群体动力为导向。然而，一个团队如果拥有的外向性成员过多也会影响团队的绩效，因为外向的人大多数善于说而不善于倾听。研究还表明，外向性与工作满意度有关，不管具体的工作环境怎样，一般情况下，外向的人表现出来的满意度要比内向的人稍高一些。

2. 严谨自律性

严谨自律性（conscientiousness）是指一个人重视目标并严格执行的程度。在有关个性的特性的研究中，严谨自律性是一个重要的概念。它反映个人在遵循规章制度的基础上关注目标并为此不断努力的程度。具体来讲，它表现为：有能力，可靠，有组织，集中精力完成任务，拥有为成功而工作的干劲，三思而后行。

研究表明，拥有严谨自律性这一特性的人绝大多数都具有绩效优势，在团队中一般表现得很好。因为冲动、没有责任感和低成就需求的个体在工作中的表现一般较差。有一项重要的研究，对上千人从幼年到晚年进行了跟踪，衡量他们成功与否的标准是中年时的职业身份、工作满意度和晚年时的年收入。严谨自律性这一特性在实验参与者的一生中都相当稳定，而且对衡量成功的每一个方面都产生正面的影响。这也是微软等公司在招聘新员工时对严谨自律性要求非常高的原因。

3. 亲和性

亲和性（agreeableness）是指一个人宽容、随和的程度。对亲和性这一特性的研究也日益受到重视。亲和性反映的是一个人容易相处和容忍的程度，表现为：对他人诚实的信任，乐于助人，直率、谦卑，在冲突面前会让步，对他人的感觉敏感。

还没有研究能够证实亲和性与工作绩效之间的联系。毕竟，在同一工作中，不同的时候表现出亲和与否都可能是有意义的。例如，一位客户经理在某天谈判时需要表现出强硬的态度，但是第二天接待一位老客户时又要表现出亲切和尊重。一位老板可能在早晨批评了一位员工，但在下午与工会代表打交道时又表现得很有亲和力。

然而，亲和的个体对他人的感觉很敏感，关注群体动力，有利于在团体工作中有良好表现，并且会促进所有的团队成员的参与和成功。研究发现，拥有亲和的成员的团队绩效良好。但是，若在一个团队中具备亲和性的人比例过大，会导致在某些重大的问题上缺乏争论。当团队必须作出重大决策，并解决非常规性问题时，在亲和性方面得分不太高的人可能更有优势。

4. 情绪稳定性

情绪稳定性（emotional stability）是指一个人能够轻松处理压力情境和强烈需求的程度。情绪稳定性与一个人处理压力环境或大量需求的方式有关。这一特性表现为：轻松，很少变得局促不安，很少气馁，不轻易生气，抵制那些不健康的、容易上瘾的欲望，善于处理危机。研究发现，情绪稳定有利于个体开展工作，取得良好的绩效。因为情绪稳定的个体所具备的特征不会影响其工作绩效，也不会焦躁不安、有敌对情绪和缺乏安全感。同样，情绪稳定的个体作为团队成员似乎有适度的可衡量的优势。情绪稳定的成员所组成的团队运作更有成效。研究也表明，在任何工作环境下，情绪稳定与工作满意度呈正相关关系。

5. 开放性

开放性（openness）是指个体追求新经历，对未来具有创造性思考的程度。开放性特征反映的是一个人寻求新体验，对未来创造性地进行思考的程度，表现为：（1）有超强的想象力；（2）有对艺术和美的欣赏力；（3）重视和尊重自我和他人的情绪；（4）喜欢变化而不是一成不变；（5）具有广博的知识和好奇心；（6）乐意重新考量一直坚持的价值观。研究表明，在不同的职业中，具备开放性这一特性的人能够在团队合作中很好地发挥才能，达到较高的绩效水平，在需要想象力和创造性的特定任务（例如营销的创意部分和艺术创作工作的许多方面）中会取得更大的成就。开放性维度得分较低的个体可能在非常需要遵循规则的工作（例如驾驶和财务）中取得更大的成就。

知识卡片 3—1

“大七”人格模型

作为对西方“大五”人格模型的继承和发展，中国化的“大七”人格模型是由王登峰等学者从20世纪80年代开始，经过20多年反复探索论证形成的。

中国“大七”人格模型共包括七大因素：

（1）才干：精明干练——愚钝懦弱；

（2）行事风格：严谨自制——放纵任性；

（3）处世态度：淡薄诚恳——功利虚荣；

（4）情绪性：温顺随和——暴躁倔强；

（5）外向性：外形活泼——内向沉静；

(6) 善良：和善友好——薄情冷淡；

(7) 人际关系：热情豪爽——退缩自私。

中国化的“大七”人格模型的测度是采用中国人格形容词评定量表（QZ-PAS）及他评格式 QZPAS From R 相结合形成的。相对于西方的“大五”人格模型，基于中国情景研究得出的“大七”人格模型在维度上更具全面性和概括性，在内容上更贴近日常生活，而且研究过程更加客观。

四、对组织行为有重要作用的个性特征

以下个性特征对组织行为有重要作用。

1. 自我监控

自我监控这一个性特征目前备受关注。它是指个人根据外部情境适当调整自身行为的能力。高自我监控者对外部环境保持敏感，对环境有很强的适应性，能够根据环境的不断变化适时调整自己的行为，熟练表现出相应的角色行为，并能够实现各种不同角色之间的灵活转换，使私人的自我与公开的角色之间表现出极大的差异。低自我监控者的行为具有高度一致性，几乎在所有环境中都表现出一贯的和真实的行为方式，倾向于在各种情境下都表现出自己的真实性情和态度，但在很多情况下不能适应环境的要求。

在现实中，高自我监控者和低自我监控者都可能受到批评。高自我监控者有时会被认为是反复无常的人，因为他经常会根据周围环境的变化来改变自己的行为方式及表现。另一方面，低自我监控者常常因为只顾及自己的感受和利益，对别人采取漠视的态度而遭到批评。因此，管理者应充分理解自我监控这一特性，它与其他个性差异一样，没有绝对的好与坏或对与错。

目前，关于自我监控的研究还处于初级阶段，很难作出准确的预测。不过，一些初步的证据表明，高自我监控者比低自我监控者更关注他人的行为和活动。另外，在管理实践中，高自我监控的员工会在组织中表现出高度的灵活性和很强的应变能力，因而能得到更多的晋升机会（不论在组织内还是跨组织环境下），更可能在组织中占据核心位置。我们还可以作出这样的假设：当管理岗位上要求个体扮演多重甚至相互冲突的角色时，高自我监控者会更加成功。研究结果表明，自我监控与工作表现相关，高自我监控者更关心他人的言行，行为表现更适应不同的情境和文化要求，能更好地胜任领导岗位的工作。

2. 控制倾向

个人的归因模式具有相对的稳定性，个体会习惯性地将行为成功或失败的原因归结为个人的内部因素或者外部因素。前者被称为内控者，后者被称为外控者。

一般来说，内控者在工作中表现得更积极，因而更容易获得成功，工作满意度更高，抱怨更少。这是因为，由于个人的归因模式不同，内控者认为成功或失败的原因在于内部因素，应由自己控制并掌握局面，因此在工作中更加努力，高动机水

平促使工作成功。同时，内控者偏爱从事高主动性和低服从性的工作，可能反对上级密切监督他们的工作。此外，由于内控者相信依靠自身的努力会带来工作绩效，因此可能更喜欢像绩效薪资或销售佣金这样的报酬激励。

外控者往往将成功或失败的结果归因于外部环境因素（如运气或命运等），因而在工作中缺乏主观能动性，更愿意去做那些需要高结构性、高服从性的工作，并需要得到更多的指导和安排。直接参与有利于外控者采取更积极的态度并有更好的表现。

3. 冒险性

人们在冒险意愿上存在差异。接受或规避风险的倾向性对管理者做决策所用的时间以及所需的信息量都有影响。比如，一项研究让 79 名管理者进行模拟人力资源管理练习，要求他们作出聘用决策。高冒险性的管理者比低冒险性的管理者使用的信息量更少，作出决策更迅速，但二者所作决策的准确性是相近的。

总体来说，大企业中的管理者不太愿意冒险，尤其是与那些致力于管理小企业、成长取向的创业者相比，这种倾向更明显。从总体的工作人口来看，在冒险倾向性上也存在差异。因此，了解这些差异并进一步根据工作的具体要求考虑与冒险倾向性的匹配性是很有意义的。比如，对一名股票经纪人来说，高冒险倾向性可能会导致更高业绩，因为这类工作需要迅速作出决策；相反，愿意冒险这种特点可能成为从事审计工作的财会人员的主要障碍，因此最好在这一岗位上安排低冒险倾向的人。

4. 自尊

自尊是指个人感觉的别人喜爱或不喜爱自己的程度。有关自尊的研究发现，自尊与成功预期呈正相关关系，自尊心强的人相信自己拥有工作成功所必需的大多数能力。自尊心强的人更愿意选择冒险或非传统的工作。自尊心弱的人则更容易受到外界影响，更需要得到鼓励和积极的评价，因此更可能寻求他人的认同，更倾向于按照自己所尊敬的人的信念和行为方式做事。从管理的角度来看，自尊心弱的人立场不坚定，更注重取悦他人。研究者还发现，自尊与工作满意度之间存在相关关系，大量研究证实，自尊心强的人比自尊心弱的人对工作更满意。

5. 权威主义

权威主义是指一个人对权威的顺从、对社会上传统价值观的认可，以及对权力差异合法性的认可程度。在这个方面，得分高的个体认为在组织中地位和权力的使用是正当的。这样的人往往会努力遵守规章制度，并在需要大量控制的情况下成为领导者。在权威主义方面得分高的个体，可能会从事需要别人做决定的工作，或者存在很多规则的工作。

6. 成就动机

成就动机是指在竞争环境下，一个人渴望表现优异或成功的程度。成就动机一般指的是对成就的需要。因此，对成就的需要是个人在竞争条件下获得成功的力量，或者是个人根据成功的标准作出努力的欲望。对成就的需要也与特定的情形相关，也就是说，对成就的需要只有在竞争的情形下才起作用。个性和直接的外部环境之间的关联在成就动机理论中是非常明显的，并且影响着动机力量。高成就需要的人会设定相应的目标，选择难度适中的目标，而不会选择极其困难或特别容易的目标，且懂得担负成功或失败的责任，同时也注重得到关于其工作表现的反馈。

但是这一个性特征通常容易被误解，例如，有人可能认为对成就的需要与对权力和控制的欲望相关。但是，高成就需要者并不关注各个方面，仅仅关注出色地完成工作。

7. 马基雅维里主义

马基雅维里主义（Machiavellianism）这一个性特征以尼科洛·马基雅维里（Niccolo Machiavelli）的名字命名，此人曾于 16 世纪出版关于如何获得和操弄权术的专著。高马基雅维里主义的个体保持着情感的距离，讲求实效，注重结果，并相信结果能替手段辩护。“只要行得通，就采用它”，这是高马基雅维里主义者一贯的思想准则。

研究者对马基雅维里主义与行为结果的关系进行了大量研究。高马基雅维里主义者比低马基雅维里主义者更难被人说服，但更愿意操纵别人，赢得的利益也就更多。当然，这些结果是与情境因素相联系的。研究发现，高马基雅维里主义者在以下几种情形下工作更有成效：（1）情境中要求的限制与规章制度最少，并有即兴发挥的自由；（2）他们与别人直接面对面交往，而不是间接地相互作用；（3）对具体问题的情感卷入与能否成功无关。

判断高马基雅维里主义者是不是好员工取决于他们的工作类型，以及在评估绩效时是否考虑其道德内涵。对于成功能带来实质效益的工作和需要具备谈判技能的工作，高马基雅维里主义者会有相当出色的表现；而对于事件的结果不能为手段辩护的工作或有绝对的规范标准的行为，或者当前述三种情形不存在时，高马基雅维里主义者将表现出较低的绩效水平。

五、个性与组织管理策略

（一）个性与工作的匹配

管理的本质是“让别人把事情办成”。管理工作的特点是影响他人的行为。了解个性有助于管理者了解他人的行为，进而预见并影响他人的行为，从而提高员工管理的有效性。

在个性与工作匹配问题的研究中，代表人物是美国心理学家霍兰德（J. L. Holland）。他注重研究职业发展，并认为职业的成功取决于当事人与他的工作环境的协调程度。霍兰德认为，人们可以按照个性划分为不同的类型，并根据自身的个性特点寻找与之相协调的工作环境或组织。因此，协调指的是某人具有与他的工作环境相同或相近的个性类型的程度。研究表明，高协调度的人会有更好的工作绩效及工作表现，更容易获得更高的工作满足感和更长的职业生涯；由于个性反映个人兴趣，在从事符合个人兴趣的工作时，个人会表现得积极主动、充满热情，更愿意参与其中。但另外一些研究不支持这种观点。

霍兰德以个人偏好和兴趣为基础将人的职业个性分为六类：现实型（realistic，简称R）、研究型（investigative，简称I）、艺术型（artistic，简称A）、社会型（social，简称S）、管理型（enterprising，简称E）和常规型（conventional，简称C）。

1. 现实型

具有现实型职业个性的人更倾向于喜欢使用手、劳动工具等进行修理、种植、户外活动、机械和身体方面的活动，而不喜欢医疗、教育、自我表达等与人打交道的活动。他们的突出特点包括现实、稳定、真诚、自立。适合的典型职业群包括机械师、电子工程师、工业设计师、花匠、职业运动员等。

2. 研究型

具有研究型职业个性的人不喜欢重复性的活动或与人接触的工作，乐于独自分析解决问题，喜欢观察、学习、探究、解决抽象问题，喜欢科学领域。他们的突出特点包括善于分析、独立、有强烈的好奇心。适合的典型职业群包括海洋生物学家、经济学家、化学家、化学工程师、数学家、系统分析师、生物学家等。

3. 艺术型

具有艺术型职业个性的人喜欢有创造性的工作，善于创新，不喜欢结构性工作环境，不喜欢遵守规则，不喜欢身体运动。他们的突出特点包括想象力丰富、有创造性、理想化、感悟能力强、表达能力强。适合的典型职业涉及戏剧表演、音乐创作、室内装饰、哲学研究、广告、建筑、设计、新闻报道等领域。

4. 社会型

具有社会型职业个性的人乐于助人，善于合作，喜欢与人打交道，善解人意，有道德意识，善于启发别人，喜欢培训、治疗等活动，不喜欢机械和身体方面的活动。适合的典型职业涉及护理、人事管理、社区工作、教育心理学、职业及心理咨询等领域。

5. 管理型

具有管理型职业个性的人精力充沛，喜欢支配或影响他人，善于劝说及领导、管理他人，不喜欢系统的活动，不喜欢细致的工作，不喜欢高度集中精力的智力活动。适合的典型职业涉及管理、国际关系、地产、零售、市场、销售、政治、法律、公共管理等领域。

6. 常规型

具有常规型职业个性的人有责任心，善于自我控制，并乐于与文字和数学打交道，喜欢按照详细的指导完成工作，不喜欢非结构性的工作环境，不喜欢存在不确定性、没有系统性的活动。适合的典型职业涉及会计、商业管理、秘书、投资活动、计算机编程等领域。

这六种职业个性构成一个六边形（如图3—3所示）。六边形上彼此相邻的职业个性拥有相似的特征，比如具有S型、E型和C型职业个性的人更喜欢与他人合作来完成工作，而具有R型、I型和A型职业个性的人喜欢独自完成工作。具有S型和E型职业个性的人喜欢以语言为主的活动，喜欢群体活动，善于交际。具有A型和I型职业个性的人喜欢运用脑力从事非结构性的活动。具有C型与R型职业个性的人喜欢结构性明确的工作环境，喜欢有明确的角色定位和期望标准。

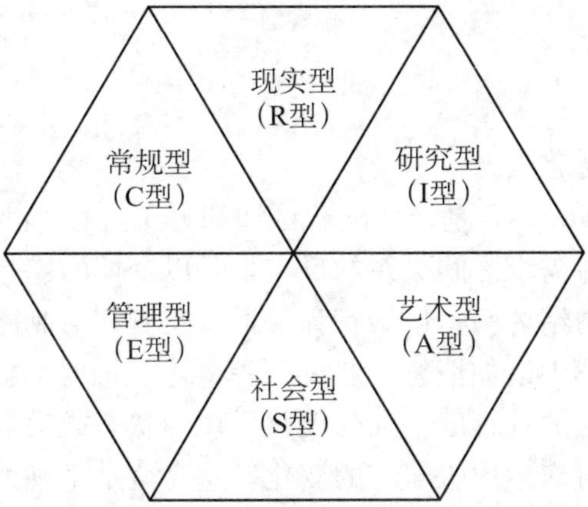

图 3—3　六种职业个性

资料来源：顾琴轩：《组织行为学》，上海，格致出版社，上海人民出版社，2007。

处于六边形对角线两端的职业个性几乎没有任何共同点。例如，S 型和 R 型正好相反：具有 S 型职业个性的人喜欢团队合作，具有 R 型职业个性的人则喜欢独自工作；具有 S 型职业个性的人不喜欢与机器打交道，具有 R 型职业个性的人则喜欢与机器打交道；具有 S 型职业个性的人喜欢群体社交活动，具有 R 型职业个性的人则喜欢独自行动。

霍兰德的理论是现实中最流行的职业适合度模型，也是很多职业咨询的基石。尽管一些研究支持霍兰德的一般假设，但研究者认为，霍兰德的个性类型仅仅代表“大五”个性维度中的开放型和外向型，其他个性维度也应该与职业适合度相联系。霍兰德的六边形模型的另一个局限在于，它不代表六种个性类型的真实关系，因为某些相互对立的类别的对立程度与其他类别不同。此外，霍兰德的模型能否推广到不同的文化环境中，还有待进一步研究。尽管存在上述问题，但霍兰德的模型在一定程度上解释了个体的态度和行为，仍是目前职业测试中的主流模型。

（二）个性与组织的匹配

近年来人们不仅关注个性与工作的匹配，而且关注个性与组织的匹配。组织面对的是动态的变化的环境，它要求员工随时做好准备，应对既定工作任务的改变，在不同的工作团队之间变动。相对于员工的个性特征与具体工作的适应性来说，员工的个性特征与总体组织文化之间的适应性可能更加重要。

个性与组织的匹配主要讨论的是哪些个性特征不适合组织的员工会离开工作岗位。例如，使用“大五”分类，我们可以预测：外向性维度得分高的人会在积极进取和团队取向的文化中表现得更好；亲和性维度得分高的人会在支持性而不是攻击性的组织氛围中表现得更好；开放性维度得分高的个体会在强调革新而不是规范的组织中表现得更好。在招聘员工时遵循这些原则，可以使甄选的新员工与组织文化更匹配，进而带来更高的员工满意度和更低的离职率。

第2节 情　绪

一、情绪的概念

情绪（emotions）是指伴随着认知和意识过程产生的对外界事物的态度，是对客观事物和主体需求之间关系的反应，是以个体的愿望和需要为中介的一种心理活动。情绪包含情绪体验、情绪行为、情绪唤醒和对刺激物的认知等复杂成分。

一般把情感中诸如愤怒、悲哀、恐惧等短暂地、急剧地发生的强烈的情感称为情绪，但也包含那种程度不强却反复呈现的状态或一般情感状态。情绪在产生心理上的体验的同时产生内脏器官的变化，这完全是生理的表现。在比较行为学中，对各种情绪行为进行了研究，并对它的构成进行了说明。根据最新研究，情绪可能是由一个独立的功能系统完成的，这个功能系统可能包括下丘脑、边缘叶、丘脑核团等，丘脑核团是获得情绪的核心结构，丘脑中存在一种被称为叫丘觉的功能，丘觉产生的是情绪体验。总的来说，情绪是对产生愿望状态的物体、个人或事件的心理和生理上的经历。这一定义有几个关键构成：第一，情绪是短暂“经历”，例如，你对同事的怒气可以在几分钟内平息；第二，情绪指向某物、某人或某事，例如，任务、顾客、公开演讲及使用的软件程序等；第三，情绪是我们在心理上和生理上的经历。情绪不同于心境，因为心境是不指向特定事物的较低程度的紧张心理状态。

每个人都能够体验情绪状态的发生，但是对其所引起的生理变化与行为却较难加以控制。当人们处于某种情绪状态时，个人是可以感觉得到的，而且这种情绪状态是主观的。因为喜、怒、哀、乐等不同的情绪体验，只有当事人才能真正地感受到，别人虽然可以通过察言观色去揣摩当事人的情绪，但并不能直接地了解和感受。情绪体验的产生虽然与个人的认知有关，但是在情绪状态下所伴随的生理变化与行为反应，却是当事人无法控制的。

二、情绪的类型

情绪有几十种之多，包括愤怒、轻蔑、热情、嫉妒、害怕、挫败、快乐、憎恨、希望、欢快、热爱、骄傲、惊奇以及悲伤，等等。对它们进行分类的一种方法是划分为积极情绪和消极情绪。积极情绪（如快乐、希望）表达的是一种良好的评估或情感。消极情绪（如愤怒、憎恨）则正好相反。通常，情绪不可能是中性的，如果是中性的，那就不是情绪。消极情绪似乎对个体的影响更大，这一点很重要。个体对于诱发消极情绪事件的反应或思考，是诱发积极情绪事件的五倍。所以我们可以预期，人们更容易回忆起自己的消极体验而不是积极体验。

另一种分类方法是把几十种情绪限定和界定在一个更基础的情绪系列中。研究发现，有六种基本情绪：愤怒、害怕、悲伤、快乐、厌恶和惊奇。哪些情绪可以放在这个基本系列当中，哪些情绪不能放在其中？有一项因素起着至关重要的作用，那就是情绪的表达方式。研究者致力于寻找那些具有普遍意义的面部表情，然后把它们转换为类别。人们通过面部表情很难识别出来的情绪，或者被认为属于六种基本类别中亚类别的情绪，都未被选入这个系列。

三、情绪的功能

情绪是个体与环境以及事件之间关系的反映。它不同于认识，是以个体的愿望、需要、渴望、追求的目标等倾向为中介的一种心理活动状态。任何情绪的产生、维持或改变，均基于主体与客体之间关系的改变，都与生理和心理、本能和习得、自然和社会等诸多因素有关。情绪包括外显行为、内在体验和生理唤醒等多种成分，具有以下几种功能：

1. 适应生存

情绪服务于改善和完善个体的生存和生活状态。例如，快乐表示情况良好；痛苦表示情况不佳，急需改善；悲伤和忧郁表示无奈和无助；愤怒表示行将反抗的主动倾向。

2. 激发心理活动和行为动机

情绪的作用在于能够放大和增强内驱力的信号，从而更强有力地激发行动。例如，"情绪好时，万事顺；情绪坏时，万事糟"。无论何时，有何种情况发生，恐惧均能使人退缩，厌恶必会使人躲避，愤怒使人产生攻击性。而兴趣必然导致注意力的选择与集中，从而支配感知的方向和思维加工，支持对新奇事物的探索和对知识的渴求。

3. 情绪对个体的其他心理活动有组织作用

情绪是独立的心理过程，有自己的发生机制和操作规律，体现在对活动的瓦解或促进两个方面。一般来说，正性情绪起协调组织作用；负性情绪起破坏、瓦解或阻断作用。当人处于积极乐观的情绪状态时，倾向于注意事物美好的一面，态度和善、乐于助人并勇挑重担；消极情绪状态则使人产生悲观意识，失去希望与渴求，也更容易产生攻击性。

当人处于良好的情绪状态时，更容易回忆那些带有愉快情绪色彩的事情。某些事情在某种情绪状态下被记忆，则在同样的情绪状态下容易被回忆。这说明情绪有干预记忆效果和将记忆内容根据情绪性质进行归类等功能。

4. 情绪信息的传递是语言交际的重要补充

有些思想不愿或不宜言传时，就可以依靠表情来传递。例如，卓别林通过其幽默、惟妙惟肖的动作来表达丰富的思想和信息，反映生活在资本主义社会底层的民众的痛苦心声以及对未来美好生活的向往和憧憬。中国人常说的"只可意会，不可言传"，往往就是通过情绪来表达某些言语之外的信息。

四、情绪理论

（一）詹姆斯-兰格的情绪理论

詹姆斯（James）是 19 世纪末 20 世纪初美国心理学界的领导人物，1890 年出版了《心理学原理》一书。丹麦生理学家兰格（C. G. Lange）于 1885 年对詹姆斯的部分理论进行了系统的阐述。之后詹姆斯综合了自己和兰格的观点，提出了"詹姆斯-兰格情绪理论"（James-Lange Theory of Emotions）。

这一理论的重要贡献在于，揭示了情绪与机体变化的直接联系，即强烈的情绪与骨骼肌的活动及自主神经系统控制的活动实际上是密切相关的；强调了外周生理活动在情绪产生中的作用，即情绪刺激引起身体的生理反应，而生理反应进一步导致情绪体验的产生。如詹姆斯所述，情绪是对特殊刺激产生的机体变化的知觉。在这一理论中，情绪的一般成因被假定为内在的、生理性的神经过程，而不是精神性或心理性的过程。一种纯粹脱离现实的情绪（例如不伴有心跳加快、呼吸急促或四肢软弱无力的恐惧情绪）是不存在的。情绪体验的顺序为：（1）人们对兴奋的事情或物体的感知；（2）机体的表现，如哭泣、击打或逃遁；（3）精神上的感情或情绪，如感到害怕或愤怒。许多情绪理论或一般的常识把哭泣、逃跑等机体的表现置于愤怒或恐惧之后。詹姆斯-兰格的情绪理论改变了这种顺序，把机体的表现置于感知兴奋性事情和产生情绪之间。也就是说，应是"我们哭，然后感到伤心"，而不是"我们感到伤心，然后就哭了"。兰格强调血液系统的作用，并认为情绪是内脏活动的结果。

詹姆斯-兰格的情绪理论强调了在情绪产生过程中植物性神经系统的作用，揭示了情绪与机体变化的直接关系，但是忽视了中枢神经系统的调节、控制作用，从而引起了很多的争议。詹姆斯-兰格的情绪理论本身虽未使人信服，但至今仍是一种可行的理论，并且推动了情绪理论的发展。

（二）阿诺德的情绪理论

美国心理学家阿诺德（M. B. Arnold）于 20 世纪 50 年代提出了情绪的"评定—兴奋学说"，她强调情绪的来源是大脑皮层对刺激情境的评估，提出情绪的产生是大脑皮层和皮下组织协同活动的结果，并认为外周变化的反馈是情绪意识的基础。由此可见，阿诺德的理论接受了詹姆斯-兰格情绪理论的外周反馈观点，但不同意其关于丘脑抑制的观点。詹姆斯-兰格的情绪理论的模式是：情境刺激→机体反应→情绪，而阿诺德的情绪理论的模式是：情绪刺激→评价→情绪。对于同样的刺激情境，人们会有不同的评估，因而会产生不同的情绪。她举例说，人们在动物园看到狮子不会产生恐惧感，但是在森林里看到狮子会产生恐惧感。情绪的产生取决于人对情境的认知和评价，人们通过评价来确定刺激性的情境对人的意义。因此，阿诺德认为情绪是对趋向知觉为有益的、避开知觉为有害的东西的一种体验的倾向。

（三）沙赫特的情绪理论

自阿诺德的评价理论提出后，情绪的认知观点得到了极大的发展，同时，詹姆斯-兰格的情绪理论的影响也始终存在。

沙赫特和辛格（S. Schachter & J. E. Singer）提出的情绪归因论（Attribution

Theory of Emotion）认为，情绪既来自生理反应的反馈，也来自对导致这些反应情境的认知评价。情绪受环境因素、生理唤醒和认知过程三因素制约，其中认知因素对情绪的产生起关键作用。认知解释起两次作用：第一次是当人知觉到导致内脏反应的情境时，第二次是当人接收到这些反应的反馈并把它标记为一种特定的情绪时。沙赫特认为，大脑可能以几种方式解释同一生理反馈模式，通过认知过程给予不同的标记，从而产生不同的情绪。

沙赫特和辛格通过实验表明：个体利用过去经验和当前环境的信息对自身唤醒状态进行认知并作出合理的解释，正是这种解释决定着产生怎样的情绪。这说明生理唤醒是情绪激活的必要条件，情绪发生的关键取决于认知因素，并不能由生理唤醒或环境因素单独决定，而是由认知因素和生理唤醒状态两者交互作用而产生，因而沙赫特和辛格的情绪理论又被称为情绪二因论（Two-Factor Theory of Emotion）。

沙赫特的实验和理论产生了很大的影响，为情绪的认知理论提供了最早的实验依据，对认知理论的发展起到了一定的推动作用。但是该理论缺乏对实验的先在效度的分析，实验设计复杂，后人难以重复得出相同的结果，因此也受到了批评。

（四）汤姆金斯和伊扎德的情绪理论

以上几种情绪理论均强调情绪的起源和发生，却忽视了情绪的作用，并未全面理解情绪的基本性质。关于情绪的功能及其在整个心理过程中的地位等理论都可归入综合性的理论派别，即情绪的副现象论。然而，有些心理学家认为情绪是独立的心理过程，并不满足于副现象论，这种观点构成了情绪理论的另一派别，即以汤姆金斯和伊扎德（S. Tomkins and Izard）为代表的动机—分化理论，因引入了适应和进化的观点，故又被称为进化理论。该理论是很有影响的情绪理论之一。

汤姆金斯和伊扎德认为情绪具有重要的动机性和适应性功能。汤姆金斯认为情绪就是动机，伊扎德的动机论则包含了更复杂的内容，他提出情绪是一种基本的动机系统，包括内驱力、情绪、情绪—认知相互作用、情绪—认知结构。在这一系统中，情绪是核心，无论是与知觉、认知相联系的情绪，是与内驱力相联系的情绪，还是蕴含在人格结构中的情绪特质，都起到重要的动机作用。各种情绪体验是驱动有机体采取行动的动机力量。同时，伊扎德从进化的观点出发，认为多种情绪的分化是进化过程的产物。每种具体的情绪都有其发生的渊源，都有特定的意识品质和适应功能，因而使情绪在有机体的适应和生存上起着核心作用。

同时，汤姆金斯和伊扎德继承和发展了达尔文关于表情的学说，从情绪的分化观出发，十分强调面部表情的重要性。他们指出，人类基本情绪的面部表情是先天程序化的模式，而且先天的面部表情参与到情绪产生的整个机制之中，面部运动的感觉反馈激活情绪体验。

在对情绪性质的阐述上，进化理论既说明了情绪的功能，又说明了情绪产生的根源，确立了情绪在心理现象中的相对独立地位。在对人类婴儿情绪的产生和功能的阐释上，这一理论具有创新性和极强的说服力。该理论的不足之处在于对情绪与认知的联系缺乏具体的论证和阐述。

第3节　工作情绪管理

一、工作情绪的影响因素

1. 工作的物理环境

根据克莱顿·阿尔德弗（Clayton Alderfer）提出的ERG理论，工作的物理环境是影响员工情绪的一个最基础的因素。ERG理论认为，必须首先考虑员工的生理和安全的需要，使他们的情绪免受伤害。工作的物理条件或者环境包括灯光、温度、噪音、颜色的变化、湿度、工作场所的大小、劳动工具和机器的适用性、办公设备的空间位置等因素。舒适的工作物理条件对员工的正面情绪有积极的刺激作用，能够提高员工的工作满意度及劳动生产率。如果劳动工具设计合理，能避免异常情绪的产生，并大幅提高工作效率，使员工轻松完成工作。如果各种设备布局不合理，会使员工的负荷增加，产生抱怨、不满情绪，导致产出和管理水平下降。

2. 工作本身的性质和行业特点

除了工作的物理环境外，还有一个重要的影响工作情绪的因素是工作本身的性质和行业特点。工作的物理条件是可以人为改善的，但是行业的特点、工作的属性是无法改变的。根据ERG理论，第一层需要即存在需要，首先要实现自身生理和安全需要的满足。由于工作和行业属性会使员工遇到刺激负面情绪出现的因素，因此使得存在需要得不到满足。有的员工（如科研人员）的工作具有脑力劳动强度大、科研结果的不确定性等特点，有的员工（如车间工人）的工作具有高体力强度和高重复性等特点，这些行业和工作本身的属性会对员工的情绪产生很重要的影响。

3. 工作的心理环境

工作的心理环境是指员工在工作中产生关系需求时需要的一种人际环境，这种工作软环境主要包括企业或者团队文化氛围、与上级的关系、同事之间的关系、与下级的关系、组织赋予的权利地位等因素。员工处在一个工作软环境中，时时刻刻会受到这种心理环境的影响。员工在产生需求和动机时会发生一些行为，同时，行为的发生也会导致员工的动机的改变，在这种需求、动机和行为的交互作用中，工作的心理环境无疑发挥着十分重要的作用。当员工的行为因工作的心理环境而受到强化时，产生的是正面情绪；反之，当行为与工作的心理环境发生冲突时，负面情绪也表现得更强烈。

4. 生活因素

除了工作软环境的影响外，员工在个人生活中产生关系需求时也会因很多因素影响情绪。由于情绪具有传递性和扩散性，这些情绪不仅会影响个人的生活，而且会进一步影响其工作表现，并且会扩散到同事中间，影响员工整体的绩效水平。因此，关注影响员工情绪的生活因素也是很重要的。诸如子女问题、夫妻关系、生病等生活因素会严重影响员工的情绪。同时应该注意的问题是，若员工在开始工作之前就具有某些负面情绪，对绩效水平的影响会更持久、更具破坏性。美国俄亥俄州立大学费希尔商学院教授斯蒂芬妮·维尔克（Stephanie. Wilc）在对一家大型保险公司呼叫中心的员工的研究中发现，与其他任何变量和因素相比，员工开始工作时的情绪对他一天的工作绩效产生的影响更大、更持久。

5. 个人因素

员工行动后会产生两种结果：一种是未实现预期目标，产生挫折感；另一种是实现了预期目标，产生成就感。情绪是因人而异的，当员工面对这两种结果时，每个人的情绪变化是不一样的，每个人的情绪波动与个人因素有关。与情绪有关的个人因素包括个人的健康状况、思维状况、心理成熟度、性格特质等。夸大或缩小事实、追求绝对化、偏执等都将导致负面情绪。情绪又是行为的基础，这些因素最后将以个人的特定行为作为结果表现出来。应该说明的是，个人因素与成长需要密切相关。尤其是当员工未能实现预期愿望时，会产生挫折感，根据 ERG 理论的“挫折—回归”思想，员工会努力回归到其他需求，其间行为和动机的转变与个人的情绪管理能力等相关素质密切相关。如果员工的个人情绪管理能力不足，显然对其个人的晋升等是十分不利的，对于企业来说会造成人力资源的损失。因此，个人的情绪管理能力对于员工的成长、成熟是十分重要的。

人的行为经历了从刺激到需求和动机，再到行为的产生和最终的结果等过程，行为结果包括目标的实现（成就）和未实现（挫折），它会对下一次的刺激进行反馈，从而使得行为具有连续性。我们将这个过程分为三个过程变量，即：环境因素、个体因素以及反应与结果。人的各种行为正是在这三个过程的交互作用中产生的。

6. 性别因素

研究表明，男女之间在情绪反应方面确实存在差异。性别比较研究发现，女性比男性更容易触及情感——她们的反应更情绪化，也更能体会他人的情绪。女性比男性表达的情绪更多，她们更强烈地体会到情绪并能更频繁地表达情绪，其中既包括积极情绪也包括消极情绪，但不包括愤怒。与男性相比，女性在表达情绪时更自然。此外，在发现非言语与副语言线索方面，女性比男性更擅长。

对存在这种差异的原因有三种解释：第一种解释是，男性与女性以不同的方式实现社会化。在社会化过程中，男性被告知要坚强、勇敢和强硬，而表达情绪与这种形象不相符。第二种解释是，女性在社会化过程中以养育为核心。这可能导致总体上对女性的认知是更友好、更热情的。例如，人们一般期望女性在工作中比男性表现出更积极的情感（通过微笑来表现）。这种解释表明，女性可能拥有更多的体会别人的情绪和表达自己的情绪的能力。第三种解释是，女性可能更需要社会赞许，因此，她们更倾向于表现出积极情绪，如快乐。

7. 组织因素

不同的组织会有不同的情绪标准。麦当劳的员工被要求“必须表现出诸如真诚、热情、自信和幽默等品质”。在迪士尼乐园里工作的员工必须表现出微笑或快乐的样子。研究证据表明，大多数组织对负面情绪和强烈情绪存有一定偏见。负面情绪的表达（如畏惧、焦虑、愤怒）不太受欢迎，除非在极特殊的条件下。例如，群体中地位高的成员在地位低的成员面前表现出不耐烦。另外，强烈情绪的表达（无论是积极的还是消极的）一般不容易被接受，因为人们认为它会破坏正常的工作成绩。当然，在一些特殊条件下是可以有所不同的。例如，由于公司首席执行官的突然去世而带来的短时伤悲，由于年利润打破纪录而开展的庆祝活动。

8. 文化因素

在不同的文化环境中，对于情绪有不同的解释。美国的文化规范表明，服务行业的员工在与顾客交流时，应该微笑和友好。但是这种规范并不适用于所有的文化环境。在以色列，超市中收银员的微笑被视为一种缺乏经验的标志，因此收银员受到鼓励让自己看起来严肃认真。在穆斯林文化中，微笑常常被作为一种性吸引的标志，因此，社会化的女性不会对男性微笑。沃尔玛公司强调员工待客热情，因此在美国赢得了很多忠诚的回头客，但这种做法在德国并不奏效，严肃的德国购物者往往因为沃尔玛连锁店中那些友好的招呼和热情的导购而扭头逃走。

这些例子表明，我们需要在表达情绪时考虑文化因素，使之能够得到恰当的表达。由于文化使得人们对于情绪有不同的解释，在某一文化环境中能够得到接纳的情绪可能在另一环境中并不能发挥作用，甚至会产生破坏性的影响。

二、情绪智力

（一）情绪智力的概念

情绪智力这个概念是美国耶鲁大学心理学家彼得·塞拉维（ Peter Salovey）和新罕布什尔大学的约翰·梅耶（D. Mayer）于 1990 年首次提出的。情绪智力是指个体监控自己及他人的情绪情感，识别、利用这些信息指导自己的思想和行为的能力。情绪智力也称情绪智商，简称情商。概括地说，情商（emotional quotient，EQ）是指人识别和监控自己及他人的情感，运用“共情技术”恰当地维护心理适应和心理平衡，形成以自我激励为核心的内在动力机制，形成以理性调节为导向的坚强意志，妥善处理自身情绪情感、与人交往和个人发展等方面问题的心理素质和能力。高情商能保证充分而完善地发挥出自己所拥有的各种能力，并能明确地把握自己的情感和敏锐的感受、反馈他人的情绪变化。

情绪智力迄今还处于概念或理论假设阶段，争议较大，但它对现代情绪理论的影响很大。其中，情绪智力的理论内涵、理论结构是值得重点关注的问题。20 世纪 90 年代以来，塞拉维和梅耶、戈尔曼（Goleman）等人分别提出了情绪智力理论结构。戈尔曼把情绪智力划分为五大因子，即：认识自己情绪的能力、认识他人情绪的能力、自我激励的能力、妥善管理自己情绪的能力和人际关系的管理能力。塞拉维和梅耶的情绪智力理论于 1990 年正式提出，经过 1993 年、1996 年的修改，至 1997 年基本定型，历经 8 年，数易其稿。1996 年，他们将情绪智力定义为：“情绪智力是知觉情绪，浸入和引导情绪促进思维，理解情绪和情绪的意义，成熟调节情绪以促进情绪和思维向更积极方面发展的能力。”此时，该理论框架已从 1993 年的三因子发展为四因子，但仍突出强调认知因素在情绪中的主导作用。1997 年，塞拉维和梅耶按照上述四个因子，正式总结出了自己的情绪智力理论结构。戈尔曼提出的情绪智力的内涵因概念模糊引起了广泛的批评。王垒等人认为，戈尔曼的情绪智力理论概念不清，没有一个系统的情绪智力结构；与传统智力和动机、人格等的关系不清楚，缺乏实证研究。塞拉维和梅耶的情绪智力概念相对清晰，理论相对严谨，但国内外尚无深入的实证研究。

（二）情绪智力的五个维度

心理学家认为，情绪是人基于个体需要对情境进行评估后的被动性、反应性的主观体验，有别于认知、意志。情商这一概念综合了许多现代心理学的研究成果，表达了心理学家对情感情绪的新理解：一是由被动的心理过程向主动的心理过程迈进，例如，主动识别并表达情绪、主动识别人际关系等。情绪提高而不是降低了思维质量，促进而不是削弱了意志品质。二是由单一性的心理过程向综合性的心理过程迈进，情绪不再单纯是一种主观体验，而是与认知、意志、个性和社会交往相联系形成的复杂的、综合性的心理过程，例如，情绪与认知相联系产生情绪“自知”，情绪与意志相联系产生情绪“自控”。三是由生物遗传性的心理过程向社会塑造性的心理过程迈进，由此，情绪可以成为一个调节个体的社会行为的心理过程，例如，情绪与社会交往相联系形成“关怀”、“尊重”。具体来说，情商包括以下五个维度：

1. 自知

自知（self-awareness）是指能够准确地识别并评价自己和他人的情绪情感，及时察觉自己的情绪变化，准确地归结情绪产生的原因。自知的特点是：（1）准确识别情绪，包括情绪对象、情绪时间、情绪强度、情绪变化的特征；（2）准确识别并归结情绪产生的原因，包括准确识别自己的需要特征、动机特征和角色特征；（3）准确识别环境关系，包括自己与他人的关系、自己的任务目标特征和所处环境的结构特征。

2. 自我控制

自我控制（managing emotions）是指适应性地调节、引导、控制、改善自己和他人的情绪，能够使自己摆脱强烈的不良情绪（如焦虑、忧郁），积极应对危机，增强实现目标的情绪力量。自我控制包括自我监督、自我管理、自我约束、自我疏导和尊重现实。尊重现实包括尊重自己、他人及周围环境。职业人或职业管理者基本上都具备高度自控的能力，但并不意味着要压抑自己的情绪。压抑是指把自己的情绪（尤其是不好的情绪）埋藏在心中，不愿回忆，这可能会导致更猛烈的爆发。自控有利于疏导并释放自己的情绪。压抑是“堵”，自控是“疏”。高度自控者能认清并融入自己的工作环境，调整和适应自己的角色，明确自己的目标。

3. 自励

自励（motivating emotions）是指利用并整合情绪信息，集中注意力，调动自己的精力和活力，适应性地确立目标，创造性地实现目标。自励的人有上进心、进取心，有明确的奋斗目标，并为之积极努力。自励的人会主动完成自己的工作，并不需要他人的督促或者安排，懂得“主动追求”，同时也具有开放性的学习品质，能够不断地接受新的知识，完善自己的知识结构，而一个封闭保守的人不可能有什么发展和进步。自励也意味着“负责、忠诚”和“求实、坚毅”，能够信守自己的诺言，坚定自己的信念，对行为负责，而不是推诿或找借口。

4. 同情心

同情心（empathy）是指能够设身处地考虑他人的情感感受和行为原因，具备换位思考的能力和习惯，理解和认可情感差别，与同自己的观念不一致的人和平相处，理解别人的感受，察觉别人的真正需要。作为心理咨询学的专业词汇，同情心常被翻译为“共情”。共情的基本特征是“准确理解他人”和“准确表达他人的思想”。准确理解他人就需要换位思考和高位思考。只有换位思考，才能达到“己所不欲，勿施与人”的效果；只有高位思考，才能达到“欲穷千里目，更上一层楼”的佳境。

5. 人际交往能力

人际交往能力（handing relationships）是指能够妥善处理人际关系，与他人和谐相处。现在，专业分工越来越细，协作和团队合作精神越来越重要，要求人们必须学会相互信赖、相互尊重和相互协作。协作的作用在于发挥集体的智慧并提高组织的绩效，使团队的工作业绩超过成员个体业绩的简单之和，从而形成强大的团队凝聚力和整体战斗力，最终实现团队目标。在团队合作中，只有懂得随时关注他人的言语、行为与需要，并接纳他人，真诚地与他人合作，才能真正融入团队，保证团队工作的效率和质量。

三、工作情绪的管理方法

1. 在招聘与录用环节注重应聘者的情绪管理能力

在情绪管理日益受到重视的今天，有必要在招聘、录用环节对应聘者的情绪管理能力进行考察，这有利于提高企业的人力资源质量。当前人事测评技术的发展（比如情商测试）也使之成为可能。虽然相对于智商、运动能力以及空间机械能力等测试而言，情商测试在企业人力资源管理中的信度和效度尚缺乏实证检验，但是情商测试的理论依据是可靠的，而且情商与个人成就的关联性已被各种实验研究所证实，因此对某些情绪方面的能力可以在企业人力资源管理中进行尝试性的测评。在对应聘者进行情绪管理能力测试时，应注意让其处于无测试意识的状态，以提高测试的准确性和真实性。如让被试者身处所设定的环境中，面对一些现实性的冲突和问题，通过情绪变化、语言表情等情绪反应来评估其情绪管理能力。

2. 将行业特点和工作的物理条件与员工个人能力相匹配

行业的特点和工作的物理条件对员工的情绪会产生很大的影响，在实际的环境中，因为无法改变行业的性质和特点，所以要做的就是把工作的物理条件和行业特点、工作性质匹配起来，使物理条件与行业特点、工作性质相符。比如，在广告行业，工作的特点就是创新和个性化，因此办公室的墙体应刷成有利于激发灵感的颜色；在IT行业，脑力劳动强度大，工作具有不确定性和挑战性，强调发挥员工的个人能力和团队的作用，因此工作环境应该是开放式的，有利于团队交流；等等。但是仅仅提供良好的物理条件是不够的，还应该考虑个人差异，为员工创造舒适的环境，以发挥个人的最大潜能。

员工应学着体察自己的情绪，这是情绪管理的第一步。每个人都有情绪，应该正确面对，而不应压抑。其次，应适当地表达自己的情绪，表明自己的立场，使人与人之间的相处更加和谐。最后，应以适当的方式缓解、释放情绪，如听音乐、散步等，尽量减少伤害和痛苦。

3. 注重对员工的人文关怀，培养员工的情绪管理能力

对员工的人文关怀包括两方面，一是工作当中的关怀，二是日常生活中的关怀。首先，在工作的软环境中，企业应尽力制定完善的规章制度，公平对待每一位员工，应建立透明、公平、合理、健全的管理制度，选择符合大多数员工需求和情感特点的管理方式，以规避由于不良管理导致的负面情绪。此外，还要给员工创造一个宽松的情感交流环境，提供咨询服务（如聘请情绪指导专家或心理医生），以帮助员工克服并放松工作中积累的紧张情绪，经常组织员工聚会和娱乐活动以增进情感等。其次，正如前面提到的，员工刚上班时的情绪会对一天的工作绩效产生强烈且持久的影响，员工在日常生活中所面对的负面情绪会对个人甚至团队产生很大的消极影响，因此，企业应该为员工提供良好的福利，或者通过其他方式来体现对员工的人文关怀。

目前的人力资源管理培训主要是关于技能或者知识方面的培训，涉及情绪管理能力的培训较少。由于情绪管理能力具有后天可培养性、可塑造性，因此在人力资源规划中应该将员工情绪管理能力的培训作为一个重要方面。培训可以包括以下内容：怎样观察自己和他人的情绪、怎样正确面对情感波动、如何积极地与他人交往、如何战胜压力和焦虑、如何跟同事共享成功的喜悦、如何激励自己与他人、如何培养人与人之间的信任感等。

4. 加强企业文化建设，提高管理者的情绪处理能力

企业中每个员工遇到的情绪问题有所不同，情绪管理能力也有差异，企业应建立和谐的企业文化，确立为员工所认同的价值观、企业精神和目标愿景，从而激励员工超越个人情感，营造属于企业的精神力量，激励他们以高度一致的情绪去实现企业的愿景，否则就会产生大量负面情绪。另一方面，员工在管理者的领导下开展工作，如果管理者的情绪处理能力较差，那么当员工情绪出现问题时，管理者就很难帮助员工解决问题。所以，员工的情绪管理能力与企业文化及管理者的情绪处理能力密切相关。

总而言之，情绪管理作为人力资源管理的一个重要方面，在企业管理中越来越受到关注。企业应该多管齐下，不仅要改进看得见的“硬件”，而且要不断改善“软件”，提高管理员工情绪的能力。这样，一方面可以缩小员工绩效的波动幅度，另一方面可以不断地吸引优秀的人才，并为企业培养卓越的管理者，从而实现企业持续发展的战略目标。

5. 提倡情绪劳动

情绪劳动是指在人际交流过程中，表现出令组织满意的情绪的努力、计划和控制。在与同事、客户、供应商或其他人交往时，员工被期望能够遵守行为规则，这

些规则是要求员工表现出某种情绪并克制其他情绪的规范。

大部分员工被期望加入某种程度的情绪劳动，当人们在工作中需要与顾客和其他人进行频繁的、长时间的语言交流或面对面的接触时，会有更多的情绪劳动。例如看护室的护士必须控制内在情绪，隐藏自己的疲乏、愤怒和其他真实情绪，表现出礼貌等积极情绪。在那些要求员工表现出多种情绪（如高兴和愤怒）或者强烈情绪（如欣喜若狂，而不是微笑）的场所，情绪劳动更具有挑战性。收款人就面对这样的挑战，他们必须学会对焦虑的首次欠债者表现出关心，对那些看起来对自己的债务漠不关心的人表现出恼怒（但不是愤怒）。

6. 重视情绪治疗

有很多方法可以对情绪疾病进行治疗，包括多种抗情绪疾病的药物、心理治疗、物理治疗等。治疗方法因人而异，对一些情绪不稳定的人来说，物理治疗或者心理治疗更有效；对一些情绪不稳定的人来说，抗情绪疾病的药物更有效；而对大多数情绪不稳定的人来说，药物治疗和物理治疗同时使用可能最有效，物理疗法可以相对迅速地减轻情绪障碍等症状，药物可以通过物理治疗的帮助，慢慢使药量减少从而降低药物副作用带来的危害，不需要住院治疗。情绪不稳定的患者首先要使用抗抑郁的药物，并坚持服用一段时间，再配合心理医生进行心理治疗，在进行心理治疗的过程中还需要坚持服药。一般来说，情绪障碍问题得到确诊后，患者如果坚持用药三年以上是可以治愈的。近年来物理疗法的出现提高了情绪疾病治愈的成功率，通常使用无依赖性、无副作用的高科技治疗仪，采用经颅微电流刺激疗法治疗情绪疾病。对于病情严重的人群来说，当抗情绪疾病的药物不足以有效地缓解抑郁症状时，经颅微电流刺激疗法常常是一种有效的治疗方法。它通过低强度微量电流刺激大脑，改变患者大脑异常的脑电波，促使大脑分泌一系列与情绪疾病存在密切联系的神经递质和激素，从而对情绪疾病加以治疗，使患者能够管理好自己的情绪。

思考与讨论题

1. 什么是个性？它的特点表现在哪些方面？
2. 什么是情绪和情绪智力？为什么情绪对于理解组织行为很重要？
3. 如何根据能力差异合理配置员工？
4. 怎样根据人的气质、性格差异实施有效的管理？
5. 试分析一下自己的气质与性格特点，是否需要改进，如何改进。
6. 依据你自己的经验，举出三个知觉偏差的例子，并讨论如何克服。
7. 在一些情境中，明显的情绪表现可以提高工作绩效。请举出一些例子。
8. 来自同一国家的人们是否具有共同的人格类型？请说明理由。
9. 描述大五模型中的各项因素。哪一项因素在预测行为方面最有价值？为什么？

随堂测验

气质类型测试

下列四组气质类型测试题可以帮助你确定自己的气质类型。请你依次阅读题目，对完全符合自己的，在题目前的 [ ] 中记3分；如果处于模棱两可之间——既符合又不太符合的，在 [ ] 中记1分；不符合的，在 [ ] 中记0分；最后计算出自己在每种气质类型上的总分。如果你在某一种类型上的得分明显高于其他三种（均高于4分），则可认定为某典型气质。如果两种气质的得分接近（差异小于3分）且又明显高于其他两种，则为两种气质混合型。事实上，大多数人的气质是混合型的。

A组：

[ ] 1. 到一个新环境很快就能适应。

[ ] 2. 善于与人交往。

[ ] 3. 在多数情况下情绪是乐观的。

[ ] 4. 能够很快忘记那些不愉快的事情。

[ ] 5. 接受一项任务后总希望迅速完成。

[ ] 6. 能够同时关注几件事情。

[ ] 7. 疲倦时只要短暂休息就能精神抖擞地投入工作。

[ ] 8. 讨厌做那些需要耐心的细致的工作。

[ ] 9. 符合兴趣的事干起来劲头十足，否则就不想干。

[ ] 10. 假如工作枯燥乏味，马上就会情绪低落。

[ ] 11. 反应敏捷，头脑机智。

[ ] 12. 希望做变化大、花样多的工作。

A组总分：____________。

如果你在这组测试中取得高分，那么你属于多血质的气质类型，较适合成为记者、律师、公关人员、艺术工作者、秘书和其他社会工作者等。

B组：

[ ] 1. 喜欢在公开场合表现自己，有强烈的争第一倾向。

[ ] 2. 做事有些莽撞，常常不考虑后果。

[ ] 3. 做事总有旺盛的精力。

[ ] 4. 宁愿侃侃而谈，不愿窃窃私语。

[ ] 5. 容易激动，每每出口伤人，而自己不觉得。

[ ] 6. 羡慕那些能够克制自己感情的人。

[ ] 7. 喜欢运动量大和场面热烈的活动。

[ ] 8. 情绪高时，干什么都有兴趣；情绪不高时，对什么事都不感兴趣 。

[ ] 9. 认准一个目标就希望尽快实现，甚至饭可不吃，觉可不睡。

[ ] 10. 遇到可气的事就怒不可遏，想把心里的话一吐为快。

[ ] 11. 爱看情节起伏、激动人心的小说和电影、电视剧。

[ ] 12. 喜欢争辩，总想抢先发表自己的意见，力图压倒别人。

B组总分：____________。

如果你在这组测试中获得高分，那么你属于胆汁质的气质类型，较适合成为运动员、勘探工作者、飞行员、探险者、演说家、营业员、宾馆招待员等。

C组：

[ ] 1. 善于克制、忍让、不计小节，能容忍别人对自己的误解。

[ ] 2. 能较长时间地对某一事物集中注意力，不容易分心。

[ ] 3. 能够较长时间地做枯燥单调的工作。

[ ] 4. 不易激动，很少发脾气，情感很少外露。

[ ] 5. 不喜欢长时间谈论一个问题，愿意实际动手。

[ ] 6. 对工作采取认真、严谨、始终如一的态度。

[ ] 7. 喜欢有条不紊地工作。

[ ] 8. 与人交往不卑不亢。

[ ] 9. 遇到令人气愤的事能很好地自我控制。

[ ] 10. 喜欢安静的环境。

[ ] 11. 做事力求稳妥，不做没有把握的事。

[ ] 12. 埋头苦干，有耐久力。

C组总分：____________。

如果你在这组测试中获得高分，那么你属于黏液质的气质类型，较适合成为医务工作者、图书管理员、翻译、商务人士、教师、科研人员等。

D组：

[ ] 1. 宁愿一个人干，不愿和许多人在一起。

[ ] 2. 心中有事，宁愿自己想，也不愿说出来。

[ ] 3. 学习和工作时常比别人更感觉疲倦。

[ ] 4. 对新知识接受很慢，但理解后就很难忘记。

[ ] 5. 爱看感情细腻、人物心理活动丰富的文学作品、电影、电视剧。

[ ] 6. 遇到问题总是举棋不定，优柔寡断。

[ ] 7. 碰到陌生人觉得很拘束。

[ ] 8. 厌恶那些强烈的刺激，如尖叫、噪音、危险镜头。

[ ] 9. 感情比较脆弱，一点小事能引起情绪波动，容易神经过敏。

[ ] 10. 当工作或学习失败时，会感到很痛苦，甚至痛哭流涕。

[ ] 11. 当感觉烦闷时，别人很难使自己高兴起来。

[ ] 12. 遇到危险情况时，常有一种极度恐惧感。

D组总分：____________。

如果你在这组测试中获得了高分，那么你属于抑郁质的气质类型，较适合成为作家、画家、诗人、打字员、音乐家、校对员等。

案例研究

用人的艺术

某电子计算机集团公司几年前通过公开招聘录用了两名刚毕业的计算机专业的大学生张某和李某，人事经理决定让他们从事计算机的推销工作。从工作申报表和面试等人事资料看，张某和李某虽然都想从事这项工作，但明显地表现出个体差异。张某很显然性格外向，热情、开朗、善交际、积极主动；李某则表现出内向性格，爱思考，不愿与人说话，喜欢独处。一年后，张某很快适应了销售工作，得心应手，成绩出色，工作局面已经打开，不久将提升为部门经理。李某虽然也能完成交给的任务，但缺乏主动性和积极性。此后不久，李某就来找人事经理，说他不想干了，准备辞职。人事经理让他说出理由，他也说不出来，但其中有一点人事经理已经悟出来，那就是李某对销售工作不感兴趣。人事经理私下了解到，李某有很强的钻研精神，很善于搞些发明创造，据说他在中学时代获得过少年科技发明奖，而且一直保持着这种创造意识。于是，人事经理与总经理商谈之后，把李某单独请到家里，吃完饭后与他长谈了一次，最后决定将李某调到研究开发部。当年年底，他的两项发明就为公司创收十几万元。

资料来源：袁凌：《组织行为学》，2版。

［讨论题］

1. 为什么张某能适应销售类工作，而李某不能适应？请给出解释。
2. 假如你是管理者，将如何解决李某辞职的问题？
3. 从这个案例中，你能得到什么启示？
4. 你如何评价该公司的人事经理？

第 4 章

工作环境中的激励

内容提要

激励是管理的核心问题，是组织行为管理的关键所在。本章学习要求重点掌握激励机制、激励过程以及各种激励理论的内容，并能运用所学理论诊断所在组织中存在的激励问题，提出合理的建议。理解个体激励的本质，特别是它在工作环境中的应用，是本章的难点。

第 1 节 激励概述

一、激励的概念

激励（motivation）是指个体在实现目标的过程中的努力程度、努力方向和毅力。一般而言，激励涉及针对所有目标的努力，但在这里，我们把范围缩小为组织目标，这样更接近于我们对工作行为的研究兴趣。通俗地说，激励就是激发动机和鼓励行为，也就是人们常说的调动员工的积极性。

需要引发动机，动机支配行为，行为指向目标。内外诱因对员工加以刺激，唤起员工的某种未满足的需要；这种需要会使个体处于紧张状态，从而促使个体采取措施以减轻或消除紧张，此时，行为动机产生；然后，行为动机会导致个人作出满足需要的某种目标行为。员工的目标是其工作的动力，目标的实现可以在很大程度上满足员工的需要。达到了目标，员工的需要得到满足，激励过程也就宣告完成，然后新的需要产生，又引起新的行为激励过程。

组织理论家、实业家巴纳德（C. I. Barnard）在《经理人员的职能》一书中曾指出："假如将所有被认为能对一个组织有所贡献的人们，按照他们愿意为组织作出贡献的程度排队……有强烈愿望、中等或一般愿望、毫无愿望或反感以至憎恨，成为一个逐渐递减的序列。在现代社会中如果不存在激励……大多数人总站在消极的一端。”哈佛大学的学者在一次员工激励调查研究中也发现，按时计酬的员工只要发挥 20%～30%的能力，就可以保住饭碗，如果给予激励，他们可发挥出80%～90%的能力。所以，组织行为学把激励作为该学科体系的中心环节。

二、激励的作用

在企业管理中，最重要的是对人的管理，而人的管理，归根到底是为了调动人的积极性。西方的管理学者认为，管理的最简单定义是：“经由他人达到企业的组织目标。”这说明，如何调动人的积极性是管理的关键所在。米尔（L. M. Mill）认为，“管理的目标就是要弄清在怎样的条件下，人会更愿意按时工作，会更愿意留在所分配的岗位上，会工作得更有效率。管理还要找出在怎样的条件下，劳动者会把工作本身当作一种享受。”但是人的积极性受到主客观因素的制约。人是复杂的，环境因素也是多种多样的，这就说明，调动人的积极性是一件相当复杂的事情。由此可见，管理者最困难但又最关键的职能是激励员工。

西方学者通过对激励问题的研究得出了一个有名的公式：

绩效＝f（能力×激励）

在组织中往往有这样的情况：在同样的环境下，能力相同或相近的人的工作绩效有很大的差别。由上述公式可知，这种差别主要取决于激励水平。

行为学家格里芬（R. W. Griffin）认为，在企业组织中，员工的工作绩效不仅取决于激励与能力，而且取决于员工的工作环境，它们之间的关系可以表示为：

$$P=f\ (M\times A\times E)$$

式中，P 为绩效，M 为激励，A 为能力，E 为环境。

为了实现高绩效，员工必须愿意做好工作（激励），必须能够有效率地进行工作（能力），必须拥有材料、资源、设备和信息（环境）。任何一方面的缺陷都有可能影响绩效。管理者必须努力保证所有条件都得到满足。在绝大多数情况下，激励是其中最难满足的条件。如果员工缺乏实现绩效的能力，可以派他参加培训项目，学习新的工作技能。如果员工无法学会这些技能，可以将他调整到一个工作相对简单的岗位上，再由另一位技能水平更高的员工来取代他。如果员工缺乏材料、资源、设备和信息，可以采取措施提供这些条件。例如，如果员工由于无法获得营销部门的销售预测数据而不能完成工作，经理可以与营销部门取得联系以获得相关信息。但是，如果激励不足，管理者就会面临更复杂的问题，需要决定究竟哪一种因素可以激励员工。

心理学家坎贝尔（J. P. Campbell）和普里查德（R. D. Pritchard）把上述公式具体化为：

绩效＝f（才智水平×技能水平×对工作任务的了解程度
×努力从事某工作的选择×努力的程度×坚持努力的时间
×个体不能控制的有利和不利条件）

上述公式中的后三个因素都与激励相关。

在实际工作中，有时能力较差的人取得的成绩会比能力强的人更大。这是因为，激励因素的设置或满足起到很强的激励作用，产生很高的激励水平，使能力差的人也可以获得高绩效。因此，有没有激励、采用哪一种激励方式，对员工行为的影响非常明显。

三、激励过程的要素

激励是一个极其复杂的过程，它从个人的需要出发，到实现目标和满足需要结束，中间涉及许多因素。在了解激励过程的同时，还必须对与激励过程相关的重要因素进行分析。从大的方面看，激励过程主要有三个部分：需要、动机与行为。可以把这一过程用模型表示出来（如图 4—1 所示）。

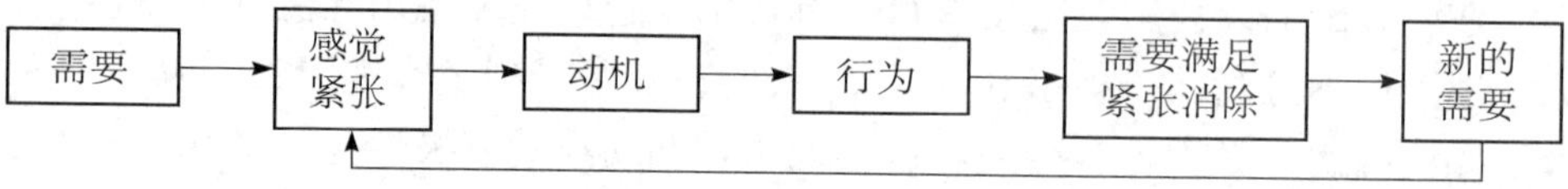

图 4—1 激励过程模型

（一）需要

1. 需要的概念

需要是个体对其生活和发展的某些条件感到缺乏而力求获得满足时的一种心理现象，简言之，就是人对某种目标的渴求和欲望。需要是人们的主观体验和个体活动积极性的源泉。人为了维持社会发展，就产生了劳动、交往的需要；为了维持自身存在与基因延续，就产生了对衣、食、住、行及婚育的需要。

2. 需要的来源

人的需要有三个主要来源：（1）生理状态的变化引起的需要，如饥饿时对食物的需要等；（2）外部影响诱发的需要，如新款式的物品引起的购物需要等；（3）心理活动引起的需要，如为了了解人的心理活动，产生学习心理学的需要。

3. 需要的分类

根据需要的起源，可分为自然需要和社会需要。自然需要包括衣、食、住、行、性等需要，它是人类生活的基本需要，只有在自然需要得到满足后，才能进行正常的工作和学习。社会需要是维持与推动社会发展所必需的，如对劳动、友谊、社交、社会赞许、成就等的需要。作为社会和组织中的人，这两种需要是不可分割的，仅有自然需要而无社会需要的人，是不会被社会和组织所接受的。如果某人不愿意为社会工作和劳动，社会也就不会满足其自然需要。

根据需要的对象，可分为物质需要和精神需要。物质需要指向社会物质产品，并因占有这些产品而获得满足；精神需要则指向社会的各种精神产品，如道德、理想、知识、文化等。在现实生活中，人的物质需要和精神需要是紧密交织在一起的。追求美好的物质产品，同样可以表现为某种精神上的需要，组织中的成员通过工作获得物质利益的同时，也满足了他们某种精神上的需要。

（二）动机

1. 动机的概念

动机是指引起并维持人的行为达到一定目标的内部动因。动机是在需要的基础上产生的。当人的某种需要没有得到满足时，人们就会去寻找满足需要的对象，从而产生相应的动机。需要推动着人们去活动，并把活动引向某个目标。从某种意义上讲，需要和动机没有严格的区别。需要体现一种主观感受，动机则是为使需要获得满足而支配行为表现的内心活动。

除了有机体的某种需要外，诱因的存在也是动机产生的一个重要条件。诱因是指能够激起有机体产生定向行为，并能满足某种需要的外部条件或刺激物。需要比较内在和隐蔽，是支配有机体活动的内在原因；诱因是与需要相联系的外界刺激物，它吸引有机体去活动，并使需要有可能得到满足。在实际生活中，人的行为往往取决于需要与诱因的相互作用。没有需要，就不会有行为目标；相反，没有行为目标或诱因，就不会有某种特定的需要，动机也就不会产生。

2. 动机的分类

根据动机的起源，可分为自然性动机和社会性动机。自然性动机是由自然需要引起，并为满足自然需要而产生的动机。社会性动机是以个体的社会需要为基础的动机，如交往动机、成就动机和劳动动机等。自然性动机也称驱力，而社会性动机有时简称动机。

根据学习在动机形成和发展中所起的作用，可分为原始动机和习得动机。原始动机与生俱来，以人的本能需要为基础；习得动机则是后天习得的，是人对社会生活、环境的反应，如通过学习而获得成就动机等。

3. 动机的功能

（1）始发功能。动机具有驱使个体产生某种行为的功能，是推动行为的原动力。

（2）选择功能。动机具有促使人的行为向特定目标、预期方向前进的功能，它决定行为的方向。

（3）维持和调整的功能。行为产生以后，人们是否将行为和活动持续下去，同样受动机的调节和支配。行为目标达成时，相应的动机就会获得强化，从而使行为持续下去或产生更为强烈的行为，向更高层的目标靠近。相反，当行为和活动背离了个体所追求的目标时，就会因行为的动机得不到强化而降低行为的积极性，或者可能完全停止行为。个体会自动地通过行为结果和目标的对比，逐渐改变动机的强度，对外部行为进行维持和调整。

（三）行为

1. 行为的概念

人类行为从广义上来说是客观刺激通过人脑内部的心理活动而引起的反应（内部与外部）；从狭义上来看仅指外显的行为活动。不同学派对行为有不同的看法。

行为主义学派把行为看成是机械的、由刺激直接引起的，从而否认或忽视了人的心理因素（即个体“O”）的作用，其典型的行为公式是：“$S\rightarrow R$”。这种观点虽带有唯物主义的性质，但是过于机械地强调某一刺激必然会引起某种反应，远远不能解释瞬息多变、极为复杂的人类行为的特征。

新行为主义代表人物托尔曼（Tolman）于1935年首创了“中介变因”的概念。他提出如下行为公式：

$$B=f(S\times A)$$

式中，B为行为变因，S为情境变因，A为前提变因（包括遗传、年龄和经验等）。这种观点开始注意到个体自身对行为的作用。

德国格式塔派心理学家勒温将个人的行为定义为个体与环境相互作用的结果。他提出的行为公式是：

$$B=f(P\times E)$$

式中，B为行为，P为人，E为环境。

2. 人类行为的基本模式

各派理论相互补充，使人类行为逐渐演变为大家熟悉的一个基本模式：S—O—R。刺激（S）、个体（O）、反应（R）之间的相互关系如图4—2所示。

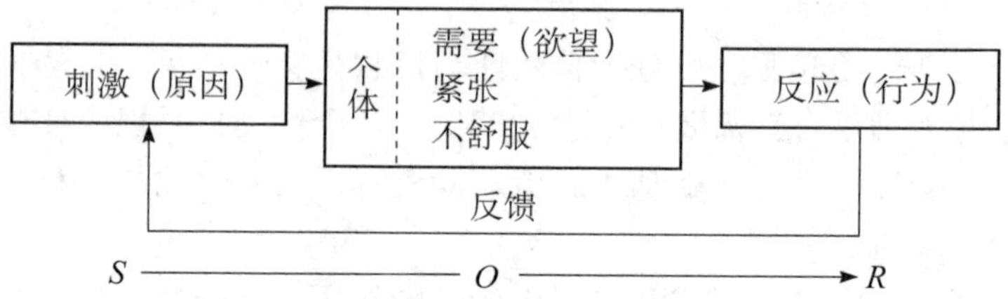

图4—2 人类行为的基本模式

这个模式具有循环性和连续性。满足需要，实现目标，行为暂时完成；目标完成又作为反馈信息提出，进而形成新目标，使行为向更高水平发展。

四、需要、动机与行为的关系

需要、动机和行为之间存在一种直接的关系。需要是动机产生的基础，动机是推动人的行为的内部动力。

人的行为是人和环境交互作用的产物和表现，是可以观察和记录的。它的构成因素有两大类：内在因素和外在因素。内在因素包括人的身体和情绪、气质、思想等；外在因素包括自然环境和社会环境。由于每个人的内在因素各不相同，所处的环境又千差万别，因此，人的行为就表现出各种各样的行为方式。但有一点是共同的，即任何一种行为的产生都是有原因的，是在动机的引发与维持下进行的。

动机是产生行为的内部动力，动机对行为有导向的功能，但动机和行为的关系并不总是对应的，我们不能说个体有一个动机就有一种对应的行为表现，也不能认为个体表现出一种行为就只有一个动机。事实上，动机与行为的关系有时是对应的，有时则不然。不对应的情况主要表现为：

（1）不同的行为可能有相同或相似的动机。如几个新提拔的中层管理者有相同的动机，即都想胜任工作并作出成绩。但是他们采取的行为可能不同，有的通过学习各种管理知识来提高自己，有的通过争取多出差、多接触实际来增加解决实际问题的机会，有的通过搞好人际关系来把工作做好。

（2）同一行为中可能有不同的动机，即各种不同的动机通过同一行为表现出来。如员工努力工作，有的是为了多拿奖金，有的是为了争当标兵，有的则是为了内心的信念，等等。表现出的行为是相同的，推动行为的动机却是不同的。

（3）同一个人身上，某些行为中的动机可能是多种多样的。有的是主导动机，支配行为的方式；有的是次要动机，隐藏不露。个体的活动往往不是受单一动机驱使的，因而形成了不同个体的动机体系。

（4）良好的动机不一定有良好的行为效果。实践中常有“好心办坏事”的情况发生，例如，有人为了“打抱不平”而触犯法律，这就是动机与行为效果相背离的情形。

第 2 节　激励理论

一、内容型激励理论

内容型激励理论属于认知派理论体系。这类理论从人的“内在缺乏”入手来研究对人的激励，认为激励员工的工作动机主要是通过满足员工合理需要的途径实现的。这里重点介绍马斯洛的需要层次理论、赫茨伯格的双因素理论和麦克利兰的成就需要理论。

（一）需要层次理论

美国心理学家马斯洛于 1943 年在他的《人类动机的理论》一书中首次提出了需要层次理论。他在 1954 年出版了《动机与人格》，在 1962 年出版了《存在心理学导言》等著作，对需要层次理论作了重要的补充、引申和应用，使这一理论体系得到进一步的完善和规范。

1. 需要层次理论的基本内容

马斯洛的需要层次理论的内容概括起来主要有两个方面：一是人类有五种基本需要，即生理需要、安全需要、爱的需要、尊重需要、自我实现需要，这五种需要基本上反映了不同文化环境中人类共同的特点；二是人类的基本需要是一种有相对优势的层系结构，按照它们的重要程度和发生顺序，由低级到高级排列，呈阶梯状（如图 4—3 所示）。

当某一层次的需要获得相对满足后，其激发动机的作用随之减弱或消失，此时上一级的较高层次的需要成为新的激励因素。

（1）生理需要。这是人类最原始、最基本、最迫切的需要，包括维持生活和繁衍后代所必需的各种物质上的需要，如衣食、饮水、住房、性欲等。这些需要如果得不到满足，人类就难以生存下去，因而它也是推动力最强大的需要。

（2）安全需要。这是有关免除危险和威胁的各种需要，包括：1）心理上的安

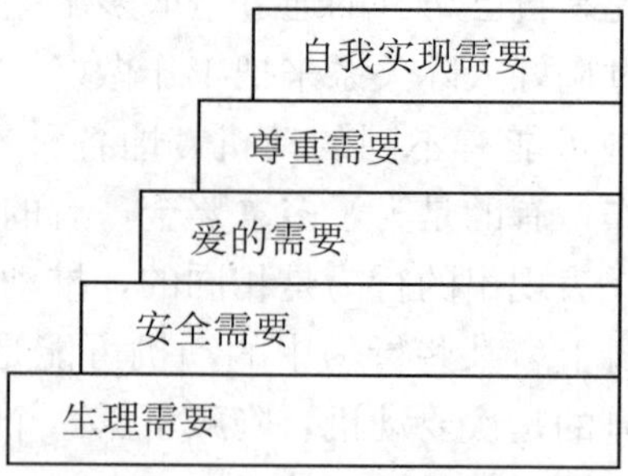

图 4—3 需要层次理论

全，希望避免不公正的待遇等；2）劳动安全，希望工作不出事故、环境无害等；3）职业安全，希望不失业、不被资方无理解雇等；4）环境安全，希望免于天灾、战争、破产的威胁等；5）经济安全，希望自己的医疗、养老、意外伤害有保障等。

（3）爱的需要。这是指个人对情感、交往、归属的需要。它包括两个方面：给别人的爱和接受别人的爱。在现实社会中，人都有社交的欲望，希望得到别人的安慰和支持，希望与家属、朋友、同事、上司之间关系融洽，互相信任，保持友谊和忠诚。同时，自己有归宿，即成为某个集体的公认的成员等。

（4）尊重需要。它包括自尊和受人尊重两个方面。自尊是指“在现实环境中希望有实力、有成就、能胜任和有信心，以及要求独立和自由”；受人尊重是指“要求有名誉或威望，别人对自己给予尊重、赏识、关心、重视或高度评价”。管理者必须注意到，员工自尊需要的满足会使人产生自信感，觉得在这个世界上有价值、有实力、有能力、有用处。一旦这种需要受挫，就会产生自卑感、软弱感、无能感，最后导致失去基本的信心。

（5）自我实现需要。这是最高层次的需要。它是指最充分地发挥自己的潜能，做自己最适合的工作，实现自己的理想和抱负，并能不断地自我创造和发展。自我实现就是使人的潜能现实化，使这个人成为有完美人性的人，能完成与自己能力相称的一切事情。

2. 需要各层次间的相互关系

（1）需要不是并列的，而是有层次的，由低到高呈阶梯状，但这种次序不是固定不变的。在五种需要中，生理需要和安全需要是最基本、最低级的需要；爱的需要属于过渡性需要的范畴；尊重需要和自我实现需要属于高级的范畴。前两种属于物质需要，是随生物进化而逐渐变弱的本能和冲动；后两种属于精神的需要，是随生物进化而逐渐具备和呈现的潜能。

（2）一个层次的需要相对满足之后，就会向高一级层次的需要发展。人的需要是生来就有的，一般是由低级到高级逐步上升的。也就是说，高层次的需要往往出现在较低层次需要得到满足之后。

（3）人的需要是有主导性的。在一定时期内，一个人可能同时存在几种需要，但是总有一种需要支配力量最大，对人的积极性影响最大，这种占主导地位的需要被称为优势需要。

（4）人的需要具有发展性。这与一个人的年龄和地位的发展变化有关。人在幼年时期，生理需要为优势需要，但其需要会随着年龄的增长向高层次需要发展。另外，随着人在社会上的政治、经济地位上升，对高层次需要的追求日益强烈。从社会发展的一般规律来看，在生产力水平较低、经济不发达的社会，人们的物质需要比较突出；而在生产力水平较高、经济较发达的社会，人们的精神需要较为突出。

3. 对马斯洛需要层次理论的评价

（1）马斯洛的需要层次理论作为一种激励理论，一定程度上反映了人类行为和心理活动的共同规律，有其科学性。一方面，马斯洛从人的需要出发研究人的行为，可以说抓住了问题的关键。因为人类为了生存和发展，在各种物质和精神需要的强有力推动下，发展生产力，变革生产关系，从而使人类社会不断得到发展。另一方面，马斯洛的理论在一定程度上指出了人的需要由低级向高级发展的趋势，符合人的需要发展规律。同时，他把物质需要作为人的需要结构的基础，认为它是最原始、最基本的需要，符合唯物论的认识论。

（2）马斯洛的需要层次理论也有其局限性：1）该理论以资产阶级存在主义哲学为理论基础，主张周围一切人、一切事物都要符合自己的需要，不讲个人对社会的义务和责任，这与企业的激励方向是相悖的；2）简单地把需要层次看成是一种固定的程序，是机械论观点，忽视了人的主观能动作用，缺乏辩证法思想。

（二）双因素理论

双因素理论是“激励因素—保健因素”理论的简称。这一理论是美国心理学家赫茨伯格于 1959 年在大量调查的基础上提出的。这一理论在工作丰富化方面进行了开创性的探索。

赫茨伯格撰有《工作的激励因素》、《工作与人的本质》等著作，发表了《丰富工作内容大有好处》等 100 多篇论文，这些都不断阐述和完善着他的理论的基本观点。

1. 双因素理论的基本内容

赫茨伯格在美国匹兹堡地区对 11 个工商机构中的 200 多名工程师、会计师进行了访问调查。他设计了许多问题，如“什么时候你对工作特别满意”、“什么时候你对工作特别不满意”、“原因是什么”等，请受访者回答。赫茨伯格将调查的结果按照满意与不满意进行了如图 4—4 所示的综合分析。

通过综合分析，赫茨伯格发现，使员工感到满意的都是工作本身或工作内容方面的有关问题；使员工感到不满的，都是工作环境或工作关系方面的有关问题。他把前者称为激励因素，后者称为保健因素。激励因素是影响人们行为的内在因素，是促使人们进取的因素。它的改善往往能带给员工很大程度的激励，使他们产生工作的满意感，并能充分、有效、持久地调动他们的积极性。如果缺乏激励因素，会引起员工不满，但影响不大。保健因素是影响人们行为的外在因素，没有多大的激励作用，但带有预防性，起着保持人的积极性、维持工作现状的作用。如果缺乏保健因素，会使人产生强烈的不满，甚至消极怠工。

关于激励因素与保健因素的相互关系，赫茨伯格认为传统的“满意—不满意”

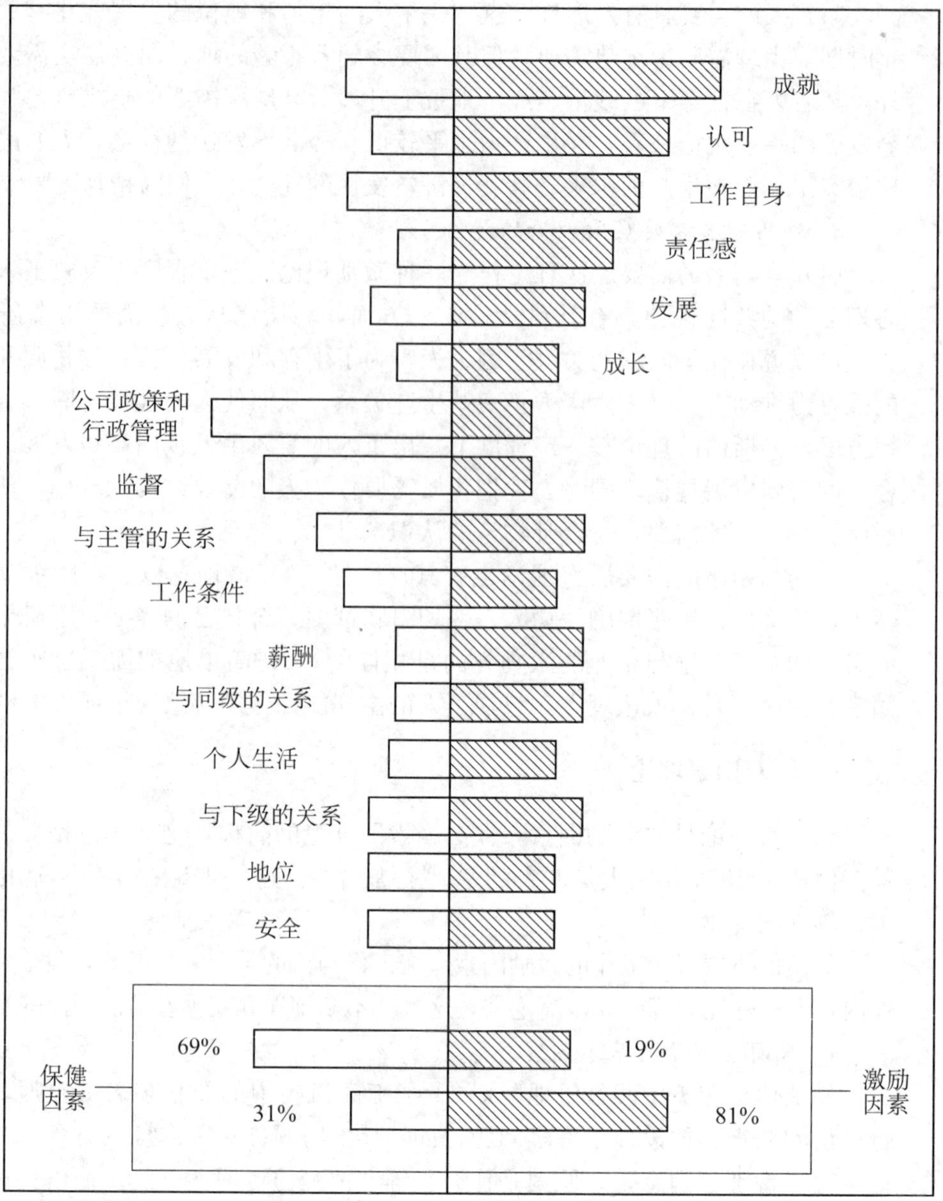

图 4—4　激励因素与保健因素

的观点（认为满意的对立面是不满意）是不正确的。他认为，满意的对立面应该是没有满意，不满意的对立面应该是没有不满意（如图 4—5 所示）。这说明，保健因素与激励因素都对人起作用，只是影响的程度不同而已。

2. 对双因素理论的评价

（1）双因素理论的科学性。一是强调企业管理者要重视调动和保持员工的积极性，注意对员工提供保健因素，以消除员工的不满情绪；二是赫茨伯格提出的内在激励与外在激励，与今天提倡的物质奖励和精神奖励有相似之处；三是强调管理者要针对不同人的不同需要，采取不同的方式进行激励，并在满足其基本的物质需要以后，重视满足精神需要，以增加对其积极性的激励强度。

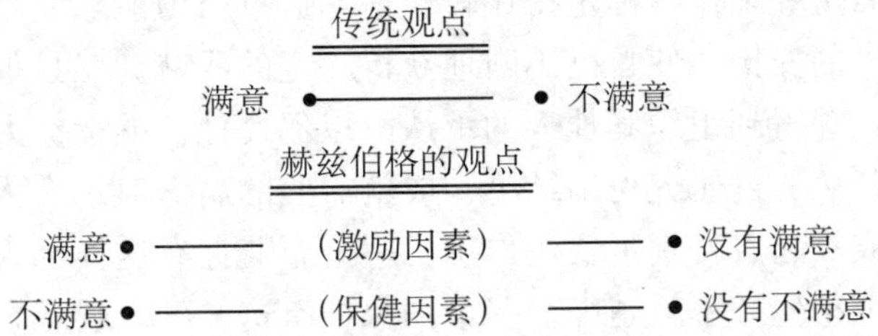

图 4—5　两种“满意—不满意”观点的比较

（2）双因素理论的局限性。一是赫茨伯格的研究方法影响了他的研究成果的效度。从心理学角度分析，人们一般会把满意的结果归功于自己的努力和工作中取得的成就，而把不满意的结果归因于他人或客观环境。二是有人认为赫茨伯格调查的对象主要是工程师、会计师等专业人员，他们的心理因素与其他类型的员工可能并不相同。

（三）成就需要理论

成就需要理论是美国行为科学家麦克利兰提出的。1953 年至 1975 年，他先后出版了《成就动机》、《激励经济成就》、《权力：内心体验》等著作，还发表了《促使取得成就的事物》等许多论文，不断丰富和完善他的理论观点。

1. 成就需要理论的基本内容

成就需要理论侧重于社会起因的研究。他认为，世界上的人大致可以分为两类：少数人愿意接受有挑战性的工作，通过努力奋斗有所成就，而大多数人对取得成就没有强烈的愿望。因此，人们对成就的需要有高低之分。他通过研究指出，人的高层次需要可以划分为三种，即权力需要、友谊需要和成就需要。

（1）权力需要。权力包括个人权力和社会权力两种，个人权力用于个人生活，社会权力用于公众生活。权力欲强的人，对影响和控制他人有较大的兴趣，想当官，想处于领导地位。他们表现出这样一些心理和行为特点：喜欢争辩、健谈，直率，头脑冷静，善于提出问题，常喜欢教训别人。

（2）友谊需要。友谊需要包括管理活动和个人生活中的友谊的需要。这是一种保持社会交往和人际关系和谐的重要条件。这种人注重从友爱、情谊和社会交往中得到某种欢乐和满足。负有全局责任的管理者常把这种需要看得比权力更重要，他们的心理和行为特点是：喜欢保持一种融洽的社会关系，乐于安慰和帮助危难中的伙伴。

（3）成就需要。这种需要是指对成就的追求。有成就需要的人，对胜任和成功有强烈的愿望。这种人的心理和行为特点是：工作认真，有进取心，事业心强，敢于冒险，喜欢长时间工作，不易沮丧，但爱表现。

麦克利兰对这三种需要（尤其是成就需要）作了深入的研究，并据此对人进行了测试，发现成就需要高的人具有三种品质：一是只要组织给他们提供能独立解决问题的工作环境，充分发挥其能力，即使不再给予其他激励，也能保持工作的积极性。他们只有靠自己的能力解决问题，才会有成就感。二是他们乐意接受有挑战性的工作，而这些工作目标定得比较合适，通过努力能够实现。他们能对工作及其条件进行恰当的安排，使自己不断地获得一定的成就。三是他们需要有关他们工作成就的反馈，并得到组织和他人的承认，以促使他们继续努力，不断取得新的成就。

麦克利兰通过研究得出结论：成就需要的高低对一个人、一个企业、一个国家的发展和成长起着特别重要的作用。一个企业拥有这样的人越多，发展和成长就越有保障，劳动生产率就越高。一个国家拥有这样的人越多，就越兴旺发达。

2. 对成就需要理论的评价

(1) 成就需要理论的贡献在于具有广泛而有益的社会影响。该理论对员工的高层次需要作了全面的概括，提出不同需要的人的心理和行为特点，对企业组织如何甄选和激励员工有一定的指导意义。

(2) 成就需要理论正确地论述了成就激励并不只是美国的中产阶级的现象，许多民族和国家也由于经济增长而需要成就激励。

(3) 成就需要理论侧重于内在激励，提出通过教育和培训可以造就高成就需要的人才的观点，有借鉴意义。

麦克利兰与赫茨伯格一样，是基于对部分工程师、会计师的调查提出理论的，因此其结论不具有普遍意义。

二、过程型激励理论

过程型激励理论亦属于认知派理论体系。这类理论从“外在目标”入手来研究对人的激励，认为激励员工的工作动机，主要是通过设置适当的目标来实现的。这里主要介绍期望理论、公平理论和目标设置理论。

（一）期望理论

期望理论是由美国心理学家维克多·弗鲁姆（Victor. H. Vroom）在1964年出版的《工作与激励》一书中首先提出的。该理论的出现是因为批评双因素理论研究过分依赖受访者所从事的工作内容。

1. 期望理论的基本内容

(1) 期望理论的概念。期望理论是研究需要与目标之间规律的理论。该理论认为，当目标没有达到时，这种需要就变成了一种期望，期望本身就是一种能激励人的积极性的力量。弗鲁姆指出，一个人从事某种活动的激励力量的大小取决于两个因素：一是“该项活动所产生成果的吸引力的大小”，也称效价；二是“该项成果实现的概率大小”，也称期望值。激励力量、效价、期望值三者的关系可以用下列公式来表示：

$$M=\sum V\times E$$

式中，M为激励力量，V为效价，E为期望值。

效价是指被激励对象对目标的价值的主观估计。由于不同人所处的社会地位和工作环境不同，各自的需要不同，因此对同一个目标的效价有不同的主观估计。例如，对某一个目标的欲望高，效价也高；如果漠不关心，毫无要求，效价为零；如果不但没有要求，而且有害怕心理，效价为负值。

期望值是指被激励对象对目标能够实现的可能性大小的估计，也称期望概率。一个人如果估计某项目标完全可能实现，则概率为最大（$P=1$）；如果估计完全不可能实现，则概率为最小（$P=0$）。

由此可见，上述公式表明：当一个人对某项目标的效价估计很高，而且认为自己实现这项目标的可能性也很大时，该项目标对他的激励力量最大。

效价和期望的不同结合，会产生出不同的激励力量，通常有以下几种情况；

1）高效价×高期望值＝高激励力量，即 $V_{高}\times E_{高}=M_{高}$。

2）中效价×中期望值＝中激励力量，即 $V_{中}\times E_{中}=M_{中}$。

3）低效价×高期望值＝低激励力量，即 $V_{低}\times E_{高}=M_{低}$。

4）高效价×低期望值＝低激励力量，即 $V_{高}\times E_{低}=M_{低}$。

5）低效价×低期望值＝低激励力量，即 $V_{低}\times E_{低}=M_{低}$。

（2）期望理论的 VIE 模式。这一模式引入了第三个概念，即工具性（或称手段性，I）。将其与效价（V）、期望值（E）结合起来，就构成了 VIE 模式（如图 4—6 所示）。

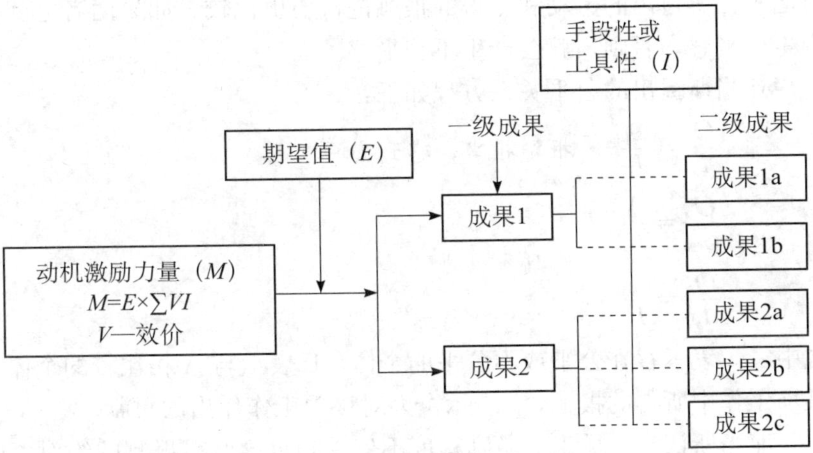

图 4—6　期望理论的 VIE 模式

资料来源：袁凌、李敬、吴文华：《组织行为学》，长沙，湖南大学出版社，2004。

工具性是与效价有关的另一个重要因素。个人所期望的成果（或目标）有两个层次，一级成果是最初目标（即组织目标），是达到二级成果的工具或手段，二级成果才是最终目标（即个人期望的目标）。工具性反映出个人对一级成果与二级成果之间内在联系的认识。

如果员工的工作绩效低于规定指标，意味着他没有达到企业的目标，也就不可能达到第二种目标，即个人期望的目标。在这种情况下，这项工作对他的激励力量是很弱的。

2. 对期望理论的评价

（1）弗鲁姆提出的效价概念随着各人所处的环境不同而变化，是比较合乎现实情况和激励过程的，有助于管理者了解和分析员工的激励情况，并识别有关的变因。

（2）期望理论模式探讨了工作激励的复杂性，有助于阐明激励的复杂过程，强调了个人的各种需要和激励的重要性，避免了需要理论中某些方面过于简单化的缺陷。

（3）期望理论应用于管理实践中还比较抽象，对解决具体的激励问题帮助不大。

（二）公平理论

公平理论是美国心理学家亚当斯在研究分析人的积极性与分配方式的关系时提出的。亚当斯于1963年发表了《对于公平的理解》一文，于1965年发表了《在社会交换中的不公平》一文，详细阐述了他的理论的基本观点。

1. 公平理论的基本内容

亚当斯的公平理论侧重研究工作报酬分配的合理性、公平性对生产积极性的影响。他指出，人们总是要将自己所作的贡献和所得的报酬与一个和自己条件相当的人所作的贡献和所得的报酬进行社会比较，也会将自己所作的贡献和所得的报酬与自己过去所付出的劳动和所得的报酬进行历史比较。如果两者之间比值相等，就会产生公平感，否则，就会产生不公平感。

亚当斯提出的公平关系方程如下：

$$\frac{O_{\mathrm{A}}}{I_{\mathrm{A}}}=\frac{O_{\mathrm{B}}}{I_{\mathrm{B}}}$$ 报酬相当，感到公平

$$\frac{O_{\mathrm{A}}}{I_{\mathrm{A}}}=\frac{O_{\mathrm{B}}}{I_{\mathrm{B}}}$$

$$\frac{O_{\mathrm{A}}}{I_{\mathrm{A}}}=\frac{O_{\mathrm{B}}}{I_{\mathrm{B}}}$$ 感到不公平

式中，A表示存在公平或不公平的个体，B表示与A相比较的个体，O表示个人从某项工作中所得的报酬，I表示个人对该项工作作出的贡献。

亚当斯认为，员工的激励程度不仅受到自己所得报酬的绝对值的影响，而且受到报酬的相对值的影响。如果一个员工对其所得报酬作社会比较（个人与别人的横向比较）或历史比较（本人现在报酬与历史上曾获报酬的纵向比较），当其收支比值相等时，会感受到公平待遇，于是心理平衡，工作或生产积极性提高；当收支比值不相等时，就会感受到不公平的待遇，于是心理失衡，工作和生产的情绪低落，甚至发牢骚，放弃工作，破坏生产。

当员工感觉报酬分配不公正时，为了消除由此造成的心理不平衡，往往会出现以下几种行为：

（1）实施一定的行为。如设法提高自己的收入，或消极怠工降低自己的支出，以使自己与他人的收支比率相等。

（2）要求改变他人的收支状况。如要求降低他人的报酬，或要求增加他人的贡献，使自己与他人的收支比率相等。

（3）选择另一种比较基准进行比较，或选择自己历史上的收支比率最低值作为

比较基准，或选择一个受到更不公平待遇的人作为比较基准。

（4）通过自我解释，在主观上造成一种公平的假象，曲解自己或别人的收支比率。

（5）发牢骚、讲怪话、消极怠工，制造矛盾，甚至另谋职业。

2. 对公平理论的评价

（1）公平理论的科学性。一是人与人之间客观上存在社会比较和历史比较，人们心理上必然会产生公平与不公平的问题。这种客观存在的心理现象应引起每个企业管理者的高度重视。二是公平理论假设的是分配上的公正性是以人们的贡献与其所获得的报酬相当为基础的，这种假设采用的是贡献率，符合实际，值得我国企业管理者在处理分配问题时借鉴。

（2）公平理论的片面性。一是公平理论关于员工对报酬过高所作出的反应等观点是有争议的。此外，在实验室条件下的研究结果与实际工作环境中能否取得一致，有待更多的研究。二是公平理论认为，公平与不公平往往来源于个人的感觉，而人们在心理上又往往存在过高估计别人的报酬、过低估计别人的贡献的倾向，容易出现感觉上的误差，对企业和个人都会带来不利的影响。

（三）目标设置理论

目标设置理论是由美国心理学家洛克（E. A. Locke）最早提出的，另一位管理学家休斯（C. L. Hughes）支持并发展了这一理论。该理论是影响较大的新的激励理论，目前在世界各国应用较广。

1. 目标设置理论的基本内容

目标设置理论认为，目标是一种诱因，合适的目标是一种强有力的激励，能诱发人的动机，规定人的行为方向；它是完成工作的最直接动机，也是提高激励水平的重要过程；它使员工的需要和组织目标挂钩，从而激发员工的积极性。洛克发现，外在的刺激因素（如奖励、工作反馈和监督的压力等）都是通过目标来影响动机，并有效地转化为个人的内在动力的。休斯认为，成长、成就和责任感都要通过目标的达成来满足个人的需要。他们都强调，重视目标和争取完成目标是激发动机的重要过程。

洛克在实验中还发现，从激励的效果来看，有目标比没有目标好，有具体的目标比有空洞的目标好，有能被执行者接受且难度较高的目标比有无须付出多大努力就可以实现的目标好，因此要形成适合组织及个人的目标体系。对那些难度很高且庞大复杂的目标，可以分解成若干阶段性的分目标，亦称为“小步子”；只有每个员工都完成了自己的分目标，整个组织的总目标才有可能完成。

目标设置理论引起了行为学家的广泛关注，他们纷纷加以研究，提出了不少有价值的观点。

霍尔（Hall）经过现场观察和实验论证了目标在一个成功的心理循环中的作用。他认为，目标导致努力，努力创造工作绩效，绩效增强自尊心和责任心，从而产生更高的目标。这样循环往复，引导人们不断前进。

休斯则认为，管理者使各级员工明确并达成个人目标是激发动机的关键；只有将组织目标与个人目标有机地结合起来，个人目标才有实现的可能；只有给员工提供参与实现组织目标的工作机会，才能激发员工的工作积极性。

2. 对目标设置理论的评价

目标设置理论是一种实用的管理手段。休斯在《工业管理与组织》一书中总结了目标管理的优点：

（1）目标指明方向。目标是管理工作的终点或追求的宗旨。目标体系能促使组织各方面互相协调、团结一致，为追求一个共同的目标而奋斗。

（2）目标成为激励因素。企业组织不仅要把利润作为主要目标，而且要设法将目标转化为一个激励因素，促使员工个人利益与企业利益统一起来。

（3）目标促进管理过程。目标在管理过程中的作用是，确定组织的规模和结构，以及相应的领导作风与类型，促进组织行为的高效率。

（4）目标是管理的基础。在管理活动中迫使人们必须事先制定计划，必须有控制偏差的办法，这些都是以目标为基础的。

目标管理的局限性主要表现在两个方面：

（1）对于某些创造性的劳动，很难设置具体的、定量化的目标。这样，未被包括在目标中的工作容易被忽视。

（2）设置目标容易使一些员工只注意完成自己的目标，而忽视各种工作之间的相互联系。因此，要使员工取得对上述问题的一致认识，需要花较长的时间。

三、强化型激励理论

强化型激励理论属于行为主义激励理论体系。这一理论是通过运用强化原理和及时反馈的途径实现对员工的激励的。

（一）强化理论

强化理论，也称行为修正激励理论，由美国新行为主义者斯金纳（B. F. Skinner）在其1938年出版的《有机体的行为》一书中率先提出。1953年他又出版了《科学和人的行为》等著作，对其理论加以完善和发展。该理论以学习的强化原则为基础，着重研究个体外在的行为表现，强调个体行为结果对其行为的反作用。斯金纳认为，当行为的结果有利于个体时，这种行为就可能重复出现，并起到强化、激励的作用；如果行为的结果对个体不利，这一行为就会削弱或消失。

1. 强化理论的基本内容

斯金纳经过多次实验研究得出结论：人的行为可分为两类，一类是应答性行为，这是不用学习就具备的本能行为；另一类是操作性行为，是经过后天学习而发生的行为。从反应与环境之间的关系来看，应答性行为是环境对人起作用而引起的反应，操作性行为是人们为了达成某种目的而作用于环境的行为。人的许多行为都具有操作性、工具性。人们会由于某种需要而进行探索活动，在探索过程中，偶发的一种反应可能成为达到目的的工具。因此，人们学习利用这种反应去操纵环境，达到目的，满足需要。于是，这种作用于环境的行为的频率就会增加，这被称为强化刺激。凡能增强反应强度的刺激物就是强化物。管理者可以通过控制强化物来控制员工行为，以达到改造其行为的目的。

斯金纳指出，正强化与负强化都是强化的方式和手段。

（1）正强化。正强化是指在管理活动中，对人的某种行为给予肯定和奖赏，使这种行为巩固、保持、加强的行为改造方式。采用正强化方法时，奖酬要注意时效性；奖酬对象要有真正的先进性；奖酬内容要符合人们的需求，并富有时代性、多样性，这样才能使更多的人真正受到激励。

（2）负强化。负强化是指在管理活动中，对人的某种行为给予否定或惩罚，使其减弱或消退的行为改造方式。这增加了员工符合要求的行为重复出现的可能性，有利于达到激励的目的。采用负强化方法时，要坚持原则，注意惩罚的内容和形式的多样化，做到严格公正，合乎情理，否则会使员工产生抵触情绪，从而影响工作和生产的积极性。

2. 对强化理论的评价

斯金纳认为操作性反射具有工具性，对环境产生一定的作用。人的行为主要是由操作性反射构成的，这一发现对人类的学习有重要的科学意义。由此总结出的关于习得反应、条件强化、泛化作用与消退作用等方面的规律性，具有一定的科学性。

在管理活动中，运用正强化与负强化的目的是一致的，恰如我们今天强调的对员工的教育要以正面教育为主，批评、惩罚为辅；批评不是目的，而是一种手段。因此，强化理论具有广泛性和实用性。

但是，强化理论也存在明显的片面性。斯金纳在实验研究中没有考虑人与动物的本质区别，因此，在研究环境与反应的关系时，他只注意描述行为而不去解释行为，只关心行为的表现而不揭示行为的内部机制。在他的理论体系中，一切内部因素，包括人的意识、动机、情感、态度等都是观察不到的。所以，有人说他的新行为主义是“没有有机体”的研究。同时，斯金纳存在机械地、绝对地看待环境的思想倾向，因而陷入了环境决定论的泥坑。

（二）挫折理论

挫折理论着重研究阻碍人们发挥积极性的各种因素及其相互关系。人们在从事有目的的活动的过程中，受到外界因素的干扰或阻碍，致使目标未实现，这就是我们常说的挫折。但是，组织行为学研究的不是挫折本身，而是人们受到挫折时的情绪状态，以及产生的原因和应对的方法。为了激励员工，管理者必须对员工受到挫折时的情绪有正确的认识，并能运用挫折理论消除员工的挫折心理，将消极因素降到最低限度。

1. 挫折产生的原因

引起挫折的原因是多种多样的，归纳起来主要有两个方面：

（1）环境因素。环境因素分为自然环境因素（如自然灾害、噪声大、照明不足等）和社会环境因素（如政治、经济、法律、道德、风俗习惯、宗教等）。

（2）主观因素。主观因素分为生理因素和心理因素。生理因素是指个人所具有的容貌、身材、生理缺陷等带来的限制。这种缺陷导致个体不能胜任某种工作或者工作中遭到失败。心理因素是指个人同时产生两个相互冲突的动机，导致理想和现实相冲突。

在企业管理中，企业管理不善，教育方法不当，人际关系紧张，工作环境不佳等因素，甚至个人主观因素，都可能成为员工遭受挫折的原因。

2. 受挫折者的行为表现

员工遭受挫折后，有的是积极适应，不断进取，总结经验教训以利再战；有的则屈服于困难，采取消极防范的办法。前一种是理智的行为，称为“理智的对抗”；后一种是非理智的行为，称为“非理智的对抗”。

（1）“理智的对抗”的行为表现。

1）积极克服困难，不怕失败，直至达成目标。对于有创造性或者意志坚强的人而言，在确定某一目标后，不论通向目标的道路上有多少困难与障碍，他总是反复尝试，百折不挠，努力达成目标。

2）重新解释或调整目标。当确定的目标经一再尝试仍不能实现时，人们可能改变行为方向，重新调整目标来满足某种需要，这就是退而求其次的行为。

3）升华。升华是指化消极因素为积极因素的行为，属于富有建设性的防卫行为。如某英雄人物不幸去世，其他人很悲痛，决心化悲痛为力量，更加振奋精神，做好工作。

4）补偿。补偿是指当原来确定的目标因条件的变化而无法实现时，重新设置另一个目标来取代原来的目标的行为。例如，20 世纪 50 年代我国一些科技人员被错划为右派，政治上遭受了挫折，但他们仍然集中精力钻研业务，取得了成就，为社会作出了贡献。

（2）“非理智的对抗”的行为表现。

1）攻击。攻击是指个体在受到挫折后，产生愤怒的情绪，对引起挫折的人或物进行攻击的行为。其表现方式有直接攻击和间接攻击两种。

直接攻击是指攻击行为直接指向引起挫折的人或物。例如，有的人受到同事无故责骂，可能会怒目而视，反唇相讥，甚至动手动脚。有的人受到领导者不恰当的批评，心中不满，但又不敢公开顶撞，就故意在群众中散布对领导者的不满，打击领导者的威信。

间接攻击是指转向攻击，把愤怒的情绪发泄到其他的人或物上。例如，有的人在工厂里出了生产事故，受到批评，回到家里骂老婆，打孩子，摔东西，以发泄自己的情绪。美国的一项研究表明：夫妻不和的家庭打骂孩子的次数是夫妻和谐的家庭的 2.5 倍，而孩子在家里受到打骂后又会把攻击的矛头指向学校和社会，这成为少年犯罪的原因之一。

2）倒退。倒退是指人们在受到挫折时表现出与自己的年龄、身份很不相称的幼稚行为，也称为“退化”或“回归”。例如，有的人遇到不如意的事就号啕大哭，或装病不起等。

倒退的另一种表现形式是受暗示性。受暗示性最常见的表现是人们在受到挫折后会轻信别人，盲目地执行某个人的指示。在企业中，某些员工的倒退行为表现为不能控制自己的情绪，盲目地追随某个领导者，处理问题时容易简单从事，缺乏责任心，有时甚至无理取闹，轻信谣言等。

3）固执。固执是指被迫重复某种无效的动作，尽管重复该动作并无任何结果，但仍继续坚持。固执不是没有“任何结果”，而是不能以更恰当的反应来取代。例如，若组织变革受挫时，有的人就会执拗地抵制变革，力图维持原来的组织模式。

固执和习惯表面上相似，实际上有明显的区别。例如，若习惯的行为不能满足人的需要，在受到惩罚时，人们通常会改变习惯的行为。与此相反，在这种情况下固执的行为不但不会改变，反而会更加强烈。由此可见，惩罚措施可能会产生两种不同的效果。管理者必须谨慎采用，否则会产生事与愿违的结果。

4）妥协。妥协是日常生活中常见的一种防卫方式。当人们受到挫折时，往往会心理紧张或情绪紧张，而妥协性措施可以在这种情况下使自己避免因过分紧张而受到伤害。

妥协措施常见的表现形式之一就是“合理化”。人们在受到挫折后会想出种种理由原谅自己，或者为自己辩解。它起到一种自我安慰的作用，也称“文饰作用”。

5）压抑。压抑是指一个人受到挫折后，用意志力控制住愤怒、焦虑的情绪反应，表现出正常情况下的情绪状态。这种做法能减轻焦虑，达到暂时的平静，但不能从根本上解决问题。压抑情绪往往会对人的身心健康造成极大的损害，这种行为只能是短暂的，不可持续太久。

3. 消除员工挫折感的方法

通过上述对受挫折者的行为表现的分析，我们已经明确地认识到：员工受到挫折后会产生两种行为反应，即建设性的行为反应或破坏性的行为反应。因此，管理者在消除员工挫折感时，要努力发展受挫折员工建设性的行为反应，防止或减少破坏性的行为反应。具体方法有以下几种：

（1）树立正确的挫折观。管理者要教育员工认识到在工作和生活中难免遇到挫折，尤其是在实现比较复杂的、难度大的目标时，由于随机因素增多，遇到障碍的可能性会更大。所以，事先要做好可能受挫折的心理准备。面对挫折要冷静地分析原因，总结经验教训；要正确地对待挫折，有百折不挠的精神，锻炼自己顽强地克服困难、战胜挫折的意志力。

（2）对受挫折者的攻击行为应采取宽容的态度。管理者要把受挫折者看成是一个需要帮助的人，一般不应采取针锋相对的反击措施，这样才能创造一种良好的解决问题的氛围。

（3）改变引起挫折的情境。这是战胜挫折的有效方法之一。例如，在企业中，一些年老体弱的人很难完成正常情况下的生产指标，势必影响生产进度，亦影响其收入，使之产生挫折感，如果管理者安排他们做力所能及的工作，改变一下工作环境，就可以减少他们的挫折感。

（4）采用精神发泄法。这是一种心理治疗方法，管理者设法创造一种情境，使受挫折者自由表达内心压抑的情感。由于受挫折者在处于挫折情境中时往往以紧张的情绪反应代替理智的行为，因此只有在紧张的情绪发泄出来以后，才能慢慢地恢复理智的状态。例如，日本松下电器公司设立了“情绪发泄控制室”，墙上挂着公司老板的和蔼可亲的照片，室内放着用橡皮做的模拟形象，旁边架子上有各种棍子，生气的员工可以进去用棍子或拳头痛打模拟形象，以发泄自己的不满情绪。应当指出，我国企业的领导者与员工之间处于平等的地位，人们遇到困难和挫折时，可以通过关心、帮助、批评和教育等方式加以解决，一般不应组织员工进行精神发泄。

第3节　管理工作中的激励实践

一、目标管理

目标管理（management by objective，MBO）是一种管理制度，也是一种制定计划、进行控制、开展人事评价和对组织整体绩效作出评价的方法。目标管理是由美国著名管理学家德鲁克于20世纪50年代提出的。早在洛克提出目标设置理论之前，就有了目标管理思想，但洛克的目标设置理论进一步充实和发展了目标管理思想。

（一）目标管理的概念

目标管理是指管理者和员工围绕工作绩效和个人发展共同设置目标，定期对员工在实现目标过程中的进步进行评价，并对员工、团队、部门和组织的目标进行整合。目标管理的意义在于提供一种将组织的整体目标转换为组织部门目标和每个员工目标的有效形式。无论在国外还是在国内，许多企业和其他组织都在实行目标管理。

目标管理的过程是首先由组织高层领导集体制定组织的整体目标，然后将组织整体目标分解为每一级组织单位的具体目标，即从组织整体目标到经营单位目标，再到部门目标，最后到个人目标。由于较低层单位的管理者参与设定自己的目标，因此，目标转化过程既是自上而下的，又是自下而上的。最终结果是在一个目标的层次结构中，某一层的目标与下一层的目标连接在一起，而且每一位员工都有具体的个人绩效目标。因此，如果所有人都实现了各自的目标，则他们所在组织的整体目标也能得以实现。

（二）目标管理的要素

1. 目标设置

目标设置过程包括确定责任领域、制定每一领域的绩效标准，也可能包括对达成目标的工作作出明确的表述。该过程的结果应该是形成明确而简要的目标。目标中仅仅提出希望降低成本、改善服务质量或提高产品质量是不够的，这些期望必须转换成定量的、可以评价的指标。明确的目标应该是这样的：使成本降低 7%；改进服务，保证所有的电话订单在收到后 24 小时内得到处理；提高产品质量，使退货额占销售额的比例低于 1%。

2. 参与决策

下属适度地、高水平地参与目标设置的过程是目标管理的一项重要内容。与传统的目标设置完全由上司设定后分配给下级不同，目标管理采用参与的方式确定目标，上级和下级共同参与目标的选择并对如何实现目标达成一致。这有助于员工达成他们的目标。

3. 规定期限

每一个目标的完成都有一个明确的时间期限，如 3 个月、6 个月或 1 年。

4. 绩效评估与反馈

通过绩效评估与反馈，员工对自己工作的进展可以有进一步的了解。反馈是目标管理的一个关键因素，因为它能对员工实现目标的程度进行鉴别。对结果的了解有助于提高工作绩效，有助于员工根据新技能、态度和动机的要求来实现个人的发展。对绩效的确认和奖励有许多不同的方式，然而，最终人们从目标的实现中获得的满足感成为一种最值得珍视的奖赏。

（三）目标管理的优缺点

1. 目标管理的优点

目标管理通过制定个人具体的、富有挑战性的目标，对员工予以激励，从而提高工作绩效；由于目标是依据可测量的标准制定的，因此便于对员工进行绩效评估。在实施目标管理的过程中，每个员工都明确地知道应做什么，要得到高度评价应当怎样做；组织可以进行全面规划和协调。

2. 目标管理的缺点

由于目标管理过分强调结果，往往不重视员工如何达到结果，因此某些员工可能会采取不正当的手段；由于每个人都有自己的目标，因此，在员工之间无法进行有效的比较；如果管理人员缺乏适当的培训，则无法对下级制定和执行目标进行有效的指导。

二、奖酬制度

奖酬是企业因使用员工的劳动而付给员工的金钱或实物，包括工资、奖金、津贴补贴、股权、各种福利等物质奖励以及精神奖励。各种组织（尤其是企业组织）都要制定奖酬制度。奖酬制度是有关奖酬设立和管理的规范体系。怎样设计合理的奖酬制度以提高组织的单位成本收益率和员工的绩效，是每一个组织都关心的问题。

（一）奖酬制度的功能

奖酬是满足员工生存、安全等多方面需要的主要渠道，因而是激励的基础。奖酬是否合理，将直接影响员工的工作积极性。从组织的角度看，提供奖酬主要是为了提高员工的绩效从而在整体上提高组织的绩效。奖酬能在多大程度上提高员工的绩效，与奖酬能在多大程度上满足员工的多层次需要有关，也与奖酬在多大程度上依赖绩效评估的结果以及考评结果的效度有关。研究表明，当绩效评估的结果真实可靠时，奖酬对绩效的依赖程度与奖酬激励员工提高工作绩效的程度呈正相关关系。因此，一般来说，制定奖励制度必须遵循两个重要的原则：

（1）组织为其成员提供的奖酬必须对成员有较高的价值，即组织成员认为这种奖励对自己有重要意义，能够满足多个方面的需要。

（2）组织制定的奖酬制度要使其成员得到的报酬与他们的工作绩效相联系，即工资奖金与绩效挂钩。

（二）建立公平合理的薪酬体系

在奖酬的各项具体内容中，薪酬是员工最可靠、最稳定，通常也是最关心的部分。要建立理想的奖酬制度，首先要建立公平合理的薪酬体系。薪酬是企业对员工所作贡献给予的相应回报，实质上是一种公平交易。根据公平理论，公平合理的薪酬应满足三个方面的条件，即内部公平、外部公平和贡献公平。

1. 内部公平

内部公平是指相对于同一组织内部的员工所得的薪酬是公平的。要达到内部公平，一个企业的员工必须相信，所有员工所获得的薪酬体现了他们的价值，即企业的薪酬等级反映了每个员工的工作对企业所作的总体贡献。由于一些岗位比另一些岗位更复杂、承担的责任更大、对企业的贡献更大，因此得到的薪酬也应更高。总之，薪酬应与岗位要求相联系。

2. 外部公平

当员工将自己的薪酬与其他企业从事类似工作的员工的薪酬相比较觉得公平时，企业就达到了外部公平。一个企业的薪酬水平如果不具备一定的外部竞争性，就会陷入优秀人才纷纷流失的困境。要使企业的薪酬具有竞争力，企业首先必须了解其他企业付给员工的薪酬，然后根据企业的支付能力和战略计划决定自己应具有何种程度的竞争力，最后制定与这一决定相一致的薪酬体系。

3. 贡献公平

当员工认为自己的薪酬公平地反映了自己对企业的贡献水平时，企业就实现了贡献公平。员工的贡献往往依据绩效、资历来评价，现在也以技能作为依据。

（1）以绩效计酬。组织根据公正合理的绩效评估结果来确定员工的工作绩效时，奖酬往往能起到激励员工提高工作绩效的作用。根据期望理论，员工如果付出努力却没有得到奖赏，会对工作毫无积极性。当薪酬与绩效挂钩时，高绩效者会得到大量的奖励并保持高水平的绩效，低绩效者会更加努力或被迫离开公司。如果由于总的工作绩效改进所得的财务回报远远大于奖励的成本，那么一个公司的竞争力将得到提高。由于绩效计酬体现了同工同酬、按劳分配的原则并能非常有效地增强企业的竞争力，因此这种方案越来越受到人们的重视。

（2）以资历计酬。虽然资历很少被单独作为确定薪酬的依据，但许多组织都在某种程度上把薪酬与服务年限联系起来。日本实行的年功序列工资制就是典型的代表。这种薪酬制度可以鼓励组织成员继续为组织服务，但对提高生产率和改进工作绩效并无太大的激励作用。

（3）以技能计酬。以技能计酬的依据是员工所学到的与工作有关的技能的数量和水平。技能工资常常用于制造企业的生产车间。管理层能够很容易而又公平地对完成各种任务所需的技能，以及需要员工学习的技能进行鉴定。员工的薪酬主要根据他们的技能水平来确定。在生产环境中实行技能工资的最明显优点是具有弹性，这样，管理者就可以安排员工从事几种不同的工作。此外，由于组织能对新技能的获取和利用公平地进行奖励，因此员工也就具有获取和利用新技能的积极性。

（三）建立合理的奖励制度

工资一般依据员工工作岗位的性质，以及员工的绩效、技能和工龄等因素来确定，奖金及其他奖励形式则主要根据绩效来确定。由于人与人之间存在个别差异，因此不同的奖励形式对人的价值也会不同。有时，从奖励的绝对值来看是相同的，但由于奖励的形式不同，奖励可能增值也可能贬值。从激励的角度来看，组织在决定采用何种奖励制度时，应考虑多数人认为有重要意义的奖励形式。总之，应当认识到奖励制度对于激发员工工作动机的重要性，并结合组织的实际情况进行深入的调查和分析，在此基础上制定科学的奖励制度。

1. 奖励制度的维度

为了对各种不同的奖励制度进行比较，必须确定各种奖励制度的统一维度，这样才能根据这些维度对奖励制度作出适当的评价。组织行为学的研究提出了以下维度：

（1）重要性。如上所述，要使一种奖励制度发挥积极作用，首先要让受奖励者认为这种奖励对他们有重要价值，否则不会起到激励人积极工作的作用。因此，组织制定的奖励制度应被多数人认为是有重要价值的。

（2）数量上的灵活性。如果制定的奖励制度需要适应组织成员的不同特点，并以组织成员工作绩效的高低为奖励依据，这种奖励制度必须在数量上有灵活性。有些企业的薪酬制度之所以不利于调动员工的积极性，原因之一就是没有灵活性。

（3）使用的频率。一般来说，奖励使用的次数越多，对员工工作绩效的影响就越大。因此，最理想的奖励方式应能被经常使用而又不失其重要性。

（4）可见性。奖励要让人看得见，摸得着。要使奖励与工作绩效相联系，必须使奖励具有高度的可见性。可见性是指不仅自己可以看到，而且要让别人看得见。具有高度可见性的奖励会使人获得荣誉感和自尊。

（5）低成本。制定奖励制度时必须考虑成本问题。从组织的角度来看，奖励的成本越低越好，这样可以增加组织的效益。

完全符合上述五个维度的奖励制度是不存在的，因为这五个维度本身就存在矛盾。在制定奖励制度时，只能在权衡各种维度利弊的基础上进行选择。

2. 奖励方式

各种组织（尤其是企业）最常使用的奖励方式有五种：

（1）增加薪酬。增加薪酬是组织使用较普遍的奖励方式，有许多优点。首先，多数人认为增加薪酬对他们而言很重要；其次，它的可见性很高。在这方面我国与国外有所不同，西方的企业为员工增加薪酬一般是保密的，在我国则是完全公开的，但增加薪酬的频率不会很高。从灵活性来看，在我国不同的企业情况不尽相同，一般来说，外资企业、民营企业的灵活性较大，国有大中型企业则灵活性较小。增加薪酬的唯一缺点是会增加企业成本。

（2）晋升。一般来说，人们都认为晋升是重要的奖励方式，而且晋升往往与增加薪酬相联系，晋升的可见性也很高。但晋升的灵活性较小，频率也较低。由于晋升往往与增加工资、津贴等同步进行，因此成本也较高。

（3）股票期权。股票期权指的是企业给予高层管理人员在特定时期（一般为3～5年）内以规定价格购买企业股票的权利，该规定价格通常是期权发放时的股票市价或略高于股票市价，高层管理人员只有在规定时间内使企业股票价格高于规定的价格，才能通过执行期权而获利。在美国，70％以上的大中型企业都采取股票期权的方式来激励高层管理人员。目前，我国不少企业也在探索以股票期权有效激励高层管理人员的方式。

（4）地位和身份象征。在国内外的大公司中，有许多方面显示了地位和身份，如专用办公室、专用停车点、配私人秘书、出差有不同待遇标准等。从重要性来看，地位象征是因人而异的。它的灵活性较小，频率相对较低，所花的成本与其他奖励方式相比处于中等水平。

（5）特殊奖励证书。这主要指组织为其成员颁发的奖状和授予的某种荣誉称号，用以表彰该组织成员在组织中的长期服务或突出成绩。这种奖励方式成本较低，灵活性较大，可见性也较高，但使用次数较少。从重要性来看，国内与国外有较大区别，国内员工对这种荣誉称号一般比较重视，国外则往往认为无关紧要。需要指出的是，这里所说的是组织给予的荣誉，而不是国际性或全国性的荣誉称号。

（四）建立自助餐式福利制度

福利是组织为员工提供的除工资与奖金之外的一切物质待遇，包括法定福利和企业福利。法定福利是政府通过立法要求企业必须提供的，如养老保险、失业保险、医疗保险、住房公积金等；企业福利是企业在没有政府立法要求的前提下主动提供的，如工作餐、旅游、通勤车等。当福利不与绩效挂钩时，优厚的福利既可能增强组织的凝聚力，提高员工的积极性，也可能养成一部分员工的惰性并挫伤另一部分员工的积极性。因此，许多组织实行福利与绩效挂钩的政策。

由于人与人的需要不同，一些组织为了发挥福利的作用，推出了自助餐式福利制度。它可以让员工根据自身的需要，从公司提供的完整的福利项目中作出选择。当然，每人享受的福利待遇在金额上是有一定的标准和限度的。实行这种制度，除了事先的安排、计划和会计手续等需要一定的费用外，企业总的福利支出并不增加，但是由于员工所得福利待遇的效价提高了，因此有利于提高工作绩效。

三、员工参与

（一）员工参与的概念

员工参与（employee involvement）是指通过设计一种参与过程，鼓励员工为实现组织目标贡献才智并分担责任。参与包含以下几重含义：（1）员工投入精力和智慧；（2）鼓励员工敢于承担责任；（3）员工为实现组织目标付出更多努力，鼓励员工展现其创造能力。

员工参与决策，增强了员工的自主性和对工作的控制能力，提高了员工的工作积极性，提升了员工对组织的忠诚度，使他们对工作更满意。

（二）员工参与的方法

1. 参与式管理

参与式管理的共同特征是员工在很大程度上分享其直接监督者的决策权。让员工参与决策有以下作用：（1）允许最了解工作的人参与决策，可将个人能力与集体智慧相结合，使决策更完善；（2）有助于决策的执行；（3）可以激励员工，使他的工作更有趣、更有意义。

为使参与式管理更加有效，必须具备以下几个基本条件：（1）员工必须有充足的时间参与；（2）员工必须有能力（智力、技术、知识、沟通技巧）和兴趣参与；（3）参与决策的问题必须与其利益有关；（4）组织文化必须支持员工参与。

2. 合理化建议

合理化建议的目标是鼓励员工提出建议以改进工作。当员工提出的建议被采纳时，组织按规定给予各种物质和精神上的奖赏。日本企业对这种方式评价很高，应用非常广泛。例如，丰田汽车公司的领导宣称，其成功的秘诀有二：一是统一意志，上下沟通，对公司发展大计心中有数，行动协调；二是发挥了员工的创造力。公司建立了合理化建议制度，设有 130 个意见箱，平均每人每年提供 10 条建议，公司有专人处理意见，并根据建议的实用价值给予奖励，即使建议未被采纳，也发放奖金以资鼓励。

但也有人认为这种方法要谨慎运用，否则难以收到成效。这是因为：第一，建议往往采用文字表述，缺乏面对面的语言沟通，因而无法激起所有员工提出建议的兴趣。第二，员工所提的建议，往往只顾及自己的利益，而忽略组织利益，从而使其效果大为降低。第三，员工对有关生产程序和工作方法的改变，多抱有沉默态度，不愿积极地提出建议，因为对工作有好处的事不一定对自己就有好处。第四，组织的领导者对提出意见的员工通常会表示不满，认为员工意见过多，无异于对他工作能力和效率的批评。

3. 代表参与

代表参与是指员工不直接参与决策，而是由员工的代表参与决策。代表参与被认为是“世界上最广泛的以立法形式出现的员工参与形式”。代表参与的目的是在组织内重新分配权力，将员工的利益和股东的利益平等对待。几乎所有的西欧国家都通过某种形式的立法，要求公司实行员工代表参与制度，主要有三种形式：(1) 工作委员会，由指定的或选举出来的员工组成，管理部门做决策时必须与之协商；(2) 董事会代表，即代表员工利益的员工代表进入董事会，在一些国家，法律规定必须确保员工代表和股东代表在董事会中有相同的席位；(3) 员工代表大会，是我国企业实行的代表参与形式，是员工参与企业决策和管理并对管理者实行监督的权力机构。

以上这些形式对提高员工地位、保证员工福利、协调与缓和领导和员工的矛盾是有益处的。但也有研究表明，工作委员会（员工代表大会）被管理层控制，可能会提高员工代表的满意度和绩效水平，但对员工及组织几乎没有什么影响力，其最大价值只是起象征性的作用。

四、员工职业生涯管理

职业生涯管理于20世纪70年代在日本和美国开始盛行。随着知识经济时代的到来，企业之间的竞争逐渐演变为人才的竞争，提升人力资本在生产要素中的比重是取得竞争优势的唯一途径。为了很好地选人、用人、育人和留人，很多大企业将员工职业生涯管理作为人力资源管理的基础性工作，并把帮助员工制定职业生涯规划纳入组织发展的战略目标。

（一）职业生涯管理的概念

职业生涯是一个人终其一生从事职业的整个过程，由时间、范围和深度三个维度构成。霍尔认为，从一般意义上讲，职业生涯是指一个人一生中与工作或职业有关的经验和活动。职业生涯管理是指管理部门根据组织发展和人力资源规划的需要，在组织中制定与员工职业生涯整体规划相适应的职业发展规划，为员工提供适当的教育、培训、轮岗和晋升等发展机会，协助员工实现职业生涯发展目标。其实质就是将员工职业生涯规划的制定、实施、调控纳入组织的人力资源规划体系，强调员工个人目标与组织愿景的充分融合。因此，完整的职业生涯管理应体现两方面的要求：一是组织发展的战略要求，二是员工个人职业发展的要求。

（二）职业生涯管理的内容

职业生涯管理贯穿个人职业生涯周期的整个历程，主要任务是协调个人职业需要与组织发展需要，促使员工沿着职业生涯阶梯不断成长。苏珀（Super）把职业生涯划分为探索阶段、立业与发展阶段、维持阶段和衰退阶段等四个阶段。

1. 探索阶段（25岁前）

在探索阶段，新员工开始通过自我考察、角色扮演，试探性地探索自己的职业方向。员工希望能够经常变换工作，如果组织不能满足他们的愿望，则会选择跳槽。因此，从企业方面来讲，职业生涯管理应充分建立在科学准确地了解新员工特点的基础上。在员工的职业生涯初期，组织可指定一名经验丰富的资深主管人员作为新员工的业务老师，通过榜样的示范与引导，合理设置工作难度，并依据其工作态度与绩效确定职业生涯路线，让员工少走弯路，避免因工作太难或太容易而挫伤员工的积极性。组织可以为员工创设一条适合其发展的职业生涯通道，建立以职业发展为导向的绩效考核体系，提供阶段性的职业轮换。

2. 立业与发展阶段（26～44 岁）

经过探索阶段的锻炼，员工的身心趋于成熟稳定，业务经验日益丰富，事业心、责任心增强，精力旺盛，创造欲望强烈。员工已确定自己的专长，并试图寻求一种能够达到职业生涯顶峰的高效、快捷的途径。在立业与发展阶段，员工最看重的是在工作中成长、发展和不断晋升，渴望受到重视并被委以重任。所以说，这一阶段是个人事业发展的高峰期。同时，个人开始面临来自工作、家庭以及社会的各种压力，包括成家立业、结婚生子、赡养老人及抚养孩子、工作中理想与现实的冲突以及价值观的改变等。因此，这个阶段的职业生涯规划呈现出复杂化与多元化的趋向。如果处理不好，则可能导致员工事业发展停滞不前。

3. 维持阶段（45～60 岁）

进入维持阶段的员工年龄一般在 45～60 岁，大多已经事业有成，有一定的社会地位。在这一阶段，个人的主要角色是以导师和家长的身份，指导、培养下属，有很大的工作自主权和授予权。他们最大的愿望就是保住在组织中现有的地位和成就。虽然进入维持阶段的员工也有继续发展的可能，但发展的劲头相对不足，因此，他们也希望学习和掌握一些所在领域及其他领域的先进技术和技能，以免在经济萧条时期被裁员。他们中的一部分人有可能继续发展，重新择业；还有一部分人的事业已经达到了人生晋级路线的顶端，没有了继续发展的压力，会不自觉地陷入“惰性区域”，即所谓的“事业高原”；大多数人仍有自己的计划，希望在出成果的同时，能够更新知识和技能。

4. 衰退阶段（60 岁以上）

处在衰退阶段的员工已经取得了很大的成就，开始减少岗位职责，培养、筛选岗位继承人，并准备退休。一部分人为了适应退休后的生活而开始培养某方面的兴趣，生活方式趋于简单化；一部分人仍愿意继续工作，运用丰富的知识经验和智慧发挥余热。组织在这个时期的工作重点是创造条件，使他们顺利度过退休过渡期，包括培养他们对某项活动的兴趣，举办培训班，开展有益身心健康的娱乐活动。

（三）职业生涯管理对员工的激励效应

（1）从信息流通的渠道来看，在职业匹配的过程中员工、上级主管与组织互动交流，上情下达，下情上知，组织充分尊重员工的自我职业生涯设计，真正体现以人为本的管理理念，使员工拥有一种强烈的平等感和组织归属感。

（2）从满足员工的需要来看，职业生涯设计建立在员工个人兴趣和能力的基础上，职业匹配的过程始终以员工为主体，使他们有自我满足感，从而有利于推动他们自我实现。

（3）从丰富工作内容来看，职业规划是从横向角度，通过工作扩大化、工作丰富化、工作岗位再设计，以开放的方式讨论工作责任的调整，极大地丰富员工的工作内容，避免单一工种带来的枯燥单调感，有利于工作效率的提高。

（4）从员工的事业发展来看，员工自主选择职业生涯路径，组织提供适时的反馈指导，开展多种形式的职业阶梯培训，为员工提供继续教育的机会，帮助员工发展成长，实现了“事业留人”的职业管理模式。

（5）从绩效评估的内容来看，将员工的绩效和对组织的贡献结合起来，把个人的职业发展目标融入组织的发展愿景，通过员工对组织的心理契约，培养员工从大局出发的思维模式，增强他们的组织归属感。

（6）从平衡员工的事业与家庭和谐发展来看，职业生涯管理把员工的业余时间统筹纳入规划，全面探索员工如何在工作和家庭之间寻找平衡点，并提供咨询和给予支持，有效地提升了员工的生活质量。

（7）从员工的发展途径来看，组织通过多元化的职业晋升渠道，使员工既可以在垂直阶梯上纵向发展，又可以在相关职位上横向变换，为员工提供多种尝试，增强了员工的择业自主性。

思考与讨论题

1. 解释需要、动机和行为的关系。
2. 双因素理论的基本观点是什么？对管理工作有什么启示？
3. 根据期望理论，我们应该如何激励员工？
4. 不公平感产生的原因有哪些？此时员工会有什么样的行为倾向？如何消除员工的不公平感？
5. 强化有几种基本方式？如何运用强化理论使员工行为朝企业所希望的方向发展？
6. 为什么给员工设置目标会对其有激励作用？目标设置有哪些基本原则？
7. 如何设计薪酬与奖励才能起到激励员工的作用？
8. 工作设计有哪些主要方式？为什么说工作设计能提高员工的工作绩效？
9. 请你回顾一下自己曾有过的最糟糕的工作，这家企业采取了何种激励措施？再回顾一下自己曾有过的最佳工作，这家企业采取了哪些激励措施？
10. 我国改革开放30多年来，一直存在“59岁现象”，即少数国有企业的领导在即将退休之前会为自己大捞一把，有人甚至因此受到法律的制裁。请你运用所学的激励理论，结合有关实例分析原因，并提出一些解决这个问题的建议。

随堂测验

目标设置测试

下面的陈述指的是你目前拥有或曾经拥有过的工作。先读一读每项陈述，然后选择最能描述你的观点的分值，你可以单独使用一张纸记录你的答案，然后与别人的答案进行比较。

几乎从来不　　1　2　3　4　5　　几乎总是

1. 我完全明白我在工作时应该做什么。
2. 我有特定的、明确的目标作为工作指南。
3. 我在这项工作中的目标具有挑战性。
4. 我懂得如何评估我在这项工作中的绩效。
5. 我有完成目标的最后期限。
6. 如果我有一个以上的目标要完成，我知道哪些最重要，哪些最不重要。
7. 完成我的目标需要我付出全部努力。
8. 我的上司告诉我给我下达目标的原因。
9. 我的上司鼓励我实现目标并给予支持。
10. 我的上司允许我参与我的目标的设立。
11. 在决定我将如何执行我的目标方面，我的上司允许我有一定的发言权。
12. 如果我达到了目标，我知道我的上司会很满意。
13. 我在达到目标时得到了赞誉和承认。
14. 争取达到目标使我对工作比没有目标时更有兴趣。
15. 当得到表明我已经达到目标的反馈时，我感到自豪。
16. 与我共事的其他人鼓励我实现目标。
17. 我有时与我的同事竞争，看谁在实现目标时能做得更好。
18. 如果我达到了目标，我的工作安全感会增强。
19. 如果我达到了目标，我获得加薪的机会会增加。
20. 如果我达到了目标，我获得晋升的机会会增加。
21. 我通常觉得我有一个合适的行动计划来实现我的目标。
22. 我定期得到有关绩效的反馈。
23. 我感到所接受的培训已经足够了，我有能力实现目标。
24. 组织提供政策帮助而不是破坏目标的实现。
25. 团队在组织中齐心协力实现目标。
26. 组织提供足够的资源（例如时间、金钱、设备），使得目标的设立有效。
27. 在评估绩效期间，我的上司强调解决问题而不是批评。
28. 组织中目标更多地用来帮助我做好工作而不是惩罚我。
29. 实现目标的压力助长诚实，而不是欺骗和不诚实。
30. 如果我的管理者犯了一个影响我实现目标、发挥能力的错误，他会承认错误。

评分方法：将第1～第30项的得分相加，得分在120～150分之间，可能表明你能取得高绩效，工作环境令人满意。此时，你的目标具有挑战性，你致力于实现它们，当你实现目标时，将因你的成就而受到奖励。得分在80～119分之间，可能表明工作环境非常多样化。这些环境一方面有某些激励人和令人满意的特征，另一方面也存在某些令人灰心丧气和不满意的特征。得分在30～79分之间，可能表明取得低绩效，工作环境令人不满意。

案例研究

完美的激励计划

海勒姆·菲利普斯的心情极好。作为生产多种耐用消费品的蓝巴雷公司的首席财务官兼首席行政官，他感到凭自己一个人的力量已经扭转了公司的乾坤。一年前，海勒姆加盟蓝巴雷时，公司正面临业绩滑坡的局面，海勒姆推行新的绩效管理体系后，各种数据都显示公司的各项业绩已经得到了快速提高。

现在终于到了海勒姆把新的绩效管理体系取得的成果与同事们分享的时候了。他打算与自己聘请的咨询顾问精心准备一份十分乐观的陈述报告，在第二天的公司执委会会议上向众人宣布，公司的局势已经得到扭转。他们决定开场白从一些有说服力的数据讲起，比如劳动力成本的大幅下降、客户服务的改进、销售佣金结构和奖励方式的变化带来的巨大成效，这些数字是蓝巴雷公司业绩不断改进的有力证明。看到这些成绩，海勒姆实在是太开心了。

第二天早晨，海勒姆·菲利普斯去参加公司执委会季度会议，显得格外精神。在会议开始的时候，首席执行官基思·兰德尔肯定了海勒姆的工作："海勒姆将给大家宣布成本削减和经营效率方面的一些振奋人心的消息，这都源于过去一年中他设计并实施的变革。"一切看上去是那样完美，海勒姆满脑子想的都是怎样使自己的陈述报告达到最佳效果，直到其他与会者毫不客气地讲出了海勒姆的变革带来的诸多问题。

人力资源副总裁卢·哈特说，调查问卷显示出员工满腹牢骚。公司研发部门的士气空前低落，它开发出了一种具有突破性的产品，但由于海勒姆推出的僵硬的预算程序，该产品未能及时推向市场。公司的首席法律顾问补充说，公司正在申请专利的许多产品没有商业可行性。哈特还报告说，许多人对公司裁员采取"一刀切"的方式表示不满，因为绩效最高的部门被迫解雇了一些最优秀的员工。

销售部门也有一大堆怨言："没有可以效仿的榜样"、"没有人指导"、"没有机会向有经验的销售人员讨教"、"不能分享客户信息"，等等。对于销售地区的分配，销售人员的意见比任何时候都大，大家纷纷要求到更富裕、销量更高的地区。他们的情绪明显很消极。

然而，海勒姆受到的打击还没有结束，因为客户也在抱怨蓝巴雷的服务。在与公司的长期客户布伦顿兄弟公司数位人士的电话交流中，他们抱怨货物不能按时送达，问题得不到及时解决。

海勒姆本想在会上和大家分享好消息，没想到却落得一脸尴尬。

资料来源：http：//www.docin.com/p-431307512.html.

[讨论题]

1. 蓝巴雷公司推行的绩效管理体系是完美的吗？大家反映的这些问题说明了什么？
2. 蓝巴雷公司是否应该重新考虑其绩效管理体系？为什么？

第5章

工作压力

内容提要

本章着重探讨工作压力的内涵及其本质、导致压力的主要因素、压力的不良影响以及工作生活平衡问题。理解工作压力管理和工作生活平衡对企业的重要性，掌握工作压力管理和工作生活平衡的方法，自觉地将这些方法运用到企业管理实践是本章的重点和难点。

第1节　工作压力概述

一、工作压力的本质

（一）工作压力的概念

随着现代社会竞争的加剧，人们感到承受的压力越来越大。这种压力可能来自个人的生活，也可能来自工作中的事件。虽然少量的压力能带来积极的影响，促使人们达成目标，但是过大的压力会对个人的健康和组织工作绩效产生严重的不良影响。

工作压力是指个人对工作环境中新出现的或不良的因素作出的反应。环境中引起压力的生理或心理要求称为压力源，压力源有各种形式，它们对组织和员工产生的后果可能是建设性的，也可能是非建设性的，这种影响可能是短期的，会很快消失，也可能会长期存在。所有的压力源有一个共同特征：当个体认为压力源是某种超过个人反应能力的要求时，压力源便会形成现实的或潜在的压力。然而，身体对压力源的反应能力是有限的。工作场所对人们提出了各种要求，太大的压力、持续太久的事件会把人们处理压力源的能力消耗殆尽。

（二）工作压力的症状

人们的生活和工作中普遍存在着压力。压力最初会使人精神紧张，如果继续增大，则会使人出现不同的症状，例如情绪不稳定、感到无能力应对问题、持不合作态度、失眠、过量饮酒或服用麻醉药、吸烟过多、无法使自己放松、长期焦虑、神经紧张、高血压、消化器官有问题等。

压力的症状有的是暂时的，有的则是长期的。暂时而温和的症状如果能够及时加以处理，可以很快消除。有些工作持续高度紧张，而体力又不足以应对压力，使员工身心疲惫，精神不振，不能投入工作，无法达成目标，这种情况被心理学家称为“精力消耗尽”。有该症状的员工经常抱怨，迁怒于人，十分烦躁不安和易于激怒，想离开工作岗位。有些服务性的专业人员（如咨询员、证券经理等）比较容易出现“精力消耗尽”的情况。

知识卡片 5—1

满意度与出勤率的关系

满意度与出勤率关系的经典研究是西尔斯和罗巴克（Sears and Roebuck）在自然条件下所进行的一项试验研究。

4 月 2 日这一天，纽约的天气良好，是正常上班的天气条件；而芝加哥的天气反常，出现了暴风雪，芝加哥的员工完全可以因这种恶劣的天气而不去上班，不会受到任何惩罚。结果对比两个城市员工的出勤率发现，4 月 2 日这天，纽约的员工中，满意群体和不满意群体的缺勤率一样高；而在芝加哥，高满意度的员工比低满意度的员工出勤率高得多，满意度与出勤率的相关系数在 0.8～0.9 之间。这项研究有力说明了工作满意度与出勤率的积极关系。

二、决定个体感受到压力的因素

决定个体是否在工作或其他情境中体验到压力的主要因素有以下四类。

（一）人对情景的知觉

知觉是指一个人通过选择环境信息并将环境信息组织成一个整体。员工对情景的知觉会影响他对压力的体验。例如，克莱斯勒公司的两个员工的工作职责都有实质性的变化，对许多人而言，这很可能是压力情境。第一个员工认为新职责提供了学习新技能的机会，并且认为这是因为管理层信任自己，才给自己安排了新的挑战性的任务。相反，第二个员工认为这对自己很有威胁，并得出结论：管理者对自己的工作绩效感到不满。

（二）过去的经历

过去的实践和培训有助于组织中的员工平静地、很好地处理压力源，以免这些压力源对那些经验较少或培训不足的员工造成威胁。经验和压力的关系是以强化为基础建立的。相似情景中的正强化或先前的成功可以降低个人在某种情景中体验到的压力水平；相似情景中的负强化或过去的失败则可能提升压力水平。

（三）社会支持

是否有能够帮助自己的人、同事在身边，会影响个体在工作场所中如何体验压力以及如何对压力作出反应。同事的存在可以增强个体的信心，使人更有效地应对压力。例如，与有信心和能力处理压力情景的人一起工作可以使自己也变得有信心和能力。相反，缺少有经验的人的支持可能会激怒某些人或使他们感到焦虑，从而削弱其处理压力的能力。

（四）压力的个体差异

个体在动机、态度、个性和能力方面的差异也影响员工是否体验到工作压力和对压力的反应。人是有差异的。对于某种事物，一个人可能认为是压力源，另一个人则可能根本没有注意到。个性特征可以解释员工在体验压力和反应方面的某些差异。这些因素主要包括A型人格特征和B型人格特征、耐受力和乐观、消极情感、个人控制力、社会支持、自尊、意志力、性别等。

1. A型人格特征和B型人格特征

A型人格特征和B型人格特征最早是由两名心脏病学家弗里德曼和罗森曼（Friedman and Rosenman）发现的。一名修理工在修理接待室的椅子时说，许多椅子的前部磨损较严重，弗里德曼和罗森曼便开始深入地研究这一现象。他们最终发现，病人表现出两种不同的行为类型，而且这种差异是由人格造成的。他们将这两种人格类型称为A型人格和B型人格。典型的A型人格是高度竞争性的、献身于工作并且时间紧迫感极强。此外，这一类型的个体往往是攻击性的、不耐烦的和高度工作导向的。他们受到大量的激励，希望在尽可能短的时间里完成尽可能多的工作。典型的B型人格则相反，较少竞争性、对工作不投入、时间紧迫感不强，生活方式倾向于平衡和放松。这一类型的个体更自信并且能够以稳定的节奏开展工作。研究表明，绝大多数人都不是纯粹的A型人格或B型人格，而是居于两者之间。近年的研究还发现，A型人格比最初想象的复杂得多，其中的原因还没有弄清楚。例如，除了已经注意到的特征外，A型人格的人更容易感到沮丧和产生敌意。此外，测量人格的不同方法会得出不同的结果。

2. 耐受力和乐观

与个体感受压力有关的其他两个重要差异是耐受力和乐观。耐受力是指承受压力的能力。耐受力强的人具有内部控制点，在生活中对自己的活动高度承诺，将变革视为进步和成长的机会。这样的人在经受压力、感到紧张时相对不容易生病。相反，耐受力较弱的人则较难应对紧张和压力。乐观是指个人积极地看待生活。常见的例子是“半杯水”，乐观的人认为杯子里还有半杯水，悲观的人则认为杯子里只有半杯水。一般来说，乐观的人往往能够更好地管理压力，他们总是从当前的形势中看到积极的因素，并且认为事情最终会好转。相反，不乐观的人更看重负面的因素，并且认为事情会变坏，而不是好转。

知识卡片 5—2

会制造压力的“必须”

1. 我必须始终准时。

2. 别人必须始终准时。

3. 我每个星期天都必须去看望我的亲戚。（如果你在那儿脾气差或者惹人反感，没人会欢迎你。）

4. 每个星期一我们都必须会面。（如果没有什么可谈的，会面还有意义吗？）

5. 当被要求加班或者去做其他额外的工作时，必须说“是”。

6. 我必须赚很多钱，以负担大房子和高档汽车的月供。（物质比你的健康更重要吗？）

7. 我必须与所有人融洽相处。

8. 我必须总开着手机，一直待在这里，以避免别人在需要我时找不到我。（你自己的需要和别人的需要同样重要。）

3. 消极情感

有些人可能比他人感受到更多的压力，因为他们只注意生活的消极面。消极情感指人倾向于只注意缺点及生活的消极面，因而易发怒、担心及沮丧。消极情感严重的人常常闷闷不乐。这种人会比消极情感不严重的人更“不堪压力的重负”，更容易引起身体和心理上的问题。

4. 个人控制力

个人控制力是指个人认为自己的行为决定了自己的将来会怎样。也就是说，他们认为自己可控制自己的前途。研究表明，认为自己有较强个人控制力的人较少受到压力的威胁，并因此较少出现消极反应。例如，当水灾对企业造成破坏后，自认为个人控制力强的小企业主会评估破坏情况并安排修复工作，专注于重振企业。个人控制力较弱的人则倾向于表现出愤怒、焦虑和敌意。

5. 社会支持

社会支持反映的是个体与他人（包括同事、朋友、亲戚）的关系。这些人会倾听他人的问题，并给予同情和关心。如果个体有平衡的生活，并且有支持鼓励自己的朋友，就能更有效地应对压力因素。

6. 自尊

研究表明，面对同样的压力带来的负面影响，高自尊的人要比低自尊的人感觉好一些。一般来说，高自尊的人自我感觉更好，更可能抵制压力源的影响，采取积极的应对措施。例如，当面对超负荷工作时，高自尊的人可能会将任务细分为可操作的子任务，并分清轻重缓急，沉着应对。相反，低自尊的人也许会退缩或拖延，从而使工作变得更糟。所以，高自尊的人更容易控制充满压力的情况，并减少压力总量。

7. 意志力

意志力强的个体对他们的活动往往具有强烈的内心承诺，有一种内在的控制力，而且会在日常生活中寻找挑战。研究表明，与那些意志力弱的人相比，意志力强的人感受到的负面压力更少。研究还表明，压力和控制力的关系也许更加复杂，因为当事情搞砸时，那些具有极强内在控制力的人更可能为此而自责，承担更多的责任，而这就构成了压力。

8. 性别

与男性相比，女性的工作报酬一般较低，她们更可能受到歧视，被看扁，并面对工作—家庭冲突。她们大多在充满压力的服务行业工作。考虑到这些事实，人们估计女性承受的与工作相关的压力比男性更多。有报告称，如果有 1 位男性因压力大而缺勤，女性中就会有 16 位因此而缺勤。直接将男性与女性承受压力的情况进行比较的研究也表明，女性感受到的压力更多。

研究证实，职业女性常比男性感受到更多种类的压力源。这些压力源包括诸多与工作相关的因素，如在工作中难以进入社交的政治圈子，薪酬低，来自上司的压力和监督更多。女性还报告说，工作—家庭冲突给她们带来了更多的压力。因为女性传统上更多地承担照料家人和家庭的责任，所以与男性相比，她们在职场上更可能力不从心，发生角色冲突。虽然研究表明女性因压力导致疾病的情况比男性少，但随着更多女性进入职场，这方面的差异也许会消失。

三、工作压力的来源

引起人们工作压力的原因很多，理解这些压力因素和它们之间可能的相互作用很重要。导致压力的因素主要有以下两类。

（一）与工作有关的压力源

任何工作环境几乎都可能成为压力的起因，工作场所中的各种压力已成为非常严重的问题。美国一项全国性的调查显示，大约 25%的员工遇到各种由压力引起的问题，有几种组织因素是员工压力的主要来源，图 5—1 显示了七个主要与工作有关的压力因素。

1. 工作负荷

对许多人来说，有太多的工作要做。如果没有足够的时间和资源来完成工作，就可能产生压力。当管理者或员工没有能力来满足某些工作要求时，就出现了工作超负荷的情况。许多工作可能使员工处于角色超负荷状况。调查发现，工作超负荷或“被迫卖力工作”是压力的主要来源。

工作太少也可能产生压力。有些人的工作量如此之小，以至于在工作中感觉度日如年。因此，许多人发现低负荷情景也会带来压力。管理者有时会犯这样的错误：当自己的工作没有挑战性时，就试图去干涉下属的工作，事必躬亲，这样做很可能减

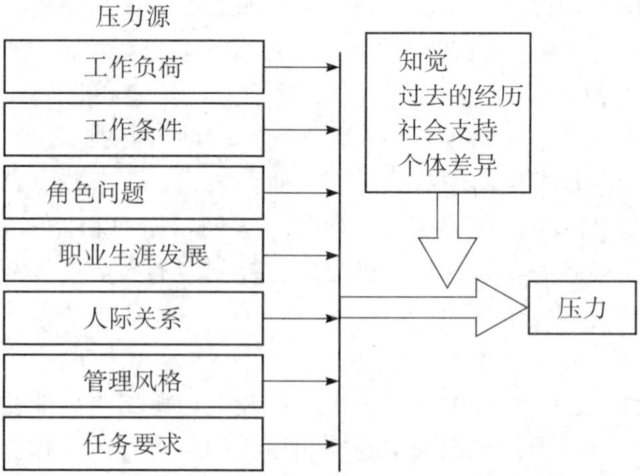

图 5—1　影响工作压力的因素

少管理者自己由于无聊而产生的压力，却增加了被上级持续监督的下属的压力。

2. 工作条件

工作条件是另一类重要的压力源。极端的温度、高噪音、光线太暗或太亮、辐射和空气污染只是引起员工压力的少数工作条件。当这些环境压力源存在时，员工工作绩效会降低，有时会显著下降。

工作中需要频繁旅行和长距离往返也将导致员工产生压力感。这主要是因为员工日常生活的正常秩序被打乱，生活处于一种不稳定状态。这些员工的朋友少，难以寻求社会帮助。当员工因工作变动而跨区域流动时，这种流动就会带来更大的压力，被迫流动的员工及其家庭可能感到对工作失去控制，并且不得不面对工作环境中难以预料的困难。

此外，新技术的应用虽然对社会和某些个体有利，但也会由于技术突破和现有知识过时而造成工作压力。例如，企业试图通过技术变革来取得竞争优势，结果员工发现自己的知识和工作技能过时了。一些感受到压力的员工可能会重新接受培训，获得能使他们适应更高技术要求的技能。另一些员工可能默认这个无法避免的事实而到其他行业中做技术要求低的工作，拿低薪，对这部分员工来说，由于技术的更新而导致工作更换是很不情愿的事。

3. 角色问题

在工作中若对一个员工有不同的期望和要求，可能产生角色冲突。若员工对自己的工作不甚了解，不明确自己的职责和责任，则可能产生角色模糊。角色冲突和角色模糊都是与工作相关的特别重要的压力源，给员工造成了工作压力，许多员工都有类似的经历。对他人的行为负责和缺乏机会参加影响其工作的重要决策是员工角色带来压力的原因。

角色过载是指角色期待超过了个人的能力。如果经理给员工同时布置几项工作，增加他的日常工作量，那么员工很可能会感受到角色过载的压力。一个人同时扮演多重角色也会导致角色过载。例如，如果一个人既要超时工作，又要竞争学校董事会的席位、在宗教组织中担任职务、担任球队教练，还要积极锻炼身体，并为家庭作出贡献，那么他很可能会感受到角色过载的压力。

4. 职业生涯发展

与职业生涯计划和发展相关的主要压力源包括工作安全度、晋升、调岗和发展机会。员工在晋升过慢（未按照期望的进度晋升）或晋升过快（晋升到超过个人能力的工作岗位）时都会感受到压力。

由于我国目前处于经济转型时期，很多组织不得不进行结构重组，随之而来的是工作、团队、部门乃至整个组织的变动，因此，员工常常会产生许多与职业生涯有关的担心：我会被解聘吗？我能胜任新的工作吗？我能得到晋升吗？很明显，员工感受到了来自这些方面的压力。

5. 人际关系

人际关系对组织中人的行为有很大的影响。一个人与同事、上司、下属保持良好的工作关系并相互交往是组织生活中极重要的方面，可以帮助他达成个人目标和组织目标。人际关系处理不当会成为压力源。有研究表明，吵闹的同事、响亮的电话铃声、其他人在周围进进出出等是压力的主要来源。另外，同事之间、上下级之间尔虞我诈、相互算计，也会给管理者和员工带来压力。换句话说，人际关系既可能是压力源，也可能是帮助员工应对压力源的社会支持力量。

6. 管理风格

管理风格对员工的心理状况具有相当大的影响，与下属交流的某些方式比另外一些交流方式带给员工的压力更大。例如，一项研究表明，如果上司多采用恐吓手段管理员工，就会对员工的工作满意度产生负面影响，这必然与工作压力相关。某些工作类型以及员工个性类型与管理风格相结合也可能带来压力。例如，对喜欢做例行工作以及按部就班的员工来说，指导型管理风格带来的压力较小；而对于专业人员以及那些乐于参与、有自主性的员工来说，非指导型管理风格构成的压力较小。

7. 任务要求

任务要求是与工作任务有关的压力源。有些岗位的工作比其他岗位的工作带来的压力更大。导致某些工作压力大的原因包括需要快速决策、根据不完备的信息作出决策或决策的后果很严重。外科医生、航空管制人员和足球教练就属于工作压力较大的人群，而全科医师、机票代理商和球队设备经理的工作压力相对较小。

（二）与生活相关的压力源

员工的个人生活往往对日常工作有显著的影响。如果个人生活正常，他们的情绪是乐观向上的，会精力充沛地耐心处理工作中的问题。如果员工日常生活存在某些问题，他们在工作时会感到紧张和精力不集中，小小的工作问题就会使他们变得愤怒和暴躁且神经脆弱，容易陷入悲观失望。生活压力源可以分为生活改变和生活创伤。

1. 生活改变

在员工感受到的压力中有不少来自其个人生活。虽然个体在个性、年龄、性别、经历和其他特征等方面的不同导致处理压力的方式不同，但是面对生活中的一些重大改变（如被解雇、离婚、家庭成员的死亡等），几乎每一个人都会感受到巨大的压力。当然，许多人没有遇到这样重大的变化，但在短期内经常发生的事情也会对个人的生理和心理健康产生不良影响。为了研究这种现象，霍姆斯和拉赫（T. H. Holmes and R. H. Rahe）及其在华盛顿大学的同事发明了一种方法，为定量测量人们一年中的生活变化情况提供了一种工具（如表5—1所示）。其中的43项不同事件根据它们产生的典型压力的大小排列，得分越高，表示生活事件压力越大。将过去一年里发生的所有事件汇总起来，就能估计出他们所承受压力的大小。假如一个人在一年中的总压力得分超过200分，第二年他将有50%的可能出现严重的健康问题。

表5—1　　不同生活事件的压力数值表

生活事件	平均值	生活事件	平均值
配偶死亡	100	儿女离家	29
离婚	73	婚姻纠纷	29
夫妻分居	65	个人的突出成就	28
被监禁	63	妻子就业或停止工作	26
近亲死亡	63	上学或毕业	26
个人受伤或患病	53	生活条件的变化	25
结婚	50	个人习惯的变化	24
被解雇	47	与上级发生纠纷	23
夫妻重新和好	45	工作时间或条件的变化	20
退休	45	住宅的变化	20
家庭成员健康的变化	44	学校的变化	20
妊娠	40	文娱活动的变化	19
性障碍	39	宗教活动的变化	19
家庭新成员的出现	39	社会活动的变化	18
企业调整	39	抵押和借贷在1万美元以下	17
财务状况变化	38	睡眠习惯的变化	16
亲密朋友死亡	37	家庭收入的变化	15
工作变动	36	饮食习惯的变化	15
夫妻争吵次数的变化	31	假期	13
抵押在1万美元以上	35	圣诞节	13
抵押或借贷取消	30	轻度违法	11
工作职责的变化	29		

资料来源：袁凌、李敬、吴文华：《组织行为学》。

2. 生活创伤

生活创伤是个体生活中改变其态度、情感和行为的剧烈变化。根据生活改变的观点，离婚会增加一个人在下一年生病的概率。与此同时，此人很可能会在离婚的过程中体会到情感上的扰乱。这种扰乱就是生活创伤的一种形式，它将导致压力并且体现在工作场所中。

导致压力的主要生活创伤包括乍看起来与压力无关的婚姻问题、家庭困难和健康问题。假如员工知道自己得了关节炎，不得不放弃自己喜爱的滑雪运动，她的不安很可能会反映在工作中。与此相类似，失去配偶的员工会经历一个极度痛苦的时期，必定会影响工作。

四、工作压力的影响

正如前面提到的，所有形式的压力（包括工作中的压力和生活中的压力）既可能产生不良影响，也可能产生有益的影响。但是，由于压力影响生产力和组织效率，我们对工作压力的关心主要集中于其不良影响。美国应激研究所估计，美国每年在与压力有关的医疗问题上的花费和因生产力下降而遭受的损失为 3 000 亿美元。

（一）工作压力对个人的影响

压力对个人的影响主要体现在生理、心理和行为等方面。

1. 对生理的影响

工作压力对身体健康有很大的不利影响。首先，工作压力使人时常感到身体不适，承受工作压力的人容易患头痛、胃痛、背痛和胸痛等疾病。其次，工作压力是诱发重大疾病的一个重要因素。长期承受压力的人更易遭受重大疾病的侵扰，诱发溃疡、关节炎及心脏病。一些研究成果表明，承受较大压力的管理人员患心脏病的可能性是常人的两倍，遭受第二次心脏病打击的可能性是常人的五倍，患致命心脏病的可能性是承受较小压力的管理人员的两倍。另外，原发性高血压病和压力也有很大的关系，经常激动、冲动、追求完美、苛刻等行为特点与高血压病有密切关系。

以上事实清楚地说明，工作压力会影响人的寿命。有确凿的证据表明，工作压力会使人的寿命缩短，不仅使人易染重病，而且可能直接引起致命的疾病。不仅如此，与压力相关的疾病还会给个人和组织带来巨大的经济负担。

2. 对心理的影响

除了身体疾病外，压力还会导致精神健康问题。在重压之下，人们容易产生愤怒、焦虑、抑郁、较低的自尊、较差的智力（包括不能集中注意力和作出决定）、紧张、易怒、讨厌监督、对工作不满意等消极情绪。诸如神经衰弱、焦虑症、强迫症、恐惧症、抑郁症等，都与压力有关。其中，神经衰弱、焦虑症和抑郁症表现尤其突出。

（1）神经衰弱。神经系统的两大重要活动是兴奋和抑制，如果大脑神经长期处于过度紧张状态，引起兴奋和抑制的功能失调，就会出现神经衰弱的症状。在临床上，神经衰弱的表现有：容易兴奋、容易发怒、容易疲劳、经常失眠、头疼、情绪低落、注意力不集中、记忆力减退、感情脆弱、全身无力，等等。神经衰弱严重干扰正常的工作和生活，给个人带来极大的痛苦。

（2）焦虑症。焦虑症的表现是对并非客观存在的威胁作出紧张、恐惧等情绪反应，同时伴有植物性神经系统症状和焦躁不安。焦虑症的主观体验有：心跳加剧、呼吸困难、疲惫眩晕、四肢僵硬麻木、莫名的恐惧、想要逃脱的强烈愿望（逃避不喜欢的环境或者事物）、身体疼痛、吞咽困难、哆嗦、发热、恶心、感觉自己要发疯或将失去控制、对自己或者周围的事物有不真实的感觉。

（3）抑郁症。根据统计数据，抑郁症在西方社会是排名第三位的常见疾病，仅次于心脏病和风湿病。随着社会发展，竞争加剧，工作、生活压力加大，患病人数呈不断上升的趋势。有人预言，抑郁症将成为21世纪的第一大疾病。抑郁症在生理方面的表现有：没有病理原因的头疼、背疼、四肢疼痛；在心理方面的表现有：心情不好、认为生活没有价值和意义、消沉、沮丧、对未来绝望、精神不振、对新鲜事物缺乏好奇心、没有性欲。抑郁症严重干扰人们的工作和生活，很容易使人产生自杀念头并付诸行动。

3. 对行为的影响

在压力状况下表现出来的直接行为包括：工作绩效低、缺勤、较高的事故率、较高的离职率、经常酗酒和滥用药物、行为冲动以及沟通困难等。压力还可能导致决策失误。一些观察和研究表明，当人们处于强大压力之下时，会拖延或回避作出决策，常常忽视重要的信息，而且不愿收集有助于作出更好决策的新信息，在面临许多备选方案时犹豫不决，结果使决策质量受到影响，甚至产生失误。

（二）工作压力对组织的影响

1. 增加组织的医疗保健成本

工作压力可能严重影响员工身体健康，长期的工作压力甚至可能导致严重的工伤事故，企业要为此承担大量的医疗保健、赔偿与保险费用。在我国，随着劳动法规的完善和劳动者自我保护意识的觉醒，企业将不得不为压力导致的心理疾病付出经济代价。国外的相关法律认为，压力失调是一种与工作有关的疾病，甚至认为它就是工伤，应成为员工向雇主索赔的根据。在美国，企业每年要为此赔偿300亿美元。

2. 降低员工的工作满意度

影响工作满意度的主要因素有工作性质、报酬公平度、工作环境和工作关系等。当个人感到工作没有任何意义和价值、缺乏挑战性、极端无聊时，工作满意度会降低。缺勤与辞职对组织的损害常常是巨大的。对于那些需要员工学习培训很长时间的复杂工作而言，辞职有着显而易见的影响，公司因此很难收回培训员工的投资，同时不得不面对填补岗位空缺这个重要问题。如果辞职的员工转而投奔竞争者，则可能带来更恶劣的影响。

3. 影响员工的工作绩效

在压力和绩效的关系中，压力的不利影响和有益影响十分明显。图5—2描述了压力—绩效的一般关系。任何工作中都存在不同水平的压力。当压力水平低时，员工可能没有足够的唤醒水平、挑战性和积极性，或没有尽最大努力去工作。如图5—2中的曲线所示，低压力水平的上升会促进绩效，到了某一点即最适合的压力水平时，绩效水平会达到最高点。一旦超过这一点，绩效水平就开始下降。当压力水平过高时，员工的唤醒水平太高或太具有威胁感，绩效水平降到最低。

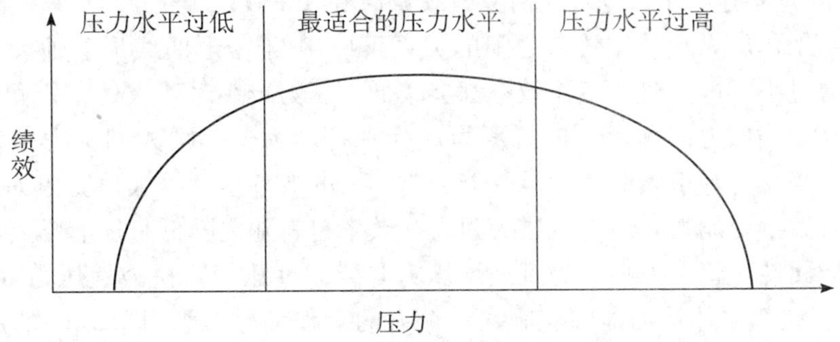

图5—2　压力与绩效的关系

管理者通常都想知道自己和下属最适合的压力限度在何处，然而很难进行精确定位，因为压力—绩效曲线因不同的人和不同的任务而不同。就一个特定任务而言，一个员工可能认为压力太大，另一个员工可能认为压力适中或太小。例如，作为收款员的张三和李四每天都要面对相似的情形：排长龙的顾客、顾客对高售价的抱怨、收银机不时出错等。这些事情都难不倒张三，因为他很喜欢与人打交道，并愿意处理各种问题。但对李四而言，这一切都难以忍受，他觉得精神紧张，不断出现计算错误，继而与顾客争辩，最后要求调动工作。在此例中，两位员工的压力限度是不同的。

管理者在实践中应注意通过增加任务的挑战性或工作扩大化、丰富化等方式使员工处于一定的压力水平之下，但更重要的是不要让员工的压力过大。研究表明，在美国许多组织虽然通过裁员降低了直接劳动消耗，但是由于留下来的员工因裁员而承受了过多的压力，士气低落，造成生产率下降，从而抵消了因裁员而节省的成本。

总之，过大的压力影响员工的生理、心理和行为，导致低绩效，应采取有效的措施予以防止。

第2节　工作压力管理

一、工作压力管理的作用

工作压力管理是企业帮助员工了解压力反应，识别压力源，使用应对技巧将压力的不良影响降至最低的过程。加强工作压力管理对组织和个人都有积极作用。

1. 积极健康的员工是公司的宝贵财富

信息社会中，人是企业最为宝贵的资源。成功的公司将是那些最有效率、最能激发员工积极性的公司。然而过大的工作压力会使员工的心理、生理和行为产生一系列异常反应。在心理上，员工情绪变得紧张、敏感、多疑、不稳定、焦躁不安、难以放松、忧虑烦恼等；在生理上，出现头痛、失眠、消化不良、精神不济、心血管病变等现象；在行为上，产生更多抱怨、争执等。这些现象不仅不利于员工个人的身心健康，还会影响企业的生产经营活动，最终影响企业的效益和发展。

2. 适度工作压力是提高工作效率的有效手段

工作压力和工作效率之间的关系可以用倒 U 形曲线形象地表示出来。当工作压力过小或过大时，工作效率都会较低。压力较小时，人处于松懈状态，效率自然不高。当压力逐渐增大时，压力成为一种动力，激励人们努力工作，效率逐步提高。当压力等于人的最大承受能力时，人的效率达到最大值。但如果压力超过了人的最大承受能力，压力就成为阻力，效率也就随之降低。还有学者根据工作压力的本质属性，将压力划分为挑战性压力与阻碍性压力。挑战性压力（challenge stressor）是指个体认为能够克服，对个人的工作绩效、晋升和未来的成长具有积极影响的工作压力，包括工作任务量、时间紧迫性、工作职责与范围以及工作复杂度等；阻碍性压力（hindrance stressor）是指个体认为难以克服，对个人工作目标实现和职业生涯发展会产生阻碍作用，并且在可预见的未来不会产生收益与回报的工作压力，包括组织政治、角色模糊、人际冲突和工作不安全感等。当员工面对挑战性的工作压力时，员工觉得自己有能力应对，因此产生强大的内部动机，激发出不断探索和反复试错的动力，以及强烈的好奇心，进而在工作中不断发现新问题、寻找新方法、运用新方式，努力提高工作效率。当员工面对阻碍性工作压力时，由于个体认知资源有限，员工将主要精力用于克服阻碍性压力所带来的困扰，削弱了自己产生创造性想法所需的认知资源，因此，他们往往依赖于惯性的解决方案，不肯付出额外的努力，通常会利用现有的经验和资源来减小或避免伤害，进而降低内部动机水平，导致员工创造力的水平较低，从而影响员工的工作绩效。

3. 加强工作压力管理是企业组织的重要职责

随着生产技术和办公技术的自动化和电子化，现代企业中绝大多数员工的体力劳动强度越来越小，工作条件和环境越来越好，但与此同时，由于工作节奏加快，工作技能要求增高，工作中需处理的信息增多，竞争日益激烈，员工在工作中的脑力负荷强度大大高于以往，无形压力有增无减。网络技术的采用带来了极大的变化，如传真、电子邮件使人们的工作节奏加快，移动电话、便携式电脑让人们随时随地可以开展工作。企业经营的全球化使员工面临的工作环境越来越多样化，面对的变数更大，要求员工具有更强的创新能力、学习能力，并承担更大的工作责任。这种无形的工作压力是最难以控制的，也是最难以消除的，它所造成的后果也是最严重的，因为它与工作环境等可控因素的联系越来越小，与人的性格等不可控因素的联系越来越紧密。所以，信息时代更需要管理者关注员工的工作压力问题，加强工作压力管理，促进员工的工作生活平衡。

二、工作压力管理的个人技能

个人压力管理包括设计活动和行为以消除或控制压力源，以及使个体能更好地抵抗压力或处理压力。消除或控制工作压力的技能主要包括以下几个方面：

1. 情景性自我管理技能

情景性自我管理技能是指个体面临压力情景，减轻最初压力反应的技能。这种技能包括认知重构、运动和呼吸训练等。个体可以通过改变假设来缓解压力体验，比如面临意外的失败，想到失败可能会带来的种种后果，个体会感受到很大的压力。如果能改变假设，把这次失败看成是工作中的一个小事件，或者成功过程中常见的一次挫折，个体会心存感激地接受失败带来的教训以及不同的工作体验，多思考明天应如何做以取得成功，那么个体的压力就会减轻很多。另外，当个体面临很大的任务挑战时，也可以通过运动和调整呼吸来减轻压力。

2. 更新性自我管理技能

更新性自我管理技能是指个体在感受到很大的压力时，从现有的精神、身体和情感的过分紧张状态恢复到乐观、放松心态的技能。这时，可采取自我建议、缓解紧张情绪训练等措施。当个体感受到很大的任务压力时，会觉得整天有许多事情要做，却进展缓慢。此时不妨学习有效地管理时间，将任务根据紧急和重要两个维度分类，每天安排时间首先处理紧急且重要的事情，根据任务的性质采取不同的处理方式。按照正确的方法进行时间管理，可以有效减轻工作压力。当个体遇到很大的人际压力时，可以采取向好友倾诉等方法来缓解。总之，当个体处于高压力状态时，不要坐以待毙，任凭压力摧残自己的身心，而应采取积极的态度，实施各种自我建议，努力减轻压力，提高个体绩效。

3. 防范性自我管理技能

防范性自我管理技能是指通过增强个体的适应能力，从根本上减少产生过度压力反应的可能性。这些工具包括精神构想、运动调节等。个体应注意自身良好的心态和正确的人生价值观的培养。人的一生不仅要追求结果，更应注重过程的体验，从细微处入手，追求过程的完美，这样，结果往往会水到渠成。即使偶尔遇到挫折，也应该保持乐观和健康的心态。同时，应努力增强自身实力（如知识、技术、人际交往等技能），以有效减少因自身能力不足而感受到很大压力的可能性。

此外，让生活简单化，避免不必要的竞争，承认并接受个人的局限性，享受所做的事情，学会忙里偷闲等，都是有效应对个人压力的方法。

三、工作压力管理的组织技能

组织有责任减少工作压力，并帮助员工应对工作压力，解除紧张情绪，提高工作绩效。组织的工作压力管理技能主要包括以下几个方面：

1. 全面推进组织健康计划

许多希望拥有健康员工的公司制定了健康计划，旨在促进良好的健康习惯或确认和纠正健康问题。组织健康计划主要有三种类型：

第一种类型的计划旨在给员工提供健康知识和信息。这些计划虽然不能直接促进健康，但是能够向员工传递健康知识以及不关心健康的行为的后果。例如，强生公司利用午餐时间举办处理压力技术的专题研讨会。公司常用这些计划培养员工积极锻炼身体的兴趣，并促使其改变生活方式。

第二种类型的计划旨在引导和提供条件，使员工努力修正其生活方式。其中包括身体健康计划、戒烟计划、体重控制计划等。例如，鲍尼·贝尔公司（Bonne Bell）鼓励员工骑自行车上班，为员工购买自行车。公司还为员工提供了一系列锻炼计划，修建了乒乓球场、排球场、跑道和淋浴室。员工可以免费使用这些设施，如果他们想锻炼，还可以得到额外的30分钟的午休时间。公司还将跑步服和鞋折价卖给员工，甚至给每周锻炼四天的员工发放250美元，以示鼓励。

第三种类型的计划旨在创造一种环境，帮助员工保持通过其他计划发展起来的良好生活习惯。在西夫韦公司（Safeway），公司不仅修建了健康中心，还提供一名全职指导员去监督锻炼计划和活动。

健康计划给组织和个人都带来了实质性的利益。对于员工而言，身体更健康，应对工作压力的能力更强，工作积极性更高，绩效更优；对于公司而言，则节省了大量的医疗费，降低了员工缺勤率，提高了企业效益。

2. 科学管控工作压力来源

组织应关注、调查和分析员工感受到的压力及其类型，识别这些压力产生的根源及其相对重要性，拟定并实施有针对性的压力减轻计划，最后评估计划的执行结果。在很多情形下，组织在减轻员工的工作压力方面大有可为。例如，环境压力主要是由于不良的工作条件造成的，如果一个车间的设备设施布置得太拥挤，员工就有可能因感到压抑而产生厌烦情绪，导致工作绩效降低。组织可以通过改善设备的布置格局、播放背景音乐等措施，使员工在工作中体验到愉快的情绪，从而提高工作绩效。同时，组织应该评价这些措施的执行结果，以确保措施的有效性。

3. 合理配置组织人力资源

从组织因素看，降低压力水平的努力始于对员工的甄选。企业应确保选中的人员具有与职务要求相适应的能力。如果员工觉得工作超过其能力所及，那么他们势必要承受高水平的压力。同时，组织应识别员工的人力资源特点、职业锚类型和所处的压力环境，使三者能合理匹配，以提高员工的绩效。认知资源的有效利用与压力条件及个体压力体会有直接的联系，而不同职业锚类型的个体压力体会有所不同，因此，在个体所处的不同职业阶段，或者针对不同的职业锚类型个体，进行不同的人力资源配置，采用不同的培训方法，对于最大限度地利用个体的认知资源是十分重要的。

4. 积极开展员工适应性培训

组织在分析员工的压力体验和压力类型后，既可以从压力源管理角度来缓解压力，也可以通过适应性培训增强员工的压力承受能力来减轻员工的压力体验。例如，对员工进行知识、技术和技能培训来增强其对任务的胜任力，以减轻其对任务压力的体验；对员工通过专家指导下的敏感性训练等，增强员工的沟通能力和人际交往能力，也可以减轻员工对人际压力的体验。

此外，改善工作环境、改变工作负荷和最后期限、变革组织结构、改变工作日程使员工工作时间和休假更有弹性、提高员工的参与程度等措施均能消除或减少工作压力源。而团队建设、职业生涯咨询和其他员工辅助计划、放松训练、时间管理经验交流会等能使员工更有效地处理和应对压力。

第 3 节 工作生活平衡

一、工作生活平衡的概念

从 20 世纪 70 年代到 90 年代初，早期的学者们使用的是“工作家庭冲突”（work family conflict）这个术语。到 90 年代末，学者们意识到员工的非工作的责任和活动可以有很多形式，而且并不仅仅局限于家庭，因此开始大量使用“工作生活平衡”（work life balance）这个术语。事实上，“工作生活平衡”一词早已在日常生活中使用，但首次作为专门术语使用是在 1986 年。达克斯伯里和希金斯（Duxbury and Higgins）认为，“工作生活平衡”与“工作生活冲突”是一个统一体的两端。工作生活平衡被定义为“来自一个人的工作和生活的需求是等量的一种均衡状态”，工作生活冲突则被定义为“员工在来自工作和生活的不同需求中挣扎的一种不稳定状态”。

在 2001 年加拿大的工作生活平衡调查报告中，达克斯伯里和希金斯把工作生活冲突分为三类：第一类是“角色超载”，即“有太多的事情要做，但时间太少”。第二类是“工作对家庭的影响”，即“工作需求使家庭责任难以得到满足”。第三类是“家庭对工作的影响”，即“家庭需求使工作责任难以得到满足”。在 2003 年加拿大的工作生活平衡调查报告中，达克斯伯里和希金斯对工作生活冲突又补充了两个类型：一类是“护理者负担”，指的是与照顾老人、护理患病的亲人等相关的负担，这种负担又可以分为四类，即感情负担、体力负担、经济负担和家庭负担；另一类是“工作对家庭的溢出效应”，指的是员工运用他们在工作中获取的经验来处理他们非工作的责任和活动的能力，通常认为这是一种对员工有益的效应。

二、工作生活平衡的作用

在欧美发达国家，追求工作和生活平衡已成为越来越多上班族的目标。对他们来说，工作不再是第一位的，改善生活质量与事业发展同等重要。员工在价值观中更多地纳入了平衡工作与生活之间关系的理念，也越来越多地考虑企业的政策能不能帮助他们协调好工作和生活之间的关系。

工作与家庭角色间不可协调的需求会导致冲突，但这种冲突也能够带来用于改进绩效、降低需求或产生额外资源的心理资源，例如，工作自主性、挑战性等。工作生活冲突理论过于看重角色需求间的相互竞争，忽略了角色资源间的相互促进。工作生活平衡则强调角色间的协同效应，一个角色中的资源能够使扮演另外一个角色变得更容易。

工作生活平衡是对工作和家庭资源能否充分满足工作和家庭需求从而使两个角

色的履行都有效的整体评估。工作生活平衡源自一种角色内的资源能够满足另外一种角色的需求。工作生活冲突和工作生活平衡是对工作和家庭需求及资源的不同认知，评估冲突有助于理解需求和资源的不同作用，而平衡强调需求和资源的共同作用有助于解决不同的工作与生活中的问题。因此，工作生活冲突和工作生活平衡是对同一需求和资源的不同认知，一旦缓解了冲突，必然可以促进平衡。

三、工作生活冲突的后果

众多的实证研究已经证明，工作生活冲突至少在个人、家庭、组织和社会四个层面产生重要的影响。

1. 个人层面

工作生活冲突会导致创造力降低和个人发展停滞。沙布拉基（Schabracq）等人在欧洲的实证研究表明，工作生活冲突对员工的工作动力和工作乐趣产生负面影响，降低了员工社交生活的质量，从而降低了员工的整体效率，最终导致身心疾病。与沙布拉基等人的发现一致，达克斯伯里和希金斯在加拿大的实证研究也表明，有高水平的工作生活冲突的员工往往更倦怠，有更大的压力、更低的生活满意度、更多的绝望感和更差的健康状况。

2. 家庭层面

达克斯伯里和希金斯在加拿大的实证研究表明，有高角色超载的员工通常有更多的婚姻问题，同时伴有较低的家庭和生活满意度。哈伯森（Hubson）等人的实证研究也证明，家庭冲突、家庭暴力、离婚的比例上升，养育子女方面的问题日益增加，都是高水平的工作生活冲突导致的。

3. 组织层面

哈伯森等人的实证研究表明，高水平的工作生活冲突会导致高缺勤率、高离职率、低生产效率、低工作满意度、低组织承诺、低组织忠诚度和高医疗成本。沙布拉基等人的研究进一步表明，高水平的工作生活冲突甚至可以危及一切组织的存亡。他们把工作生活冲突对组织的影响分为四类：第一类是生产的产品数量少和质量差，包括出现各种生产错误、忽视存在的问题或错失商机等；第二类是组织内部的冲突和低效率的合作，最终将导致不和谐的内部关系和工作环境；第三类是高素质员工的离职，最终将破坏组织的公众形象，导致恶劣的公共关系，并且难以雇到高素质的新员工；第四类是员工因病离开给企业带来的高成本。达克斯伯里和希金斯估计，加拿大企业每年与工作生活冲突有关的直接成本为30亿～100亿加元。墨菲和库珀（Murphy and Cooper）在美国的研究也表明，美国企业每年与工作生活冲突相关的直接成本大约是1 500亿美元。

4. 社会层面

高离婚率、高青少年犯罪率等社会问题已经被证实与工作生活冲突有关。达克斯伯里和希金斯在实证研究中发现，高水平的工作生活冲突会影响整个国家的国民健康状况和国家卫生支出。

四、工作生活平衡的实现

国外越来越多的企业致力于创造条件促进每一个员工平衡工作与生活：微软规定，除了女员工生孩子时可以休产假外，男员工（孩子的父亲）也可以休一个月的产假在家里帮忙；谷歌不仅为员工提供免费午餐和饮品，而且允许他们上班带宠物（如猫、狗），给予他们充分的自由；宝洁（中国）从 2007 年 9 月 1 日起推行一项新的福利，规定办公室员工在每周五个工作日中可以选一天在家上班。

权威机构的调查结果显示，对于我国企业管理人员来讲，职位越高，压力越大，身心健康水平相对越低，来自工作的压力和来自家庭的压力并列首位。这是因为该人群担负着领导工作，任务重、责任大，工作压力自然就大；同时，由于他们在外工作时间长，社会应酬多，在家的时间短，很少甚至基本上无法承担家庭事务，造成家庭问题带来的压力非常突出。工作生活冲突问题普遍存在于我国的白领阶层，已经被越来越多的企业所重视，企业开始意识到员工工作与生活的平衡对企业发展的重要性，并努力探讨如何达到员工工作与生活的平衡。

知识卡片 5—3

员工帮助计划

员工帮助计划（employee assistance program，EAP）是企业为员工提供的系统的、长期的援助与福利项目；由专业人员对组织以及员工进行诊断并提出建议，提供专业指导、培训和咨询，帮助员工及其家庭成员解决心理和行为问题，提高绩效并改善组织气氛和管理。简而言之，EAP 是企业用于管理和解决员工个人问题，从而提高员工与企业绩效的有效机制。

目前，世界 500 强企业中有 90%以上制定了 EAP。美国有将近 1/4 的企业的员工享受 EAP。经过几十年的发展，EAP 提供的服务可以全方位帮助员工解决个人问题，其中包括：工作压力、心理健康、灾难事件、职业生涯困扰、婚姻家庭问题、健康生活方式、法律纠纷、理财问题、减肥和饮食紊乱等。

完整的 EAP 包括压力评估、组织改变、宣传推广、教育培训、压力咨询等多项内容。具体地说，可以分成三个部分：第一，针对造成问题的外部压力源本身采取措施，即减少或消除不适当的管理和环境因素；第二，处理压力造成的反应，即对情绪、行为及生理等方面症状进行缓解和疏导；第三，改变个体自身的弱点，即改变不合理的信念、行为模式和生活方式等。

EAP 提供的服务通过帮助员工缓解工作压力、调节工作情绪、提高工作积极性、增强员工自信心、有效处理同事/客户关系、迅速适应新的环境、克服不良嗜好等，使企业在节省招聘费用、节约培训开支、减少错误解聘、提升组织的公众形象、改善组织气氛、提高员工士气、改进生产管理等方面获得很大收益。

一项研究表明，企业为 EAP 投入 1 美元，可节省运营成本 5～16 美元。如今，EAP 也开始进入中国企业。

对于员工个人来讲，保持工作生活平衡的关键是理念和心态。工作与生活的关系不是零和博弈，工作只是他们实现其他目标的一种手段而已，工作生活平衡带给员工的是更高的工作激情、更清醒机敏的大脑、更专注的状态以及更高的忠诚度。对于家庭来讲，若员工实现了工作生活平衡，就会有更多的时间和家人在一起享受生活的乐趣，关心幼小的儿童、年迈的老人，并与爱人更加和谐地生活，从而提高生活满意感，降低工作生活冲突。具体的实现措施如下：

1. 争取自由支配时间

（1）找一份与自身能力相匹配的工作。一个人的能力是在工作实践中逐步培养出来的，但是培养要遵循循序渐进的原则，没有一个成功者是在自己并不能胜任的岗位上干出成绩的。找一份与自己能力相匹配的工作，是一个人走向成功的基础，也是一个人追求工作与生活平衡的基础。

（2）明确了解老板的需求。老板看重的是企业的业绩和竞争力，如果员工想要拥有更多的属于自己的时间，就必须努力以最好的方法做好老板期望自己做的事情，从而争取属于自己的时间。

（3）全身心地投入工作。如果员工在工作中充分投入，并拥有较强的时间观念，就会拥有更高的工作效率，进而获得属于自己的时间。

2. 学会适当授权

当老板安排了某项不属于自己职责范围内的工作时，员工应该权衡完成这项工作所获得的效用（包括将从完成这项工作中赚取的薪酬、老板的满意度、自己的心理满足感）与将这部分时间用于安排生活所带来的效用孰大孰小。如果认为后者的效用更大，应该学会委婉地拒绝；如果前者的效用更大，在接受工作的同时，应该学会适当地授权，将工作交给手下的员工，为自己争取更多的生活时间。

对企业而言，员工实现工作生活平衡带给企业的是较低的离职率和更高品质的产出。在帮助员工平衡工作和生活方面下功夫的企业，往往是效益（产出）更好的企业，因为管理者乐于尝试各种工作分享的形式，试图在给员工更多支配时间的同时提高组织效率。企业在实现员工工作生活平衡方面的作用不可忽视，因此要尽量为企业员工的工作生活平衡提供有利的条件，做到以下几点：

（1）保证任务分配的明确性。企业作为向员工分配工作任务的主体，其传达任务的明确性，直接关系到员工完成该任务的效率和消耗的时间。如果企业向员工分配的某项工作任务是模糊的，未明确完成此项任务的要求和时间，甚至责任人，那么这项任务就可能占用员工很多时间，并被员工相互推诿，因而不可能被很好地完成。所以，当企业向员工指定某项工作任务时，一定要明确这项任务的性质、责任人、内容、期限、效果以及各项指标。

（2）保证职责分工的清晰度。企业的每个职位都应该有明确的职责范围，否则，企业只能是一个混乱的结合体，甚至只是一个“人的集合”，这会使员工产生推脱责任的心理，久而久之，企业必将陷入一种瘫痪状态。虽然企业中的每个职位之间有关联，但管理者也要尽量明确各个职位的任务要求和职能范围，以减少员工在工作过程中推卸责任的可能性，来促使其更积极有效地完成工作任务，并尽可能多地为自己争取可供自由支配的时间，努力达到工作与生活的平衡。

（3）建立弹性工作制度。杰克·韦尔奇提倡通过传统的积分系统来处理工作与生活的平衡问题，对那些有突出贡献的员工，可以通过积分来换取更大的工作弹性。

（4）合理安排让员工"享受生活"的活动。现在，越来越多的企业将"让员工能够更积极地生活"作为一种管理理念，应用到企业日常的管理工作中。于是，各种各样以"让员工享受生活"为口号的活动日益盛行起来。但是，企业的这种活动能否真正缓解员工工作与生活之间的紧张度呢？能否为员工带来更大的生活上的效用呢？能否促进员工个人工作与生活的平衡呢？这样的活动是否越多越好呢？这些都是值得怀疑的。员工很有可能将这种活动理解成企业对其员工个人素质和素养的一种变相考核，或者认为这只是企业为了树立企业形象而不得不采取的一种方案，而员工个人能做的并且必须做的只有配合，否则将被视为对企业不忠，或者对企业没有足够的责任感。

企业作为员工行为的载体，对员工个人行为以及员工工作与生活的平衡有着重要的作用，企业应该充分考虑所作出的每一项决策是否会对员工工作与生活的平衡产生威胁。

思考与讨论题

1. 什么是工作压力？工作压力有哪些症状？

2. 导致工作压力的因素有哪些？请举例说明。

3. 你愿意完全采用远程办公方式吗？为什么这对一些人而言是很理想的工作方式，对另一些人而言是不受欢迎的？

4. 想一想在过去，你对工作、学校活动或志愿项目的看法被社会信息处理所影响的例子。谈谈你一开始做这些事情的看法及看法是如何慢慢变化的。这一变化受多少客观因素的影响？有哪些源于别人对你工作的评论和态度？

5. 联系实际分析工作生活平衡的作用及实现策略。

随堂测验

工作压力测试

下面这些题目用来评估你所感受到的工作压力，请根据自己的实际情况，用下面的5级量表对每道题进行评判：1=从不，2=偶尔，3=经常，4=几乎不断，5=总是。

1. 我被指派的工作多到无法愉快地完成。

2. 我被指派的工作困难到无法顺利完成。

3. 干扰太多。

4. 我无法确定何时该做何事。

5. 我在同一时间被不同的人指派做不同的事。
6. 我对周围的人感到恼怒。
7. 我担心我的工作无法达到标准。
8. 危机总是不断地出现。
9. 我的工作量总是不可预测地出现变化。
10. 我在白天结束时总是感到筋疲力尽。
11. 我对工作感到厌倦。
12. 我的工作过于简单。
13. 我对物理条件、噪声感到厌烦。
14. 我的工作几乎无关紧要且要求不高。
15. 流言蜚语或暗箭伤人的情况太多了。
16. 我周围的人太缺乏幽默感了。
17. 我的工作量不足以使我保持忙碌。
18. 我期望发生一些令人兴奋的事情。
19. 我周围的人全都令人厌烦。
20. 我的工作不断重复并且单调乏味。

评分方法：把前面10道题的分数相加得到的分数记为P，后面10道题的分数相加得到的分数记为T，两者共同反映出你的工作压力情况。P和T均不高于29分：你的工作可能很愉快，不会受到压力的困扰；P高于29分：和大多数人一样，你的工作有压力；T高于29分：你的工作倾向于枯燥乏味，你可能感到不受重用或者不满；P或T均高于36分：你可能感到由于工作压力而喘不过气来。

资料来源：陈国权：《组织行为学》，北京，清华大学出版社，2006。

案例研究

美国某医院的压力管理

美国有一家医院，在那里，压力管理已实施两年多了。这项工程之所以启动，主要是因为中层管理者感到压力过大，工作超负荷，受到政策和程序上不可预料的变化的影响，从而产生抱怨。高层管理者寻求外部的组织发展咨询师的帮助来处理这些问题，因为咨询师拥有压力管理的技能和经验。

工程的最初阶段是诊断在医院里体验到的压力的原因和结果。了解压力源是制定恰当地处理压力的计划的前提。咨询师通过问卷调查来收集数据，调查对象是45名中层管理者，他们几乎对医院的所有方面负责。问卷的设计是以压力的概念模型为指导的，问卷包括与各种组织压力因素有关的项目。组织压力因素包括持续不断、反复出现的压力因素以及与当前变革相联系的压力因素。问卷还包括有关管理者使用压力管理技术的问题，如锻炼、对营养知识的了解、支持系统的创建。

对数据的分析显示，许多组织变革事件和持续的工作条件与调查得到的管理者的压力水平密切相关。组织变革中最具有压力性的事件是：命令、政策和程序的较大的、多次的变化，大量意料之外的危机和最后期限来临，活动水平和工作节奏的突然增加；最易引起压力的持续工作条件包括：工作超负荷、绩效不满意时的反馈、缺乏管理的信心、角色冲突和角色模糊。管理者称，他们很少使用压力管理技术去帮助处理这些压力源，仅有 20% 的人会有规律地锻炼身体，有 60% 的人开始注意饮食均衡。最常见的健康问题是头痛、腹泻或便秘、普通感冒和背痛。

以数据为基础，高层管理者在咨询师的帮助下改善了组织的几个方面。为了减少工作超负荷和角色模糊，医院对每个管理职位都根据工作分配、工作要求和作业标准来进行分析。以分析为依据的行动导致更均衡的跨工作负荷和更清楚的工作说明。医院行政管理人员开始和部门经理一起确定工作说明和期望，提供持续的作业反馈，管理者也得到了有关时间管理、如何更好地安排工作、如何更有效地将工作分派给下属等方面的训练。

以前，医院里“各人自扫门前雪”的风气使许多管理者只顾及自己部门，而忽视与其他部门的相互关系。如今，医院每月召开跨部门会议以促进部门管理者之间改善关系，并努力创建鼓励同伴互助的组织文化。

为了减少组织变革的不确定性，高层管理者花更多时间把即将进行的变革的信息传递给中层管理者。高层管理者每季度召集基层管理者召开信息会议，以澄清误解、误会和谣言。

除了减少组织压力因素外，医院还采取测量手段去帮助管理者更有效地识别和处理压力。医院每年进行员工的身体检查以发现与压力有关的问题，医院还训练管理者识别他们自己和下属的压力症状。医院成立了健身俱乐部，开展各种各样的活动，每周提供瑜伽课程，还制定了把营养意识和技术结合起来的训练计划，以消除紧张性头痛和背痛。

对压力管理计划的最初反应是积极的，医院管理层正在评估更长期的影响，每 12～18 个月都要进行压力源和压力的测量，以监控该计划并在必要时做更进一步的变革。

资料来源：袁凌：《组织行为学》，2 版。

[讨论题]

1. 请诊断该医院的工作压力因素。
2. 该医院采取了哪些措施减轻员工压力？分析该医院的压力管理计划。

第6章

组织公民行为管理

内容提要

本章主要介绍组织公民行为在形成过程中的组织承诺、心理契约、工作满意度等知识，并概述组织公民行为的概念、作用、维度、测量、形成过程以及组织公民行为提升的策略。其中，组织公民行为的形成过程和管理策略是本章的重点。

第1节　组织承诺与心理契约

一、组织承诺

（一）组织承诺的概念

“组织承诺”这一概念由美国社会学家贝克（Becker）于1960年提出，用于反映员工和组织之间的心理契约。组织承诺是组织行为学与人力资源管理中的一个重要概念，是连接员工与组织之间关系的一种纽带。和组织行为学的其他主题一样，组织承诺有多种定义和测量手段。作为一种态度，组织承诺最常被定义为：（1）保持一个特定组织的成员身份的一种强烈期望；（2）愿意作出较多的努力来代表组织；（3）对于组织的价值观和目标的坚信和接受。也就是说，这反映出员工对组织的忠诚度，是一种正在进行的过程，组织的参与者由此表达了他们对于组织及其将来的成功和发展的关注。依据这个定义，组织承诺一般可以用如表6—1所示的组织承诺问卷进行测量。

由于在新环境中很多组织并没有表明它对员工承担的义务，因此，近来的研究发现，职业承诺是员工对公司制定的任务的知觉与组织承诺之间的一种缓冲器。举例来说，即使员工感觉到上级的支持，也可能需要职业承诺，这样才能获得较高的组织承诺。

表 6—1　组织承诺问卷

序号	陈述	分数
1	为了有助于这个组织获得成功，我愿意付出超过一般期望的努力。	
2	我和朋友谈及这个组织时，把它描述成一个非常值得为之工作的组织。	
3	我对这个组织没有忠诚度。(R)	
4	为了使这个组织的工作得以开展下去，我几乎愿意接受任何类型的工作任务。	
5	我发现我的价值观和组织的价值观非常相似。	
6	我自豪地告诉别人，我是这个组织的一分子。	
7	只要工作类型相似，我就能在另外一个组织中干得同样好。(R)	
8	在工作绩效方面，这个组织确实激发我达到了最佳状态。	
9	我目前所处环境中非常小的变化都会导致我离开这个组织。(R)	
10	我非常高兴我在当初决断时选择了这个组织而不是其他组织。	
11	一直留在这个组织不会有太多的收益。(R)	
12	我经常发现很难赞同这个组织制定的关于员工的重要事务的政策。(R)	
13	我确实很关注这个组织的命运。	
14	对于我来说，这是可能选择的组织中最好的一个。	
15	在我看来，决定在这个组织工作肯定是一个错误。(R)	

说明：表中列出的是员工可能持有的、对他为之工作的公司或者组织的感受。根据你对目前工作的特定组织的亲身感受，以 7 分制对表中的陈述进行评分，以表示你的赞同程度。其中，1 表示非常反对；2 表示比较反对；3 表示有一点反对；4 表示既不反对也不赞成；5 表示有一点赞成；6 表示比较赞成；7 表示非常赞成。“R”表示一个反面的陈述，需要反向计分。

(二) 组织承诺的维度

在“组织承诺”这一概念提出的过程中，很多学者试图对组织承诺进行分类，也就是对组织承诺的维度进行研究，以使研究思路更加清晰。关于组织承诺维度的观点主要有以下几种：

1. 组织承诺单维说

组织承诺单维说将组织承诺定义为个人对某一组织认同与投入的态度。员工对组织认同与投入的态度的相对强度，受到工作特性与工作经验的影响。员工的组织承诺具有整体性。

2. 组织承诺二维模型

组织承诺二维模型的研究者大多将组织承诺分为态度承诺和行为承诺。态度承诺是指个人对组织认同和投入的相对程度，具体包括以下三个方面：一是对组织价值观的坚定信念如何形成；二是为组织利益而努力工作的意愿如何产生；三是个人想留在企业而不愿离开的意愿如何培养。行为承诺是指承诺的公开展示。行为承诺主要关心个人如何认同某种特定行为，哪些情景性的因素使行为难以改变，它们又是怎样影响与行为一致的态度的形成的。萨拉斯克（Salacik）开辟了从行为上研究承诺的途径，认为组织承诺是个人对某一特定组织的依赖并由此表现出来的相应的行为。他进而指出了组织承诺的四条行为标准，即：行为的清晰性、行为的持久性、行为的自愿性、行为的公开性。

3. 组织承诺三因素模型

艾伦和梅耶（Allen and Meyer）通过对组织承诺的综合性研究，最终指出组织承诺可分为三类：感情承诺、持续承诺和规范承诺。

（1）感情承诺（affective commitment）指组织成员被卷入组织、参与组织社会交往的程度。它是个体对一个实体的情感，是一种肯定的心理倾向。它包括价值目标认同、员工自豪感以及为了组织的利益自愿为组织作出牺牲和贡献等。员工对组织表现出忠诚并努力工作，主要是由于他们对组织有深厚的感情，而不是由于物质利益。

（2）持续承诺（continuous commitment）是员工与组织之间交换关系的结果，是员工为了不失去已有的位置和多年的投入换来的福利待遇而不得不继续留在该组织内的一种承诺。员工进入一个组织时都有一个期望，这种期望反映了员工三个方面的需要：维持生活、发展自我和承担社会责任。组织尽力满足员工的需要，同时也希望员工忠于组织，努力工作。这种相互作用的关系，造成员工单边下注（side-bets）的累积。这种单边下注是指一切有价值的东西，比如：退休金、精力、已掌握的该组织专有的技术和技巧、在组织中形成的人际关系和拥有的资历地位等。如果员工离职，所有这一切都将丧失。

（3）规范承诺（normative commitment）是指员工由于长期受社会影响形成的社会责任而留在组织内的承诺。这一承诺以三个方面为基础：1）承诺是被社会认可的行为；2）内部压力迫使员工认同组织的目标；3）产生规范承诺的员工认为留在组织中是正确的。个体在社会化的过程中，不断地被灌输和强调这样一种观念或规范：忠诚于组织是会得到赞赏和鼓励的一种恰当行为，以至于在个体内心产生顺从这种规范的倾向。同时，从组织那里获得利益或好处也会使员工内心产生一种要予以回报的义务感。

4. 组织承诺五因素模型

我国的研究人员将组织承诺分为五种，即：感情承诺、理想承诺、规范承诺、经济承诺和机会承诺。感情承诺是指对组织认同，感情深厚；愿意为组织的生存与发展作出贡献，甚至不计较报酬；在任何诱惑下都不会离职跳槽。理想承诺是指重视个人的成长，追求理想的实现；关注个人的专长在组织中能否得到发挥，组织能否提供各项工作条件和学习提高及晋升的机会，以利于实现理想。规范承诺是指对组织的态度和行为表现均以社会规范、职业道德为准则；对组织有责任感，对工作、对组织履行自己应尽的责任和义务。经济承诺是指因担心离开组织会蒙受经济损失而留在组织中。机会承诺是指待在这个组织中的根本原因是找不到其他更满意的组织，或因自己技术水平低而没有另找工作的机会。

（三）组织承诺的结果

组织承诺的结果是复杂的。早期和近期的研究都表明，组织承诺与所期望的结果（如优秀的绩效、低离职率和低缺勤率）之间存在正相关关系。也有证据表明，员工的承诺和其他所期望的产物相关，如感受到一种热情的、支持性的组织氛围，成为一个愿意帮助人的优秀团队成员等。

从组织承诺三因素模型来看，较高的感情承诺和规范承诺会带来更低的缺勤率、更低的离职率和更好的绩效。美国的员工比日本和韩国的员工表现出了更好的感情承诺。影响感情承诺的最重要因素是个体对组织满足他们的期望的满意度，其他重要的因素包括工作的挑战性、组织的可靠性和工作角色的明确性等。一般来说，个体在入职头几个月获得的经验对于感情承诺的发展非常重要。当然，较低的人员离职率也会制约组织雇用拥有新知识和新想法的新员工的机会，同时造成员工对于组织和上司的过度信任，影响组织发展。

持续承诺与员工的绩效排名呈负相关关系，即有着较高承诺的员工绩效排名较低。这种问题的出现主要是由于持续承诺主要通过财务方面的刺激来体现，这阻碍了员工创造力的发挥。有些组织通过训练员工掌握某些应用范围有限的特殊技能，使其难以离职，这虽然能够增强员工的持续承诺，但不利于提高感情承诺以产生较高绩效。因此，组织除了应该通过财务方面的持续承诺把员工和组织联系起来外，还应该通过赢得员工的信任来实现感情承诺。

（四）组织承诺的影响因素

根据影响组织承诺水平的因素来源，可以将影响因素分为三类：

1. 组织层面的因素

从组织的角度看，个人的组织承诺水平的高低受组织对个人的承诺水平的影响。组织对个人的承诺分为三方面：

（1）组织对个人的感情承诺。组织目标的实现在多大程度上带动个人目标的实现，或者组织能否帮助个人调整目标以适应组织目标，是决定个人组织承诺水平的关键因素。

（2）组织对个人的持续承诺。组织给予个人多大程度的收益承诺决定了个人的组织承诺水平。此外，组织能够给个人多大的施展舞台和发展空间，也会影响个人的组织承诺水平。

（3）组织对个人的规范承诺。组织为了对其员工的行为进行规范，制定了各种规则。这些规则（无论是劳动合同还是管理制度）都有大量的条款规定组织成员的权利和义务，有关这些职责、义务的规定被个人理解、接受和认同的程度就是个人的组织承诺的水平。

2. 个体层面的因素

虽然组织承诺是从组织层面来分析研究组织成员的心理承诺问题，但是个体特征是影响组织承诺水平的重要因素。根据影响组织承诺水平的个体特征来源，可以将个体特征分为三类：

（1）生理特征。一些研究资料表明，性别差异会造成组织承诺水平的差异，女性比男性的组织承诺水平高。年龄差异对组织承诺水平的影响体现在职业生涯周期上，处于不同职业生涯周期的员工的组织承诺水平不同。

（2）心理特征。首先，个人的知觉是建立在价值观的基础上的，当个人的价值观与组织的价值观融合时，个人的组织承诺感就会油然而生。其次，不同的个人情感会对同样的组织和工作产生不同的知觉，直接影响组织承诺水平。最后，个人情绪对组织承诺的影响主要体现在累积效应上，积极情绪的累积必然产生较高的组织承诺水平。

（3）社会特征。首先，个人的社会背景是其对组织进行认知和作出价值判断的参照。其次，个人的教育背景是影响个人组织承诺水平的重要因素，研究表明，学历高的人的组织承诺水平比学历低的人低。最后，个人的工作经验对组织承诺水平也存在一定的影响，一些现象表明，工作经验单一的人离职的意愿较强，工作经验丰富的人也存在更换工作的冲动。

3. 环境层面的因素

个人和组织所处的环境状况对个人的组织承诺水平也会产生很大的影响。首先，从劳动力市场看，失业率与个人的组织承诺水平呈正相关关系。其次，从社区文化看，文化中的静态因子和动态因子的多少直接影响个人的组织承诺水平。最后，从行业性质看，在人才竞争激烈的行业中，个人的组织承诺水平较低，同行业的人才争夺使得个人更换工作的收益提高，推动人员在行业内部流动。

（五）增强组织承诺的方法

德斯勒（Dessler）提出的完善管理系统的方法，可能对于摆脱目前的两难困境、提高员工的组织承诺有帮助，具体内容是：

（1）秉持“员工第一”的价值观。用书面语表达出来，雇用合适的管理者，实现员工第一的价值观。

（2）廓清并沟通你的使命。明确自己的使命和思想体系；使这些使命和思想体系具有魅力；实施基于价值观的雇佣政策；着重进行以价值观为基础的指导和培训；建立特有的传统。

（3）确保组织公正。建立全面的投诉程序；提供广泛的双向沟通。

（4）营造一种社区感。建立起以价值观为基础的同一性；实现分享和类似分享的其他方式；重视联欢、互助和团队合作；聚会。

（5）支持员工发展。坚持付诸实践；在员工入职第一年提供有挑战性的工作；工作丰富化和授权；内部晋升；重视员工开发；提供安全感。

二、心理契约

（一）心理契约的概念

“心理契约”一词是由美国著名管理心理学家沙因教授提出的。他认为，心理契约是“个人将有所奉献与组织希望有所获取，以及组织将针对个人期望收获而有所提供之间的一种配合”。它虽然不是一种有形的契约，但确实发挥着有形契约的作用。心理契约是指这样一种状态：组织的成长与员工的发展的满足条件虽然没有通过一纸契约载明，并且由于处于动态变化之中不可能加以载明，但组织与员工依然能找到决策的“焦点”，如同一纸契约加以规范。即组织清楚地了解每个员工的发展期望，并予以满足；每一位员工也愿意为组织的发展作出奉献，因为他们相信组织能实现自己的期望。

根据学者的研究，我们将心理契约定义为：员工与组织之间对彼此的权利、义务所怀有的主观的、非书面形式表达的期望和承诺。如果这些期望和承诺能得以实现，双方的这种关系就能正常地维持下去；如果这些期望和承诺未能实现，双方的关系就难以持续下去。因此，这种期望和承诺具有一种契约的功能，能对双方的行为产生约束。

知识卡片 6—1

心理契约应防止人才流失

一项关于员工 10 大离职原因的调查表明，除了“对薪酬不满”和“公司福利不佳”这两项外，其他 8 项均与经济利益无关，它们分别是：想尝试新工作、公司没有提供学习成长环境、与当初所期望的工作不符、追求升迁机会、对公司的看法与上司不一致、工作单调、职业倦怠、与公司理念不一致。上述 8 项原因可以归纳为：员工与组织的心理契约遭到破坏，从而导致人才流失。

在主张人本关怀的时代，企业不但要与员工签订一个约束双方劳资关系的书面契约，还要与员工建立起心理契约，这个契约需要让员工明白企业的目标和自己的目标，只有双方达成一致，才能促使员工努力工作，并降低员工流动的不确定性。

（二）心理契约的特点

心理契约的概念比较抽象，我们可以从以下四个方面来理解其特点。

1. 主观性

心理契约的内容是员工对于相互责任的一种主观感觉，而不是相互责任这一事实本身。员工对于他与组织之间的相互关系的认识往往带有个人色彩，体现出自己独特的感受。所以，员工的心理契约的内容可能与雇佣契约不一致，某员工对此的理解和解释可能与其他人或第三方不一致。

2. 动态性

心理契约往往处于一种不断变化的状态，并受组织工作方式、组织结构以及组织环境的影响，组织中这些因素的变化都会对员工的心理契约产生影响。员工在一个组织中工作的时间越长，心理契约涉及的内容就越广，员工与组织之间的相互期望和责任的隐含因素就越丰富，它所受到的制约和影响也就越多。因此，它有别于员工与雇主签订的雇佣合同，因为雇佣合同是事先约定好的，一般比较稳定，在一定的时期内不会改变。

3. 互惠性

心理契约是员工和组织之间对相互责任和义务的承诺与互惠。心理契约不仅有期望的性质，而且包括对责任和义务的承诺与互惠。从根本上来说，心理契约是一种隐含交易。即一方提供某种东西与另一方提供的某种东西进行交换。如果一个人向另一个人赠送礼物，而另一个人只接受却不付出任何回报，则不构成心理契约。但如果收到礼物的一方感到有义务付出回报，互动式过程就发生了，此时心理契约得以建立。在组织中，心理契约的核心内容是承担的义务与责任、组织和员工之间的互惠互利的交换关系。这种交换不但包括物质财富的交换，还包括心理财富和社会情感方面的交换，并在公平的基础上进行。

4. 效能性

虽然心理契约并没有以文字形式体现出来，但它是组织中行为的强有力的决定因素。与正式契约未履行所造成的结果一样，对于心理契约上的失信也要付出代价。如果心理契约被破坏，就会产生更强烈的消极情感反应和相应的后续行为，员工会感到组织背信弃义，自己受到了不公平的对待，进而影响到工作的积极性。员工对组织失去信任，责任感和忠诚度会下降，工作满意度会降低，倾向于离开现有的工作岗位。即使他们继续留在企业中，也可能会采取消极怠工以及其他攻击性、破坏性行为。

（三）心理契约的维度和类型

心理契约是一个复杂的结构。作为一种主观契约形式，心理契约可能涉及正式书面合同所规定的那些责任条款，但更多地涉及非正式的、书面合同没有规定的方面。由于理论界定不同，心理契约所包含的具体内容也会有所不同。即使以同一界定为基础，由于雇佣关系的状况不同，心理契约的内容也会存在差异。20 世纪 80 年代末，鲁索（Rousseau）的研究发现，员工心理契约中的雇主责任包括：晋升、高额报酬、绩效奖励、培训、长期工作保障、职业发展、人事支持等 7 个方面。员工心理契约中的员工责任包括：加班工作、忠诚、自愿从事职责外的工作、离职前预先通知、接受内部工作调整、帮助竞争对手、保守公司商业秘密、在组织中至少工作两年等 8 个方面。1997 年，赫里奥特和曼宁（Herriot and Manning）等人的研究发现，员工心理契约和组织心理契约中的组织责任包括：培训、公正、关怀、协商、信任、友善、理解、安全、一致、薪资、福利、工作稳定等 12 个方面。双方心理契约中的员工责任包括：守时、敬业、诚实、忠诚、爱护资产、体现组织形象、互助等 7 个方面。

心理契约十分复杂，具有主观性、个体性、动态性的特点，同时也受个人、组织、经济、政治和文化因素的影响。因此，人们在对心理契约的内容进行探讨的基础上，也对心理契约的维度进行分析。1990 年，鲁索有关典型相关分析的研究表明，心理契约包括两种：一是交易契约，即以经济交换为基础的契约关系，员工以加班、职责外工作为代价，换取组织提供的高额报酬、绩效奖励、培训和职业发展；二是关系契约，即以社会情感交换为基础的契约关系，员工以长期工作、忠诚和愿意接受内部工作调整为代价，换取组织提供的长期工作保障。自该理论提出以来，“交易—关系”维度在西方国家（主要是美国和英国）得到了一定程度的检验。很多研究直接以此维度模式为基础，对心理契约的相关问题进行探讨。

上述心理契约维度可以看成是心理契约的主体类型。除主体类型外，心理契约还可以根据主体类型的不同水平相互结合，形成不同的组合类型。1995 年，鲁索还从员工与雇主契约期限是长期的还是短期的，以及绩效要求是明确的还是不明确的两个维度进行组合，把心理契约分为交易型、变动型、关系型、平衡型（如图 6—1 所示）。

契约期限 \ 绩效要求	具体明确的	不具体明确的
短期的	交易型 特点：低工作模糊性 高流动性 低员工承诺 低身份感 例：销售旺季时临时雇用的销售人员。	变动型 特点：高工作不确定性 高不稳定性 高流失率 例：处于组织裁员或公司并购过程中的员工。
长期的	平衡型 特点：高员工承诺 高身份感 不断开发 相互支持 例：高参与性工作团队中的成员。	关系型 特点：高员工承诺 高感情投入 高身份感 高稳定性 例：家族企业中的成员。

图 6—1　心理契约的类型

资料来源：Rousseau D. M. Psychological contracts in organizations：understanding written and unwritten agreements. Thousands Oaks：Sage，1995。

（四）心理契约与组织承诺之间的差异

组织承诺指的是员工随着其对组织的“单方面投入”的增加，而产生一种心甘情愿地参与组织各项活动的感情；心理契约指的是一种员工对于个体与组织之间相互责任与义务的信念系统。二者的共同之处在于都是从个体的角度来探讨员工与组织的关系。二者的差异在于：组织承诺的内容是单维的，只是员工对于组织的感情；心理契约则是一种双向的关系，即员工对于自己应承担的责任的信念，以及对于组织应承担的责任的信念，在此过程中，员工会对双方履行契约的程度进行对比。另外，不少研究者指出，组织承诺实际上是心理契约的结果。正是由于个体对于双方责任的认知、对比与信念，才导致个体对组织的承诺方式和程度不同。

（五）心理契约的作用

心理契约是联系员工与组织的纽带，是影响员工行为和态度的重要因素。它在企业组织中的作用主要有以下方面：

（1）可以增强企业与员工之间的相互信任。正式的经济契约不可能涉及雇佣关系的方方面面，而心理契约可以填补经济契约留下的空白。因此，心理契约的暗含条款能够弥补雇佣关系中正式文本规定的一些不足，降低员工与组织双方的不确定性，从而增加个人与组织的安全感和相互信任感。

（2）可以规范员工的行为。员工以组织对自己所负的责任来衡量自己对待组织的每一个行为，进而调节自己的行为。员工会对他与组织之间的相互责任进行权衡，并根据权衡的结果调整自己的行为。

（3）可使员工心理上产生期望，拥有努力的方向与目标，激发员工的工作积极性。比如，当员工认为他已得到组织许诺，将有较高的薪酬、晋升机会、职业培训和丰富化的工作时，就会为组织发展贡献自己的技能并对组织忠诚，作为对组织的回报，这同时也是员工与组织的平等交换。

（4）可以降低管理成本，丰富管理手段，提高管理效率。它以无形的方式来留住员工，开发员工潜能，实现企业的不断创新。从激励的本质来看，组织激励主要是为了满足员工的心理需要。心理契约与双方相关，对员工的认可和相应回报是组织管理者对员工兑现承诺的证明。

（5）有利于增强企业的凝聚力。心理契约在本质上是一种情感契约，它原本就是人的一种心理感觉或心理体验。这种心理感觉必然反映在彼此的情感和态度上。基于员工与企业之间良好的信赖关系，将企业与员工凝聚成一种生命共同体，这种生命共同体就会具有很强的凝聚力。由于心理契约的无形作用，员工与各级企业管理者之间除了劳动关系之外，还经常要进行心理上的交流和精神上的沟通，并对处于动态变化的心理契约随时进行调整和修补，进而使企业的凝聚力不断得到增强。

（六）构建良好心理契约的措施

（1）在招聘过程中传递正确的信息。对企业来讲，招聘是企业吸引人才、获取人才的渠道。招聘效果的好坏直接关系到人力资源的数量和质量，是整个人力资源管理活动的第一步。对员工来讲，应聘是个体与组织的初次接触，是构建心理契约的第一步。在招聘过程中，企业要为应聘者提供真实的工作预览，不提供虚假信息，对员工的期望、职位的要求、组织的责任和义务等信息进行明确公示，使应聘者形成正确的心理契约。要在人员选择上兼顾能力和价值观念，将应聘者的价值观念与企业文化是否相融作为录用决策的依据之一，让真正想为企业发展作出贡献的，有理想、有抱负、有能力的人员进入企业，实现个人—职位、个体—组织之间的匹配。

（2）实施科学的职业生涯管理。企业满足员工需求的最好办法就是在企业内部实施科学的职业生涯管理。职业生涯管理是指由企业实施的，旨在开发员工的潜力、留住员工、使他们能自我实现的一系列管理方法。它能有效缩小企业与员工个体在目标整合上的偏差，并避免由此造成的员工工作的主动性、积极性等的丧失。

企业可以考虑为员工搭建一个平台，为其设计好职业生涯。在制定企业发展战略的基础上，可以针对每个员工的个人特点制定发展目标，并把员工发展与企业发展结合起来，使员工在企业发展中也得到相应的发展机会。只有这样，员工才能在实现发展目标的过程中，体会到当家做主的责任和义务，感觉到自己在企业是“有用的人”，对企业愿景产生真实感，自觉为企业发展而努力工作。

（3）对员工进行社会化培训。不管组织在人员甄选和录用方面工作做得多好，新员工进入公司之初都不可能清晰地了解组织的各项要求，并完全适应组织的文化。组织为员工提供的一些培训能增进员工对组织的了解，及时调整他们对组织不切实际的幻想和期望，使他们更迅速地融入组织。新员工的这种适应过程即为社会化过程。经过社会化的碰撞和调整阶段，新员工会更加清晰地了解企业的经营理念和文化价值观，明确组织对员工的期望与要求，修正头脑中存在的有关心理契约的错误认识。

（4）注重持续有效的沟通并加强心理契约的动态管理。当组织意识到员工因为组织环境的变化而产生种种猜疑时，应积极主动地进行有效沟通，以减少或消除员工的猜测。由于心理契约是主观的、隐含的，并且始终随着外在环境的变化处于一种不断变更和修正的状态，因此组织和个体对于期望的理解常常会不一致。此外，任何与组织有关的变动都会对心理契约造成影响。因此，组织应与核心员工保持有效的沟通，使双方的心理契约明晰化，在理解方面达成一致。特别是当组织的某一方面发生变动时，应及时向员工传递相关信息，便于他们作出必要的调整，以更符合组织的现实。而当组织违反心理契约时，管理者也有必要通过沟通向员工作出合理的解释，使双方能够在维护自己核心利益的前提下，让渡一部分利益，重新达成一致。

（5）构建以人为本的企业文化。健康向上的企业文化能在企业中创建一种奋发、进取、和谐、平等的企业氛围和企业精神，为全体员工塑造强大的精神支柱，形成坚不可摧的生命共同体。以人为本的现代企业文化，指的是企业的文化价值观应建立在注重人的能力并使之充分发挥的基础之上。企业的一切管理活动都要围绕如何正确发挥人的主动性和积极性来进行。构建以人为本的企业文化，就要实现人尽其能，人尽其用，高效开发员工的能力与潜力，增强员工努力工作的热情与信念，激发企业与员工共同信守“契约”所默示的各自对应的“承诺”。

由此可见，如果说法律、制度、规则、合同这些有形事物是刚性管理方式，心理契约管理就是一种柔性管理方式。柔性的心理契约管理往往会产生事半功倍的效果。随着知识经济时代的到来，原来的刚性的金字塔式管理已经开始柔性化。原来的强制与命令越来越难以奏效，权威的维系越来越难以凭借权力，劳资双方的“契约关系”越来越变得更像“盟约关系”，必须借助一些柔性的方式来进行管理。心理契约是一种情感契约，是形成企业凝聚力和团队氛围的一种无形的手段。与刚性管理方式相比，心理契约能够以更低的成本促进企业管理效率与经营效率的提高，从而促进企业的可持续发展。

第2节　组织公民行为过程

一、组织公民行为的概念与作用

（一）组织公民行为的概念

华盛顿大学商学院公司治理和人力资源终身教授陈晓萍以个人亲身经历讲述了一个组织公民行为的现象。一次陈教授去西雅图一家本地小银行取款，因为发现另一家银行的定期储蓄利息比该银行要高出许多，所以决定将已到期的款项取出后存入利息较高的银行。没想到接待陈教授的银行员工听说陈教授要把钱取走，显得很着急。当银行员工了解到陈教授是因为利率的原因取钱，就立即提出他可以向经理去为陈教授申请同样的利息。该员工完全将银行的利益视为自己的利益，这令陈教授很吃惊也很敬佩，因为他从未在其他银行遇见过这样的情形。于是陈教授把钱留在了那儿，这位银行员工就这样留住了一个顾客。

此外，陈教授还认为，对同事在工作上的要求有求必应、主动帮助新员工熟悉环境、主动帮助有急事不能来上班的同事完成工作、热心参加公司的会议、为公司的发展献计献策等，都是组织公民行为的表现。很明显，一个组织中的这类行为越多，该组织的文化氛围越积极，员工对组织越忠诚，越不愿意离开。

从上述组织公民现象可以看出，组织公民行为是指那些超越员工正常职责范围的行为。这些行为包括无私地帮助他人、主动参与组织活动、避免不必要的冲突、承担超过常规要求的任务，以及每天承受过大的工作负担。

（二）组织公民行为的作用

国外许多研究都证明了组织公民行为对组织的重要性。值得一提的是，中国社会的关系取向是很显著的特点。台湾学者何友晖等人指出，“关系取向”是中国社会心理学的精髓，“个体取向”则是西方社会心理学的精髓。中国的传统文化已经反映了个人对自己与他人之间关系的看法和态度，社会行为最有力的决定因素并不是个体本身，而是个体以外的关系背景。因此在中国，组织绩效中人际关系的影响更加突出，以合作和良好意愿为特征的组织公民行为在组织管理中更应受重视。具体而言，组织公民行为对于组织良好运作的作用表现在以下五个方面：

（1）组织公民行为是一种自愿合作行为，能自觉维护整个组织的正常运行，减少矛盾和冲突。

（2）能使组织所拥有的资源摆脱束缚，投入各种生产活动。

（3）能促进同事和管理人员生产效率的提高。

（4）能有效协调团队成员和工作群体之间的活动。

（5）能创建良好的企业文化，增强组织吸引和留住优秀人才的能力。

（6）能提高组织适应环境变化的能力。比如，公民道德意识强的员工主动提供市场变化的信息，提出如何应对的建议，帮助组织适应环境；积极上进的员工愿意适应新的挑战，学习新技能，适应新要求等。

二、组织公民行为的形成过程

纵观现代组织公民行为形成原因的理论研究，不外乎从主观原因（动机因素、工作满意度、组织承诺等）和客观原因（组织特征、任务特征、领导行为等）两个方面进行。这些因素是如何作用于个人心理的？是什么触动了个人最深层次、最本质的心理按键？社会交换理论给出了有说服力的理由。

（一）社会交换理论简介

社会交换理论是 20 世纪 60 年代兴起于美国进而在全球范围内广泛传播的一种社会学理论。该理论认为，人类的一切行为都受到某种能够带来奖励和报酬的交换活动的支配，因此，人类的一切社会活动都可以归结为一种交换，人们在社会交换中结成的社会关系也是一种交换关系。社会交换理论的代表人物布劳（Blau）把社会交换界定为“如果别人作出报答性反应就发生、如果别人不再作出报答性反应就停止的行动”。他提出了使行为变为交换行为必须具备的两个条件：“一是该行为的最终目标只有通过与他人互动才能达到；二是该行为必须采取有助于实现这些目的的手段。”在讨论社会交换的形式之前，他又区分了两种社会报酬：内在性报酬和外在性报酬。“内在性报酬，即从社会交往关系本身中取得的报酬，如乐趣、社会赞同、爱、感激等；外在性报酬，即在社会交往关系之外取得的报酬，如金钱、商品、邀请、帮助、服从等。”布劳的社会交换理论揭示了良性组织公民行为的形成机理。

（二）良性组织公民行为的形成机理

社会交换理论是以交互作用为基准的，交互作用表明人们倾向于帮助那些曾经帮助过他们的人，因为就所得到的利益给予回报有利于人们之间关系的健康发展。良性组织公民行为的形成机理正是沿着这条逻辑路线展开的（如图 6—2 所示）。

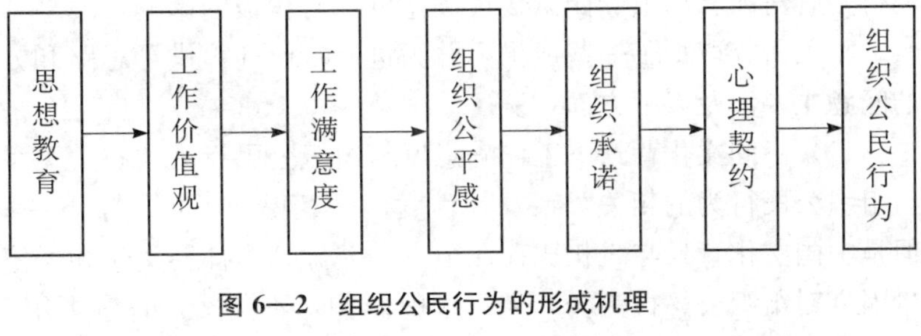

图 6—2 组织公民行为的形成机理

1. 思想教育

思想教育是指社会或社会群体用一定的思想观念、政治观念、道德规范（广义地讲还包括伦理、精神和心理调节等）对其成员施加有目的、有计划、有组织的影响，使得他们形成符合一定社会、一定阶级所需要的良性行为的社会实践活动。思想教育和良性组织公民行为存在诸多内在关联和契合点，无论是在目标导向还是在作用对象和手段方式方面，都是相通融合的，二者直接或者间接通过作用于人的思想来影响员工对于企业的忠诚品质、态度倾向，使人们更自觉、更主动、更积极地朝着角色内和角色外的价值目标和行为取向而努力。毋庸置疑，思想教育的引入对推动良性组织公民行为的形成具有重要的意义。

2. 工作价值观的心理引导

一般来讲，工作价值观是指个体对工作及其相关事务所持有的价值偏好，是人对工作本身、工作环境、工作行为、工作方式、工作成果等进行价值判断时所依据的稳定心理状态。在组织中，相对于挑战性价值和创新性价值，一般基层员工更加看重工作的物质报酬、安全性及自我实现，喜欢工作中有适当的晋升机会，希望参与各种与职业相关的培训、教育，并由此带来能力的提升和眼界的扩展，这些体现了工作价值观中的发展性价值。不可否认，员工乐于助人、易于合作或勤勉尽职的个人特质是影响员工是否表现出组织公民行为的主要原因之一。但在组织工作中，工作价值观中的发展性价值更像是社会交换价值理论中内在激励和外在报酬的混合和统一，不仅从心理上引导个人尽职尽责地工作，激励个体达到自我实现的发展目标，而且会推动个体对组织的角色外表现。

3. 工作满意度的内在驱动

在工作价值观的心理引导下，根据对工作职务或经历的实际认知与评价，员工对工作有一种情绪与情感性反应，产生对自身工作状况满意程度的心理体验，进而会激发工作态度及工作满意度问题。基于交互利益的观点，如果员工的工作满意度高，对企业的忠诚度高，凝聚力和归属感较强，可以使员工感到他们的需求正在逐步得到满足。员工明确公司的目标和个人在实现目标过程中的责任，更积极地接受任务并兑现自己对公司的承诺，良性组织公民行为就更容易产生。国内外相关研究表明，组织公民行为与员工工作满意度之间存在显著的正相关关系，且工作满意度影响组织公民行为中的利他行为。员工工作满意度越高，就越多地表现出积极的情绪状态，从而驱动利他行为的产生。组织公民行为与团队成员的工作满意度之间也存在显著的正相关关系。助人为乐、维护人际和谐、信息分享等人际层面的组织公民行为，对团队绩效和团队成员满意度具有积极的影响。

相关研究取得了一些成果，并为进一步研究提供了思路和方法。目前尚待探索的问题主要涉及以下方面：

（1）不同文化背景下工作满意度与组织公民行为的相关关系。关于工作满意度与组织公民行为的相关关系及其程度，已经得到国外背景下一些实证研究的验证，但是中国文化背景与之相比存在很大的差异。与社会文化和经济制度体系相关的背景因素对组织公民行为会产生重大的影响。不同文化背景下组织公民行为的性质、意义、工作满意度对其影响程度也会有所不同。与此同时，现有的研究成果表明，基于两种不同文化背景的组织公民行为既具有相似性，也存在明显的差别。但是现有的研究成果多以国外文化为背景，对文化和经济制度等因素不予考虑，所以，关于工作满意度与组织公民行为之间的相关关系，有必要进一步取得在中国文化背景下的验证。

（2）工作满意度各维度对不同层面组织公民行为的影响方式与程度。截至目前，关于工作满意度与组织公民行为的研究，已经延伸到有关工作满意度与组织公民行为中利他行为、人际层面行为之间关系的范畴。这些研究及其成果，增强了对人力资源管理和组织行为诱导实践的支持，也开拓了工作满意度与组织公民行为研究的新视角。但是，从总体上来看，相关研究数量有限、内容并不全面。这些研究成果都是将工作满意度作为一个整体，研究它与组织公民行为的关系。在工作满意度影响组织公民行为的过程中，工作满意度的不同维度所作的贡献是不同的。而且在实际的人力资源管理实践中，由于受到企业的发展战略以及资源的限制，一段时间内只能提升工作满意度的某些方面，因此我们需要找出对不同层面组织公民行为影响较大的工作满意度维度，并在此基础上有针对性地制定人力资源管理措施，以提升影响较大的工作满意度维度得分，从而使员工较多地表现出组织所期望的组织公民行为。

（3）不同所有制企业的员工工作满意度与组织公民行为关系的差异研究。现有研究显示，企业所有制对员工的组织公民行为存在显著影响，如非国有企业的员工比国有企业的员工更积极、更具主动性，而在参与社会公益活动、遵守社会规范方面，国有企业的员工比非国有企业的员工做得更好。

4. 组织公平感和组织承诺的意愿性回报

组织公平感探讨的是员工对组织资源分配与各种奖励措施实施是否公平的主观认知，可以分为分配公平、程序公平两个方面。对结果或资源配置的公平感受，即分配公平；对用来决定结果和资源分配的过程的公正感受，即程序公平。

根据社会交换理论，人的工作积极性不仅与个人实际报酬有关，而且与人们对报酬的分配是否感到公平有更密切的关系，公平对待可以看作一种名义报酬。组织对待可以代表一种利益或者价值导向，由组织公平的对待所产生的员工公平知觉可能激发员工回报的义务感。为了满足个体的心理需要，高公平知觉的组织成员会表现出工作的积极性、主动性和创造性，员工会有更高水平的组织支持、感情承诺、角色内和角色外绩效以及更低水平的离职倾向；反之，不公平的对待所产生的不公平知觉可能把员工推入一种需要正式规则保护和约束的交换关系，降低他们对企业的承诺水平以及角色内和角色外绩效，增强他们的离职意愿，从而制约组织公民行为的发生。可见，公平知觉的程度在某种程度上决定了个体认同并参与一个组织的强度，即组织承诺。在这个框架下，有学者指出从“领导—成员”交换层面分析，如果管理人员与下属之间建立了相互尊重、相互信任的关系，员工就会产生“圈内人”的感觉，从而愿意为管理人员付出额外的努力。如果客观条件（如个人能力等）限制了员工不能无限制地改进绩效，员工就会寻找其他途径来回报组织，比如采取组织公民行为。因此，从社会交换的角度来看，员工的组织公民行为就是一种基于社会交换的组织公平感和基于组织承诺的意愿性回报行动。

5. 心理契约的互惠承诺

组织公民行为的研究以个体行为为导向，具有主观的成分，隐含着情感性的利他及合作行为，同时，组织公民行为超越了正式角色的要求，管理者一般不易依据奖惩制度使员工实施这类行为，它与心理契约的建立有相似之处。员工以雇佣关系为基础，基于公平知觉、信任和承诺而形成对组织责任与自身责任的信念集合，即达成心理契约。心理契约是组织与组织成员之间建立的一种双向交互性的联系。它不同于组织承诺，组织承诺是指员工随着其对组织单方面的投入增加而产生的一种心甘情愿地参与组织各种活动的感情，而心理契约是组织与成员的双向关系，一方面是指员工对自己在组织中的权利、发展等方面的期望，另一方面是指组织对于员工的忠诚、责任等方面的期望。根据社会交换理论，实施超越了正式角色要求的组织公民行为的员工，希望可以与组织建立并实现相互理解的心理契约。在“建立—获得”这种模式下，员工组织公民行为可得到不断强化。当员工认为他想要实施的某种组织行为会得到组织或者上司的认可或支持时，就会倾向于实施这种特定组织行为。因此，若个体与组织拥有开放的、相互的信任与共享的价值观，他们就会形成紧密结合的互惠承诺关系，在这种关系中，个体认为应更好地服从组织，积极而忠诚地参与到组织活动中。

社会交换理论表明，员工不仅以获取物质利益为目标，而且有满足情感、交往及自我实现等心理需要，这种心理需求不要求立即兑现回报，而是一种长期投资，以公认的价值观或制度文化为标准。因此，可以通过利益交换框架来实现深层次的思想教育、正确的工作价值观、较高的工作满意度、员工公平知觉、组织承诺、心理契约等，推动良性组织公民行为的形成。

第3节　组织公民行为管理策略

一、组织公民行为的影响因素

组织公民行为受到以下因素的影响：

1. 工作特征

哈克曼（Hackman）提出了工作特征模型，认为任何工作都可用技能多样性、任务完整性、任务重要性、工作自主性、工作反馈五个维度来描述。工作的这五个特征会使员工产生三种关键的心理状态：技能多样性、任务完整性和任务重要性使员工体验到工作的意义；工作自主性使员工体验到对工作结果的责任；工作反馈使员工了解工作活动的实际结果。而这三种关键心理状态会影响员工个人与工作结果。该模型认为，工作本身能给员工带来内在激励。

技能多样性、任务完整性、任务重要性这三个维度能让员工体会到工作的意义，进而使员工意识到他们所从事的是一项重要且有价值的工作。当员工认为所从事的工作有意义时，就会受到工作本身的内在激励而表现出组织公民行为。因为当员工所从事的工作具有技能多样性、任务完整性和任务重要性等特征时，员工更容易了解到组织中其他员工的问题和需要，从而更有可能表现出组织公民行为。

工作自主性是指一项工作给予员工在安排工作内容、确定工作程序方面多大的自由度、独立性及自主权。大量实证研究发现，工作自主性是工作特征的五个核心维度中与组织公民行为关系最密切的一个。

工作反馈与组织公民行为之间有着直接的关系，因为反馈能告诉员工何时需要员工作出组织公民行为。雷恩和范登堡（Renn and Vandenberg）于 1995 年提出了反馈与组织公民行为之间的基本理论。反馈让员工清晰地认识他们的工作成效，当积极的工作结果反馈给员工时，会让他们认为自己是高效的工作者，进而充分肯定自己的工作能力。认为自己有较强工作能力的人会在今后的工作中更加努力，包括作出角色外的行为。

2. 领导风格

定规行为领导风格与下属的组织公民行为维度间的关系除了在认同组织、不生事争利、保护组织资源等方面呈正相关关系外，在协助同事和敬业精神等方面关系不显著。如果管理者强调工作的重要性和明确性，鼓励加班，要求高业绩水平，采用严格的管理方式等，则下属在认同组织、不生事争利和保护组织资源等方面的表现比较明显，而在协助同事和敬业精神方面的表现不太明显。在协助同事和敬业精神等方面的表现不明显的原因可能是国有企业的工作明确，人员流失率低，每个人对于分内的事情非常了解，也有可能是领导强调下属工作的重要性，使下属专注于自己的工作，没有时间帮助同事。而在时间有限的情况下，鼓励下属加班与自我充实可能会产生冲突。

关怀行为领导风格强调的是领导者向下属灌输思想和道德价值的过程。在这个过程中，领导者除了引导下属完成各项工作外，还要通过激励下属来改变下属的工作态度、信念和价值观，使他们为了组织的利益而超越自身的利益，从而更加投入地工作。因此，领导者需要更多地表现出领导艺术。在这种领导风格的影响下，下属会增强对组织的归属感和对领导者的信任，逐渐将其个人目标与组织目标相统一，从而不断地努力为组织作出贡献。学者苏海林的研究发现，关怀行为领导风格与组织公民行为各维度呈正相关关系，也就是说领导者运用多关系行为（包括在工作有进展时对下属表示称赞，采纳下属对于工作的意见和建议，能够充分授权下属完成工作等），下属较易表现出组织公民行为。

3. 绩效评估

绩效评估方法如同无形的指挥棒，引导着员工的行为，也影响着员工的心理感受。良好的绩效评估可以准确评价员工的各个方面，为员工的薪酬和晋升等方面提供可靠的依据，从而有效激励员工。当员工感到分配公平，即认为自己的努力可以获得预期的工作绩效时，就愿意在工作上投入，持续表现出组织公民行为，以作为对组织的回报。而当员工感到不公平时，内心就会不平衡，从而产生不满情绪，反映在行动上就是想办法增加收益或者减少付出。由于组织公民行为的自发性、不可测量性和非角色性，因此减少组织公民行为最容易成为员工减少投入的首选方式。当员工认为自己的得到/付出比率低于他人时，若他人遇到困难，他就不会再热心地给予帮助，甚至可能对评估得分高的人冷嘲热讽。对于员工个人而言，由于积极性受到打击，他的主动性、创新性就会降低，不再主动承担额外的责任，对组织则多有抱怨，满意度、忠诚度、服从性降低。

公平的绩效评估程序能促使组织公民行为的产生。如果考核程序的透明度、可操作性和合理性得到员工的认可，员工通常会表现出对公司高度的信任与奉献精神，愿意主动合作，贡献自己的热情和才智。分配的结果不可能绝对公平，当员工无法获得与自己的付出相对应的回报时，如果绩效评估程序是公平的，员工也会接受对自己不利的结果。因此，程序公平感比分配公平感对员工的影响更大。

4. 组织文化

以团队为导向的组织文化，强调组织成员彼此诚信，相互支持，共同负责，充分沟通协调，虽有不同看法但相互尊重，因而使组织的凝聚力得到提高。因此，组织若希望员工更多地表现出组织公民行为，应建立团队导向的文化。例如，强调员工间的合作，在绩效考核时考量团队绩效，奖励恰当的团队行为，化解团队冲突，以及建立纵向和横向的沟通渠道，以使员工形成表现组织公民行为的良好工作态度，进而提升工作效率。

强调尊重员工意见、人际关系和谐、鼓励创造等内容的人本与创新取向的组织文化，对员工组织公民行为有更好的促进作用。它对组织公民行为的自我、组织、社会三个层面均起到相对重要的促进作用。因为在这样的组织文化背景下，组织重视员工意见、强调人际关系和谐、重视人才利用，会激发员工更强的斗志，促使他们通过不断的努力来实现自身的价值。在员工的努力获得组织认可的同时，组织也取得了进步，这将给员工带来莫大的鼓励和荣誉感，从而形成良性发展。

5. 员工满意度

我国的凌文辁等学者在参考国外多种满意度问卷有关项目的基础上编制了组织员工满意度调查问卷，共包括六个因素，分别为：对同事、领导、晋升、组织、报酬、工作的满意度。由法尔等人编制的中国人组织公民行为量表共有五个维度，分别是：组织认同、同事间的利他行为、个人主动性、人际协调和保护组织资源。一些研究人员利用这两个量表研究发现，员工所获得的报酬、薪资的高低并不能影响员工自发的组织行为，这表明，员工报酬的满意度与组织公民行为的各个维度的相关度不高；员工的工作满意度与除人际关系和谐外的各个维度都具有显著的相关关系。工作满意度与人际关系和谐的相关系数偏低，但也达到了非常显著的水平，这说明，工作满意度是影响组织公民行为的重要因素；对领导的满意度高的员工在对组织的认同以及人际关系和谐方面比其他员工表现得更突出，而对组织和晋升的满意度只会使员工表现出更多的组织认同感，并没有影响组织公民行为的其他维度；对同事的满意度会影响员工的人际关系和谐和利他行为；对领导、晋升、工作及组织的满意度越高的员工，表现出的组织认同行为越多；对工作满意度比较高的员工会表现出更多的利他行为，而与其他的因素（如报酬）的相关度不高；人际关系和谐程度高的员工对同事、领导的满意度较高，即与人的因素的相关度较高，与晋升、报酬不相关；对工作满意度高的员工更多地表现出主动性；对同事、工作的满意度越高，则越会保护组织资源，节约公有资产，甚至动用个人资源来帮助组织发展。

6. 组织凝聚力

在不同群体的发展水平上，不同性质的组织中的组织公民行为有显著的差异。个体所处的组织群体程度越高，其组织公民行为就越多，凝聚力也就越强。这表明，一个群体内部人员的相互依赖程度、人员共性、自主性与组织公民行为是相辅相成的。在群体发展水平较低的阶段，凝聚力弱的组织不足以促进组织公民行为的产生。因为在低水平阶段，一个组织的运作通常依赖物质刺激，而缺少相互依赖、共性和自主性，运作程序也往往简单、固定和僵化，组织凝聚力较弱。在群体发展水平较高的阶段，凝聚力较强的组织，其团队协作密切，认同感高，自主性强，工作激励作用易于发挥，从而会导致组织公民行为的增加。

7. 组织支持感

麦克米林（McMillin）认为，组织支持由工具性支持和社会情感支持组成。工具性支持包括信息、物质和人力等方面的支持，有助于员工执行工作的相关功能。社会情感支持包括亲密性、尊重性和网络整合等功能，有助于员工满足社会和心理的需要。艾森博格（Eisenberg）认为，影响员工产生组织支持感的因素包括程序公平、上级支持、组织奖赏和工作条件等。

组织支持感对组织公民行为主要通过五个方面发挥作用：一是促使员工产生义务感；二是促使员工产生对组织的情感承诺；三是促使员工增强对自身能力的信心；四是促使员工在需要帮助时感受到组织可以依靠；五是促使员工增强对组织能够关注其幸福感和奖励其贡献的信念。如果员工感知到组织对自己的支持，则会表现出更多的组织公民行为。基于互惠原则，员工一般选择组织公民行为作为对组织支持的回报，而不选择提高效率。这是因为提高效率还要受到能力、工作进度和工作设计等因素的影响。通过建立支持型组织来提高员工的组织支持感，进而增加组织公民行为的方法，已在管理实践中得到证实。

8. 员工个体倾向特征

员工的集体主义、个人主义倾向不仅对组织公民行为具有独立的预测作用，而且与公平感相比，可以解释更多的组织公民行为差异。这一变量还可以调节程序公平感与同事评价组织公民行为的关系，集体主义越强，同事评价组织公民行为与程序公平感之间的相关性越弱。

员工的价值观和态度变量对组织公民行为有显著的影响。组织员工的责任感、宜人性以及个体的积极情感与组织公民行为中的利他行为、组织认同都有密切关系。个体的角色知觉与组织公民行为的某些维度有密切关系，如角色冲突、角色模糊与利他主义行为呈显著的负相关关系。

二、组织公民行为的测量

对组织公民行为的测量，目前主要从测量的量表和评定视角这两个方面进行研究。评定视角一般有自我评价和他人评价两种，但由于研究人员对组织公民行为的认知或研究对象不同，因此开发的组织公民行为量表有多种。从以往的研究来看，组织公民行为量表的开发主要有以下几种途径：（1）从访谈中获取。根据访谈结果编制的包含利他行为和一般性顺从两个因素的组织公民行为量表，是最早的组织公民行为量表。（2）利用其他较为成熟的行为量表。有些学者认为，不同的工作背景下应使用不同的量表，因而可以利用行为观察量表测量员工的组织公民行为。（3）针对某一具体研究目的，对现有的组织公民行为量表进行修改，形成新的量表来测量组织公民行为。目前大部分研究采用第三种途径进行组织公民行为的测量。

奥根（Organ）1988年对组织公民行为的五维度划分得到了广泛认可，之后有学者针对这五个维度中的每一个维度进行测量，开发了相应的量表。五维度量表是目前被引用最多、影响最大的量表。这五个维度的操作性定义是：

（1）利他：自愿帮助他人解决工作上的问题。

（2）事先知会：帮助他人避免问题的发生，即在问题发生之前有远见地告诫他人。

（3）责任意识：在考勤、保持工作环境整洁、节省组织资源等问题上的表现超过组织的最低要求。

（4）运动员精神：任劳任怨地忍受工作中不可避免的麻烦。

（5）公民道德：积极参加组织政治生活，包括发表自己的意见、阅读内部文件、参加会议和关心了解组织中的重大事件。

樊立景（Farh，1997）参考奥根的五维度量表，开发出中国台湾文化背景下的组织公民行为量表，包括认同组织、协助同事、不生事争利、保护组织资源、敬业精神等五个维度。台湾与大陆同根同源，文化背景有相似性，因此，中国的组织公民行为的测量基本认同樊立景的五维度量表。

对组织公民行为的评定在以往的研究中主要采用以下四种方法：（1）上级评定法。这种方法在大多数研究中得到应用，因为它能更好地区分角色内和角色外的行为。与同事评定法相比，上级评定法能提供比较准确和全面的组织公民行为的描述。（2）同事评定和自我报告相结合的评定方法。由于上级评价的只是自己注意到的行为，可能会忽略员工的某些行为，并且不同的上级对员工的组织公民行为的评定标准并不一致，因此会导致较大的误差。但如果仅仅使用自我报告法，往往会产生虚高的组织公民行为得分，所以采用同事评定与自我报告相结合的方法可以相互取长补短。（3）上级评定和同事评定相结合的方法。（4）综合使用上述三种方法。但这种测量方法也存在一定的缺陷。研究显示：上级评定与同事评定的相关性要高于自我评定与他人评定的相关性；组织公民行为的自我评定与上级评定显著优于同事对其的评定，并且上级、同事、自己对组织公民行为的单独评定的信度较低，若合理整合不同评价者的评定，则信度将明显上升。如何合理选择评定视角及合理整合不同评价者的评定，有待进一步研究。

三、增加员工组织公民行为的策略

组织公民行为的理论研究加深了人们对其在组织中重要性的了解，而将研究成果在人力资源管理实践中加以应用有助于增加组织公民行为。管理者可从招聘、培训、绩效评估、薪酬管理、组织文化建设、组织支持感以及个人与组织匹配等方面入手，增加组织中员工的组织公民行为。

1. 通过做好招聘与培训工作增加员工的组织公民行为

（1）把好招聘关。当今组织招聘的是知识型员工，他们有独特的素质、偏好和技能等，因此将招聘技能型人员的那套技巧应用于招聘知识型员工是非常不合时宜的。招聘中要做到：使用人与组织匹配的招聘模式，让工作外延模糊化和扩大化，设置组织公民行为相关测试。人与组织匹配的招聘模式强调员工与组织的整体匹配，个体能够满足特定工作岗位的要求，同时个体内在的特征与组织的基本特征之间具有一致性。管理者不仅要知道如何确定和评估应聘者的素质、偏好和技能，而且要能够预见应聘者在组织中获得成功的可能性。基于人与组织匹配的招聘模式要达到两个匹配：个体的综合技能与工作的任务要求相匹配；个体的个性、需求、价值观与组织的文化或氛围相匹配。

（2）注重工作分析。由于工作分析在很大程度上决定着员工的工作内容和范围，如果管理者能够确认所招聘的员工在做好本职工作方面表现很优秀，那么工作分析的模糊化和外延化会促使员工表现出组织公民行为，自觉扩大工作的范围和丰富工作的内容。招聘中设置组织公民行为相关测试，是为了在人员甄选过程中发掘有潜在组织公民行为的应聘者。管理者可以将影响组织公民行为的个体要素（如人格特质、情感类型以及价值取向等）纳入考核，以挑选出具有良好组织公民行为的员工。

（3）强化培训环节。组织应重视员工的培训与开发，建立科学的培训体系，通过科学的培训需求分析，制定合理的培训内容、培训目标；采用行之有效的培训方法，对员工进行培训和教育；增强员工各方面的能力，开发员工的潜力，提高员工的工作技能和人际交往技能，进而提高员工的组织公民行为水平，使其以组织期望的形式出现。此外，由于群体中个别人的组织公民行为可以对他人起到示范作用，因此组织还可以运用心理学中的社会学习原理来设计培训方案，向受训者展示其他员工的组织公民行为，以引导和鼓励受训者的组织公民行为。

2. 通过建设组织文化与改进绩效评估方法增加员工的组织公民行为

（1）建设组织文化。组织文化可以理解为组织成员所共同拥有的信仰、期望、思想、价值观、态度和行为的一种复合物，尽管没有直接的资料显示组织文化和组织公民行为之间的相关度，但影响组织公民行为的若干变量（包括员工满意度、组织公平、组织承诺、领导行为等）归根结底都是组织文化的反映和结果。因为组织公民行为并非通过一般的奖励就可得到激励，得到回报的速度较慢，所以，只有建立长期的组织文化才能够较好地引导组织公民行为。根据霍夫斯泰德（Hofstede，1997）的研究结果，如果个人着眼于未来长期的工作，就会比较重视美德，也会注重长期的回报。另外，长期导向者为了融入组织，势必会遵守组织或参考群体的规范，从而容易表现出组织公民行为。相反，短期导向者为了得到即时的回报必须凸显自己，只有这样才能收到立竿见影的效果，他们不会注重群体规范或伦理，自然也不会表现出无法立刻带来眼前利益的组织公民行为。组织可通过培训等方式向员工传递组织文化、传播价值观，使员工接受、认同组织文化，形成“我和企业是一体”的感觉。

（2）改进绩效评估方法。要管理员工的组织公民行为，组织在制定绩效评估标准时就要把组织公民行为纳入绩效管理体系。员工组织公民行为的绩效管理对于组织成员的人际关系处理、组织忠诚以及工作的主动性和合作性等都起到相当重要的作用。在绩效评估中，如果把个人绩效与团队及组织绩效联系起来，有助于员工之间、团队之间、员工和团队之间的合作，可以有效地激发员工的组织公民行为。员工个体的公民行为也会对其他员工产生激励作用和示范效应，从而引导越来越多的员工表现出组织公民行为，有利于组织绩效的提升和组织目标的实现。

3. 通过不断提高组织支持感增加员工的组织公民行为

（1）组织要展现支持员工的诚意。知觉到组织支持对员工的工作态度及行为的影响已得到多方的证实，而随着员工自主性的提高，为某一个组织鞠躬尽瘁已不是如今员工的价值观。因此，组织在设计及推动各项人力资源措施时，应该展现对员工贡献的正向评价及对员工福利的积极关怀，让员工知觉到组织采取这些行为的动机是对员工的自发性重视，而不是外在条件的规范；管理者要关注的不仅仅是组织为员工做了什么，更重要的是员工对于这些行为背后意义的解读以及员工是否真正体会到组织的用心。组织要将员工视为其最大的资产，努力吸引人才、留住人才，营造一个让员工愿意主动奉献的组织环境。

（2）上级给予员工支持。上级常常被视为组织的代理人，他们在组织规则的基础上和下级发生相互联系，因此上级的支持措施有助于员工的组织支持感的产生。在管理实践中，组织应当培育出这样一种文化，即要将上级对下级的支持性行为加以公开并给予表扬，并对员工作出正面的评价。此外，直接主管应当通过开诚布公的沟通以及主动展现对下属的关心和肯定，与员工建立起相互信任、相互支持的关系，提高员工与组织的社会交换关系的水平。

（3）要重视员工的成就需求。如今员工在工作中追求的已不再是基本的温饱或一些外在的激励，而是通过工作来满足个人的自我成就动机。因此，组织在对员工的开发管理中，在正式及非正式的教育培训、薪酬管理、绩效评估程序公平以及升迁系统的设计等方面，应与员工个人对自己的努力—奖酬期望相联系。另外，组织除了重视员工对现有工作条件的评价外，还应该考量员工个人对其工作所寄予的期望，从员工的角度审视组织现有各项人力资源措施的改进空间及不同措施在员工心中的重要性排序，努力满足员工的成就需求。

（4）组织要关心、信任和支持员工。每个员工在内心深处都渴望得到组织的关心和认同，希望得到上级的信任和支持。员工在切身体会到来自组织的关心与支持的同时，会产生回报组织的强烈愿望，从而产生组织公民行为。因此，组织在管理上必须改变冷冰冰的命令型、强制型管理模式，在管理过程中加强对员工的激励、信任和关心，重视员工高层次的需求，使每一个员工自发地形成对组织的忠诚感和责任感，进而使员工个人价值的实现与组织的生存发展达到统一。

4. 通过个人与组织的良好匹配增加员工的组织公民行为

（1）在组织招聘和甄选人才的过程中，可以将个人与组织匹配作为评判应聘者是否合格的标准之一。在组织的经营管理中，要强调人与组织的高度匹配，以使组织的核心文化和价值观长期保持下去，并根据个人与组织所处的不同发展时期和环境选择不同的人才。在组织发展初期，组织的目标是占领市场，增强组织的凝聚力，提高工作效率，这时应该选择与组织高度匹配的人才来实现组织的目标；在组织发展成熟以后，组织的目标是保持自己的核心竞争力，获得更大的发展，这时应该吸收与组织匹配程度不是很高的人才，使其为组织注入活力。当组织所处的环境比较稳定时，为了使组织能够平稳、迅速地发展，可以吸纳与组织匹配程度高的人才；当组织所处的环境变化比较迅速，面临高度变革时，可以招聘与组织匹配程度相对较低的人才，以增加组织的创新性和灵活性，促进组织的变革。

（2）个人目标与组织目标是否具有一致性，也会影响员工自发产生组织公民行为，因此要确保个人目标和组织目标的一致性。在日常的管理过程中，组织要帮助员工协调好个人与组织之间的关系，促使员工认识到自己努力工作也是符合自身利益的。同时，组织在制定目标时，要考虑如何满足员工需求。只有当组织目标有利于满足员工的需求时，员工才会采取既有利于组织目标又有利于自己需求的行为，对员工产生的激励效果也才会更显著。

（3）运用个人与组织匹配理论提高员工的工作满意度。个人与组织匹配理论的运用可以追溯到阿吉里斯（Argyris）的工作扩大化和参与管理工作理论。阿吉里斯认为，个人与组织之间的匹配是与生俱来的，个人与工作要求存在一定程度的不匹配可能会产生激励，但是太多的不匹配可能会使员工工作无精打采，没有动力。他主张让组织去匹配个人而不是个人努力与组织实现匹配，这一观点为个人与组织匹配理论的实践应用提供了新的思路。为了使员工对组织产生承诺，表现出有利于组织的行为，可以借鉴阿吉里斯的理论，对组织结构等进行调整，使组织和员工相匹配，提高员工的工作满意度。此外，由于员工的性别、年龄、学历以及所处职业发展阶段等方面存在差异，其需求特征也呈现出差异性。因此，组织要清楚每一位员工的真正需求，并且有针对性地帮助员工满足这些需求，最大限度地提高员工的满意度。

（4）员工与组织之间的情感纽带直接关系到员工对组织的态度和行为，因此组织要重视情感纽带的构建，并且努力增强员工对组织的感情，使员工的态度和行为朝着有利于组织的方向发展。组织应该与员工共同制定员工的职业生涯规划，重视员工的个人成长，满足员工对个人成长机会的需求；为员工提供各种培训机会，提高他们的工作技能，并提供相应的发展空间；采用导师制以及构建良好的团队合作氛围等一系列有效措施，增加员工对组织的认同感，使他们对组织产生较高的情感承诺，继而表现出更多的组织公民行为。

思考与讨论题

1. 什么是组织承诺？
2. 简述心理契约的内容和结构。
3. 工作满意度是什么含义？影响工作满意度的主要因素有哪些？

4. 什么是组织公民行为？它们是如何产生的？请举例说明。

5. 影响组织公民行为的因素有哪些？

6. 组织公民行为对于组织良好运作的作用表现在哪些方面？

7. 简述组织公民行为的形成过程。

8. 管理者应该采取什么措施增加组织公民行为？

随堂测验

组织公民行为测试

用下面的李克特7级量表对每一道题的答案进行评分：1＝非常不同意，2＝不同意，3＝不太同意，4＝不置可否，5＝比较同意，6＝同意，7＝非常同意。

1. 愿意站出来维护公司声誉。(CI)
2. 渴望告诉别人自己公司的好消息和澄清他们对公司的误会。(CI)
3. 提出改善公司运作情况的积极建议。(CI)
4. 积极参加公司会议。(CI)
5. 愿意帮助同事适应工作环境。(AL)
6. 愿意帮助同事解决工作中的相关问题。(AL)
7. 愿意在需要的时候分担同事的工作任务。(AL)
8. 愿意协调和同事的关系并与之交流。(AL)
9. 认真对待工作，很少犯错误。(PI)
10. 即使在没人看见和无证据的情况下仍遵守制度和程序。(PI)
11. 不介意接受新的或富有挑战性的任务。(PI)
12. 努力自学以使工作成果的质量得到提高。(PI)
13. 经常早到并能立即投入工作。(PI)
14. 使用违反制度的方法达到追求个人影响力和利益的目的，对组织中的人际和谐造成不利影响。(IH)(R)
15. 利用职位之便满足个人私欲。(IH)(R)
16. 追求名利，听不进批评，极力为实现个人利益而奋斗。(IH)(R)
17. 经常在上司和同事背后说他们的坏话。(IH)(R)
18. 在工作时间里干自己的事（比如炒股、购物、理发等）。(PR)(R)
19. 经常找借口请病假。(PR)(R)
20. 利用公司资源干自己的事情（比如使用公司的电话、复印机和汽车办私事）。(PR)(R)

评分方法：标有“R”的问题为反向计分项目。问题1～问题4为组织认同（CI）项目；问题5～问题8为同事间的利他行为（AL）项目；问题9～问题13为个人主动性（PI）项目；问题14～问题17为人际关系和谐（IH）项目；问题18～问题20为保护组织资源（PR）项目。将量表中各项目对应各题得分加总，可得出对各项目态度的总分，它反映了被调查者对该主题的综合态度，分值越高，说明被调查者对该主题项目态度越积极；将各项目得分加总，可得到量表总分，总分越高，说明被调查者的组织公民行为越积极。

案例研究

心理契约与员工激励

A 公司是某国际大型印刷企业集团在深圳的一个分支机构。公司某年 3 月招聘的 15 名新员工中有 10 名在当年 8 月就离开了。为什么具有竞争优势和发展潜力的 A 公司会面对这样尴尬的局面呢？通过访问几位从 A 公司离开的新员工，发现了问题的真正原因。

离开 A 公司的 X 先生说，当自己成为人才市场上众多向 A 公司递交个人简历的应聘者中的幸运儿，被通知参加面试时，非常激动，通过面试后走上工作岗位时，特别兴奋，想象着自己将如何在 A 公司得到发展。可是两个星期过去了，公司许诺的相关培训却没有进行，他和其他几名新员工被随机地安排给几位老员工，先熟悉环境。然而每位老员工每天都有自己的工作，大部分人没有热情和时间去指导或帮助这些新员工，偶尔会让他们帮助整理一下过期的文件或擦擦办公桌。到了第四个月末，X 先生和其他新员工仍然没有正式的工作或指导老师，公司也根本没有关注这些新员工的情绪。X 先生忍无可忍，就去找公司主管询问有关情况。然而公司主管给出的回答令 X 先生等人非常失望："你们不用干活还照样拿基本工资已经很不错了！你们还有什么牢骚可言？"被公司主管奚落了一顿，X 先生很不服气，径直找到招聘他们进来的公司副总经理。副总经理的解释是："将你们招聘进来是想成立一个新部门，但现在培训所需的专用软件和配套硬件还没有到位，所以你们先耐心等待一下，说不定，下个月的某个时候你们就可以正常工作了！"听完公司副总经理的解释，这些员工都很气愤，用 X 先生的话说，"我们感到被这家公司给欺骗了！而公司有关负责人却认为我们几个月不做事还可以拿到基本工资就会留下来，我们也太不值钱了！"充分权衡之后，X 先生等 10 名新员工只给负责人力资源管理的副总经理写了一封信就离开了。

一项调查表明，新员工在一年之内离职率高的主要原因是，他们认为与组织之间的心理契约没有得到遵守或者实现，而在公司工作两年以上的员工中，仍有 55%的人表示公司违背了他们与组织之间的心理契约。

资料来源：刘帮成：《心理契约动态管理案例分析》，载《中国人力资源开发》，2006（9）：26。

[讨论题]

1. 什么是心理契约？组织与员工之间心理契约的主要内容是什么？
2. 新招聘的员工与 A 公司之间的心理契约是如何遭到破坏的？
3. 组织应该如何通过建立有效的心理契约来降低员工流动的风险？

第 3 篇
群体行为与管理

第 7 章　群体行为基础

第 8 章　信息沟通

第 9 章　团队建设

第 10 章　群体冲突管理

第7章

群体行为基础

内容提要

本章研究的主要内容包括群体的概念与分类、群体行为的影响因素、群体规范与压力、群体士气与凝聚力以及群体决策。在本章的学习过程中，群体行为的影响因素、群体规范与压力、群体士气与凝聚力是重点，群体决策是难点。

第1节 群体行为概述

一、群体

(一) 群体的概念

群体是指为了实现特定的目标，两个或两个以上相互作用、相互依赖的个体的组合。这一定义说明，作为一个群体，必须具备以下三个基本特征：

第一，由两个或两个以上的个体构成。

第二，成员在行为上相互作用、相互影响。群体成员彼此之间会产生各种联系，因此，群体中一个人的行为直接影响到其他人的行为，各个成员相互作用、相互依赖。

第三，成员有共同的目标和利益。在通常情况下，由于目标一致和利益一致，若干个体形成群体。群体中各成员承担各自的职责，具有群体意识和归属感。

知识卡片 7—1

人们出于各种因素的考虑加入群体（见表 7—1）。

表 7—1 人们为何加入群体

考虑因素	加入群体的好处
安全	加入群体，人们可以减少“独来独往”的不安全感。当成为群体成员时，人们会感到更强大、更加自信，而且对威胁的抵抗力增强。
身份	成为被人们认为很重要的群体中的一员，可获得赞誉和地位。
自尊	群体可让人们产生自我价值感。也就是说，成员资格不但让人们受到外界的认可，而且能获得实现自我价值的感觉。
社会关系	加入群体可实现社会需求。作为团队成员，人们可经常参与团队内的社会交往。对很多人来说，这种工作中的人际交往是他们实现社会交往需求的主要方式。
权力	通过群体行为可实现个体无法达到的目标。团结就是力量。
成就目标	有时需要很多人共同努力才能完成某个特定的任务——完成某项工作需要汇集很多人的才能、学识和力量。在这种情况下，管理层要依靠正式组织。

（二）群体的维度

群体维度是指影响群体活动并使其具有某种明显特征或特色的原因。群体是一个多维的综合体，不同维度的结合使不同的群体带有各自的特色。决定群体特色的维度主要有以下几种：

1. 年龄

年龄维度是指群体的年龄构成。不同的年龄构成往往对群体活动的效率、质量等产生决定性的影响，如老年人群体稳重、保守，年轻人群体则勇敢、激进。群体的年龄维度直接决定群体活动的个性。不同的年龄维度对群体活动产生的影响，已为心理学的研究和现实生活所证明。至于什么样的年龄搭配才是最合理的，则要根据工作和活动的性质及需要进行具体的测定。

2. 知识

知识维度是指群体的知识构成。这一维度决定着群体活动的层次和整体水平。若知识维度发生变化，群体的水平也会随之发生变化，但是这种水平是不稳定的。如一个班组，由于历史原因，刚组建时工人的知识水平都不高，知识维度的层次较低。但是，通过努力，他们的知识水平得到了提高，知识维度的层次也就提高了。

3. 能力

能力维度是指群体的能力构成。这一维度具有相对的稳定性。它主要决定群体活动的质量。能力维度高，群体活动的质量就高；反之，群体活动的质量就低。例如，有的企业由于领导班子能力不强而没有活力，产品的数量、质量都上不去，工人的积极性也调动不起来。

4. 专业

专业维度是指群体的专业构成。专业维度合理的群体具有特别强大的活力，能进行创造性的活动；反之，则不但效率低下，而且容易产生矛盾，导致缺乏向心力。

群体的维度很多，除上述几种外，还包括性格、信息、观念等。总之，群体的维度组合适当，会使群体成为一个凝聚力很强的活动体，这样的群体的活动效率特别高。否则，群体只能是一个涣散的、活动效率低的人群结合体。

（三）群体的功能

社会是有组织的，组织是由群体构成的，而群体又是由个体构成的。在这种社会系统中，群体处于个体与组织之间，连接着个体与组织，具有特殊的功能。这种功能主要表现在两个方面：

1. 从组织的角度来看，群体的主要功能是完成组织的基本任务

一个组织要想有效地达到目标，必须通过分工协作，把任务分配给基层单位去完成。群体的功能就是承担组织分配下来的职责，完成组织的基本任务。通过群体可以完成以下组织功能：

（1）群体可以完成内容复杂、相互依赖的任务。

（2）群体可以产生新思想、新办法，集中智慧，提高创造力。

（3）群体能够完成极其复杂的决策。

（4）群体能够在彼此有一定依赖性的部门之间起到关键性的联络与协调作用。

2. 从个体的角度来看，群体的主要功能是满足群体成员的心理需要和协调成员之间的关系

组织中成员的需要是多方面的。有的通过工作本身可以满足，有的要依靠群体满足。组织行为学家认为，群体可以满足成员的下列需要：

（1）获得安全感。个体在群体中可避免孤独、恐惧，获得心理上的安全感。

（2）满足归属的需要。群体中的个体可以相互交往，获得理解、友谊和支持。

（3）满足自尊的需要。个体在群体中的影响、地位都可以满足自尊的需要。

（4）增加自信。在群体中，通过与他人讨论、交换意见以致形成一致的意见，可以减少对社会环境的不确定性，获得支持，增加自信。

除满足个体的需要外，群体还可以协调成员之间的关系。由于人们长期生活和工作在一起，因此难免会产生这样或那样的矛盾，而产生这些矛盾的原因是复杂多样的，有认识上的分歧，也有需要上的得失，等等。群体的功能就是根据产生矛盾的原因，有针对性地做好成员的工作，使矛盾得到及时化解，促使全体成员同心同德去实现组织目标。

知识卡片 7—2

群体对组织和个人的作用归纳如下（见表 7—2）。

表 7—2 组织中群体的作用

对组织的作用	对个人的作用
可以完成个人单独工作不能完成的任务	帮助了解组织及其环境
为完成复杂任务所需的技术和能力提供载体	了解自己
对个人行为的组织控制提供有效手段	为获得新技能提供帮助
对组织政策或步骤的改变提供支持	获得个人行动所不能得到的报偿
通过向新成员传递共享的信仰和价值观来增强组织的稳定性	直接满足重要的个人需要，特别是被社会承认的需要

（四）群体的分类

通过研究群体的类型，可以加深对群体概念的理解。群体的类型很多，可以从不同的角度，按不同的标准进行分类。

1. 假设群体和实际群体

根据群体是否实际存在，可以把群体分为假设群体和实际群体。假设群体是指实际上并不存在，只是为了研究和分析的需要划分出来的群体。假设群体又可称为统计群体，它可以按不同的特征（民族、年龄、性别、职业等）来划分。如把企业员工统计为男员工、女员工，就是按性别划分的假设群体。在这类群体中，成员之间可能没有直接交往和实际联系。

实际群体是实际存在的群体。与假设群体不同，其成员之间具有实际的直接或间接的联系，下面分析的各类群体都是实际群体。

2. 大型群体和小型群体

根据群体规模的大小，可以把群体分为大型群体和小型群体。大型群体是指群体成员之间只是以间接的方式（通过群体的共同目标或各层组织机构等）连接在一起的群体。

小型群体是指群体成员有直接的、个人间的、面对面的接触和联系的群体。组织行为学的研究重点是小型群体，如班组、工段、科室、实验室等。

大型群体与小型群体的划分是相对的，一个工厂对该厂的车间而言是大型群体，对它所属的公司来说却是小型群体。人们在研究中发现，心理因素在小型群体中的作用比在大型群体中要大。因为在大型群体中，成员之间的联系是间接的，所以社会因素比心理因素有更大的作用。据统计，7～14 人的班组获得先进称号的占 82.3%，超过 15 人的班组获得先进称号的比例很小。

3. 实属群体和参照群体

实属群体是指个体实际归属的群体。如齐齐哈尔第二机床厂的马恒昌小组就是一个实属群体。

参照群体是指这样一类群体，其标准、目标和规范会成为人们行动的指南，成为人们要努力达到的标准。个人会把自己的行为与这一群体的标准进行对照，如果不符合这些标准，就改正自己的行为。但需要注意的是，个人所参加的群体并不一定是个人心目中的参照群体，他可把另一群体作为自己的参照群体。

4. 正式群体和非正式群体

根据构成群体的原则和方式，可以把群体分为正式群体和非正式群体。这种划分是美国心理学家梅奥在霍桑实验中最先提出的。正式群体是指由正式文件明文规定形成的群体。这类群体具有成文的规范，明确的目标任务、职责分工和权利义务，以及规定的编制和组织形式。工厂的车间、班组，学校的班级、教研室等都是正式群体。

非正式群体是未经官方规定、自发形成的一种群体。这类群体的成员也有一定的相互关系结构，但没有成文的规范。例如，兴趣相同的亲密朋友、同院的伙伴等都属于非正式群体。

（五）非正式群体

1. 非正式群体的形成

非正式群体是客观存在的，由于人的需要是多层次、多方面的，而正式群体不能完全满足成员的需要，因此有些需要只有在非正式群体中才能得到满足。比如，某厂的一个车间，有一群年轻人喜欢踢足球，他们主要集中在两个班组里。这群年轻人自己组织了一支球队，推选一个人当队长。后来“队长”就成了这个人的绰号。他在这群人中很有影响力，能把大部分人团结在自己周围。他担任车间团支部书记后，团支部的工作也大有起色，并且被评为先进团支部。可见，非正式群体存在于现实中。具体来说，形成非正式群体的原因主要有：

（1）兴趣爱好的一致性。有相同的兴趣爱好，有共同的语言，很容易促使人们互相接近，增加交往，并在此基础上形成非正式群体，如集邮小组、足球队等。

（2）利益上的一致性。在群体中，由于几个人的利益追求一致，极易形成非正式群体。例如，工厂里有些工人为保护自己的利益，不愿意在受人监督的情况下工作，也不喜欢看到有人向领导打小报告，他们一起按照对自己有利的方式开展工作。

（3）价值观、品质和追求的一致性。一致的价值观和追求，共同的品质和信仰，可以使人们变得十分接近，“物以类聚，人以群分”说的就是这个道理。

（4）经历或背景的相似性。在正式群体中，由于是同宗、同族、同乡、同学、同事等，也容易形成非正式群体。一方面，具有这种关系的人比与其他人更亲近，容易找到共同点；另一方面，人们基于这种关系主动亲近是为了能够互相帮助，这也反映了人们应对环境及自卫的心理。

2. 非正式群体的特征

非正式群体具有与正式群体不同的特征，主要表现在：

（1）非正式群体是自发形成的。一般情况下，正式群体是为了完成组织目标及任务，按照有关指示、命令、规定和编制，由上级组织或职能部门组建的。这种群体有确定的任务和职责，也有明确的权利和义务，例如，企业组织中的工段、车间、班组等。非正式群体不是由组织或职能部门组建的，而是自然形成的，一般来说，是没有章程和明确的权利、义务的群体。由此可见，这里的“正式”和“非正式”是相对于是否由组织或职能部门建立，是否被组织或职能部门承认而言的。

（2）非正式群体是以满足成员个人需要为目的，以相互之间的情感为纽带的。对于正式群体来说，维系群体存在的主要因素是组织规定，人事制度和编制，内部的不同分工及相应的权利、义务和职责等。对于非正式群体来说，维系群体存在的主要因素往往不是来自外部，而是来自内部，依靠成员间利益观点一致、兴趣爱好相同、彼此需要和情感上的原因及力量来保证群体的存在。

（3）非正式群体有自然形成的领袖人物。正式群体的领导者一般是由上级主管任命或选举产生的。非正式群体的领导者是自然形成的，这类领导者要么自身能把成员“吸引”到自己身边，要么在群体形成过程中受到拥戴。虽然非正式群体的领导者不是任命或选举产生的，但由于他自身具有吸引力或受到成员的拥戴，通常比正式群体的领导者更具权威性，对成员的影响也更大。

（4）非正式群体有高效的信息传递渠道。非正式群体中内部信息传递快，渠道畅通，而且这种信息交流带有明显的感情色彩，以共同的感情为基础，以感情作为判断是非好恶的标准。

（5）非正式群体成员有很强的群体意识。非正式群体一般都有自己的群体规范，用以规范非正式群体成员的行为，调节非正式群体内部的关系。这种规范往往比正式群体的规范具有更大的约束力，这促使非正式群体成员形成很强的群体意识，有同属一个群体的感觉。

（6）非正式群体具有较强的凝聚力。非正式群体有自己的目标，当这个目标与正式群体目标相一致时，能够成为正式群体的辅助力量；当这个目标与正式群体目标不一致时，则会阻碍正式群体目标的实现。

3. 非正式群体的分类

（1）根据非正式群体形成的原因可划分为五种类型：

1）利益型。利益型非正式群体是以各种利益需要为基础建立起来的。其特点是成员利益一致，凝聚力最强，最容易判断，作用明显。

2）目标型。目标型非正式群体是因其成员具有共同的目标而形成的。其特点是成员目标一致，但其利益、信仰和观点并不一定一致。

3）娱乐型。娱乐型非正式群体是由于具有共同的兴趣爱好而形成的。其特点是凝聚力不太强，作用也不明显。

4）亲缘型。亲缘型非正式群体是基于同一家族或亲属关系建立起来的。其特点是具有血缘上的相关性。

5）情感型。情感型非正式群体是基于互相了解、互相信任，有共同语言，有共同经历而建立起来的。其特点是依靠深厚的感情维系群体关系。

（2）根据非正式群体的作用可划分为四种类型：

1）积极型。积极型非正式群体会对组织目标的实现起积极作用，可以促进组织目标的实现。

2）无害型。无害型非正式群体对组织目标的实现没有损害，并且往往关心组织目标的实现。

3）消极型。消极型非正式群体会对组织目标的实现产生阻碍或干扰，正式群体应采取措施，加以改变。

4）破坏型。破坏型非正式群体会对组织目标的实现产生危害，对这类非正式群体应予以取缔。

（3）根据非正式群体中成员的构成可划分为三种类型：

1）平行型。平行型非正式群体是地位相近、工种相同、工作在同一场所的人员的组合。这种组合多为情感型和娱乐型。

2）垂直型。垂直型非正式群体是本部门中具有不同地位、在正式群体中可能属于上下级关系的成员的组合。这种非正式群体多为利益型、亲缘型，有的也属于目标型和情感型。

3）混合型。混合型非正式群体是不同地位、不同部门、不同工种和不同工作场所的人员的组合。这种组合多为爱好型、目标型和情感型。

4. 非正式群体的作用

非正式群体对正式群体和个体行为都有作用，而且既有积极的作用，又有消极的影响。国外的许多管理学家对其进行了系统的研究，得出了一系列结论。他们认为，非正式群体的积极作用主要表现在：

（1）在一定程度上满足成员的需要，对成员行为进行规范，给成员更多的帮助，保持良好的气氛。

（2）在一定程度上增强正式群体的凝聚力。非正式群体的特点之一是有较强的凝聚力，经过积极引导，可以使这一特点成为增强正式群体凝聚力的因素。

（3）有可能帮助正式群体克服困难，解决难题，完成大量的工作。由于非正式群体一般有其独特的专长，因此内部关系比较融洽，凝聚力强。如能正确调动其积极性，发挥其潜力，非正式群体可以成为不可忽视的突击力量，有助于正式群体克服困难、解决难题。

（4）非正式群体可以促进积极的信息交流。

（5）在做后进转化工作方面有特殊功效。非正式群体中“领袖”人物的影响力，在做后进转化工作方面往往有正式群体达不到的功效。

非正式群体的消极影响往往表现在与正式群体发生冲突时，一般来说，有以下几种情形：

（1）当非正式群体利益或目标与正式群体的利益或目标发生冲突时，非正式群体会对正式群体的利益或目标产生破坏或干扰。

（2）当非正式群体的活动与正式群体的活动冲突时，非正式群体成员会对正式群体的工作效率产生影响。

（3）当非正式群体的规范与正式群体的规范发生冲突时，非正式群体成员会产生抵触情绪，影响正式群体的生产活动。

（4）当非正式群体的群体意识与正式群体的群体意识发生冲突时，非正式群体对事物的认识水平、思想方法、价值观念、评价标准等，都会影响到正式群体成员对事物的认识和评价。

（5）当非正式群体的信息与正式群体的信息发生冲突时，容易扰乱人心，影响安定团结。

由于非正式群体的作用具有两重性，管理者对非正式群体的态度应是“正确分析，积极引导”。对积极型的非正式群体，应当支持和保护；对消极型的非正式群体，应当积极引导和改造；对破坏型的非正式群体，应采取果断措施，予以取缔。

二、群体行为

（一）群体行为的概念

群体行为是指群体行为主体在组织内进行的活动。行为是指特定行为主体的活动。主体的特征决定了其行为的独特性质和方式。人的行为不同于其他动物的行为，它既是社会性的活动，又是有意识、有目的的活动。群体是由人组成的，因此，群体的行为必然具有社会性和有意识、有目的的特点。

群体行为与个体行为是有区别的。个体行为的主体是个人，群体行为的主体是群体。群体行为不是指群体内个体的行为，也不是群体所有成员行为的简单相加。诚然，群体离不开个体。群体行为离不开个体行为，但当群体把成员凝聚在一起时，就不再以个人而是以一个整体来进行活动，发挥作用。活动的效果反映了这个行为主体的状况。

群体在组织内的一切活动都属于群体行为。从时间上看，群体活动中有些可能是在组织规定的时间内进行的，有些则可能是在规定时间之外进行的，但都是以群体作为行为主体，也都属于群体行为。例如，一个班组的主要活动是进行生产、完成任务，除此之外，还包括对员工进行思想教育、技术培训。这些活动有的是在工作时间内进行的，有的则不是，但都属于群体行为。

（二）群体行为的特征

群体行为是有意识、有目的的活动，既受到社会（特别是所从属的组织）的制约，又受到群体成员的个人意识、需要、态度、动机等的影响，因此是一种十分复杂的活动。尽管如此，它与个体行为一样，也是有规律可循的。通过“听其言，观其行”，就可以知道它是怎样的一个群体，从而能够在纷纭的活动中找到发展线索。群体行为的共性（即规律性）具体体现在以下几个方面：

1. 心理相容性

心理相容性是群体成员之间的心理现象，是群体成员的特性协调而和谐的结合。心理相容性对形成和谐的气氛有重要作用，有助于群体成员间的互助和合作，有助于排解群体的矛盾和纠纷。

2. 行为从众性

行为从众性是指群体成员企求自己的行为跟从群体的倾向。有群体意识的人，往往把自己的行为与群体联系起来。个人在群体中常常会不知不觉地感受到集体的“压力”，从而在意见、判断和行动上表现出与多数人相一致，即“随大流”。

20 世纪 50 年代社会心理学家阿希（S. E. Asch）做过一个著名的实验——阿希实验。他以大学生为对象，分成若干实验组。每组 7～9 人，其中只有一位是真正的被试者，其他人都是事先安排好的。阿希让他们围桌而坐，并有意识地让真正的被试者坐在靠后的位置。实验开始，同时给他们看两张卡片，如图 7—1 所示，左边的卡片上只画了一条直线，右边的卡片上则画了三条不同长度的直线，其中只有一条与左边的长度相同。这样的卡片一共有 12 对。

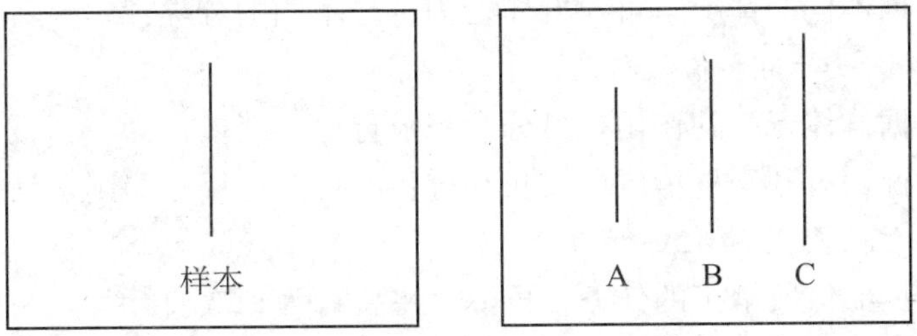

图 7—1　阿希实验的卡片

资料来源：袁凌：《组织行为学》，长沙，湖南科学技术出版社，1997。

在被试者看过卡片后，请他们依次地回答，左边卡片上的直线与右边卡片的哪一条等长。正常情况下，被试者都能判断与直线 B 等长，错误的概率小于 1%。由于事先的安排，9 人中有 8 人故意选出一致的错误的线段。实验结果表明，那些真正的被试者中竟有 37%以上为了使自己与群体一致，也跟着作出了错误的判断。

行为从众性有几种不同的表现形式：

（1）表面从众，内心赞同。个人口头上赞同多数人的意见，心里也认为多数人的意见是对的，即“口服心服”。

（2）表面从众，内心拒绝。个人口头上赞同多数人的意见，心里却认为多数人的意见并不可取，即“口服心不服”。

（3）表面拒绝，内心接受。个人在公开场合上并不同意多数人的意见，内心却赞同，即“心口不一”。

（4）表面拒绝，内心拒绝。个人确信多数人的意见是错的，并认为应当改变多数人的意见，即“表里一致”。

3. 相近相悦性

相近是时间和空间关系所造成的频繁交往的机会；相悦是指在交往中，肯定、发展并表达出对对方的观点和行为予以接纳或者赞许的一种行为方式。人人都有相互接近和亲近的愿望，但是交往只能在一定的时间和空间进行。如同事、同学、邻里常常见面，容易建立较亲密的关系。不过，这只是必要条件，并不是充分条件。因为交往的时空条件未必能够保证产生友谊，同事、同学、邻里彼此视若仇人者并不少见。彼此产生良好印象，才是将人与人之间关系拉近的重要原因。相悦不是只在他人面前说说奉承话就能做到的，只说奉承话的人也未必能得到他人的喜欢。

4. 相似相辅性

相似是指事物之间相类、相像。如就个人方面而言，年龄、学历、性格、兴趣、爱好、容貌等条件相似的人，彼此乐意交往；就社会方面而言，种族、民族、阶级、党派、社团、职业、地位相似的人，彼此乐意交往。相辅是指事物之间相互依存，如刚与柔、支配与顺从等因素的结合就是如此。相似和相辅都有助于群体成员的相互交往。

（三）群体行为的分类

根据不同的情况，可对群体行为进行不同的分类：

1. 积极行为和消极行为

根据群体行为的作用，可分为积极行为和消极行为。积极行为是指有利于完成组织目标，有利于群体成员成长和进步的行为；反之，则是消极行为。

2. 主要行为和次要行为

根据群体所承担的任务，可分为主要行为和次要行为。主要行为是指在群体行为中起主导作用、完成主要任务的行为；次要行为是指在群体行为中居于被支配地位、完成次要任务的行为。如学校中的班级，学习是主要行为，其他则是次要行为。

3. 长期行为和短期行为

根据行为持续的时间，可分为长期行为和短期行为。长期行为是指持续时间长的行为；短期行为是指持续时间短的行为。一般来说，长期行为比短期行为更稳定。

（四）群体行为的影响因素

影响群体行为的因素十分复杂，主要包括：

1. 群体规模

群体规模是指某个群体中成员的数量。群体规模对群体行为有很大的影响。规模过大，则无法控制群体行为，不利于成员间的互相交往和互相作用，不利于发挥成员的积极性；规模过小，则成员太少，不利于完成任务。因此，在群体规模的选择上，应坚持以下原则：首先，根据任务的性质确定群体人数的下限，这个下限应保证一般能完成任务；其次，确定群体最适宜的人数，这个人数要保证群体的效率达到最佳水平；最后，确定群体人数的上限，如果超过这个上限，效率就会下降。

国外学者对群体规模做了大量研究。美国心理学家詹姆斯在调查分析了符合小群体特征的 9 129 个群体后指出，多数情况下，2～7 人是小群体的最佳人数。也就是说，他主张下限为 2 人。但也有心理学家主张下限应为 3 人，他们认为两人不算是一个群体，因为两人只构成个人之间的纯感情关系，如果发生意见或冲突，不可能得到解决，必须有第三者进行仲裁。关于上限，多数人认为以 7 人为佳，但也有人主张应该是 20 人、30 人甚至更多。此外，国外的最新研究成果是：1）当一个群体的主要任务是作出高质量的复杂的决策时，最恰当的规模是 7～12 人，有一位正式领导者；2）当一个群体的主要任务是解决矛盾和冲突，达成协议时，最好由 3～5 人组成，不需要正式领导者；3）当一个群体既要作出高质量的决策，又要取得协调时，最好由 5～7 人组成。

2. 群体结构

群体结构也是影响群体行为的主要因素。群体结构是指群体成员的组成成分。群体成员的结构可分为年龄结构、能力结构、知识结构、专业结构、性格结构以及观点、信念的结构等。实质上，群体结构就是指这些结构的有机结合。如果群体成员结构合理，会使群体行为协调一致，紧密团结，提高工作效率；如果群体成员结构不合理，会使群体涣散，经常发生冲突，降低工作效率。

群体成员中的角色类型可分为：

（1）任务型角色。任务型角色的成员可促进问题的解决。

（2）关系型角色。关系型角色建立在群体活动和群体观点的基础上。

（3）自我型角色。自我型角色仅仅集中在群体成员个人的需要上。

群体成员的构成对群体行为的影响主要体现在成员在群体中扮演的角色方面。能够有效地解决问题的群体，往往都是由任务型角色和关系型角色组成的。如果是由自我型角色所控制，那么这个群体一定是低效率的。

群体按群体结构的本质可分为同质结构群体和异质结构群体。

（1）同质结构群体。同质结构群体是指群体成员在能力、性格、年龄、知识等各方面都比较接近的群体。

（2）异质结构群体。异质结构群体是指群体成员在能力、性格、年龄、知识等各方面都迥然不同的群体。

同质结构群体和异质结构群体对群体的行为和工作效率的影响是不同的。同质结构群体在完成简单的任务时工作效率较高，在完成复杂的任务时工作效率较低；异质结构群体则在完成复杂的任务时工作效率较高。

3. 群体目标

群体目标对群体行为产生最直接、最重要的影响。简单地说，群体目标就是群体完成任务的目标。需要注意的是，这是就群体所担负的主要任务而言的，并不意味着群体目标对群体的其他非主要行为没有影响。

人的行为是由动机支配的。群体目标对群体行为的影响相当于个体的行为动机对个人行为的影响。所不同的是，群体目标不仅影响群体设立后的行为，而且对群体设立本身起着重要作用。例如，群体规模和群体结构都是根据事先确定的目标设立的；企业设立某个班组也是有一定目的的。

群体目标对群体行为的影响表现在：

（1）群体目标影响群体行为的方向。群体目标相当于个体行为的动机，有什么样的群体目标，就有什么样的群体行为。

（2）群体目标影响群体行为的强度。由不同的群体目标所支配、产生的群体行为，会有不同的强度。一般来说，正确的群体目标可能形成强度更大的行为。

（3）群体目标影响群体行为的持续时间。由于群体目标有长期的与短期的之分，因此群体行为持续的时间也可能有长有短。比如，长期目标和短期目标会产生相应的长期行为和短期行为。

4. 群体领导

一个群体的领导者对群体行为具有直接的、深远的、微妙的作用。领导者通过对群体行为的影响，达到促进群体行为和提高群体活动绩效的目的。有效的群体领导者往往被认为是群体与其外部环境关系中的关键角色。我们不仅要注意正式领导者对群体行为的作用，而且要注意非正式领导者对群体行为的影响。

5. 外部环境

外部环境是指群体成员所处的既定环境，是任务型群体所无法控制的。外部环境主要包括技术、物质条件、规章制度、正式领导的经历以及组织奖惩等。

三、群体行为过程

（一）群体发展

一般认为群体的发展是有一定的顺序和规律可循的，但最近的研究表明，群体的发展没有什么标准模式可言。不过可以肯定的是，群体发展的过程不仅受到组成群体的个体成员的个性特征的影响，而且受到来自文化、习俗的影响。实际上，群体的发展过程是一个从不熟悉到熟悉、从松散到紧密的过程。下面着重介绍群体发展的五阶段模型和间断—平衡模型。

1. 五阶段模型

塔克马和詹森（Tuckma and Jensen，1977）认为，群体的发展要经过五个不同的阶段，这五个阶段包括：

（1）形成阶段。这是群体发展的初始阶段，主要涉及群体成员间的相互认识，包括了解其他成员的性格、优点和行为。成员们要在这一阶段确定加入该群体能否满足他们的需要。之后，他们开始确定群体的领导。

（2）震荡阶段。在初步形成之后，群体必须面对一些十分重要的问题。首先，群体必须确定目标体系及各目标的优先次序；其次，应安排成员间进行相互交流。这一阶段的核心问题是各个成员应扮演什么样的角色。

（3）规范化阶段。在这一阶段，群体制定出一套规则并明确角色（含蓄的或明晰的）以协调群体活动，同时促进群体目标的实现。群体成员间的关系开始亲密起来，群体也开始形成一定的凝聚力。

（4）完成阶段。在这一阶段，群体成员明白了群体的目标和各自的角色，并制定出用于指导工作的规则。群体在这一阶段完成其绝大部分实质性的工作。

（5）休止阶段。群体成员一旦作出休止决定，群体常常就会中止或解散。休止的原因可能是群体作用影响决策的时间期限已到，群体所关注的问题发生了急剧的改变，群体运作无效及关键成员的离去，也可能是群体实现了其目标，已无继续存在的必要。在这个阶段，群体开始做解散的准备，将注意力放到群体的收尾工作上。高绩效不再是大家关注的焦点，这时群体成员的情绪差异极大，有人感到高兴，也有人感到不快。

人们一般认为，从第一阶段发展到第四阶段，群体会变得越来越有效，群体的绩效水平会提高。原因是显而易见的，因为随着熟悉程度的提高，彼此之间的合作和协调会更有效率。但是，使群体有效的因素远比这个模型所涉及的因素复杂。在某些条件下，高水平的冲突有可能会导致较高的群体绩效。所以，群体在第三和第四阶段的绩效水平也可能比第二阶段有所下降。此外，群体并不总是明确地从上一个阶段发展到下一个阶段。有些情况下，由于存在冲突，群体常常在这些阶段之间来回移动。在冲突得以解决后，群体又开始按照顺序进入下一阶段。因此，群体发展的各个阶段之间的界限并不是非常严格和清晰可辨的。

从《三国演义》中，我们就可以看到群体发展五阶段模型的影子。桃园三结义可视为群体形成阶段；当诸葛亮加入之后，群体出现短暂的震荡，然后进入规范化阶段；在刘备夺取荆州取得一席之地后，这个群体开始进入完成阶段；等到刘禅投降时，这个群体就宣告休止了。

2. 间断—平衡模型

群体的发展并不一定经历相同顺序的发展阶段，盖尔西克（Gersick，1988）提出了群体发展的另一种理论模型：间断—平衡模型。该模型认为，群体发展过程中的第一次聚会很重要，因为它能营造出群体的氛围，也能确定群体的领导；随后是一段均衡期，群体投入正常的运作；然后变化突然发生，这一点被称为群体发展阶段的中点；由于认识到任务必须尽快完成，这种均衡状态被打破，同时在群体的各项安排上出现了关键性的变化。这一理论得到了一些研究的支持，这些研究表明，群体的形成和变革运作方式在时间阶段上存在高度一致性，整个过程如图 7—2 所示。

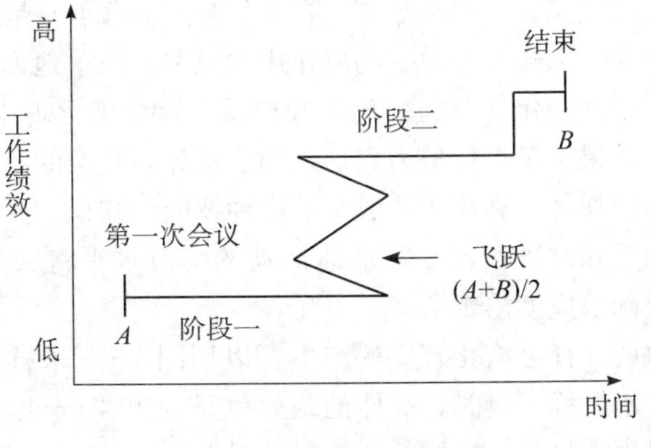

图 7—2　间断—平衡模型

资料来源：Gersick，C. Time and Transition in Work Teams：Toward a New Model of Group Development，*Academy of Management Journal*，1998 (31)：9 - 41.

群体成员的第一次会议会决定群体成员完成其项目所要遵循的行为模式和假设的基本框架，以及群体的发展方向。当群体发展的方向和行为框架被固化下来时，它们在群体寿命的前半阶段被重新修订的可能性微乎其微。因此，前半阶段将会成为依惯性进行群体活动的阶段，也就是说，群体发展倾向于静止，或者被锁定在一种固定的活动上。即使有一些新创意对初始模式和假设提出挑战，群体也不可能在第一阶段实施这些创意。

另一个更有趣的发现是，尽管每个群体完成项目所花的时间并不一定相同，但是每个群体发生转变的时间点却惊人地相似，几乎都在其寿命周期的中间点。这种现象似乎说明，每个群体在其存在时间的中间阶段都要经历“中年危机”。这种危机信号促使群体成员认识到，完成任务的时间是有限的、紧迫的，必须赶快行动。

这个转变宣告第一阶段结束，群体进入第二阶段。这一转变过程的特征是聚焦于迅速的变革，致力于对旧模式的扬弃和对新观点的采纳。第二阶段是一个新的平衡阶段，群体开始依照转变时期创造出来的新计划按部就班地开展工作。而群体最后一次会议的特点是迅速采取行动来结束工作任务。

总而言之，间断—平衡模型揭示的事实是：群体在其存在过程中会有一个短暂的变革时期，这一变革是由于群体成员意识到任务时间期限的紧迫性而引发的。由此可以看出，间断—平衡模型适用于描述临时性工作任务群体的发展变化，而不适合长期的工作群体和非任务性的群体。

（二）群体互动

1. 群体互动的现象描述

由于群体规范对群体成员的约束，因此个体成员在作出偏离群体规范的行为时会很明显地感受到来自群体的压力，这种压力造成的后果是群体成员行动的一致性（即从众现象），以及由于“搭便车”心理的影响而产生的社会惰化现象（即“1＋1＜2”）。这两种现象在群体的互动过程中经常出现，需要群体管理者加以关注。除此之外，群体互动过程中经常出现的现象还有：

（1）协同效应。“协同效应”是一个生物学术语，是指由两种以上的物质相互作用所产生的效果会大于单一物质作用的总和，简单地说就是“1＋1＞2”。这种现象的表现与社会惰化现象的表现正好相反，社会惰化现象所代表的是负协同效应，群体互动的结果小于个体努力累加之和。例如，复杂的工作任务往往由多功能团队完成，因为这样可以利用团队成员的多种技能和知识，开展个人成员无法单独开展的一些活动。在这种情况下，群体活动的绩效水平将大于个体绩效水平的简单加总，此时协同效应就出现了。

协同效应和社会惰化效应的产生可以用图 7—3 来解释。当群体互动过程中的过程增量大于过程减量时，群体的绩效就呈现出“1＋1＞2”的协同效应；当过程增量小于过程减量时，群体的绩效就呈现出“1＋1＜2”的社会惰化效应。

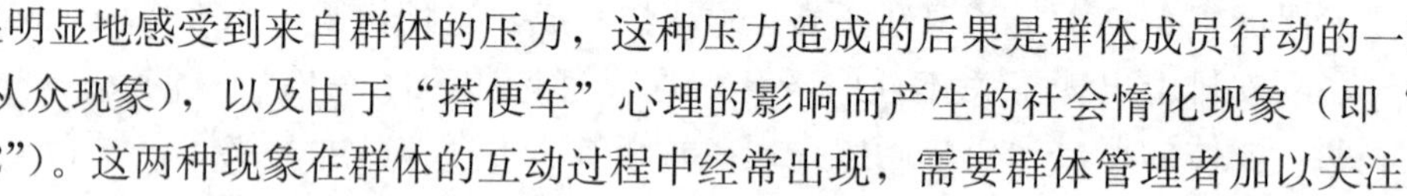

图 7—3　实际群体绩效的产生过程

（2）社会促进效应。社会促进效应是指当个人与其他人一起工作时，由于他人在场激发了自己的工作动机，因此而引发的绩效水平提高的倾向。例如，也许你平时练习跳远时最多只能跳到 4.8 米，在参加运动会时却跳到了 5 米。那么社会促进效应怎样才能被观察到呢？当你发现活动者的工作效率与其工作激情的变动方向一致，并且随着旁观者的增多而有所提高时，社会促进效应就出现了。像演讲、艺术表演以及竞技运动等活动都具有非常明显的社会促进效应，这些活动的结果与参与者自身激情的大小之间具有显著的正相关关系。

（3）社会致弱效应。社会致弱效应是指个体在群体中所取得的工作绩效比其单独进行时要差得多的情况。例如，有一首歌你经过反复练习唱得非常出色，但是在与朋友一起去卡拉 OK 时你却唱得结结巴巴，这就是社会致弱效应，它与社会促进效应正好相反。当活动者的绩效水平与工作激情的变动呈负相关关系时，社会致弱效应就出现了。例如，医生给病人动手术、科学家进行实验时就不宜有观众在场观看，因为在这种情境中，工作者可能会由于其他人的在场而刻意表现自己，从而分散他对真正应该关注的问题的注意力。

（4）社会标准化效应。社会标准化效应是指成员在群体共同活动中对事物的知觉和判断，以及工作的速度和效率趋于同一化的倾向。社会标准化效应的出现是由于群体中的成员在相互作用和相互影响的过程中，产生模仿、感染、暗示和顺从等心理过程，从而形成群体的行为常模，并进一步形成群体的标准所导致的。这种行为标准一方面起到了引导成员行为的作用，另一方面发挥着评价尺度的功能。

2. 群体互动分析

一种比较有效的研究群体互动的分析工具是社会测量法。它可以通过问卷调查或者面谈的形式来发现组织成员喜欢或不喜欢谁，愿意或不愿意和谁在一起工作等。例如，可以要求被访者回答：在组织中，你愿意和谁一起工作？在工作时间之外，你愿意和谁一起娱乐？通过这种方式获得的信息可以用来绘制社会关系图。社会关系图是指把通过面谈或问卷收集到的信息，用图示的形式进行梳理及呈现，以获得组织成员的社交偏好。

第 2 节　群体规范与压力

一、群体规范

（一）群体规范的概念

群体规范是指为了保证群体活动的正常进行，由群体确定的每个成员必须遵守的行为标准。群体规范并不规定群体成员的一举一动，而是规定群体对其成员行为的可以接受和不能容忍的范围。

群体规范有的是正式的、成文的，但大多是非正式的、不成文的。尽管群体规范的性质和形态不同，但是它们对群体成员行为都有约束力。

群体规范的形成受两方面因素的影响。一方面，人们对于外界事物的认知和判断发生类化过程，从而导致人们行为的模式化、固定化；另一方面，人们在认知、判断客观事物时，受模仿、暗示、顺从等心理因素的制约，在群体成员的相互作用下，产生彼此接近、趋同的过程。群体规范正是在这两方面因素的交互作用的基础上产生的。

（二）群体规范的分类

群体规范可分为以下几种类型：

1. 正式规范和非正式规范

正式规范是指正式群体中成文的规章制度以及群体规范。非正式规范是指群体自发形成，为成员所遵守，但不成文的规范，如风俗、舆论等。

2. 社会认可的规范和反社会的规范

社会认可的规范是指反映社会的一定部门规定或在社会生活中自然形成的，并为社会多数成员所接受的规范，如尊老爱幼、助人为乐等。反社会的规范是指那些有损社会公共利益，存在于某些群体中的特殊规范，如流氓团伙中的行为准则、江湖义气以及错误的价值观和苦乐观等。

3. 参照群体规范

参照群体规范是指制约和指导个人行为的理想的群体规范。一个人身处某个群体中，若此群体对其缺乏吸引力，他所追求和向往的可能会是另一个群体。

知识卡片 7—3

积极规范和消极规范的对比如表 7—3 所示。

表 7—3　积极规范和消极规范的比较

积极规范	消极规范
当其他人不公正地批评公司时，总有人会站出来为公司辩护	在公司里，管理者总是试图利用下属
在公司里，人们总是努力改进工作，即使他们已经做得很好了	在公司里，努力工作没有任何意义，没有任何人这样做
在公司里，人们都是很好的倾听者，他们主动地寻找别人好的思想和观点	在公司里，大鱼吃小鱼，所以要学会自我保护
公司的管理者真心关心他们的下属	在公司里，最好隐藏自己的问题，回避管理者

（三）群体规范的功能

1. 群体支柱功能

群体规范是一切社会群体得以维持生存、巩固和发展的支柱。群体内的成员是根据规范相互认同的。所以，一个群体的规范越是标准化、特征化，成员之间的关系就越紧密，群体成员的活动就越协调，群体成员也就容易意识到群体的存在。反之，群体就松散，而松散的群体难以生存、巩固和发展。

2. 评价标准功能

群体规范是群体成员行为的参照标准，它赋予群体成员的行为、言语以一定的意义，为群体成员提供反映客观事物的一个认知和评价的标准，从而形成共同的认识意向。即使有个别成员持不同意见，群体规范的压力和个人的服从性也会使他与规范保持一致。由此可见，群体规范就像一把标尺，迫使每个群体成员都用它来对照自己的行为。

3. 群体动力功能

群体规范还以舆论的形式对人的行为产生影响。当一个人的行为超出了群体规范所允许的是非、美丑、善恶的评价尺度时，其他人就会谴责他，形成公众舆论，让其终止或改变行为。群体舆论是群体大多数成员对某种行为的共同评论或意见，它以群体规范为前提，显示了群体规范的力量。

4. 行为定向功能

群体规范指明人们满足需要的方式和相应的行为目标，从而为人们规定了日常生活的方式，限制了人们活动的范围。它告诉群体成员应该做什么、不应该做什么以及怎样做等。

（四）群体规范与管理

任何群体都有自己的规范。在企业管理中，管理者应该处理好规范与管理的关系，利用合理的群体规范，促使成员为实现组织的目标而努力。

1. 要提高对群体规范的认识，建立合理的群体规范

群体规范制约群体成员的活动方向和范围，使之符合群体目标的要求。起初这种制约是被动进行的，但通过群体成员间的模仿和暗示，就会逐渐在群体成员心理上产生内化，转化为成员的心理定式，发挥对未来行为的改造和指导作用。因此，有目的地建立和强化合理的群体规范是十分必要的。

2. 正确运用群体规范功能，发挥群体规范的积极作用

群体舆论会对人们的行为产生强有力的影响。其积极作用是：能纠正群体成员错误的思想和行为，增进群体的团结，强化正当行为，为人们指明行动方向；其消极影响是：可能产生错误的传闻或规范，从而把人们的行为引导至错误的方向。

3. 运用规范分析法，对群体规范不断进行改革，增强群体的活力

群体规范不能一成不变，要随着群体内外部环境的变化不断进行改革，以建立起合理的群体规范。例如，建立和健全企业的各项规章制度；引导员工形成良好的习惯、舆论和风气等。国外有资料表明，对群体规范进行改革的企业都收到了良好的效果，如一家制造公司的质量缺陷减少了55%，缺勤率降低了一半，员工流动率也大幅下降。

对群体规范进行改革，可以参考使用规范分析法。规范分析法是由美国心理学家皮尔尼克（S. Pilnik）提出的，作为群体规范变革的工具，这种方法有三个步骤：

（1）明确规范内容。要了解群体已形成的规范，特别要了解有消极影响的规范，并听取对这些规范进行改革的意见。

（2）制定规范剖面图。如图 7—4 所示，将规范进行分类。确定图中 10 个项目的规范差距。规范差距是指每项规范的理想给分点与群体规范的实际评分点之间的差。在图上连接各实际评分点，以曲线来表示。从中找出当前关键的改革项目，拟定改革措施。

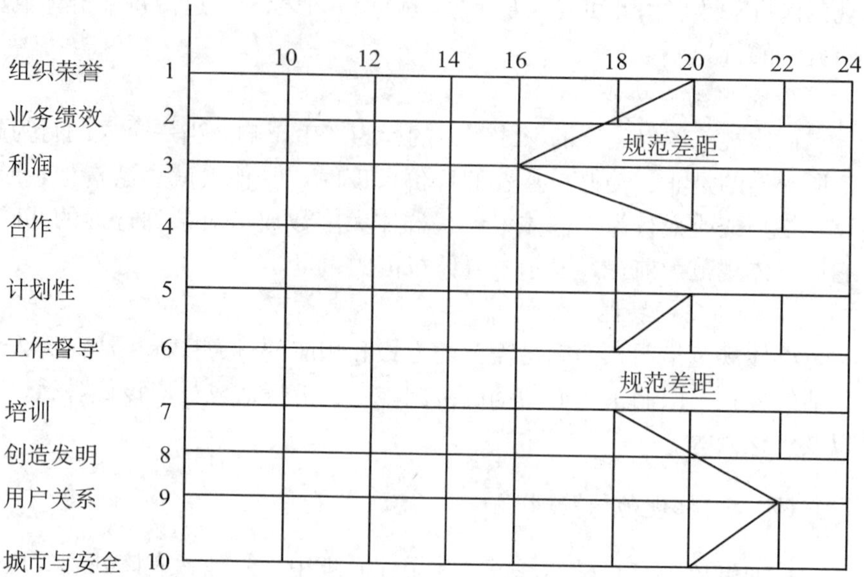

图 7—4　某群体规范剖面图

资料来源：袁凌：《组织行为学》。

（3）改进规范的改革。改革从最上层的群体开始，逐级向下推进。确定优先改革的项目，主要考虑该规范对组织绩效影响的大小，不一定要把规范差距大的项目列为优先改革项目。根据 10 类规范要求制定改革方案。在改革过程中，要对改革的方案进行必要的评价和调整。皮尔尼克认为，这种群体规范改革的优点在于不是针对整个群体，因此群体成员易于接受。

二、群体压力

（一）群体压力的概念

群体压力是指已经形成的群体规范对其成员的影响力。根据群体压力的定义可知，群体压力不是指一种物质上的压力，而是一种心理上的压力。

美国心理学家克特 · W · 巴克（Kurt W. Back）认为，压力状态是由两方面因素构成的：一是威胁，也称紧张刺激物；二是由个体生理上可测量的变化或个体行为组成的反应。由此可知，群体压力也包括这两方面的内容。除此之外，群体压力还具备以下几个特点：

（1）群体压力来自并存在于群体内部，它是群体所特有的，不同的群体会形成不同性质和强度的群体压力。

（2）群体压力与群体规范有关。

（3）在群体压力的作用下，群体成员会产生从众心理。有时压力太大，会使成员违背自己的意愿作出相反的行为。

（二）群体压力的作用方式

群体压力对群体成员行为的影响十分明显，一般通过以下方式产生作用：

1. 模仿

人们在日常的交往和生活中，会不自觉地产生潜移默化的相互作用，这种影响是通过模仿发生的。模仿是群体压力作用的一种方式。在某个群体中，各方面表现好的优秀成员往往是其他成员的榜样，人们会不自觉地将自己的行动与他相比，暗暗下决心要赶上他。模仿的另一种表现是，一个后进的成员进入一个优秀的群体后，会逐渐发生转化而变成先进；而一个先进的成员进入一个落后的群体后，也会发生相应的变化。所谓“近朱者赤，近墨者黑”，都是由受环境影响产生的群体压力导致的。

2. 公众舆论

一般来说，舆论对人的行为规范的作用是很强烈的。在一个群体中，对于能够接受或不能容忍的群体成员的个体行为，都会通过舆论表现出来，比如同声赞扬，或者一致责备。当然，有时可能会采取委婉的暗示性的方式，但必定会表现出来。此时的群体压力就会使人感到“人言可畏”。

3. 群体内成员关系的亲疏

群体压力会表现在人际关系的变化上。生活在一个群体里，我们会有这样的感觉：一个不守信用的人，人们不会对他表示尊重；一个骄傲自负的人，人们会对他敬而远之。在群体内，一个成员违反了群体非正式规范，人们会对他“另眼相待”，虽然有时表现得不明显，但仍然能让他感觉到感情上的疏远，进而影响他的行为。

（三）群体对待异议者施加压力的方式

美国管理学家莱维特经过研究，提出了群体对持异议者施加压力的方式。他认为，如果在一个管理委员会中个人的意见与群体的意见有分歧，群体会采取四种方式对他施加压力。即：

（1）理智讨论，即合理辩论，给予理智压力。

（2）怀柔政策，即好言规劝，施加感情压力。

（3）舆论压力，即舆论攻击，发动心理攻势。

（4）心理隔离，即阻断心理上的沟通，取消行为上的接触，使其完全陷入孤立。

以上四种压力是逐步升级的。如何合理地施加压力，要根据对象和解决问题的程度而定。

（四）群体压力与管理

任何群体中都存在群体压力，在企业管理中必须重视群体压力的作用。

1. 正确利用群体压力约束成员的行为，促使成员行为与群体目标一致

群体压力与权威命令不同，它不是由上而下强制改变个体的行为，而是通过多数人一致的意见，使个体在心理上感到很难违抗。当压力非常大时，其成员甚至会被迫违背自己的意愿而产生完全相反的行为。心理学家把这种行为称为“从众”。为了达到组织目标，必须依靠群体中的全体成员的相互配合、相互支持，以便在有限的时间内采取一致的行为。

2. 正确利用群体压力约束成员的行为，绝不能扼杀成员的创新精神

群体压力也存在消极的影响，它可能会扼杀成员的创新精神。因此，在群体中应利用压力来制约成员的不良行为，但在贯彻民主集中制时，应设法消除群体压力，以免压制正确意见，或压抑群体成员的创新精神。这对于领导班子具有重要意义。

第3节　群体士气与凝聚力

一、群体士气

（一）群体士气的概念

“士气”一词原用于军队，表示作战时的集体精神和战斗意志。在组织行为学中，“士气”用来描述群体。心理学家史密斯（G. R. Smith）等人认为，士气是指人们对某一群体或组织感到满足，乐意成为该群体的一员，并协助达成群体目标的态度。因此，士气不仅代表个人需求满足的状态，而且包含这种含义：确认这种满足从群体中获得，因而愿意为实现群体目标而努力。

群体士气反映一个群体的战斗力，关系到群体绩效的大小。一个群体有了高昂的士气，就可以迸发出巨大的力量。一旦士气低落，群体就会成为一盘散沙而丧失战斗力。因此，群体士气是与群体动力相关的一个重要问题。

凭什么来判断一个群体的士气是否高昂？克瑞奇（D. Krech）等人认为，可以依据下列特征：

（1）群体的团结源于群体内部的凝聚力，而不是外部的压力。

（2）群体内的成员没有分裂为互相敌对的小群体的倾向。

（3）群体自身具有适应外部变化和处理内部冲突的能力。

（4）群体成员之间有强烈的认同感和归属感。

（5）每个群体成员都明确地了解群体目标。

（6）群体成员对群体的目标及领导者持肯定和支持的态度。

（7）群体成员承认群体的存在价值，并具有保护它继续存在的意向。

（二）群体士气的影响因素

要提高群体的士气并使之保持稳定，我们首先要弄清影响群体士气的因素。研究发现，影响群体士气的主要因素有：

1. 个人、群体和组织三者目标的一致性

群体士气是群体成员对群体满意，并愿意为达到群体目标而努力的态度。这种态度的产生源于群体成员对于群体目标的明确认识和赞同。只有当成员个人、群体及组织三者的目标协调一致时，才能保证群体士气高昂。如果群体成员对与组织目标一致的群体目标不赞同，甚至反对，则不可能形成高昂的群体士气。

2. 群体内部关系的团结和谐

群体内部的人际关系团结和谐，以及工作的心理环境宽松也是影响士气的主要因素。内部团结和谐的群体会使成员增强对群体的认同感和归属感，心情舒畅，乐于发表建设性意见，主动为群体出力。

3. 经济报酬的合理性

合理的经济报酬是组织对员工付出劳动的补偿和肯定，是满足员工合理的需要、鼓励员工士气的经济杠杆。管理者在员工中实行同工同酬、以工计酬、多劳多得、公平合理的分配原则和奖励制度，能提高员工的生产和工作的积极性。反之，则会直接影响员工的情绪而降低士气。

4. 对工作的满足感

在群体中，如果员工所从事的工作专业对口，与他的兴趣一致，且工作环境良好，那么会有益于他的身心健康，有利于充分发挥他的潜力和施展他的抱负，有利于提高群体士气。因此，管理者在安排员工的工作时，应根据岗位的需求，因事择人，用其所长，发挥优势，以激发员工的士气。同时，要加强企业文化建设，创造良好的工作物理环境和心理环境。

5. 优秀的领导者

心理学家的研究表明，在士气高昂的群体中，领导都比较民主，乐于接受员工的意见，善于体察下属的甘苦。因此，要提高群体士气，企业领导者的管理作风、领导方式等都很重要。

6. 良好的沟通

在上下级之间，如果沟通受阻，会使员工产生不满情绪。采取上级命令下级的单向沟通方式，会使员工因没有反映意见的机会而产生抗拒心理，降低群体士气。让员工参与管理、讨论和决策的双向沟通，则能够调动员工的积极性。

（三）群体士气与生产效率的关系

企业希望员工不仅有高昂的士气，而且有较高的生产效率，这种理想状态很难实现。仅仅有高昂的士气不一定能提高生产效率，因为士气只是提高生产效率的必要条件之一。要提高生产效率，除了士气之外，还需要许多其他的条件，涉及设备和原材料供应、员工文化水平、人员结构等。

戴维斯（K. Davis）曾于1962年用图展示了群体士气与生产效率的关系（如图7—5所示）。

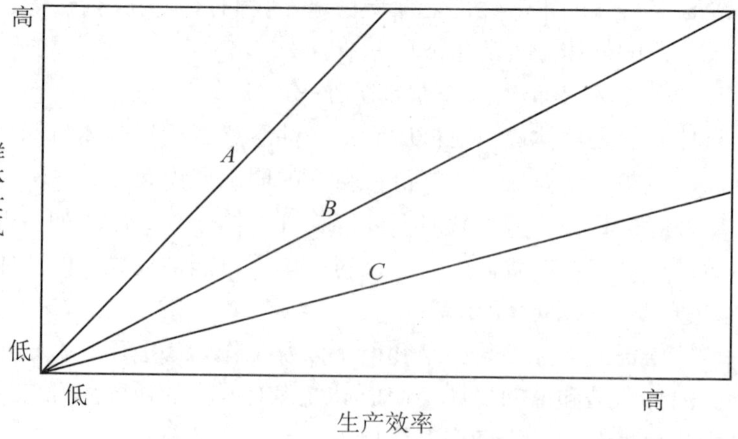

图7—5 群体士气与生产效率的关系

戴维斯认为，群体士气和生产效率的关系有三种情况：

（1）士气高，生产率低（*A*线）：管理者只关心提高群体成员的满足感，使之具有较高的士气，但是没有把组织目标与个人需求相联系。这种高士气群体的目标往往与组织目标相抵触。

（2）士气高，生产率高（*B*线）：员工在群体中既获得了满足感，又体会到组织目标与个人目标相一致。

（3）士气低，生产率高（*C*线）：管理者采用严格的科学管理方式，强调物质条件和金钱刺激，但并不关心员工的心理需求，从而出现了士气低而生产率高的结果。

由此可见，高昂的士气虽不一定能够保证提高生产效率，但是要提高生产效率，士气高昂是必不可少的条件。

（四）群体士气与管理

管理者只有处理好士气与管理的关系，才能为提高生产率创造必要的条件。为此，管理者要做到：

（1）特别重视群体目标与组织目标的一致性。因为只有当群体目标与组织目标一致时，士气高才能提高生产率，否则，士气高并不一定带来高生产率。

（2）有积极向上的精神状态。这会影响和带动成员产生良好的工作情绪。

（3）尽可能满足员工的合理需要。如舒适的工作环境，合理的工作时间，有挑战性的工作，良好的人际关系，合理的经济报酬等，都会有助于提高群体士气。

（4）采取参与管理的方法，充分调动员工的积极性和创造性，有助于成员保持高昂的精神状态。

（5）加强培训，提高群体成员的素质。员工培训，既要加强思想教育，又要抓好知识教育和技能训练。要不断提高群体成员的认识能力，加深他们对群体目标与组织目标一致性的理解，提高群体成员间的心理相容程度，建立和谐的人际关系，促进群体士气高涨。

二、群体凝聚力

（一）群体凝聚力的概念

群体凝聚力是指群体对其成员的吸引力以及群体成员之间的吸引力。群体凝聚力是群体动力的重要来源。群体凝聚力这一概念类似于我们通常所说的群体团结力。但严格地说，这两个概念是有区别的，凝聚力是指群体内部的团结，可能出现排斥其他群体的倾向；而我们提倡的团结往往既包括群体内部的团结，也包括与其他群体的相互支持、相互协调的内涵。

群体凝聚力是维持群体存在、增强群体功能、实现群体目标的必要条件。如果没有凝聚力，一个群体就难以维持下去，甚至可能名存实亡。

一般认为，凝聚力强的群体有以下特征：

（1）群体成员间的意见沟通快，信息交流较频繁，内部人际关系融洽和谐，具有旺盛的活力。

（2）群体成员的归属感强，不愿离开自己的群体。

（3）群体成员愿意承担更多责任，关心群体，维护群体的荣誉和合法权益。

（二）群体凝聚力的影响因素

一个群体的凝聚力的强弱，主要与以下因素有关：

1. 群体规模

通常情况下，群体规模的大小与凝聚力的强弱成反比。群体规模太大，人数太多，容易产生意见分歧，削弱凝聚力；群体规模小，人数少，则容易达成一致，增强凝聚力。但群体规模也不能太小，否则，会失去平衡力量，难以化解矛盾。

2. 群体目标

群体目标对群体凝聚力的强弱和方向都有重要影响。从群体凝聚力的量的方面考察，目标明确并被群体成员广泛、自愿接受的群体，凝聚力可能强；反之，则可能弱。从群体凝聚力的质的方面考察，只有当群体自愿形成的目标与组织目标一致时，才能产生对提高工作效率有利的群体凝聚力。

3. 利益一致性

在一个群体中，成员之间的利益及成员个人利益与群体整体利益是否一致，对群体凝聚力的强弱有重要影响。当成员之间的利益一致，而与整体利益不一致时，群体凝聚力不可能增强。只有成员之间的利益一致，且成员的利益与群体整体利益一致时，群体的凝聚力才会真正有所增强。

4. 心理满足程度

群体成员个人需要的满足都有赖于群体。只有最能满足成员物质与精神需求的群体才最有吸引力，凝聚力也最强。

5. 领导方式

不同的领导方式对群体凝聚力有不同的作用。这里主要指的是企业班组这一层次的领导方式。与专制型领导方式的班组相比，民主型领导方式的班组成员间更友爱，思想更活跃，气氛更融洽，交往更频繁，因而凝聚力更强。

此外，群体内部的奖励方式、信息交流的方式以及群体成员的个性特征、兴趣和思想水平等都会影响群体的凝聚力。

（三）群体凝聚力与生产效率的关系

一般情况下，凝聚力强的群体比凝聚力弱的群体生产效率更高。但在实际生活中，凝聚力与生产效率之间的关系相当复杂。国外的研究表明，凝聚力与生产效率的关系取决于诱导情况和目标的一致性。

1. 诱导、凝聚力和生产效率的关系

社会心理学家沙赫特围绕群体凝聚力与诱导的关系对生产效率的影响进行了实验，结果如图 7—6 所示。他的实验进行了 32 分钟，分为两个阶段。前 16 分钟不加诱导，后 16 分钟施加诱导。诱导方式是让不同小组的成员相互写字条，正诱导的字条内容是要求加快小组生产进度，负诱导的字条内容是要求减慢生产进度。从图中可以看出，凝聚力不同及施以不同诱导的小组生产效率发生了明显变化。有四种情况：

第一种情况，强凝聚力的群体，加以正诱导，生产效率最高。

第二种情况，弱凝聚力的群体，加以正诱导，生产效率同样会提高。

第三种情况，弱凝聚力的群体，加以负诱导，生产效率会降低。

第四种情况，强凝聚力的群体，加以负诱导，生产效率比弱凝聚力、负诱导情况下更低，下降得更快。

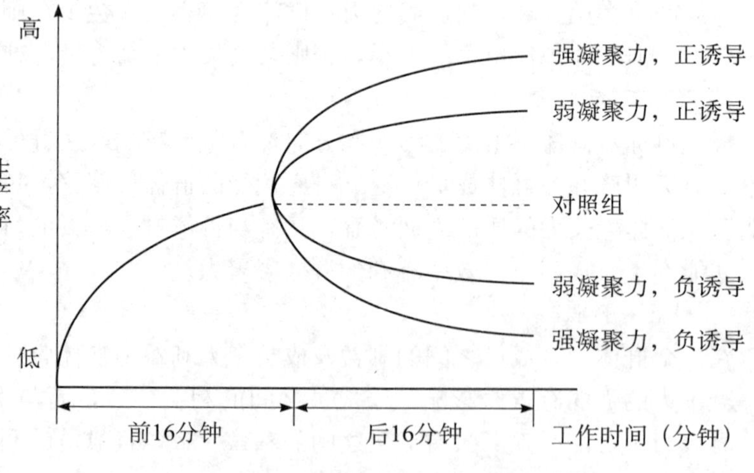

图 7—6　诱导、凝聚力和生产效率的关系

资料来源：袁凌：《组织行为学》。

2. 目标、凝聚力和生产效率的关系

图 7—7 展示了群体目标与组织目标一致程度不同以及凝聚力强弱不同对生产效率产生影响的四种情况。

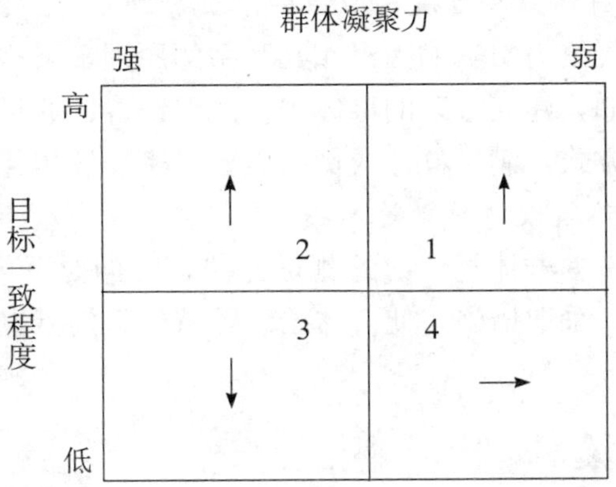

图 7—7　目标、凝聚力和生产效率的关系

(1) 在群体目标与组织目标一致程度高，但群体凝聚力弱的情况下，生产效率会有提高，然而一般不会达到群体凝聚力强时的水平。(1，↑)

(2) 在群体目标与组织目标一致程度高，群体凝聚力强的情况下，生产效率会相应提高。(2，↑)

(3) 在群体目标与组织目标一致程度低，群体凝聚力强的情况下，不仅不会促使生产效率上升，反而会导致生产效率下降。(3，↓)

(4) 在群体目标与组织目标一致程度低，群体凝聚力弱的情况下，群体凝聚力不会对生产效率产生直接影响。(4，→)

由此可见，并不是在任何情况下凝聚力强都有利于提高生产效率。只有在群体目标与组织目标一致的基础上，群体凝聚力强才有利于提高生产效率；否则，群体凝聚力强反而会使生产效率下降得更快。

(四) 群体凝聚力与管理

生产效率与群体的凝聚力有很重要的关系，只要群体目标与组织目标一致，施加的是正诱导，群体凝聚力强，就会提高生产率。为此，要提高群体的凝聚力，必须采取相应的管理措施。

1. 培养成员的群体意识

群体意识的形成有利于培养集体主义精神，建立良好的道德规范，对于人的行为产生潜移默化的教育作用，从而进一步调控群体成员的心理和行为，增强群体的凝聚力。在企业群体中，如何形成良好的群体意识？根据中国科学院心理研究所的调查分析，应具备以下四个条件：共同的目标和利益是形成群体意识的基础；合理的管理制度和奖励制度有利于群体意识的形成；自然形成的群众领袖是形成群体意识的重要条件；友爱是群体意识的纽带和群体行动的动力。所以，企业管理者要努力创造上述条件，促进企业员工群体意识的形成。

2. 加强对群体成员的教育和引导

管理者在培养群体意识的同时，必须加强对群体成员的教育和指导，及时克服可能出现的各种消极因素，这样才能使凝聚力成为提高生产效率的动力。

3. 运用多种途径和方法，增强群体凝聚力

根据群体凝聚力与影响因素相互联系的原理，采用多种途径和方法，提高群体的凝聚力。例如，建立合理的群体规模，保证群体的目标与群体成员利益一致，采用合理的领导方式，满足群体成员的需要，密切群体与外部的联系等。

4. 掌握群体凝聚力的测量方法

管理者要掌握群体凝聚力的测量方法，定期对群体进行测量，做到心中有数，及时发现问题，采取措施，使群体始终保持较强的凝聚力。

第4节　群体决策

一、群体决策的概念

决策，就是人们为达到预期目的，从若干行动方案中筛选出最优方案的过程，即人们常说的对某一件事情拿主意、想办法，作出合理选择的过程。

决策可以由个人作出，也可以由群体作出。由个人作出的决策属于个人决策，由集体作出的决策就是群体决策。在企业组织中，群体决策是指在管理者的主持下，就企业的重大问题进行集体讨论，作出最合理决定的过程。例如，企业的经营方针的确立、管理制度的重大改革、产品的更新换代、旧设备的处理及转产等问题，都需要经过群体决策。

二、群体决策的过程

群体决策没有固定的模式，但一般包括以下几个步骤：

（1）提出问题，明确决策的目标。决策的过程就是找出最好的解决问题的办法的过程。因此，首先要明确问题，即明确决策目标，包括对目标问题、时间限制、条件与数量有清楚的界定。只有问题清楚、目标明确，决策才能顺利进行。

（2）分析问题，研究一般原则。从各种不同的角度分析问题的性质，找出问题产生的原因。通过集体讨论，每个人充分发表自己的意见，形成统一的解决问题的原则。

（3）针对问题，每个人提出解决问题的途径和办法，形成解决问题的各种方案。

（4）归纳出几种可能被采用的方案，充分论证每一种方案的优缺点。

（5）根据多数人的意见，选择最佳方案作为集体决定。

三、群体决策的优势与局限性

（一）群体决策的优势

在企业组织中，群体决策的应用范围更广泛。与个人决策相比，群体决策的主要优点是：

（1）群体通过集思广益能够提供更丰富的信息和知识，并得到更多的投入。

（2）群体能够给决策过程带来异质性，使群体决策更周密、完善。

（3）增加了观点的多样性，为多种方法和多种方案的讨论提供了机会。

（4）提高了决策的可接受性。许多决策在制定后往往由于人们不愿意接受而难以执行。但是，如果那些可能受到决策影响的人和将要执行决策的人参与到决策过程中，就会更愿意接受决策，并鼓励别人接受决策。这样，决策就能获得更多的支持，执行决策的员工的满意度也会提高。

（二）群体决策的局限性

群体决策也有缺点，主要体现为：

（1）决策的时间太长。组织一个群体需要时间，而且群体产生之后，群体成员之间的相互作用往往效率很低，因此，群体决策所用的时间比个人决策所用的时间要多，从而限制了管理人员作出快速反应的能力。

（2）从众压力。群体成员希望被群体接受和重视的愿望可能会导致不同的意见被压制，使他们在决策时追求观点的统一。

（3）少数人控制。群体讨论可能会被一两个人控制，如果被低水平的成员控制，群体的运行效率就会受到不好的影响。

（4）职责不明确，群体成员对于决策结果共同承担责任，具体由谁对最后的结果负责却并不明确。对于群体决策，任何一个成员的责任感都会降低。

四、群体决策与个人决策的比较

群体决策和个人决策孰优孰劣？这取决于衡量决策效果的标准。

（1）决策的正确性。群体决策由于参与者众多，集中了大家的智慧和知识，能产生比较多的可供选择的方案，具有“错误—校正”的机制，因而一般比个人决策更正确，失误更少。

（2）决策的速度。群体决策的过程是群体成员一起对问题进行分析、讨论，并进而缩小分歧、达成一致的过程，这比个人决策所需的时间更多。

（3）决策的创造性。研究表明，个人决策具有较大的创造性。这是因为群体决策受不同意见与论点的约束，受群体成员害怕被认为愚蠢或被人笑话等心理因素的制约，很难使决策具有更大的创造性。因此，个人决策适合于工作结构不明确、需要创新的工作，群体决策则适合于任务结构明确、有固定的执行范围的工作。

（4）决策的风险性。研究表明，个人决策时，决策的冒险性取决于个人的气质、经历。群体决策时，若群体成员特别是领导者取于冒险，则决策会趋于冒险。若群体成员特别是领导者较保守，则其决策会趋于保守。冒险和保守是两种极端情况，对正确地作出决策都是不利的。

由此可见：就准确性而言，群体决策更准确，决策质量更高；就速度而言，个人决策优势更大；如果你认为创造性最重要，那么个人决策比群体决策更有效；如果你的标准是最终方案的可接受性，那么群体决策更优。

五、群体思维和群体转移现象

群体决策产生了两个副产品，即群体思维和群体转移。这两种现象可能潜在地影响群体客观地评估各种方案和形成高质量决策的能力。

（一）群体思维现象

1. *群体思维的概念*

群体思维是指群体迫于从众的压力而对不寻常的、少数人的或不受欢迎的观点无法得出客观的评价。群体思维会严重损害群体绩效。

很多人都有过这样的经历：在会议上、课堂里或非正式群体中，你很想说出自己的看法，但最终还是放弃了。这样做的原因可能是害羞，也可能是由于群体思维所致。这种现象一般发生在群体成员追求群体意见一致的情况下，群体中追求一致性的规范使群体无法采取行动来客观地评估待选方案，不落俗套的、少数人的和不受欢迎的观点难以充分地表达出来。群体思维现象是指由于群体压力的作用，导致个体的心智效率、对事实的认识和道德判断发生了变化。

2. *群体思维现象的症状*

（1）群体成员将对于他们所做假设的任何反对意见合理化，不管事实与他们的基本假设的冲突多么强烈，成员的行为都继续强化这种假设。

（2）群体成员对那些怀疑群体共同观点的人施加压力。

（3）那些怀疑共同观点的或持有不同看法的人往往保持沉默，以尽量避免群体观点不一致。

（4）如果某个人保持沉默，大家往往认为他表示赞成。

群体思维现象表明，如果个人的观点与处于控制地位的大部分群体成员的观点不一致，在群体压力下，他就可能屈从、退缩或修正自己的真实感情或信念。作为群体的成员，如果与群体保持一致，即成为群体中积极的一分子，比成为干扰力量更有利。

（二）群体转移现象

1. *群体转移的概念*

群体转移是指在讨论可选择的方案、进行决策的过程中，群体成员倾向于夸大自己最初的立场或观点。在某些情况下，谨慎态度占上风，形成保守转移。但是，在大多数情况下，群体容易向冒险转移。

群体讨论会进一步强化群体的最初观点。在群体讨论中，往往会出现这种现象，即群体讨论会使群体成员的观点朝着更极端的方向转移，这个方向是讨论前他们已经倾向的方向。因此，保守的会更保守，激进的会更冒险。

事实上，群体转移可以看作群体思维的一种特殊形式。群体的决策结果反映了在群体讨论过程中形成的占主导地位的决策规范。群体决策结果是变得更加保守还是更加激进，取决于在群体讨论之前占主导地位的讨论规范。

2. 群体转移的原因

对于为什么会出现群体转移现象，学者们看法不一。有些学者认为，在群体讨论中，群体成员之间更加熟悉，相处更加融洽，他们会变得更加勇敢和大胆。另一些学者认为，人们敬仰那些敢于冒险的人，群体讨论激励成员向别人表明自己愿意与同伴一起冒险。因为群体决策分散了责任，使得任何一个人都不必单独对最后的结果负责任——没有一个成员能够承担全部责任，即使决策失败。所以，群体决策会更冒险。

我们应该认识到，群体决策容易强化每个群体成员最初的观点，朝着更冒险的方向转移。群体决策转移究竟是更保守还是更冒险，取决于群体成员个人在讨论前的倾向。

六、群体决策方法

群体决策方法主要有脑力激荡法、名义群体法、德尔菲法和电子会议法。

1. 脑力激荡法

脑力激荡法旨在克服互动群体中产生的妨碍创造性方案形成的从众压力。它利用产生观点的过程，创造一种决策程序，在这个程序中，群体成员可以畅所欲言，不允许其他人对这些观点加以评论。

脑力激荡法的决策过程是：群体成员围坐在一张桌子旁，群体领导把问题说清楚，然后在给定的时间里，大家自由发言，尽可能地想出各种解决问题的方案，但是任何人都不得对发言者加以评价，所有方案都被记录下来，最后允许群体成员一起分析这些建议和方案。

2. 名义群体法

名义群体法可以在决策过程中对群体成员的讨论或人际沟通加以限制。像召开传统会议一样，群体成员都出席会议，但首先进行个人决策。具体方法是，在问题提出之后，采取以下几个步骤：

（1）群体成员聚在一起，在进行讨论前，每个群体成员写下自己对于解决这个问题的看法或观点。

（2）每个群体成员向群体中其他人说明自己的一种观点，所有的观点都被记录下来。

（3）每个群体成员独自对这些观点进行排序。最终的决策结果是排序最靠前、选择最集中的那个观点。

名义群体法的主要优点是，允许群体成员正式地聚在一起，但是不限制个体的思维。

3. 德尔菲法

德尔菲法是一种更复杂、更费时间的方法。它不需要群体成员聚在一起，其主要步骤是：

（1）提出问题，并向群体成员发放精心设计的问卷。

（2）每个群体成员采取匿名方式独立完成第一份问卷，提出可能解决问题的方案。

（3）对第一份问卷的结果进行整理。

（4）将整理的结果反馈给每一位成员。

（5）要求群体成员在看完整理结果之后，再次提出解决问题的方案。

（6）如果有必要，重复步骤三至步骤五，直到找到大家一致赞同的解决方案为止。

德尔菲法能够保证群体成员免受他人的不利影响，也可以使地理位置分散的群体成员参与到一个决策中。但是，这种方法要占用大量的时间，也无法像群体成员面对面讨论那样激发创见，因此不能提出丰富的解决方案。

4. 电子会议法

随着计算机技术日新月异的发展，电子会议应运而生。只要技术条件具备，电子会议法便可实施。群体成员围坐在桌子旁，每个人面前只需要一个计算机终端即可。问题通过会议室中的大屏幕呈现给与会者，每个人要把自己的意见输入计算机终端，个人的意见和投票结果也会显示在屏幕上。

电子会议法的主要优势是匿名、可靠和迅速。与会者可以采取匿名的方式把自己想表达的任何想法表达出来。与会者一旦把自己的想法输入键盘，所有的人都可以在屏幕上看到。因为没有闲聊，讨论不会离开主题，这种方法有利于迅速作出决策。

电子会议法也存在缺点。那些打字速度快的人，能够更好地表达自己的观点；提出最好方案的人得不到应有的奖励；采用这种方法所得到信息不如面对面沟通得到的信息丰富。

上述各种方法都有其优势与劣势。概括来说，脑力激荡法可以使群体压力降到最低，名义群体法有助于增强群体的凝聚力，德尔菲法能够使人际冲突趋于最小，电子会议法可以迅速处理各种观点。因此，哪一种决策方法最好，取决于用来评价群体决策效果的标准。

思考与讨论题

1. 群体的含义和基本特征是什么？
2. 影响群体行为的因素有哪些？
3. 简述群体规范的类型和功能。
4. 分析影响群体凝聚力的因素。

5. 分析群体凝聚力与生产效率的关系。

6. 结合实际案例论述如何选择最佳的决策方法。

随堂测验

授权意愿程度测试

使用下面的5级量表进行评判：1＝完全不同意，2＝不同意，3＝中立，4＝同意，5＝完全同意。

1. 对于大多数工作，我比下属完成得更快更好。
2. 我的大多数任务不能授权给下属。
3. 大多数下属没有能力完成我授权给他们的任务。
4. 如果把自己的一些任务授权给下属，我会觉得心里不舒服。
5. 因为我要对下属的失误负责，所以我尽量自己完成工作。
6. 假如下属执行很多我的任务，我自己可能变成一个不被需要的人。
7. 对下属的解释说明与培训指导要占用我大量的时间。
8. 下属的任务已经够多了，他们不可能再承担额外的任务。
9. 如果下属执行任务，我会显得平庸无能，从而被挤出圈外。
10. 在我把任务授权给下属之前，我需要了解任务的全部细节。

评分方法：你的得分应在10～50分之间，分数越高，表明你授权的可能性越小，也就是说，你赞同管理者不将任务授权给下属的某些理由。

案例研究

美国航天飞机失事的原因

2003年2月1日，载有7名宇航员的美国哥伦比亚号航天飞机在结束了为期16天的太空任务之后返回地球，但在着陆前发生意外，航天飞机解体坠毁，宇航员全部遇难。美国政府当日宣布成立事故调查机构。

据调查，一名曾在美国航空航天局（National Aeronautics and Space Administration，NASA）工作36年的前安全员唐·纳尔逊于2002年8月25日写信给时任总统布什，要求总统宣布推迟航天飞机发射时间，以“避免另一场灾难性的航天飞机事故”。在工作的最后11年间，纳尔逊承担着所有高级太空运输工程执行情况的评估工作，他还是哥伦比亚号航天飞机最初设计小组的成员，曾参加每架航天飞机的升级和改进工作。纳尔逊在信中说，“宇宙员的生命和我们的航天计划的未来一样不能被忽视”，并尖锐地指出，NASA和美国航天安全顾问团未能对日益明显的航天飞机安全隐患及时作出反应。

但布什没有看到这封信。美国白宫官员否决了纳尔逊提出的延期发射的要求。纳尔逊并没有气馁，2002年10月，他试图与NASA的管理机构取得联系，提出他认为亟待解决的问题，希望能得到NASA的重视。但结果令他非常失望，NASA同样拒绝听取他的意见。纳尔逊2月1日对媒体记者说，他认为哥伦比亚号坠毁事故正是NASA大多数高层领导“管理不善”造成的。

资料来源：王彬：《组织行为学》，大连，大连理工大学出版社，2007。

［讨论题］

1. 通过以上内容，你认为应当如何处理群体决策和个人意见的关系？
2. 哥伦比亚号航天飞机坠毁事故能否避免？为什么？
3. 纳尔逊的信件为什么得不到应有的重视？在NASA的决策中存在什么问题？
4. 你认为总统在哥伦比亚号事件中应该承担哪些责任？如何避免灾难再次发生？

第 8 章

信息沟通

内容提要

沟通是人们传递信息、增进了解、建立感情的基本途径。组织中的沟通包括组织内部沟通和组织外部沟通。本章主要讨论组织内部沟通，包括沟通的概念、沟通的方式和有效沟通。在本章的学习过程中，沟通的概念和沟通的方式是重点，如何提高沟通的有效性是难点。

第 1 节　信息沟通概述

一、信息沟通的概念

信息沟通是指人与人之间转移信息的过程，简称沟通。信息沟通应该包括两方面的含义：一是信息的传递，二是对信息的理解。信息沟通是一个人了解他人的思想、感情、见解、价值观的一种途径。一项研究报告显示，企业中的管理者在信息沟通方面所花的时间占全部工作时间的 50%～90%。

在组织中，每一项活动都与信息沟通有关。在组织内部，有员工之间的交流、员工与群体之间的交流、群体与群体之间的交流；在组织外部，存在组织与用户之间的交流、组织与组织之间的交流。信息沟通的一个显著特点是：该过程至少涉及两方，一方是信息发送者，另一方是信息接受者，单独一方是不可能进行信息沟通的。信息沟通的另一个特点是一定要有信息存在，并有一个转移信息的过程。打电话、写报告都是信息沟通的重要方式。但是如果打电话时对方听不懂，写的报告无人看，那么可以认为信息沟通没有发生。因此，信息沟通的关键是信息接受者是否接受、理解了信息，而不在于信息发送者是否发出了信息。

信息沟通主要有四种功能：控制、激励、情绪表达和信息传递。要使组织运行良好，就需要在一定程度上控制员工、激励员工，提供情感表达的手段，畅通信息沟通的渠道。

二、信息沟通过程模型

要实现信息沟通，就必须有一个信息发送者（即信息的来源）和一个信息接受者。信息首先转化为信号形式（即被编码），然后由信息发送者经过一定的沟通渠道传递给信息接受者（我们将这个沟通渠道称为载体），最后由信息接受者将接受的信号进行解码，转译为信息，这样信息就从一方传递给了另一方。这个过程可以用图 8—1 来简要描述。从该模型中我们可以看出，从信息发送者把信息转移到信息接受者，中间共有六个环节：确定概念、编码、传递、接受、译码和应用。

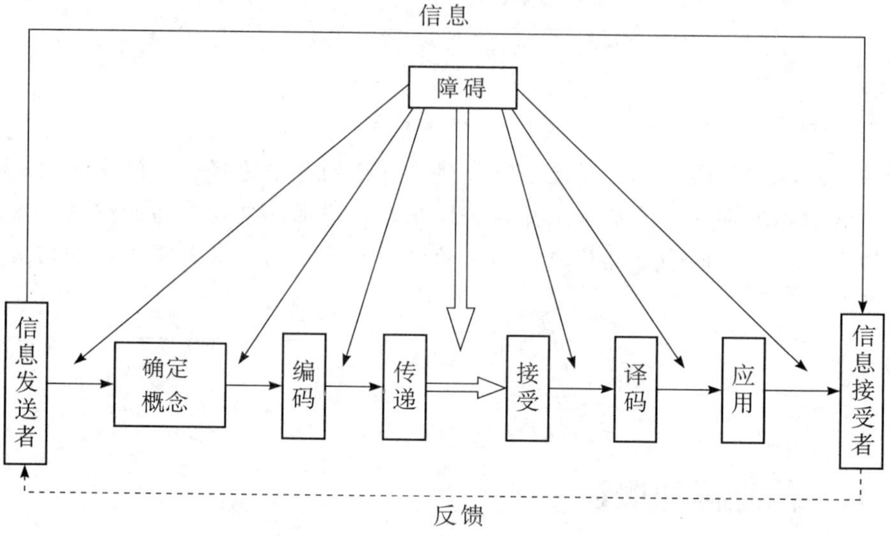

图 8—1　信息沟通过程模型

1. 确定概念

确定概念是指信息发送者清楚地意识到自己要传递什么信息。如果一个人把一些似是而非的概念、毫无价值的信息、自己也不甚了解的观点传递出去，那么，即使其他环节都畅通无阻，沟通的结果也不会令人满意，有时甚至会造成不必要的损失。

2. 编码

编码是指把要传递的内容转变成适当的信息符号，例如，把需要传递的内容转变成言语、文字、表情、图片、模型等信息符号。

3. 传递

信息发送者在传递信息时要选择适当的渠道，采用适当的方法，保证沟通渠道畅通无阻，尽可能减少干扰或阻碍。这样，信息发送者发出的信息才可能引起信息接受者的注意，被信息接受者接受。

4. 接受

如果传递的信息无人接受，或者只接受了一小部分，那么信息就有损失。在此环节之中，需要信息接受者增强主观能动性，寻找正确的渠道，提高自己的接受能力，尽可能完整地接受传递过来的信息。

5. 译码

信息接受者接受到信息后不一定理解，要理解信息就必须译码。例如，从美国发来一份电传，是用英文写的，如果我们不懂英文，又没人翻译，就无法理解电传的内容。因此，虽然我们收到了信息，但仍会由于不能译码而造成信息沟通中断。另外，理解只可能存在于信息接受者的内心世界。一个信息发送者可以强迫对方接受信息，但是无法强迫对方理解信息，信息接受者对信息可能理解，也可能不理解或错误理解。因此，管理者在进行信息沟通时一定要经常检查对方是否正确地理解了信息，即译码是否正确。一种简单的方法就是请对方复述接受到的信息的内容。

6. 应用

应用是指信息接受者对信息应有所反应。有的反应是内在的，有的反应是外在的；有的反应是即时的，有的反应是延续的。有些反应暂时观察不到，需要与译码错误区分开来。

三、信息沟通过程的影响因素

（一）信息沟通环节的障碍

根据信息沟通过程模型，我们可以知道，在每一个环节中都可能出现障碍。因此，几乎没有一次沟通的信息是100%从信息发送者转移到信息接受者的。下面我们来分析一下各个环节中的障碍。

（1）在确定概念环节主要有以下障碍：信息发送者沟通动机不强、信息发送者本身对概念的认识模糊不清、信息发送者准备时间太仓促，等等。

（2）在编码环节主要有以下障碍：运用错误的编码形式、编码的信息符号不清楚、编码的信息符号有多种含义，等等。

（3）在传递环节主要有以下障碍：传递信息的渠道不正确、外界干扰太多、传递方式不能引起兴趣、传递的信息无意义、传递工具失灵，等等。

（4）在接受环节主要有以下障碍：接受能力太差、未发现正确的渠道、对信息不感兴趣，等等。

（5）在译码环节主要有以下障碍：不能译码、虽然能译码但不愿理解信息、双方对同一概念有不同的理解、企图歪曲信息，等等。

（6）在应用环节主要有以下障碍：反应引起误解、表面反应和真实反应不一致，等等。

（二）信息发送者

信息发送者是影响信息沟通的一个重要因素，导致沟通障碍的原因主要有：

（1）缺乏沟通意愿。有些信息发送者缺乏强烈的沟通意愿，当出于某种原因而不得不进行沟通时，他们会含糊其辞，在各个环节中制造障碍，以致影响沟通效果。

（2）缺乏沟通技能。有些信息发送者很想沟通，但是不知道该如何沟通。他们不知道如何确定概念、如何选择恰当的渠道、如何编码、如何吸引信息接受者、如何排除各种干扰，因此导致沟通无效。

（3）不注重信息反馈。有些信息发送者很注重信息的传递，但是忽视了信息的反馈。他们不知道信息接受者接受信息的程度如何，结果使信息沟通的效果大打折扣。

（三）信息接受者

信息接受者也会影响信息沟通，导致沟通障碍的原因主要有：

（1）对信息不感兴趣。有许多信息，信息发送者认为是很有必要让信息接受者知道的，可是信息接受者并不这样认为。这种认识上的差异导致信息接受者被动地接受信息，结果令人失望。

（2）对信息发送者不认同。有些信息接受者对信息发送者有抵触情绪，往往认为“狗嘴里吐不出象牙”，本能地拒绝接受不喜欢的信息发送者传递的信息，以致传递的信息大量丢失。

（3）不主动反馈信息。有些信息接受者已接受到信息，也理解了信息，但是不通过行为或其他形式加以反馈，使信息发送者不知道沟通效果，从而影响进一步的信息沟通。

（4）缺乏接受技能。有些信息接受者出于种种原因，不知如何寻找恰当的沟通渠道来接受信息；即使接受了信息也不会译码，以至于不理解信息实质，影响了信息沟通的效果。

四、信息沟通的类型

（一）垂直沟通、水平沟通与斜向沟通

根据信息沟通时信息流动方向的不同，可以将信息沟通分为垂直沟通、水平沟通和斜向沟通。

1. 垂直沟通

垂直沟通有下行沟通和上行沟通两种情况。下行沟通是指在组织中信息从较高层次流向较低层次的一种沟通。在组织的正式群体中，这种下行沟通最常见。例如，发布指令、下达文件、口头警告、表扬先进、电话通知，等等。下行沟通不仅仅指管理层的信息流向操作层的一种沟通，实际上许多下行沟通发生在管理层。在传统的直线型组织结构中，下行沟通特别盛行。

上行沟通是指在组织中信息从较低层次流向较高层次的一种沟通。通过上行沟通，管理者可以了解下级员工的需求和愿望，也可以知道下行沟通的效果以及各种指示的执行结果，还可以获得许多有利于决策的建议、意见、观点等。因此，在组织中，上行沟通是必不可少的。管理者应该选择多种渠道，使上行沟通畅通无阻。

2. 水平沟通

当沟通发生在同一工作群体的成员之间、同一等级的工作群体成员之间、同一

等级的管理者之间以及任何等级相同的人员之间时，我们将它称为水平沟通。

既然组织中的垂直沟通十分有效，为什么还需要水平沟通呢？原因在于，水平沟通在节省时间和促进合作方面是十分必要的。在某些情况下，这种水平沟通是上级规定的，但大多数情况下，它是为了简化垂直方向的交流，加快交流速度而产生的非正式沟通。因此，从管理者的角度看，水平沟通既有有利的一面，也有不利的一面。如果所有的沟通都严格遵循正式的垂直结构，则会影响信息传递的时效性和准确性，在这种情形下，水平沟通更有效，它们会得到上级的理解和支持。但是在有些情况下，水平沟通会产生功能失调的冲突，例如，当正式的垂直沟通渠道受到破坏、员工越过或避开他的直接领导行事以及上司发现员工所采取的措施或作出的决策事先并不知道时，水平沟通就会导致冲突。

3. 斜向沟通

斜向沟通是指在组织中，信息不在同一部门、同一层次之间流动的一种沟通。一般来说，在组织中，垂直沟通最为普遍，水平沟通和斜向沟通是垂直沟通的补充。

由于斜向沟通脱离了正式群体的沟通渠道，因此，为了避免或消除不良影响，在运用这种沟通方式时要注意：一是在沟通前，尽可能先得到直接上级的允许，这里的直接上级有时是指自己的上级，有时是指对方的上级；二是在沟通后，尽快把沟通结果向直接上级汇报。

（二）双向沟通与单向沟通

根据信息沟通中反馈信息的多少，可以将组织中的沟通分为双向沟通和单向沟通。

1. 双向沟通与单向沟通的概念

双向沟通是指一类反馈信息较多的信息沟通，例如讨论会、面谈，等等。在双向沟通中，信息发送者可以检查信息接受者是否接受到信息、是否理解了信息；信息接受者可以了解自己接受的信息是否完整，也可以要求信息发送者进一步传递信息。单向沟通是指一类反馈信息较少的信息沟通，例如电话通知、书面指示，等等。

2. 双向沟通与单向沟通的比较

对双向沟通与单向沟通可以从多方面进行比较（如表 8—1 所示）。

表 8—1　　双向沟通与单向沟通的比较

项目	双向沟通	单向沟通
沟通速度	慢	快
沟通内容的准确性	高	低
工作秩序	差	好
信息发送者的心理压力	大	小
沟通前的准备工作	较不充分	较充分
沟通时需要的应变能力	较强	较弱
对促进人际关系是否有利	较有利	较不利
沟通时的群体规模	较小	较小
信息接受者接受信息的把握	大	小

3. 双向沟通与单向沟通的运用

在组织中，双向沟通与单向沟通各有不同的作用，要根据组织情景的要求以及一些沟通原则选择相应的沟通类型。

（1）适合运用双向沟通的情形：1）要求信息接受者接受的信息准确无误；2）重视人际关系；3）处理新问题；4）进行重大决策；5）信息发送者有足够大的权威；6）信息发送者相当自信。

（2）适合运用单向沟通的情形：1）强调工作速度；2）强调工作秩序；3）执行例行公事；4）应对大群体的信息沟通；5）信息发送者缺乏足够大的权威；6）信息发送者较缺乏自信。

（3）促进双向沟通的关键。在现代企业中，管理者越来越重视双向沟通的作用，主要是因为双向沟通更有利于改善人际关系，更能激发员工的主人翁精神，更有利于企业的发展。

（三）书面沟通与口头沟通

根据传递信息的工具不同，可以将信息沟通分为书面沟通和口头沟通。

1. 书面沟通与口头沟通的概念

书面沟通是指以文字作为传递信息工具的沟通，例如报表、文件、电传、书信、电子邮件，等等。口头沟通是指以语言作为传递信息工具的沟通，例如开会讨论、演讲、汇报工作、打电话，等等。

2. 书面沟通与口头沟通的比较

对书面沟通与口头沟通可以从多方面进行比较（如表8—2所示）。

表8—2　书面沟通与口头沟通的比较

项目	书面沟通	口头沟通
权威性	较高	较低
信息正确性	高	低
信息保存时间	长	短
信息内容	较详尽	较简单
对促进沟通双方的关系是否有利	较不利	较有利
对促进双向沟通是否有利	不利	有利
弹性	较小	较大
效率	较低	较高
应用	较复杂	较简单
受各方面制约	较多	较少
借助其他渠道的难度	较大	较小

第2节　人际沟通

一、人际沟通的概念

人际沟通（interpersonal communication）是指人与人之间的信息和情感相互传递的过程。这种沟通通常是在非正式的、不规则的环境中，发生在两人或者多人之间。人际沟通是一切沟通的基础，一项对《财富》500 强公司中的 191 名总经理的调查发现，对于这些主管来说，导致失败的最主要原因是缺乏人际交往技能。

人际沟通是一种过程，它由信息发送者—信息接受者、信息、渠道、噪音、反馈和环境等六大要素构成。图 8—2 描述了所有这些要素是如何共同发挥作用的。

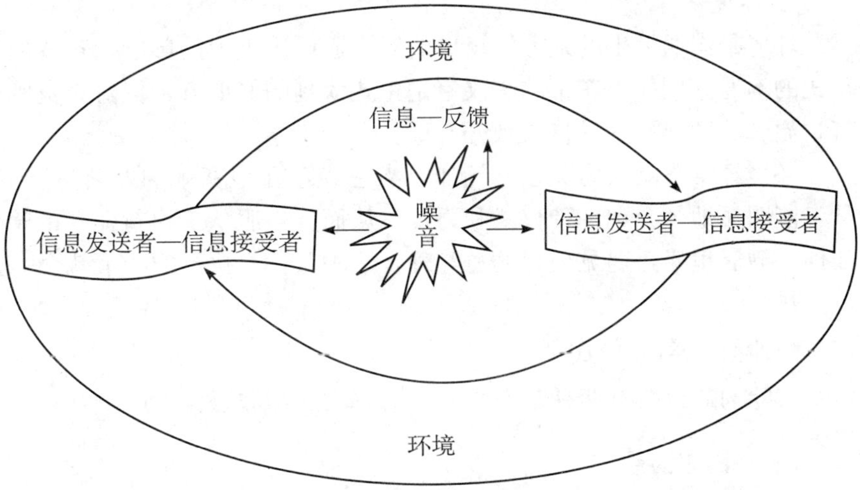

图 8—2 人际沟通的要素

资料来源：Gersick，C. Time and Transition in Work Teams：Toward a New Model of Group Development，*Academy of Management Journal*，1998（31）：9－41.

下面简要介绍反馈、噪音和环境这三个要素。

1. 反馈

反馈是信息发送者—信息接受者相互间的反应。你给我讲一个笑话，我付之一笑，这就是反馈。由于反馈让沟通的参与者知道思想和情感是否按他们计划的方式来分享，因此对于沟通是至关重要的。面对面的信息发送者—信息接受者有大量的反馈计划，这使我们有机会知道他人是否理解并领会信息所传达的意思。例如，辅导小孩的教师，能很容易地通过孩子的面部表情发现他是否有疑惑或不满，也能通过他坐立不安和注意力分散的表现察觉到他已开始厌烦。然而，在一个报告厅中，演说者是很难从听众那里得到这种反馈的，他能看到的是听讲者注意力是否集中，或是否在打瞌睡。总之，交流中涉及的人越少，反馈的机会越大。

2. 噪音

噪音是准确理解或解释信息的障碍。噪音发生在信息发送者与信息接受者之间，它可分为三种形式：外部噪音、内部噪音和语义噪音。

外部噪音来自环境，它阻碍接受者听到或理解信息。例如，当车间主任在一线给工人现场布置任务时，轰鸣的机器声可能会影响工人对信息的接受。

内部噪音发生在信息发送者—信息接受者的头脑中，这时他们的思想和情感集中在沟通以外的事情上。例如，一个学生因正在考虑周末的聚会而没认真听讲；丈夫因考虑工作中的一个问题而没将注意力集中在正向他抱怨的妻子身上。信念和偏见也会造成内部噪音，例如小赵不相信女性可以成为好的管理者，当他的女上司要求他做某些事时，他经常不认真执行。

语义噪音是由人们对词语情感上的反应引起的。许多人不喜欢使用亵渎语言的演说者，因为这些词语是对他们的冒犯。语义噪音像外部噪音和内部噪音一样，会干扰全部或部分信息。

3. 环境

环境是沟通发生的地方。环境能对沟通产生重大的影响，正式的环境适合进行正式的沟通。例如，庄重的会议室是正式谈判的好地方，但对小范围的深入交谈而言，温馨的茶吧更容易让人敞开心扉。

环境经常影响权力关系。例如，当总经理在他宽敞的办公室召见某位员工时，员工能明显地体会到一种权威和力量，从而产生服从、执行命令的暗示。但是，假如你在酒店里碰巧遇见公司的总经理，这种服从、执行的暗示就会大大减弱。

二、人际沟通的方式

人际沟通一般有两种基本方式：语言沟通和非语言沟通。

（一）语言沟通

语言沟通最常见的方式包括：

1. 口头方式

口头方式是沟通的主要形式，发言、正式的一对一的讨论、群体讨论、非正式的会议和小道消息的传递采用的都是口头形式。我们每天与别人进行交流时，大多数时间都是在进行口头交流。口头沟通的优点是：信息传递快捷、反馈及时，语言信息的发出和反馈几乎是同时进行的，如果信息接受者有疑问，信息发送者能及时接受到反馈并迅速给予更正。但是，口头沟通也存在一些缺点，主要是：参与信息传递的人越多，第一个信息发送者的意思被曲解的可能性就越大。因为每个人都是按照自己的方式进行理解，再传递他理解后的信息，所以当这个信息传递到最终的信息接受者时，其内容很可能已经被曲解了。在一个组织中，当信息通过各级口头传达时，很容易被曲解。

2. 书面方式

书面方式需要采用备忘录、电子邮件、传真、组织的刊物，张贴于布告板上的通知，或者其他通过文字或符号来传达信息的工具。之所以采用书面的沟通方式，是因为它具体而且直观。一旦对信息的内容有疑问，非常容易查询，这个特点对传递冗长而复杂的重要信息尤为重要。比如，新产品的营销计划通常包括许多任务，将它们形成文字后，在计划的执行过程中，计划的制定者可以很容易地随时查询。书面沟通最重要的优点在于沟通过程本身。与口头沟通相比，书面沟通在用词上更谨慎。在用文字方式传递信息时，需要更深入全面地思考将要传递的内容，因此，书面沟通更全面，更有逻辑，也更清晰。但是，书面沟通也有缺点：需要的时间长，例如，一小时的交谈传递的信息远比用一小时写出来的内容多；不能及时反馈。

（二）非语言沟通

许多有意义的信息并不通过语言文字传递，通常采用的是非语言沟通方式。比如，在你满脸怒气地告诉别人某件事时，脸上的表情会告诉别人你在生气；当大家在议论一个令人高兴的消息时，每个人都会露出高兴的表情。显然，若不考虑这种非语言沟通，对沟通的讨论是不全面的。非语言信息包括身体动作、语言的声调和重音、面部表情以及信息发送者和信息接受者之间的身体距离。非语言沟通中最常见的媒介是肢体语言和语调。

1. 肢体语言

肢体语言包括手势、面部表情和其他身体动作。研究肢体信息的学科被称为"肢体语言学"，研究手势、面部表情、身体动作。但它是一个相对年轻的领域，更多的是推测而没有科学研究的证据。许多这方面的专家认为，身体的每一个动作都有一种含义，没有一种动作是偶然发生的（如表 8—3 所示）。

表 8—3　　非语言信息的内容及其典型含义

内容	典型含义
目光接触	友好、真诚、自信、果断
不进行目光接触	冷淡、紧张、害怕、说谎、缺乏安全感
挠头	迷惑不解、不相信
咬嘴唇	紧张、害怕、焦虑
踮脚	紧张、不耐烦、自负
双臂交叉在胸前	生气、不同意、防卫、进攻
抬一下眉毛	怀疑、吃惊
眯眼睛	不同意、反感、生气
鼻孔张大	生气、受挫
手抖	紧张、焦虑、恐惧
身体前倾	感兴趣、注意
懒散地坐在椅子上	厌倦、放松
摇椅子	厌倦、自以为是、紧张
躬身坐着	缺乏安全感、消极

面部表情主要可以分为八类：感兴趣—兴奋、高兴—喜欢、惊奇—惊讶、伤心—痛苦、害怕—恐惧、害羞—羞辱、轻蔑—厌恶、生气—愤怒。一般认为，眼睛是面部表情中最善于传递信息的部分，有人认为嘴巴附近的肌肉表现出来的含义也不少。

肢体语言是由个体的四肢运动引起的，也可以传递许多信息。肢体语言包括在沟通时四肢的活动和肢体的位置。握手是肢体语言中最常见的一种。其他肢体语言包括：目光接触，表示愿意进行沟通；小心地坐在椅子边上，表示有点焦虑和紧张；紧靠坐椅、双臂交叉，表示不愿意再继续下去了。肢体语言多种多样，在沟通时要多加注意。

2. 语调

语调是指个体对词汇或短语的强调。例如，学生问教师一个问题，教师反问道："你这是什么意思?"反问的语调不同，学生的反应也不同。轻柔、平稳的语调与刺耳尖利、重音突出的语调所产生的意义完全不同。大多数人会觉得第一种语调表明某人在寻求更清楚的解释，第二种语调则表明了此人的攻击性或防卫性。

对于信息接受者而言，注意信息发送者非语言方面的表现非常重要。一项研究表明：在口头交流中，信息的55%来自面部表情和身体姿态，38%来自语调，仅有7%来自词汇。信息接受者应该特别注意，语言沟通方式和非语言沟通方式所传递的信息可能不一致。例如，你的上司可能会说，他有时间和你讨论紧迫的债务问题，而你可以观察到非语言暗示，现在不是讨论这个问题的时候；不管所说的内容是什么，一个经常看手表的人发出的信息是想停止谈话。当我们用语言表达信任的感情时，我们的动作却有可能传递了"我不信任你"这一矛盾的信息，从某种意义上说，非语言信息更为真实。

3. 沟通双方的身体距离

距离近（与人们普遍认为的适当距离相比）表示有侵略性，距离远则意味着没有兴趣或不高兴。但是空间距离是否合适很大程度上取决于文化标准。例如，在一些欧洲国家被认为是正常的商业交往的距离，在北美却被认为是表示亲密，在亚洲则被认为是表示疏远。

知识卡片 8—1

演讲时的姿态和手势

- 身体站直，让颈背紧紧贴着衣领。
- 不要玩弄你的衣服、首饰或其他东西，因为这样会使听众分散对你的注意力，并且会给人一种懦弱而缺乏自我控制的印象。你必须以静止的姿态站着，控制你的身体，给人泰然自若的感觉。
- 让双手自然地下垂于身体的两侧，因为这样不会受到听众的注意，而且能自然不受妨碍地作出各种强调的手势。
- 做手势时要注入生命的活力，融合当时的感觉，使其显得自然；唯一有价值的手势就是你习惯使用的那种。

三、人际沟通的障碍

1. 选择性知觉与信息过滤

在沟通过程中，信息接受者会根据自己的需要、动机、经验、背景及其他个人特点有选择性地去看或去听信息。解码时，信息接受者会受到自己的兴趣和期望的影响。例如，如果一名面试主考官认为女员工总是将家庭放在事业之上，那么他会对所有的女性求职者带有偏见。

过滤（filtering）是指信息发送者有意操纵信息，以使信息显得对信息接受者更为有利。例如，如果一名管理者告诉上级的信息都是上级想听到的东西，这名管理者就是在过滤信息。过滤是一种较普遍的现象。与其他引起信息失真的障碍（如语义问题、情绪问题等）相比，过滤的不同之处在于，它是“有意地操纵信息”，其他障碍则是无意的或下意识的。一般来说，过滤的主要决定因素是组织结构的层级数目和企业文化。组织纵向层级越多，过滤的机会就越多。组织文化是否鼓励过滤往往取决于它的奖励制度，如果企业的奖励更多地注重形式，就会有更多的管理人员从他们的利益出发来加工信息；如果企业奖励说实话者，并惩罚说假话者，过滤就会大为减少。

2. 情绪感受与语言障碍

在接受信息时，信息接受者的情绪感受也会影响他对信息的判断。一个人在愤怒和暴躁时对所接受的信息的解释，与他在快乐时对相同信息的解释常常会有所不同。极端的情绪体验（如狂喜和悲痛）更可能影响沟通的效果。在这种状态下，常常使我们无法进行客观而理性的思维活动，而代之以情绪化的判断。

年龄、受教育程度和文化等三个因素影响着一个人的语言风格以及他对词汇的界定。对于同一个组织中来自不同背景的员工而言，同一词汇可能有不同的含义。语言造成沟通障碍的原因主要有三个方面：一是语音差异。二是语义不明。了解每个人如何修饰语言将会极大地减少沟通障碍，但问题是组织中的成员常常不知道他所接触的其他人与自己的语言风格不同，往往认为自己的词汇或术语能够被其他人恰当地理解，但这通常是不正确的，而且会导致不少沟通问题。三是专业术语，“行话”常常会让外行听得不知所云。

3. 地位影响与个性障碍

地位影响这种障碍是由于上下级在组织中所处的相对地位不同引起的。在组织中，往往通过办公室的位置及陈设、在职消费的水准来显示领导层的地位，强化其权威。但是过分强调地位会使下级更明显地感到差距，从而加深上下级相互之间沟通的鸿沟。

不同的个性倾向和个性心理特征会对沟通产生不同的影响。一般来说，性格外向、坦诚、率真的人易于沟通，而内向、含蓄的人相对较难沟通。“气味相投”、个性相似的人在一起，通常能较好地进行沟通；相反，个性不同的人之间的沟通容易出现障碍，正所谓“话不投机半句多”。

4. 文化背景与性别差异

文化背景是指沟通者长期的文化积淀，也是沟通者较稳定的价值取向、思维模式、心理结构的总和。文化包括每一个人的沟通过程，包括每一个沟通环节。在一个组织内，文化背景接近的成员较容易沟通，文化背景有差异的成员则易出现沟通障碍。

性别的差异也会导致沟通的障碍。有研究表明，男性用谈话强调状态，而女性通过谈话建立联系。也就是说，男性的听和说表示一种状态和独立，而女性的听和说表示一种亲密和联系。因此，对于许多男性而言，谈话是在等级社会保持独立和地位的一种方法；对于许多女性而言，谈话是获得支持和肯定的一种谈判方式。

还有很多影响沟通的因素，如所处的环境、聆听的习惯、沟通气氛等，但这些只是影响人际沟通的次要因素。

四、人际沟通技能的开发

管理者是通过别人来完成工作的，因此，领导才能、沟通技巧及其人际交往技能是有效管理的前提。

（一）倾听技能开发

作为一名听众，应该具备良好的倾听能力。倾听不同于听——听主要是接受振动的声波，倾听则是弄懂听到的内容的意义，它要求对声音刺激予以注意、解释和记忆。

有效的倾听是积极主动的而非被动的。在被动倾听中，你如同一台录音机一样接受传递给你的信息。积极的倾听则要求你从说话者的角度来理解信息。积极倾听有四项基本要求：专注、移情、接受和对完整性负责的意愿。有效倾听通常表现出以下行为：

1. 使用目光接触

当你在说话时对方却不看你，你的感觉如何？大多数人将其解释为冷漠和不感兴趣。与说话者进行目光接触可以使你集中精力，减少分心的可能性，并能鼓励说话者。

2. 避免分心的举动或手势

有效的倾听者会对所听到的信息表现出兴趣，主要是通过非语言信号，如赞许性点头、恰当的面部表情与积极的目光接触等。表现出感兴趣的另一种做法是避免那些表现出走神的举动。在倾听时，注意不要有以下动作：看表、心不在焉地翻阅文件、拿着笔乱写乱画等，这会使说话者感觉到你很厌倦或不感兴趣。另外，这也表明你并未集中精力，因而很可能会遗漏一些说话者想传递的信息。

3. 提问与复述

批判型的倾听者会分析自己听到的内容，并提出问题。这一行为保证了倾听者对问题的理解，并使说话者知道你在倾听。复述是指用自己的话重述说话者所说的内容。这样做的好处有两个：一是监控你是否认真倾听，如果倾听者走神了，就肯定不能准确地复述出完整的内容；二是检验你理解的准确性，如果能用自己的语言复述说话者所说的内容并将其反馈给说话者，就表明自己已经理解了。

4. 不要多说

在你作出反应之前，先让说话者讲完自己的想法，避免中途打断。大多数人乐于畅谈自己的想法而不是聆听他人说话，很多人之所以倾听，仅仅是因为这是能让别人听自己说话的必要付出。尽管说话可能更有乐趣，而沉默使人不舒服，但我们不可能同时做到听和说。一个好的听众知道这个道理，因此不会多说。

5. 使听者与说者的角色顺利转换

在报告厅听讲的学生可能比较容易在头脑中形成一种有效的倾听结构，因为此时的沟通完全是单向的，教师在说而学生在听。但“教师—学生”这样的双向固定角色并不典型。在大多数工作情境中，听者和说者的角色会不断转换。有效的倾听能够使从说者到听者，以及从听者再回到说者的角色转换十分顺畅。因此，倾听者要全神贯注地听说者所要表达的内容，而不是去想自己接下来要说的话。

知识卡片 8—2

职场沟通的小窍门

女性如何在职场上与男性有更佳的沟通：

- 只在男性要求时提出劝告，而且最好私下做这件事。
- 说话时肯定而有自信，同时提高音量。
- 避免过多地谈论问题，应侧重如何解决问题。
- 避免漫无边际的闲聊，直接切入中心。
- 不要太在意批评。

男性如何在职场上与女性有更佳的沟通：

- 女性跟你说话时要全神贯注地聆听。
- 犯错误时道歉。
- 不要打断女性说话，或者替她们把话说完，或者贬低她们的想法。
- 举例时不要总是提及运动和战争。
- 聆听，聆听，再聆听。

（二）反馈技能开发

无论是管理者还是被管理者，对积极反馈的感知都比对消极反馈的感知更快更准。而且，积极反馈几乎总是得到接受，消极反馈则往往遭到抵制。有研究表明，当消极反馈的来源可靠或形式客观时，较容易被接受。下面是使反馈更加有效的几个技巧：

1. 强调具体行为

反馈应具体化而不是一般化。要尽量避免诸如“你的工作态度很不好”或“你的出色工作给我留下了深刻的印象”这样的陈述，因为这样的陈述过于模糊，所提供的信息并没有告诉信息接受者哪些方面有待改进，是以什么为基础来判定他完成了“出色的工作”的。

2. 把握反馈的良机

信息接受者的行为与获得对该行为的反馈相隔时间越短，反馈就越有意义。例如，当新员工犯了一个错误时，他最好在错误出现之后或在一天工作结束时从主管那里得到改进的建议，而不是等到几个月后的绩效评估阶段才获得。如果你需要花时间重新回想当时的情境和让他人恢复记忆，那么你所提供的反馈很可能是无效的。

3. 使反馈指向目标

在信息反馈过程中，如果你不得不说一些消极的内容，应确保其指向信息接受者的目标。因此，在说话之前，首先问问自己到底希望通过反馈帮助什么人或促进什么事。

4. 使反馈对事不对人

反馈，尤其是消极的反馈，应是描述性的而不是判断或评价性的。无论你多么失望，都应使反馈针对具体的工作，永远不要因为某一不恰当的活动而指责个人。说某人“很笨”、“没能力”等常常会导致相反的结果：激起极大的情绪反应，使工作上的错误反而被忽视。当你批评别人时，记住你指责的是工作相关行为，而不是个人。

5. 使消极反馈指向信息接受者可控制的行为

让他人记住那些自己无法左右的缺点毫无意义，消极反馈应指向信息接受者可以改进的行为。比如，责备员工因为忘记给钟表上闹铃而上班迟到是有价值的，但是如果员工是因为地铁出了故障而迟到，责备他是毫无意义的，因为这种情况不是他自己可以改变的。

（三）授权技能开发

授权是指将直线权力授予其他人以完成特定的活动。也就是说，将决策的权力从组织中的一个层级移交给更低的层级。授权并不等于放弃权力，而应该做到“恰当地授权”。授权时必须清楚地阐明下属应该做的具体工作、行使自主权的范围、应该达到的绩效水平、完成任务的时限等。具体而言，应该做到以下几点：

1. 分工明确

首先应确定授权的内容是什么以及授权给谁，你需要选择一个最有能力完成任务的人，然后确定他是否有时间和动力从事此项工作。

2. 具体指明下属的权限范围

每一项授权活动都与限制相伴随，你下放的是用于某项工作的权力，而不是无限制的权力。你下放的是在某些条件下处理问题的权力，因此，你需要明确指出这些条件是什么，使下属清楚地知道他们的权限范围。

3. 通知其他人授权已经发生

授权不应在真空中进行，不仅管理者和下属需要明确知道授予了什么权力以及下放了多大的权力，而且应告知与授权活动有关联的其他人，包括组织内外人士。尤其需要通报的是授权的内容（任务与权力大小）以及授权给谁。不通知其他人很可能会造成冲突，并且会降低下属成功完成所交付任务的可能性。

4. 允许下属参与

确定完成某项工作必须拥有多大权力的最好办法是，让负责此项任务的下属参与该决策。但要注意，参与本身也存在一系列潜在问题，它会使下属在评估自己的能力时过分夸大和带有偏见。一些下属的人格特点可能倾向于扩大自己的权力，使其超出需要或能力所及的范围。让这种人过多地参与他们将要执行什么工作以及完成工作需要多大权力的决策，会降低授权工作的有效性。

5. 建立反馈控制机制

仅有授权而不实施反馈机制会招致许多麻烦，最有可能出现的问题是下属滥用他所获得的权限。建立控制机制以监督下属的工作进程，既增加了及早发现重大问题的可能性，又能保证任务按时和按预期的要求完成。为此，首先要对任务完成的具体时间达成一致，然后确定进度安排，并要求下属汇报工作进展情况以及遇到的主要困难。控制机制还可以通过定期抽查得以完善，以确保下属没有滥用权力，执行了组织政策，符合适当的工作程序等。

第 3 节　组织沟通

一、组织中的正式沟通网络

组织沟通是指存在于组织中的信息沟通。组织沟通包含人际沟通，有自己的特点。组织沟通的重点是沟通网络建设与管理。沟通网络（communication networks）是指信息流动的通道，这种通道可能是正式的，也可能是非正式的。正式的沟通网络一般是垂直型的，它遵循权力系统，且只进行与工作相关的信息沟通。非正式的沟通网络常常传播小道消息，它可以自由地向任何方向运动，并跳过权力等级，在促进任务完成的同时，也能满足群体成员的社会需要。

美国斯坦福大学教授、著名管理学和心理学家莱维特曾在实验条件下对各种沟通网络进行研究。他在实验中用几块隔板把被试者隔开，隔板上有若干小洞。被试者不能说话，只能通过传递纸条来交流信息。隔板上的小洞可以根据实验的需要改变数量和布局。这样，实验者就可以对群体中不同的沟通结构进行比较研究。莱维特通过实验，提出了五种不同的沟通网络：链式、环式、轮式、全通道式和 Y 式（或倒 Y 式），如图 8—3 所示。

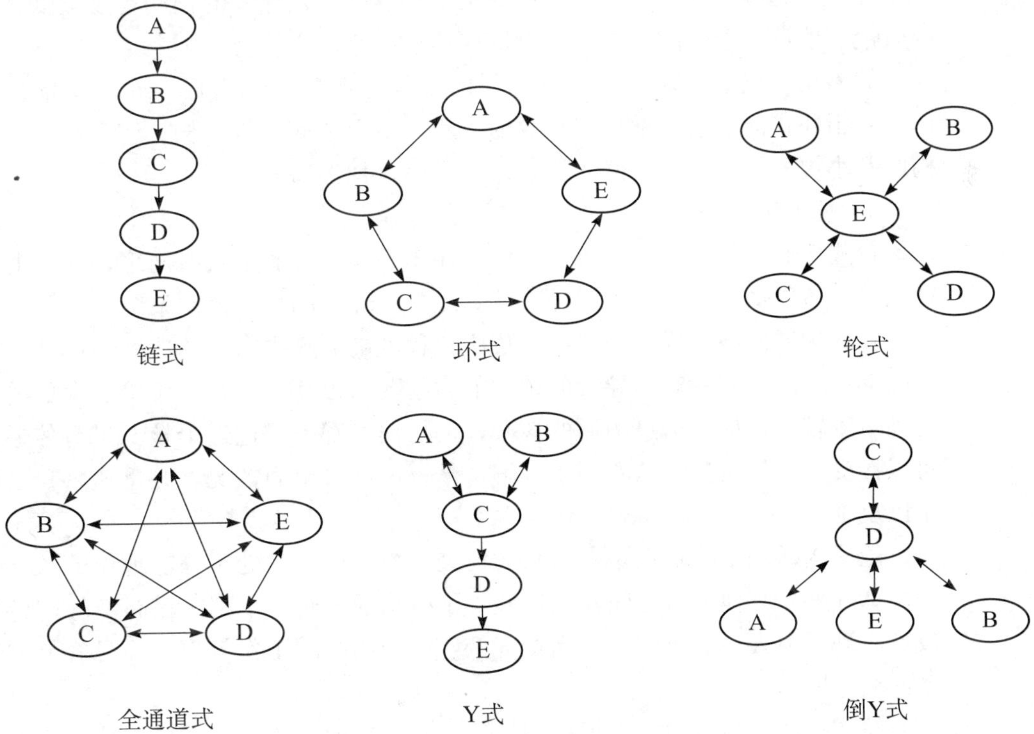

图 8—3　沟通网络的各种形式

1. 链式沟通网络

在一个组织系统中，链式沟通网络（chain form communication）相当于一个纵向的沟通网络，代表一个企业中五个等级的上下级组织，彼此之间的交流信息采取上情下达和下情上报的形式。

链式沟通网络的优点是：传递信息的速度最快，解决简单问题的效率最高。

链式沟通网络的缺点是：（1）信息经过层层筛选，容易出现失真的现象，使上级不能直接了解下级的真实情况，下级也不能领会上级的真实意图；（2）各个信息传递者接受的信息差异很大，平均满足程度有很大的差距；（3）处于最低层次的沟通者只能进行上行沟通，或接受失真度较大的信息，心理压力大，最容易产生不满意感；（4）每个成员的沟通面狭窄，彼此沟通的内容分散，不易形成群体共同意见，最低层次的沟通者与最高层次的沟通者难以通气，不利于培养群体凝聚力。

在这种沟通网络中，上下级信息交流采取的是主管领导和基层部属无直接联系，通过中间层进行联系的方法。如果一个组织系统过于庞大，需要实行分层授权管理，链式沟通网络是一种行之有效的方法。

2. 环式沟通网络

环式沟通网络（ring model communication）可以看作一个封闭式控制结构，它表示组织内每个人依次联络和沟通，每个人都可以与两侧的人同时沟通信息。因此，在这种沟通网络中，个人的心理满足程度无明显高低之分，处于中间状态。

环式沟通网络的优点是：组织内民主气氛较浓，团体的成员具有一定的满意度。

环式沟通网络的缺点是：组织的集中化程度和领导者的预测程度较低；沟通速度较慢；信息易于分散，往往难以形成信息中心。

如果在组织中需要形成一种高昂的士气来实现组织目标，同时追求创新和协作，采用环式沟通是一种行之有效的措施。组织中的决策机构、咨询机构、研发机构以及小规模的独立工作群体比较适合采用这种沟通方式。

3. 轮式沟通网络

轮式沟通网络（wheel form communication）属于控制型网络，在企业中，这种网络大体类似于一个主管领导直接管理几个部门的权威控制系统。

轮式沟通网络的优点是：（1）集中化程度高，解决问题的速度快；（2）解决问题的准确度高；（3）对领导者的预测能力的要求很高；（4）处于中心地位的领导者的满意度较高，他是信息沟通的核心，一切信息都得经过这个核心进行传递，所以可以接受所有的信息，这有利于了解、掌握、汇总全面情况，并迅速将自己的意见予以反馈。

轮式沟通网络的缺点是：（1）沟通渠道少；（2）除处于核心地位的领导者了解全面情况外，其他成员之间互不通气，平行沟通不足，不利于提高士气；（3）组织成员心理压力大，成员的平均满意度低，影响组织的工作效率，而且容易助长专制型的交流网络。

轮式沟通网络是加强组织控制、争时间、抢速度的一种有效方法。一般的生产单位多采用这种沟通模式，以便于管理。当组织接受了紧急攻关任务，要求进行严格控制时，可采用这种沟通网络。

4. 全通道式沟通网络

全通道式沟通网络（all round channel communication）并不依靠中心人物来集中和传递信息，每个成员之间都有一定的联系，是一个开放式的系统。比如一个民主气氛很浓的领导集体或部门，其成员之间总是相互交流情况，通过协商进行决策。

全通道式沟通网络的优点是：（1）网络是高度分散的，组织内的每一个成员都能与其他任何人进行直接交流，没有限制；（2）所有成员都是平等的，人们能够比较自由地发表意见，提出解决问题的方案；（3）组织成员的满意度很高，各个成员之间满意度的差距很小；（4）组织内士气高昂，合作气氛浓厚，可充分发挥组织成员的创新精神；（5）比环式沟通的沟通渠道开阔，弥补了环式沟通难以迅速集中各方面信息的缺陷。

全通道式沟通网络的缺点是：（1）沟通渠道过多，容易造成混乱；（2）对规模较大的组织不适用，因为在这样的组织中，各成员不可能有彼此面对面的接触机会；（3）沟通路线的数目会限制信息的接受和传递能力；（4）信息传递耗费时间，影响工作效率。

在企业中，民主气氛很浓或合作精神很强的团体或委员会之类的组织机构一般都采用这种网络模式。在非正式组织中，也适宜采用这种交流模式。如在自发性的社交联谊会和信息交流会等场所，没有固定的中心人物，每个人都可成为中心人物，进行全通道式沟通。

5. Y 式沟通网络

在组织中，Y 式沟通网络（Y model communication）相当于从企业上层领导到中层机构，再到基层主管部门，最后到基层工作单位之间的四级纵向联系系统，它适用于企业规模较大、管理水平不高的大中型企业。

Y 式沟通网络的优点是：集中化程度高，较有组织性，信息传递和解决问题的速度较快，组织控制比较严格。

Y 式沟通网络的缺点是：由于组织成员之间缺少直接的横向沟通，不能越级沟通，因此除中间人物外，全体成员的满意度比较低，群体气氛大都不和谐。而且由于信息经过层层筛选，被过多的中间环节所控制，因此可能造成信息失真，给组织带来不良影响。

Y 式沟通网络倒置，便成为倒 Y 式沟通网络。比如，一个主管通过第二级（例如秘书）与三个下级进行联系。处于这种地位的秘书可以获得最多的信息情报，因而往往会掌握真正的权力从而控制组织，而第一级的主管却变成了“傀儡”。实践证明，掌握情报资料越多的人，越容易成为核心人物。

各种沟通网络都有自己的优缺点，应根据组织的工作性质和员工特点，选择不同的沟通形式，各种沟通形式对组织内群体行为的影响是有差异的（如表 8—4 所示）。

表 8—4　各种沟通网络的比较

网络类型	解决问题速度	信息准确度	组织化	领导者的产生	士气	工作变化弹性
链式	较快	较高	慢、稳定	较显著	低	小
环式	慢	低	不易	不产生	高	大
轮式	快	高	迅速、稳定	显著	很低	较小
全通道式	最慢	最高	最慢、稳定	不产生	最高	最大
Y式（倒Y式）	较快	较低	不一定	会易位	不一定	较大

沟通网络代表一个组织的结构系统。一个组织要达到有效管理的目的，应视不同的情况决定选择哪种沟通网络。如果要求速度快且易控制，则轮式沟通网络较好；如果要求团体有高昂的士气，则环式沟通比较理想，特别是在高层组织与委员会之类的小团体中，可以运用环式沟通网络；如果组织非常庞大，需要分层授权管理，采用链式沟通网络比较有效；如果主管自身工作非常繁重，需要有人协调、筛选信息，则宜采用倒Y式沟通网络。总之，应具体问题具体分析，从而确定恰当的沟通网络。

二、组织中的非正式沟通网络

在群体内部和群体之间，正式沟通并不是唯一的沟通系统。在非正式系统中，信息通过小道消息的方式进行传递。因此，非正式沟通网络也是组织沟通网络的重要组成部分，它是指正式组织途径以外的信息沟通程序。这种途径非常繁多且无定式，诸如同事之间的任意交谈，甚至家人之间的传话等，都是非正式沟通的表现形式。很多研究者认为，由于非正式沟通不受规定或形式上的种种限制，因此有时比正式沟通更重要。在美国，这种途径常常被称为“葡萄藤”（grapevine），用以形容它枝繁叶茂，随意延伸。

1. 非正式沟通网络的形成

人们通常认为小道消息源于搬弄是非者的好奇心，事实并非如此。研究表明，当情境对我们来说十分重要，但又模棱两可时，会激发人的焦虑情绪，此时小道消息会作为情境的反应出现。在大型组织中通常强调保密性和竞争性，因此，关于新上司的任命、办公室的重组、工作任务的重新安排等容易滋生小道消息。如果人们的意愿和期待得不到满足或焦虑得不到缓解，小道消息就会一直传播下去。

对于任何群体或组织的沟通网络来说，小道消息都是其中的重要组成部分，它表明，对于一些员工认为很重要的事情，管理者未进行详尽透彻的说明，从而使员工产生了焦虑感。因此，小道消息具有过滤和反馈双重机制，它使我们认识到哪些事情对于员工来说很重要。从管理的角度出发，更重要的是对小道消息进行分析并预测其流向。

2. 非正式沟通网络的特点

非正式沟通网络的产生可以说是人们与生俱来的需求。通过这种沟通途径来交换或传递信息常常可以满足个人的一些需求，例如，人们出于安全的需要，喜欢探听有关人事调动的信息，这种信息往往是组织成员最感兴趣却又最缺乏的。

非正式沟通网络的优点主要体现为：形式多样，速度快，其发生作用的基础是组织中良好的人际关系。缺点主要是：难以控制，传递的信息不准确，容易失真。

在国外，对非正式沟通网络的研究主要集中在小道消息这一典型的形式上，一项调查发现，75%的员工首先是通过小道消息听说有关事件的。小道消息有四个主要的特点：首先，它不受管理层的控制；其次，大多数员工认为它比高级管理层通过正式渠道发布的信息更可信、更可靠；再次，它在很大程度上服务于内部人员的自我利益，小道消息往往与传达者的切身利益有关；最后，小道消息在信息发生地往往是零碎的、不完全的，这就使人们产生要把它补齐的欲望，由于它是非正式的，不承担什么责任，因此小道消息常常会严重地歪曲事实。

知识卡片 8—3

弱化小道消息不良影响的建议

1. 公布进行重大决策的时间安排。

2. 公开解释那些让人觉得不一致或隐秘的决策和行为。

3. 对于当前的决策和未来的计划，在强调其积极一面的同时，也指出其不利的一面。

4. 公开讨论事情的最差的可能结局，与无端的猜测相比，公开信息所引起的焦虑程度更低。

3. 非正式沟通网络的传递方式

在非正式系统中，信息通过小道消息的方式传递，因此会产生大量的流言。但是，研究表明，这些小道消息有70%以上都是可靠的。

有关小道消息的一项经典研究是基斯·戴维斯（Keith Davis）对一家小型工厂67名管理层人员的沟通模式的调查。调查的基本方法是这样的：从每名信息接受者那里了解他是怎样获得某一种消息的，并追踪信息源。结果发现，尽管小道消息是信息来源的一种重要途径，但仅有10%的管理人员担任联络员的角色（即将信息传递给其他人）。比如，当一名经营人员决定辞去保险公司的工作时，81%的经营人员都知道这件事，但只有11%的人将这个信息传递给其他人。戴维斯的研究认为，小道消息的传播有四种方式：单串型、饶舌型、集合型和随机型（如图8—4所示）。

（1）单串型。信息在非正式通道中依次传递。

（2）饶舌型。信息由人物1传递给其他人，人物1在此非正式通道中是一个关键人物。

（3）集合型。信息由人物1传递给几个特定的人物2、3、4，再传递给几个特定的人。

（4）随机型。信息随机传递，无规律可循，每个人都可能是信息发送者与信息接受者。

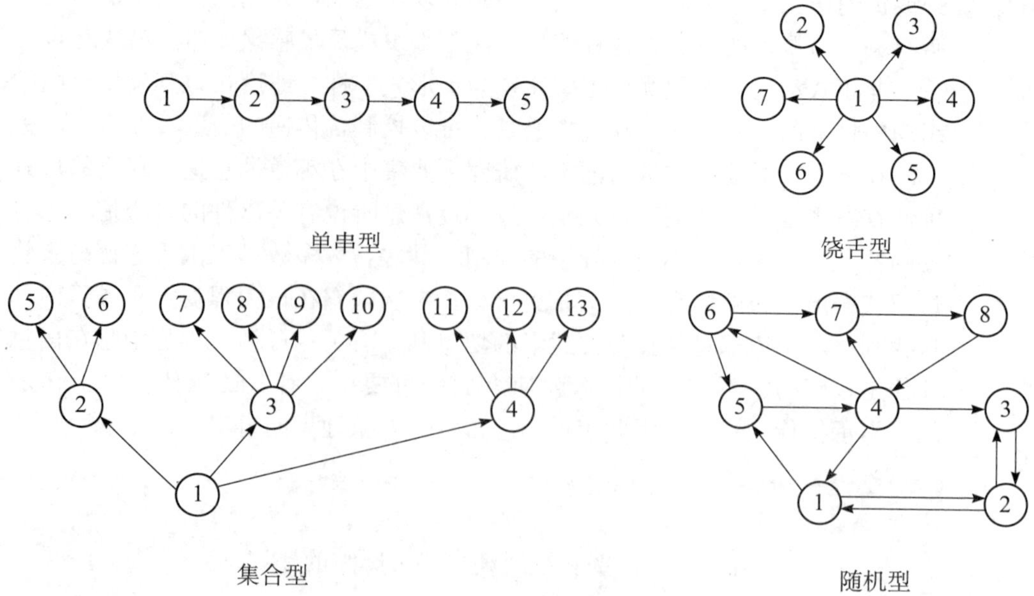

图 8—4　小道消息传播的四种方式

三、组织沟通技能的开发

目前，许多企业在组织沟通方面确实存在许多问题。一些企业的内部沟通渠道单一或不完善，缺乏灵活性，使企业内部的信息传递缓慢，严重影响了企业的运作进程和决策效率；另一些企业虽沟通渠道较为完善，但信息沟通反馈机制不健全，企业内部的沟通发起者根本无从了解信息的传递进程和决策的执行程度；还有一些企业在沟通方面存在的问题是由于组织内的沟通者缺乏一定的沟通技能造成的。针对这些实际情况，要有效改善组织沟通，应从以下几个方面入手。

（一）提高沟通者的沟通技能

提高组织沟通者的沟通技能是改善组织沟通的根本途径，因为沟通者自身就是组织沟通的行为主体，他们的文化知识水平、专业背景、语言表达能力和组织角色认知等因素直接影响沟通的进行。所以，沟通者应该注意：

1. 调整沟通心态

随着现代社会信息网络和通信技术的快速发展，人与人之间的沟通方式也变得更多样、更丰富。但开诚布公、推心置腹、设身处地或许正是大多数现代企业中沟通者缺乏的沟通心态。因此，沟通者不仅要做好企业运作的程序化信息的沟通，而且应重视组织成员之间的心灵沟通。

2. 学会倾听

威廉·R·特蕾西（William R. Tracey）曾在《关键技能》一书中建议，人力资源经理应花65%的时间倾听，花25%的时间发言，将余下的10%的时间用于阅读和写作。可见，倾听对于沟通十分重要，但是在管理过程中倾听却被许多沟通者忽视了。倾听能激发对方的谈话欲，促进更深层次的沟通。只有善于倾听，深入探测对方的心理以及他的语言逻辑思维，才能更好地与之交流，从而达到沟通的目的。所以，一名善于沟通的组织者必定是一位善于倾听的行动者。

3. 注重非语言信息

有关研究表明，在面对面的沟通过程中，有65%的内容是通过非语言信息传达的。非语言信息来自沟通者的面部表情、语音语调、目光手势等肢体语言。非语言信息往往比语言信息更准确。因此，如果你是组织沟通的信息发送者，必须确保所发出的非语言信息有强化语言的作用；如果你是组织沟通的信息接受者，同样要密切关注对方的非语言提示，从而全面理解对方的思想、情感。

（二）健全组织沟通的渠道

1. 畅通沟通渠道

沟通渠道的畅通与否对组织沟通效率的提高具有重要的决定意义。所以，作为一个组织，要充分考虑组织的行业特点和员工心理，结合正式沟通渠道和非正式沟通渠道的优缺点，设计一套包含正式沟通和非正式沟通的沟通通道，以使组织内各种需求的沟通都能够及时而有效地实现。

2. 定期见面座谈

定期的领导见面会和不定期的群众座谈会是很好的正式沟通渠道，能切实解决上述问题。领导见面会让那些有思想、有建议的员工有机会直接与主管领导沟通，一般适用于员工的意见多次经过正常的途径沟通仍未得到有效回复的情形。群众座谈会则是当管理者觉得有必要获得第一手的关于员工真实思想、情感的信息，但又担心通过中间渠道会导致信息失真时采取的一种领导与员工直接沟通的方法。

3. 组织联谊聚会

现代企业近年来采用的郊游、联谊会、聚会等形式也是非正式沟通的良好方式。这些渠道既能充分发挥非正式沟通的优点，又因它们都属于有计划、有组织的活动，容易被组织领导者控制，从而大大减少了信息失真和扭曲的可能性。同时，随着科学技术的进步，电子网络技术已被应用于组织的沟通领域。一些企业和组织纷纷在自己的网站上设立论坛、BBS公告等多种非正式的沟通渠道。在这些渠道中，组织成员的沟通一般是在隐藏真实身份的前提下进行的。所以，这些沟通信息能够较真实地反映组织成员的一些思想、情感和想法。对于组织领导者来说，掌握这些信息资料对他们日后的管理沟通也是大有裨益的。

（三）建立组织沟通的反馈机制

完整的沟通必须具备完善的反馈机制，否则，沟通的效果会大大降低。但是，目前很多组织对沟通反馈的作用还不够重视。

反馈机制的建立首先应从信息发送者入手。信息发送者在传递信息后应该通过提问以及鼓励信息接受者积极反馈来获取反馈信息。另外，信息发送者也应仔细观察对方的反应或行动以间接获取反馈信息。因为反馈可以是有意的，也可以是无意的，所以，信息接受者不自觉流露出的震惊、兴奋等表情，都是反馈信息的重要组成部分。作为信息接受者，在沟通反馈中实际上处于主体地位，但他们往往会因为信息发送者（通常是上级管理者）的权力威慑而不能客观准确地作出信息反馈。这就需要信息接受者端正沟通心态，以实事求是的态度对待信息沟通，尤其是信息反馈。信息发送者也应积极接受来自信息接受者的反馈信息，使组织沟通成为真正意义上的双向沟通。

第4节　有效沟通

一、有效沟通的特征

有效沟通是一种可行的管理方式，是现代管理者必须具备的能力之一，也是成功的重要因素之一。卢森斯（Luthans）曾经对450多位管理者进行研究，他发现，这些管理者都从事以下四种活动：传统管理（包括决策、计划和控制）、沟通（包括交流例行信息和处理文案）、人力资源管理（包括激励、惩戒、调解冲突、人员配备和培训）、网络联系（包括社交活动、政治活动以及与外界交往）。但是，不同的管理者花费在这四项活动上的时间和精力明显不同（如表8—5所示）。在此，他把工作数量多、质量好以及下级对其满意程度高的管理者称为“有效的管理者”，把在组织中晋升速度快的管理者称为“成功的管理者”。

表8—5　不同类型管理者在管理活动中的时间分布　（%）

管理活动	普通的管理者	有效的管理者	成功的管理者
传统管理	32	19	13
沟通	29	44	28
人力资源管理	20	26	11
网络联系	19	11	48

资料来源：肖余春：《组织行为学》，北京，机械工业出版社，2009。

比较表8—5中的三种管理者，我们发现有效的管理者在沟通上花费时间最多。所以，重视沟通的作用、改进沟通的方式和提高沟通的效果是管理人员迫切需要解决的问题。有效沟通具有以下特征：

1. 及时沟通

及时沟通是指沟通双方要在尽可能短的时间里进行沟通，并使信息发生效用，为此要做到：（1）传递及时。在信息传递过程中，尽量减少中间环节，避免信息的过滤，使信息以最快的速度到达信息接受者手中。（2）反馈及时。信息接受者接受到信息后，应及时反馈，这有利于信息发送者修正信息。（3）利用及时。信息具有较强的时效性，因而要求双方及时利用信息，避免信息过期无效。

2. 信息充分

这要求信息发送者发出的信息全面、适量，既不能以偏概全，也不能过多。

3. 信息不失真

不失真的信息才能充分反映信息发送者的意愿，让信息接受者正确理解。依据不失真的信息采取行动，才能取得预期效果。失真的信息往往会对信息接受者产生误导。

二、提高沟通有效性的基本策略

（一）促进组织的人际交往

人际交往是指人们出于彼此交流思想，交换意见，表达情感、需要等目的，运用语言符号实现的沟通。人际交往是形成人际关系的手段，一方面，人们通过交往能使分散的个人彼此结合在一起，组成一定的群体，并通过加强交往增强群体的凝聚力；另一方面，处在群体中的个人都有各自的需要、动机、目的、要求和希望，要保证群体的生存和发展，就必须使个体行为之间达到协调一致，而要使个体一致行动，就必须通过人际交往来消除或缓解个体之间的误会、矛盾、隔阂和纠纷。人际交往对于优化社会生活、协调群体关系、完善个人性格有独特的功能。主要表现在：

1. 产生合力

在一个群体中，当人与人彼此之间关系融洽、和谐，相互配合密切，行为有序时，则可以产生“1+1>2”的整体效应，使整体大于各个局部的总和。人们的结合方式和结合程度不同，所显示的整体效应即合力的大小不同。团结一致，密切协作，会产生“正合力”；矛盾重重，内耗严重，则会产生“负合力”。如何增强合力及整体效应，是研究群体中人际关系结构的重要任务。

2. 形成互补

互补是指在群体内部，人们通过交往相互学习、取长补短，获得满足的心理状态。它实际上是一种通过多方面的双向交流提高能力的行为。

3. 相互激励

人们在交往过程中通过与周围的人进行比较来正确地评价自己，认识自己。当发现别人的长处和自己的不足时，会激发自己的自尊心而产生一种努力向上的驱动力。许多科学家都发现，人在独处时会感到毫无生气，而在群体中就会产生一种相互激励、互相促进的作用。这种作用可使群体中的每个成员产生创造的活力，从而提升智力和体力水平。

4. 联络感情

情感是个体发展的一个重要方面，它不但是人生的组成部分，而且是事业的推动力。人非草木，孰能无情？情感的建立、沟通、调谐与升华，均需通过人际交往来进行。当自己希望得到别人的爱，而对方也真正爱自己时，我们就会对那个人爱得更多、更深，与此同时，双方心理中的接近与互相帮助可以减少人们之间的心理冲突与摩擦事件。这种相互之间的赞同与接纳，也是彼此间建立良好的人际关系的心理条件。

5. 交流信息

在人际交往中，每个人都是一个信息源。人既是信息的传播者，也是信息的接受者。人际交往具有交流信息的功能：（1）交往能增加信息的数量。因为交往对象都是信息源，交际面广意味着信息源多，也意味着信息数量增多。（2）交往能提高信息的质量。因为交往不但能获得信息，而且能使信息之间互相印证、互相补充，从而减少片面与失真。同时，通过人际交往获得的信息往往比较生动，有血有肉，有来龙去脉。（3）交往能加快获取信息的速度。通过大众传播媒介和组织沟通渠道来传递信息，往往时间比较长，而且相对比较间接，通过人际交往获得的信息则速度较快，且比较直接。（4）信息可以在交流中获得增值。英国的大文豪萧伯纳曾说：你有一个苹果，我有一个苹果，交换之后，我们各有一个苹果。你有一个思想，我有一个思想，交流之后，我们各有两个思想。

（二）重视信息沟通的特殊角色

在提高沟通有效性的过程中，需要研究的一个重要问题是个人在有效沟通中扮演的角色。信息沟通往往受到群体内部成员的地位或角色的影响，因为每一个人都会根据他的地位或角色对沟通的信息给予不同的理解和解释。显然，在信息沟通过程中并非所有的人都扮演同样性质和同样重要的角色。个人在信息沟通中扮演的特殊角色有四种类型：

1. “看门人”

“看门人”是指组织中位于信息流中的某个环节，能够控制信息流向、选择信息流动渠道的人。例如，秘书由于能决定哪些信件、电话和来访者被允许与他们的上司直接见面，因而通常被视为重要的“看门人”，另一些“看门人”则与外部环境有着密切的联系，是得到外部信息的重要来源。利用这些联系，他们可以决定哪些信息需要传递、传递给谁。“看门人”的作用是通过筛选和审视所传递的信息，防止组织或群体的信息过量。

2. 联络员

联络员通常与组织中两个或两个以上的群体或部门保持个人接触，但是他并不归属于哪个群体，而是充当为这些群体或部门交换必要信息而架设桥梁的中间人，如分管经理、总经济师等。联络员在组织中占据着战略性的位置，他们既可能是组织信息流有力的促进者，也可能成为沟通路径中的瓶颈。因此，联络员的主要作用是整合和联系各种群体以形成网络。

3. 领袖

领袖是指组织中能够非正式地影响其他人，使他们通常按自己的要求改变态度或行为的人，如参谋、顾问。与其他人相比，领袖的主要作用是帮助组织作出非常规决策。领袖通常具有以下特征：第一，与外部信息源和技术专长性信息源有着广泛的联系；第二，在同伴中深得人心；第三，与他们所领导的群体的规范高度一致。

4. 社会活动家

社会活动家是指与组织外部环境有着广泛的交际和沟通的人。从某种意义上讲，社会活动家是一种特殊的“看门人”，因为他们控制着把那些新思想传递到组织或群体中的信息筛选活动。研究发现，社会活动家通常集中在组织的高层和基层，在组织的高层，经理们经常周游各地，并且是各种外部组织的成员；在组织的基层，许多员工每天的日常工作就是与外界打交道，他们与供应商、顾客保持着密切联系。因此，这两种人是帮助组织和群体学习新知识、适应外部环境的重要信息源。通过社会活动家的工作，组织或群体与外部环境发生关系，不断了解和掌握外部环境的发展变化。

总之，上述四种角色分别从不同角度帮助群体收集、分析和处理有关信息，为保持良好的信息沟通发挥重要作用。

（三）提高跨文化沟通的效果

跨文化沟通是指发生在不同文化背景下的人们之间的信息和情感的互相传递过程。随着经济全球化的发展，当今越来越多的人在具有不同文化背景的人群中生活、工作和学习，彼此间的交往日益增多。

1. 跨文化沟通的障碍

（1）语义造成的障碍。对于来自不同民族文化的人来说，他所理解的词汇的含义是不同的。例如，有些词汇难以在两种文化中进行互译。俄罗斯人在与英国、加拿大的竞争对手交流时存在困难，因为英语中的效率、自由市场、规则等词汇很难直接译成俄语。

（2）词汇的内在含义造成的障碍。在不同的语言中，词汇的含义也不相同。例如，美国和日本的经营人员在商业谈判中存在很多困难，因为日语中的“hai”被翻译为“是”，但它的意思是“是，我正在认真听”，而不是“是，我同意”。

（3）口语和语调差异造成的障碍。一些文化的语言是规范的，另一些文化的语言则是不规范的。在一些文化中，口气的变化取决于交谈的环境：在不同的环境中，如在家里、在社交情境中、在工作环境中，人们说话的方式不尽相同。在一个应该使用正式风格的情境中使用非正式的、带有个人风格的语言，会令人尴尬，并且不合时宜。

（4）认知差异造成的障碍。实际上，使用不同语言的人看待世界的方式也不同。爱斯基摩人对雪的认识与普通人有很大的不同，因为在他们周围到处都是雪。

2. 有效地进行跨文化沟通

与来自不同文化背景的人进行沟通时，为了减少错误的认知、解释和评价，遵循以下四条原则会对我们有所帮助。

（1）在没有证实相似性之前，先假设有差异。大多数人通常自认为别人与自己非常相似，但实际情况并非如此，如来自不同国家的人常常存在很大的差异。因此，在未得到证实之前，应先假定彼此之间有差异，这样做会减少犯错误的可能性。

（2）重视描述而不是解释和评价。相对于描述来说，对某人言行的解释和评价更多地是基于观察者的文化和背景。因此，要给自己留出足够多的时间，以便根据文化因素调整自己的视角来进行解释和观察，在此之前不要急于作出判断。

（3）设身处地。传递信息之前，先把自己置于信息接受者的立场上。他的价值观、态度和经历是什么？自己对他的教育、成长和背景有什么了解？试着根据他人的本来面貌去加以认识。

（4）把我们的解释作为工作假说。当我们对新情境提出一种见解或站在对方异国文化的角度上考虑问题时，应该把我们的解释作为假设对待，等待进一步的检验。仔细评价信息接受者提供的反馈，看看它们能否证实我们的假设。对于重要决策，我们还可以与文化背景相同的同事一起分析核查，以保证我们的解释是准确的。

（四）改进信息沟通的方法

美国心理学家乔瑟夫·勒夫（Joseph Luft）和哈里·英格拉姆（Harry Ingram）在从事一项组织动力学研究时，就沟通的技巧和理论建立了乔哈里窗口模型，该模型后来被人们广泛用来分析和训练个人发展的自我意识，增强信息沟通，改进人际关系、团队发展、组织动力以及组织间关系。乔哈里窗口模型将人的心灵想象成一个有四个小格的窗户，每一个小格分别代表个人特征中与沟通有关的部分，如图 8—5 所示。

图 8—5　乔哈里窗口模型

资料来源：余凯成：《组织行为学》，3 版。

左上区域称为“明区”，即己知人亦知，如果沟通这部分信息，在双方之间不会存在障碍。右上区域为“盲区”，即己不知而人知，如上级对自己的看法。这时如果对方不发出信息，自己就无法理解对方的行为、决定及潜能。左下区域为“隐区”，即己知而人不知，如自己不愿他人了解的隐秘。这实际上是给自己戴上了假面具的沟通方式，虽然对自己有保护作用，但会使正常的交流受到影响。右下区域为“暗区”，即己不知人亦不知，一般情况下无法进行沟通。

要想提高信息沟通的有效性，应从以下两方面着手：一方面，增加自我暴露的程度，以使隐区转变为明区，这种方法要求个人更加诚实，并愿意与对方分享信息；另一方面，提高反馈程度，以使盲区转变为明区。

思考与讨论题

1. 什么是沟通？简述沟通的重要性。
2. 沟通的类型有哪些？各自有什么优缺点？
3. 信息沟通的方式有哪几种？
4. 影响人际沟通的主要因素有哪些？如何排除人际沟通中的障碍？
5. 试论组织沟通技能的开发。

随堂测验

倾听技能测试

下面的陈述反映了人们听别人说话时的各种习惯。对每条陈述，请根据你本人的实际情况，用 5 级量表进行评判：1＝非常不同意，2＝不同意，3＝不确定，4＝同意，5＝非常同意。记住，答案没有对错之分。完成测试后，把 17 项的分数加总，然后把它记录在空白处。

1. 在听别人说话时，我会走神或思考其他的事情。
2. 我不会思考和总结说话者传达的想法。
3. 我不会用说话者的身体语言或者语调来帮助理解所听到的内容。
4. 上课时，我更多的是听事实而不是所讲的内容。
5. 我不听枯燥的讲话。
6. 关注讨厌的讲话者，对我来说很难。
7. 在某人说完某件事情之前，我就能判断对方所说的是否合适。
8. 当我觉得说话者没有什么有趣的东西可说时，我就不听了。
9. 当说话者拿我很看重的事情或问题开玩笑时，我会变得激动或沮丧。
10. 当说话者用冒犯的语句说话时，我会很生气。
11. 在听别人讲话时，我不会花太多精力。
12. 即使没有在听，我也假装在关注说话者说话。
13. 在听别人讲话时，我容易分神。
14. 我否定或忽视与我的想法、感觉相左的信息或评论。
15. 我不会怀疑自己的倾听技巧。
16. 听讲座时，我不会关注所用的视听辅助设备。
17. 即使提供小本子，我也不在上面做笔记。

评分方法：17～34 分，说明你的倾听技巧良好；35～53 分，说明你的倾听技巧中等；54～85 分，说明你的倾听技巧欠佳。

案例研究

张总的沟通艺术

"晓君，进来啊，请坐！要不要喝点茶？我记得你喜欢浓的，是吧？坐下来。找我有什么事?"

"哦，张总经理……"

"叫我老张好了。对啦！你的男朋友好吗？他叫王力吧?"

"是的。总经理，我要说的是南方公司的工作计划问题，出了点麻烦，那是……"

"不用细说!"张总经理说着，从他的椅子上站起来，走到晓君旁边。"我不想听这些。你看，我现在已经答应南方公司，在 8 月 1 日以前，他们就可以使用那套新的电脑系统了。我是一个言出必行的人，而这一点在此行业中也是十分重要的。我的公司总能如期交货。"

"可是……"晓君想说出自己的观点。

"让我再次肯定地答复你。我不管你做什么，或怎么做，那是你的事。我只希望那个系统可以在下周准时运行，不管它是怎么弄出来的。不管怎样，我们将弥补服务保证上的额外成本。"张总经理眨眼示意道。

"张总经理，请你……"

"叫我老张。"张总经理纠正她的称呼，将手搭在她的肩上，送她到办公室门口。"让你当这个经理，我想你不会叫我失望的。并非我对你的工作不满意，不然你就不会在这儿了。但是，如果你想在男人的世界里生存，就必须坚强一点，表现得更主动、更积极。你没见过其他经理为一点小事跑来找我吧!"

"当然，"快到办公室门口时，他降低了语调，"如果你有解决不了的问题，就请让我知道。你知道我的门对你永远是敞开的，正如对其他所有的下级一样，我喜欢这样单独沟通，不会让我和大家产生隔阂。我不想像某些人那样，脱离群众，食古不化，我的门是永远开放的。好了，现在还有其他问题吗?"

晓君摇摇头，"没有了，每一件事都很顺利。"

"太好了！我就喜欢听到这些。明天干部会议上见。"

晓君点点头，向着电梯走去。

资料来源：袁凌：《组织行为学》，2 版。

[讨论题]

1. 张总与小君的沟通是什么类型的沟通？是成功的沟通还是失败的沟通？为什么？
2. 请你对张总经理的行为进行评价。

第9章

团队建设

内 容 提 要

本章主要介绍团队的概念、团队的类型、团队的构建以及创业团队、高层管理团队和虚拟团队等内容。在本章的学习过程中，团队的基本知识和理论是重点，三种具体团队的构建和管理是难点。

第1节　团队建设概述

一、团队概述

（一）团队的概念

团队是一种特殊形式的群体，工作团队与工作群体不同，它们有着明显的区别（如图9—1所示）。

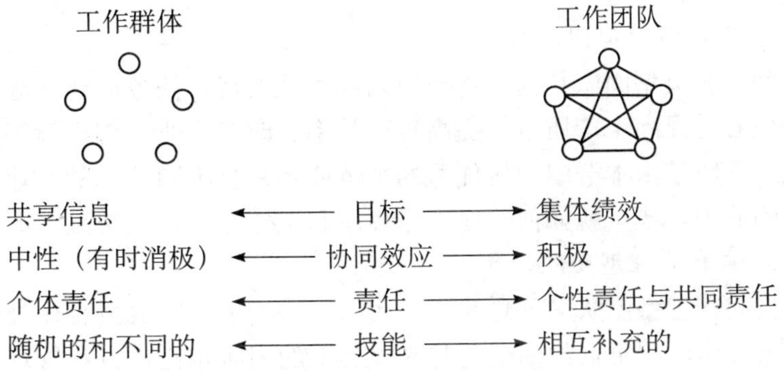

图9—1　工作群体与工作团队的比较

资料来源：袁凌、李敬、吴文华：《组织行为学》，长沙，湖南大学出版社，2004。

不同的学者对于团队有不同的定义。比较经典的团队定义有以下几种（如表9—1所示）。

表9—1　团队的定义

斯蒂芬·P·罗宾斯（Stephen P. Robbins）	团队是指两个或者两个以上相互作用、相互依赖的个体，为了特定目标而按照一定规则结合在一起形成的组织。
彼得·德鲁克（Peter Drucker）	团队是一些才能互补且负有共同责任、为了统一目标和标准而奉献的少数人员的集合。团队的核心是共同奉献，成功的团队能够将他们的共同目标细分并转化为具体的工作要求，而且团队的具体目标与整体目标联系在一起。
劳伦斯·霍普（Lawrence Hopper）	团队是由4～20人组成的工作组。团队成员协同工作，决定最终目标，分担工作任务并参加全面培训。团队可分为自我管理团队和高效工作团队。
唐·赫尔雷格尔（Don Hellrigel）	团队是一群为数不多的员工，他们有共同的行为目标，知识技能互补，并且能够维持相互负责的工作关系。团队的核心是由其成员为了共同的绩效而遵守的一种约定。团队的目标既可以具体化又可以抽象化。赫尔雷格尔将团队划分为问题解决团队、机能团队、交叉机能团队和自我管理团队，并提出了虚拟团队的概念。
乔恩·R·卡曾巴赫与道格拉斯·K·史密斯（Jon R. Katzenbach and Douglas K. Smith）	团队是由少数有互补技能、愿意为共同的目的确定业绩和工作方法、相互承担责任的人组成的群体。

资料来源：袁凌、李敬、吴文华：《组织行为学》。

综合以上各方的观点，我们将团队定义为：团队是介于组织和个人之间的，人数较少，成员之间相互作用、相互依赖，有共同的目标和责任，有一定程度授权，成员角色多元化并不断学习的新型群体。团队的绩效应当远大于个体成员绩效的总和。

（二）团队的类型

随着团队的广泛运用，它的类型和形式也越来越多。现在比较常见的团队类型有以下几种：

1. 问题解决型团队

问题解决型团队是为应对组织内部出现的特定任务而建立起来的团队。这种团队的核心是提高生产质量、提高生产效率、改善企业工作环境等。问题解决型团队的成员一般是由本群体中较优秀的个体或者来自不同群体的专业人士组成的。在这样的团队中，成员就如何改变工作程序和工作方法相互交流，提出一些建议。

2. 自我管理型团队

自我管理型团队又称自我指导团队，是指由团队成员合作处理日常事务，自行为整个工作流程负责的团队。与其他类型的团队相比，自我管理型团队的成员进入该团队不是由工作合同或工作说明书规定的，而是由个人天赋、特长、爱好以及技能经验决定的，因此这种团队的工作效率高、有活力、创新能力较强。然而，自我管理型团队成员的缺勤率和离职率通常也比较高。

3. 跨职能团队

跨职能团队又称多功能团队或者交叉功能团队，是指将各工作领域拥有不同知识的员工聚集在一起，通过他们的知识互补和思维碰撞来解决问题的团队。这种团队对于解决复杂问题尤为有效，但是在组建之初团队成员需要进行一定的培训和互相磨合，这样才能逐步协调。

4. 职能型团队

职能型团队又称专业管理团队，它存在于各种职能部门中。这种团队由某方面的专门人才组成，专业水平高，因此在配合与协助其他部门解决专门问题时有很好的效果，同时这种团队还有助于克服传统的科层制组织中的低效率现象。

5. 学习型团队

学习型团队是 20 世纪 90 年代提出的一个新概念，随着市场竞争日趋激烈和科学技术的飞速发展，企业为了提高自身的竞争能力，迫切需要学习很多新的知识，于是学习型团队应运而生。这种团队强调成员具有很强的学习能力、适应能力、变革能力以及创新能力，它要求成员不仅要学习知识，而且要创造知识，并且能够将新知识推广使用。

6. 虚拟团队

虚拟团队是现代科技革命的产物，它是以现代通信技术为依托，将地理上、组织上分散的员工组织起来完成任务的团队。这种团队灵活性很强，既可以完成特殊任务，又可以长期维持以执行持久的战略计划。

除了以上六种常见的团队外，企业中还存在业务团队、项目团队、决策性团队、应变团队、正式支援型团队、临时任务小组以及热点小组等团队类型。

二、团队的构建

团队建设是企业根据自身的发展目标而有计划、有步骤、有目标地组织团队，并对其成员进行训练、提高，使其能够为实现企业目标而服务的过程。

（一）团队构建的意义

目前，团队已成为组织工作活动中最有效的方式之一，它不仅能增进沟通，提高组织运行效率，而且能够促进心理契约的形成和维护，提高员工满意度，还能充分利用员工的才能，激发他们的创造力。更重要的是，团队能打破传统的部门界限，快速地组合、重组和分散，因此具有极强的灵活性和应变能力。正是因为团队与企业绩效的提高有着密不可分的关系，所以团队建设显得尤为重要。总的来说，团队建设的意义主要表现在以下几个方面：

1. 有利于效率的提高

团队打破了传统的等级制组织结构和管理模式，形成了具有民主性质的管理与决策模式，有利于充分缓和管理者与员工的冲突和矛盾，从而能够充分发挥管理者和员工的个人潜能，提升个人效率和组织效率。

2. 有利于人力资源的充分利用

团队构建，能够把专业型的人才集中在一起，一方面，有利于他们充分发挥自身的能力，实现自我价值；另一方面，由于众多专业人才集中在一起，在讨论中交流意见，因此有利于知识的共享和信息的流动，能够让团队成员获得新知识，进而促进他们的发展。

3. 有利于企业文化和团队精神的建设

一般来说，企业文化与团队精神是相通的，团队的价值观必须建立在企业核心价值观的基础之上。没有共同的价值观，整个团队就会像一盘散沙，难以凝聚成一个整体，从而难以开展工作。通过构建团队，在团队成员中培养团队精神，向团队成员灌输企业的核心价值观，不仅有利于团队工作的开展，而且有利于企业文化的传播和成熟。

综上所述，团队的构建对于企业的发展能够起到很大的推动作用，有利于企业核心竞争力的培养。

（二）团队构建的途径和过程

1. 构建途径

由于团队的目标、任务内容和成员的组成等不同，团队建设的途径也不同。总的来说，团队建设有以下四种途径：

（1）角色途径。按照角色途径构建团队的关键是从团队成员的角度出发来建立团队。根据贝尔宾（Belbin）的团队角色理论，一个成功的团队往往是角色齐全、功能完备的团队，在这个团队中，不同性格、能力的团队成员各司其职，相互协作。因此，要按照角色途径来构建团队，就必须按照团队角色所需，根据团队成员的个性、技能和专长来进行分工和具体角色设定，这样才能充分发挥成员各自的优势，构建一个成功的团队。

（2）价值观途径。价值观通常是团队精神的核心和基础，有了共同的价值观，团队成员才能凝聚在一起，并在共同价值观的指引下努力奋斗，只有这样，才不会因为价值取向不同而产生内部冲突，进而影响整个团队的绩效。

（3）任务导向途径。按照任务导向途径构建团队的关键是明确团队所要完成的任务，然后根据需要来选择团队成员，对他们进行合理分工。在开展任务之前，要让他们明白任务的挑战性与难易程度；在开展工作时，要设定任务的阶段性目标和具体的工作程序，确保任务得以顺利完成。

（4）人际关系途径。按照人际关系途径构建团队的关键是在团队成员中形成相互信任和支持的氛围。这类途径主要建立在心理学实验的基础上，通过开展良好的交流与沟通来实现。一般采用的方法有 T -小组训练（亦称敏感性训练）和遭遇群体法。

以上四种途径各有特色，但它们有一个共同的缺陷，那就是没有考虑外部环境，只从团队自身出发。然而，一个团队的建设不仅仅是团队内部的事，环境的变化也对其有很大的影响。如果在团队的构建过程中忽视外部环境的影响，那么团队构建无疑是没有意义的。

知识卡片 9—1

团队建设的误区

误区一："团队利益高于一切"。在团队里如果过分推崇和强调"团队利益高于一切"，可能会导致滋生小团体主义以及忽视和践踏个体的应得利益。

误区二：团队内部不能有竞争。如果一个团队内部没有竞争，团队成员可能会选择以"做一天和尚撞一天钟"的方式来混日子。这实际上是一种"大锅饭"。通过引入竞争机制，赏勤罚懒，赏优罚劣，打破这种看似平等的利益格局，团队成员的主动性、创造性才会得到充分的发挥，团队才能长期保持活力。

误区三：团队内部皆兄弟。认为严明的团队纪律有碍团结的观点是不正确的。严明的纪律不仅是维护团队整体利益的需要，在保护团队成员的根本利益方面也有积极意义。

误区四：牺牲"小我"换"大我"。团队精神的核心在于协同合作，强调团队合力，注重整体优势，远离个人英雄主义，但追求趋同的结果必然导致团队成员的个性创造和个性发挥被扭曲和湮没。而没有个性就意味着没有创造，这样的团队只有简单复制功能，而不具备持续创新能力。

2. 构建的基本过程

团队构建过程是一个复杂且具有灵活性的过程（如图 9—2 所示）。在这个过程中，首先要明确团队目标，这是一个团队的方向。接着就要确定团队的规模，选择团队成员和团队领导。一般来说，拥有 12～20 个成员的团队具有较强的凝聚力，团队绩效也较高；在团队成员的选择方面需要注意团队成员间的匹配和成员的自我管理能力；在领导的选择方面则要根据团队的具体类型来决定。当团队目标、团队成员以及领导等都确定后，最重要的就是制定团队的规则和打造团队精神。没有规

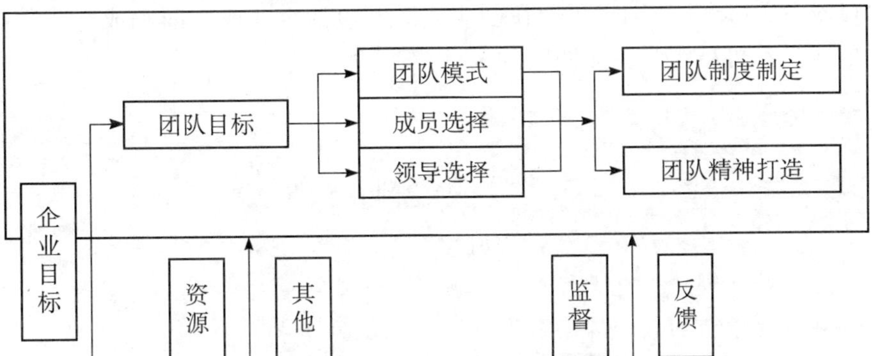

图 9—2　团队构建过程

矩不成方圆，团队要正常顺利地运行，就需要规则的约束，而团队精神是形成团队凝聚力的关键，有了团队精神，团队成员才能为了共同的目标而相互协作，忠于团队。

第2节 创业团队建设

一、创业团队概述

（一）创业团队的概念

创业团队的概念是在团队概念的基础上发展起来的。对于创业团队，学者们各有说法。卡姆（Kamm）、舒曼（Shuman）、西格（Seeger）和纽里克（Nurick）从所有权的角度指出，创业团队是由两个或两个以上参与公司创立过程并投入同比例资金的个人组成的，但从各国高科技创业团队的情况来看，创业团队成员的出资比例因个人经济条件而各不相同。因此，郭洮村对创业团队的定义进行了修正，他认为，创业团队是由两个或两个以上参与公司创立过程并投入资金的个人组成的。他的定义明确指出，创业团队成员的股权并不一定相同。恩斯利和班克斯（Ensley and Banks）、加特纳（Gartner）、谢弗（Shaver）、盖特伍德（Gatewood）和卡茨（Katz）从人员构成的角度指出，创业团队应该包括对战略选择产生直接影响的个人，也就是应该把董事会成员（尤其是占有一定股权的创投业者）包括在内。

平田美津子（Mitsuko Hirata）则把创业团队定义为参与且全身心投入公司创立过程，并共同克服创业困难和分享创业乐趣的全体成员。至于律师和会计师等外部专家，由于只参与公司创立的部分工作，因此不能算作创业团队成员。盖伦·N·钱德勒和史蒂文·H·汉克斯（Galen N. Chandler and Steven H. Hanks）从参与时间的角度指出，创业团队指的是在公司成立之初执掌公司的人或者在公司营运的头两年加盟公司的成员，但不包括不持有公司股份的一般员工。利昂·施约德特（Leon Schjoedt）则表示，在创业初期（包括企业成立前和成立时）履行执行职务的成员都可被视为创业团队的成员。

知识卡片 9—2

创业的特点

创业是指创业者对自己拥有的资源或通过努力能够拥有的资源进行优化整合，从而创造出更大经济价值或社会价值的过程。根据美国经济学家熊彼特的观点，创业的核心内涵是发现与创新，即开拓新市场、改进产品及生产方法，或者重新进行资源的配置等。从某种程度上说，没有创造新价值的创业活动不能称为创业。一般来说，创业具有以下四个特点：

1. 创业是创造具有“更多价值”的新事物的过程。

2. 创业需要贡献必要的时间，付出极大的努力。
3. 创业者承担创业中的风险，包括财务、精神、社会领域及家庭风险等。
4. 创业能带给创业者报酬、金钱、独立自主和个人满足感。

（二）创业团队的来源

与其他团队的形成不同，创业团队的形成来源是多种多样的。卡姆和纽里克研究指出，大部分的创业团队是由朋友、亲戚、公司同事组成的；盖伦·N·钱德勒和史蒂文·H·汉克斯在对 12 个创业团队的来源进行分析后发现，其中 3 个创业团队的成员来自大学同学，3 个创业团队的成员来自工作的同事，2 个创业团队的成员是再次创业的同伴，还有 3 个创业团队是由家庭成员组成的，1 个创业团队是由一对夫妇和房东组成的。很明显，社会关系网络中的个人是创业团队成员的重要来源。然而除了由关系网内的人员组成外，创业团队还有另一个来源——创业投资。

总的来说，关系网中的人员组成的创业团队在熟悉程度、沟通方面都有更大的优势，然而对于创业团队人员是否具有创业的能力和专业技术知识来支持以后的活动却欠考虑。创投在技术与资金方面更有优势，然而在团队成员的沟通等方面却有一定的风险。

二、创业团队的建设

在创业团队的建设中，除了要遵循团队建设的基本步骤之外，还需要注意以下几个问题：

1. 创业团队的择人标准

创业团队肩负着创业的艰巨任务，承担着各种风险与压力。对创业者而言，在创业初期可能会面临各种各样的困难，导致出现“见到光头就以为是和尚，捞到根稻草就以为能救命”的情况。这时就需要加以鉴别，冷静地分析在潜在的合作伙伴中谁更有利于团队今后的发展。从前面提到的创业团队的来源及各自的优劣势来看，创业团队成员的选择是团队建设的首要问题。

从之前的研究结果来看，人们很可能会选择性格、能力和气质具有互补性质的异质性成员，因为这有利于整合每个人的价值，使团队的整体实力大于个体实力之和。然而近几年的研究显示，创业团队相对于其他团队具有自身的特殊性，团队成员的异质性不一定会给创业团队带来成功，而同质性的团队成员不一定不利于创业团队的构建和成功。同质性成员与异质性成员在创业团队的运行过程中确实对创业活动具有一定的影响，迈克尔和艾伦（Michael，D. and Allen，C.）对 88 家高成长性公司的研究发现，当外界环境的变动程度增大、无法预测时，团队的异质性与多样性有助于企业成长与价值创造。但是成员的异质性或同质性并不是创业团队走向成功的关键因素。支持创业团队创业成功的驱动力实际上是团队成员的共同兴趣爱好和团队目标。盖伦·N·钱德勒和史蒂文·H·汉克斯（1998）针对曾经研究的12个创业团队，采用回溯个案法进行了初探性、归纳性研究，结果显示，有7个创业团队是因为对技术或者所提供的服务有共同的兴趣而组建的；其余的创业团队是因为成员在加入前认为通过创业可以增加个人财富，被其中的成长机会吸引而组建的。由此可见，创业团队在组建之初很少考虑成员间的互补性，更看重的是共同的兴趣以及高成长机会。

综上所述，创新团队在选择团队成员时应把他们的兴趣爱好放在择人标准的首位，这是创业团队的核心驱动力，其次才考虑团队成员的专业技术技能、资金以及性格、气质的互补性等因素。

2. 塑造优秀的创业者

团队成员的实力反映了创业团队的整体实力，创业团队能否走得更远，取决于创业者的基本素质。因此，要把创业团队打造成一个高绩效的团队，就必须从每个团队成员的培养着手，致力于将核心团队成员塑造为优秀的创业者。高绩效的创业团队对团队成员素质的要求如表9—2所示。

表9—2　优秀创业者的素质

● 目标明确，具有很高的工作热情。创业是一个艰苦的过程，如果团队成员不能全身心地投入创业工作，或者在工作中迷失了方向，那么创业团队将很难继续走下去，创业活动也很可能半途而废。
● 充分自信，心理韧性强。创业具有一定的风险，如果在创业活动中受到一点打击就一蹶不振，甚至开始怀疑自己，无疑会失败。
● 学习能力强，思维开放，兼容并包。创业需要创新，而创新需要创业者广泛接受新思想和新事物，并能从失败中获取教训，学到有益的经验。
● 责任心强。人都是有局限性的，在金钱、地位的诱惑下常常容易犯错。常见的情形是，虽然创业之初很艰苦，但成员在共同目标的支持下很团结，然而一旦创业取得一定成果，人对权利和金钱的欲望就会膨胀，导致团队协作不和谐，甚至导致创业团队的努力付之东流。因此，团队成员必须有强烈的责任心，不能被一己私利所左右。

以上对于创业团队成员的素质要求可能很不全面，而且也不是每个团队成员都必须全部具备的。但是，创业团队应该在建设和运行的过程中逐步培养成员的创业者素质，并根据创业需要有针对性地加以培养。

3. 团队合作中的求同存异

创业团队是建立在相同的兴趣爱好与共同的目标基础之上的，但是，这并不意味着团队成员必须用相同的思维模式来思考问题。如果团队成员各方面都表现得如同一个人一样，那么团队合作和互补就无从谈起，团队也就失去了生命力。因此，在创业团队的建设中，需要明确什么是团队成员应当保持一致的，什么是他们应当坚持有所区别的。团队合作要求同存异，这里所说的“同”毫无疑问应当是共同的目标和愿景，“异”则可以是团队目标之外的任何因素，比如团队成员的性格、气质、文化背景或知识结构等。

三、创业团队的管理

创业团队建立后，如何通过团队的运行实现创业者的共同愿望，关键在于团队的管理。创业团队的任务本来就是相当不确定的，如果缺乏对团队的有效管理，就会导致创业团队绩效不佳，甚至导致创业团队的瓦解。

（一）创业团队的维系

无论创业团队中的成员是合伙关系还是雇佣关系，都无法避免合作和冲突的出现。

1. 维护创业团队成员的合作

创业团队成员之间的合作既包括工作方面的合作，也包括精神方面的合作。

（1）工作方面：要促使创业团队成员在工作方面加强合作。首先，管理者应当明确并强化团队目标，共同的目标是他们行动的内在驱动力，促使他们形成内在凝聚力，紧紧地团结在一起。管理者还应当让团队成员清楚地了解到，实现了团队目标就意味着实现了他们自身的目标。其次，管理者应当提倡风险共担。创业团队的活动面临着很大的复杂性和不确定性，这些风险不可能由团队中的任何一个成员来承担，而应由团队成员共同分担。共同承担风险能够让团队成员产生团队的归属感。最后，管理者应较好地协调团队成员的工作。根据贝尔宾的团队角色理论，团队中一共存在八种角色，每种角色都有自己特定的工作职责。管理者应当根据每位成员的性格特征、爱好在团队中进行合理的分工，使得团队成员与团队角色相匹配，让他们各司其职，这样才能促使团队进入良性的发展轨道，将团队打造成高绩效的创业团队。

（2）精神方面：要培养团队合作精神。首先，团队管理者一方面应分析每个成员完成工作的动机，研究他们的迫切需要，针对他们的动机和需要，让他们获得应得的利益，另一方面应当给团队成员分配一些具有挑战性的工作，并表现出对成员能力的信心。总的来说，管理者信任团队成员，不仅应及时兑现利益，而且应充分相信团队成员的道德品质和专业技能。其次，团队成员之间要坦诚相见，互相交心，共享信息，不要相互猜忌。成员自身也应当对自己的行为负责，做到有诚信。总而言之，团队成员间的信任是相互的，要赢得他人的信任，首先要信任他人。最后，有效沟通相当重要。对于团队来说，成员间的沟通是保持团队正确发展方向和旺盛生命力的必要条件；而对于团队成员个人来说，要想在团队中获得成功，沟通是最基本的要求。

综上所述，团队成员的合作一定要建立在互帮、互助、互利、互惠和互信的基础之上，这样才能保证团队的良好协作，增强团队的凝聚力，实现团队及其成员的成功。

2. 减少创业团队成员的冲突

在对创业团队的冲突管理中，可以从两方面减小破坏性冲突对团队的影响：

（1）积极预防团队冲突。这里所说的冲突指的是破坏性冲突。研究发现，团队的冲突只有超出了团队的可控制范围才会对团队产生危害，适当的冲突对于团队的运行有一定的积极作用，比如能够促进新思想和解决问题的新方法的产生等。要有效预防团队的破坏性冲突，需要注意以下几点：目标一致；明确团队成员的角色与责任；在成员产生分歧时以事实为依据；建立团队内有效的沟通渠道；维持平衡的权力结构。

(2) 恰当处理团队冲突。虽然前面提到了冲突的预防措施，但是变化往往是难以预料的，在团队的运行中很可能无法完全预防冲突的产生，在破坏性冲突出现之后，团队的管理者应当采取有效措施将团队冲突的破坏性降至最低。在处理冲突方面，应注意以下几个技巧：第一，仔细查找加剧冲突的原因，对问题抽丝剥茧，找出主要矛盾；第二，冷静理智地对待冲突，对事不对人，与成员做好沟通；第三，及时做好冲突的处理工作，不能拖泥带水，悬而不决；第四，在冲突解决之后，一方面要组织团队成员对冲突进行反思，从中吸取教训和总结经验，另一方面要掌握反馈信息，跟踪冲突处理的效果。

（二）创业团队的成长

创业团队肩负着创造新价值的重任，在企业建立并取得一定成果后不能功成身退，还应肩负起企业发展壮大的责任。创业与守业是相辅相成的，如果创业团队无法继续创造新价值，那么创建的企业终将被市场淘汰，守业将无法实现。只有将守业看作创业，不断学习新知识，迎接新挑战，创业团队才能不断积累新的经验，产生新的思想，创造新的价值，获得新的发展。

关于创业团队的成长，卡姆和纽里克认为，创业团队在成长中不一定要保持原有的团队成员不变，淘汰和新增一定比例的成员是必要的，这能够增强团队的生命力。盖伦·N·钱德勒和史蒂文·H·汉克斯也在研究中发现，团队在发展中会通过两种方式增强团队的能力：一是团队成员在企业经营的过程中发展、提高自己的专业能力；二是引进有特殊能力和专业能力的成员，那些未获得或提高专业能力的成员，会逐渐被调出团队。此外，对企业愿景存在纷争、对公司策略方向有不同意见、对企业成长风险无法承担等原因也会造成团队成员退出。

总的来说，在企业成功建立后，创业团队的功能和规模、任务以及目标或多或少都会发生一些变化。因此，创业团队必须适时调整，或者改变目标，或者改变团队规模，甚至改变团队模式，只要是阻碍团队产生新价值的因素，团队都应当予以调整。只有这样，创业团队才能保持旺盛的生命力，才能带领企业走得更远。

第3节　高管团队建设

一、高管团队概述

（一）高管团队的概念

高层管理团队简称高管团队（top management team），这个术语最早出现于

1980 年，高管团队研究的兴起始于汉里布克和梅森（Hambrick and Mason，1984）提出“高层梯队理论”（Upper Echelons Theory），时至今日，各国管理学者的研究取得了丰富的成果。

高管团队是指那些通过和企业首席执行官讨论确定的、在关键经营决策中常规性发挥作用的经理人团队，它并不是高层经理的简单组合，而是指那些良性互动、认同共同目标、资源整合优化、高效能的领导团队。高管团队成员一般包括董事会主席、副主席、首席执行官、总裁、副总裁等。

（二）高管团队的特点

高管团队比较特殊，它是一个专司管理的团队，其特殊性主要表现在以下方面：

1. 成员都是企业内部较高层次的管理者

高管团队的成员都是企业内部较高层次的管理者，影响他们进入该团队的主要因素并不是他们具有的共同的目标和相同的兴趣爱好等。他们成为该团队一员是由他们所处的职位决定的，也就是说，高管团队成员的资格是自动获取的。由于这一特点，高管团队在专业知识、成员的性格和气质的互补性方面比一般的团队要弱一些。为了弥补这种缺陷，企业通常会慎重选择高管人员或者为高管团队配备专业顾问。

2. 对企业未来的发展具有决定作用

由于高管团队成员身处企业的决定性职位，因此该团队的目标直接反映了企业的目标。高管团队朝着什么方向发展，企业就朝着什么方向发展。同时，由于企业的决策都是由高管人员作出的，因此高管团队对企业的未来发展起着决定性的作用。

3. 内部稳定性较差

高管团队内部稳定性较差主要体现在两个方面：一是高管团队中容易产生权力与职位的失衡。高管团队的成员都是企业内位高权重的管理者，在这样一个权力集中的团队中，当某个成员在团队运行过程中表现出过人的才能时，其他团队成员就可能对他产生较大的信任和依赖，在团队中赋予他更大的权力，那么在高管团队中就很可能出现他的实际权力大于职位权力的现象。反之，如果某个成员由于自身表现不尽如人意而导致团队成员对他的信任和依赖减小，赋予他的团队权力就可能小于他的职位权力。二是高管团队中由于其成员都具有一定的管理权力，都是企业中某一方面的领导者，他们对于相同问题的考虑角度就有可能具有相当大的差别，出于管理者的职责和自尊心，对于同一问题，高管人员之间很可能出现冲突而难以达成共识。

4. 成员的绩效考核与激励都有一定的难度

高管团队成员的工作一般很难量化，而且他们的工作绩效在一定时期内无法表现出来，因为他们作出的决策要在未来的某个时期才能看到效果。因此，他们的工作很难通过某种方法来具体考核。对于高管团队成员的激励也非常困难，因为对于高管团队成员来说，金钱、权力和地位没有太大的吸引力，这些方面的需求已经基本满足。

二、高管团队的绩效

（一）高管团队绩效概述

首先来看团队绩效的概念。根据之前的研究，肖和麦克·格拉思（Shaw and Mc. Grath）认为，团队绩效应当用凝聚力和沟通这两个关键因素来表示；哈克曼和森德特罗姆（Hackman and Sundstrom）等人认为，团队绩效是指团队实现预定目标的实际结果，主要包括三个方面：一是团队工作的产出，包括数量、质量、速度、顾客满意度等；二是团队对其成员行为的影响，包括工作积极性、离职率、缺勤率等；三是提高团队工作能力，以便将来有效地工作。纳尔德（Nalder）认为，团队绩效不仅包括当前的结果，而且包括团队未来发展的绩效。

对于高管团队绩效，学者们从不同的角度进行了研究，他们将高管团队绩效归纳为团队过程绩效和团队结果绩效两类，其中，团队过程绩效包括：凝聚力、团队内的关系、决策效率、沟通质量、成员满意度和团队承诺、团队行为整合与持续发展能力；团队结果绩效包括：组织的财务绩效、团队任务绩效（生产率指标、团队目标达成程度、顾客满意度）、团队成员绩效（离职率、缺勤率、工作态度）等。

（二）影响高管团队绩效的因素

影响高管团队绩效的因素很多，而且很复杂，这里主要介绍几个最重要的因素（如图 9—3 所示）。

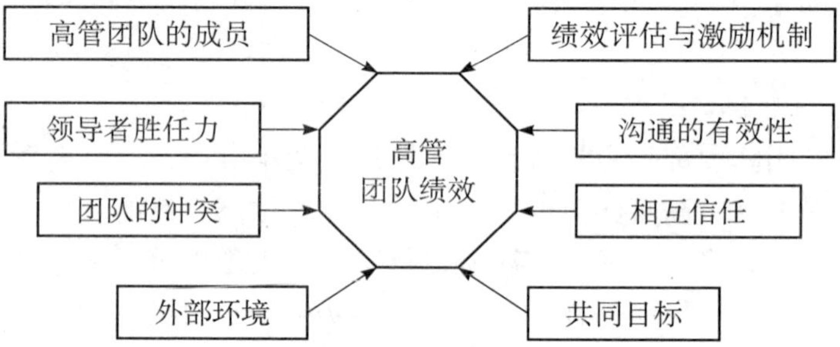

图 9—3　高管团队绩效的主要影响因素

1. 高管团队的成员

高管团队的成员是组成团队的基础，团队成员的文化背景、知识结构、受教育程度、年龄、任期、性格气质甚至兴趣爱好都会左右团队成员的管理行为，从而影响高管团队的绩效。

2. 绩效评估与激励机制

科学的绩效评估体系能够让团队成员产生公平的感觉，有效的激励机制能够强化团队成员的进取心，这两者都是建立高绩效管理团队所必不可少的。

3. 沟通的有效性

沟通的重要性不言自明。对于一个团队来说，目标能否实现与沟通有着非常密切的联系。在高管团队中，沟通的功能主要体现为控制、激励、情绪表达和信息的传递。要使高管团队正常运行，沟通不可或缺。

4. 相互信任

前面我们提到过，相互信任是影响团队绩效的一个非常重要的因素，绩效水平高的团队中成员之间通常会建立起相互信任的关系。

5. 共同目标

成功团队的成员通常会将较多的时间与精力放在讨论和完善团队的长远目标上，这是为了让团队成员更好地接受与实现目标。高绩效的团队一般都有一个能让团队成员接受并为之奋斗的目标，这个目标能够为团队成员指引方向，为他们的工作提供驱动力。

6. 领导者胜任力

在任何团队中，领导者都起着至关重要的作用，他是整个团队的灵魂人物，引领着团队的发展。高管团队领导者的地位就更重要了，因为高管团队的胜任力关系到企业的兴衰。

7. 团队的冲突

前面我们提到过，团队的冲突按其影响可分为建设性冲突和破坏性冲突。建设性冲突有利于团队的创新，从而能够提高团队绩效；破坏性冲突则对团队绩效有负面影响。高管团队中的冲突通常有以下几种类型（如表 9—3 所示）。

表 9—3　高管团队冲突类型

划分标准	类型
按冲突主体划分	团队内部个人层次的冲突（即个人内在冲突和人际关系冲突）；个人与团队的冲突
按冲突先行条件划分	认知冲突（或称任务冲突、实质冲突）；情绪冲突（或称关系冲突）
按冲突动因划分	角色冲突；利益冲突；信息冲突；文化冲突
按冲突过程划分	潜在冲突；行为冲突；结果冲突；知觉冲突；意向冲突
按冲突效果划分	破坏性冲突（或称消极性冲突、功能失调的冲突）；建设性冲突
按冲突时间跨度划分	瞬时冲突；间断冲突；持续冲突
按冲突空间方向划分	垂直冲突；水平冲突

8. 外部环境

任何企业的发展都离不开外部环境，企业的外部环境包括宏观环境、中观环境与微观环境。宏观环境主要是指经济环境，中观环境是指行业环境，微观环境是指市场环境。企业的任何发展都是以外部环境为风向标的，如果高管团队不考虑环境而盲目行动，不仅不会产生好的团队绩效，反而可能使企业向相反的方向发展。

三、高管团队建设与维护

高管团队与企业有着共同的目标，团队的决策也代表着企业的决策，因此，高管团队的建设对于企业的发展具有重要意义，一个高绩效的高管团队通常能够让企业快速发展壮大。从高管团队的特点可以看出，由于其成员的特殊性而导致团队合作效率一般不高，因此，在高管团队的建设中，管理者应当从加强管理团队成员的合作入手，始终把建设高绩效的管理团队作为行动方向。

在明确了建设方向后，建立高绩效的高管团队具体从以下几个方面入手：

（一）高管人员的选择

高管团队成员的资格是自动获得的，一旦企业的高管人员确定，他们将自动进入高管团队。虽然无法自由选择高管团队成员，但是，在选择高管者时还是能够人为控制的。在选拔高管人员之前，企业应当考虑自身的发展目标和实际需要，以便有针对性地寻找合适的高管人才。为构建高绩效的高管团队，企业的择人标准应包括以下几点：

1. 年龄

高管人员的年龄在企业的择人标准中未得到足够的重视，人们一般认为，管理者的年龄越大，管理经验越丰富，管理行为越稳重，管理风格越成熟，因此他们作出的管理决策就越正确。这确实是有一定的道理的，但是也需要注意到，管理者年龄越大，越倾向于规避风险，这样的管理人员作为高管团队成员将使得整个团队的活力下降，创新能力和冒险精神不足。因此，要构建高绩效的高管团队，需要高度重视其成员的年龄结构，并根据企业的具体状况进行合理调整。比如，当企业处于成长发展阶段时，管理层中应当以年轻管理者居多，因为年轻管理者具有冒险精神，他们勇于创新、具有活力，有利于企业开疆拓土。当企业处于稳定期时，管理层年龄结构应当偏向于中年，因为这时的企业最重要的就是维稳。而当企业处于衰退期时，为了避免被市场淘汰，企业需要注入新的活力，这时企业可以启用较年轻的管理者。需要注意的是，在管理层中，年轻管理者与年长管理者的价值观很可能不同，因此他们之间很容易产生难以调和的团队冲突，可能对团队绩效产生负面影响，对此应该加以深入思考。

2. 知识结构

企业中的高管者一般是某一方面的专家，并不都是“多面手”，而正确制定企业决策往往需要管理者具备全面的素质。为此，在构建高绩效的高管团队时一定要注意团队成员多样化知识技能的匹配。实践表明，合理的知识技能结构有利于企业高层合作、高效完成组织的战略决策工作。高管团队中的核心人物往往也是知识技能全面的专业人才。

3. 任期

高管团队成员的任期应当尽量保持稳定，因为无论什么团队，在组建之初，团队成员间总有一个相互适应的过程。如果高管人员的任期差别较大，则团队经常处于磨合阶段，团队绩效必然难以提高。因此，保持高管团队的任期相对稳定，有利于高管团队进行有效沟通，化解冲突，发挥团队的绩效。

（二）合理沟通与相互信任

1. 合理沟通

团队的沟通很重要，尤其是对于高管团队。高管团队成员通常能够代表企业中某一部分人的观点而非他们个人的意愿，这些观点又能够左右企业最终的决策，因此，高管团队中的沟通一定要及时、有效，这也是避免团队冲突的一种有力手段。

2. 相互信任

相互信任是高管团队合作的前提，也是团队领导向团队成员授权的基础。如果团队成员之间相互不信任，就容易造成成员间的相互猜忌，或者为了个人私利而钩心斗角，最终导致由于人为的因素而使得问题难以解决，进而影响团队的合作，造成团队绩效不佳。

（三）冲突处理与权力制衡

1. 建立有效的冲突处理机制

合理有效的冲突处理机制对于高管团队来说必不可少。高管团队代表着企业的目标，决定着企业的兴衰，一旦冲突不能得到及时有效的处理，将给企业的发展带来严重的威胁。

2. 实现团队成员权力的制衡

高管团队成员在企业中身居高位，掌握着比较大的权力。在高管团队中，团队的领导角色通常由企业的最高领导者来担任，但是也不排除出现权力越位的可能性。比如，某个团队成员在团队合作中表现出较强的实力，使得团队中的其他成员对他产生较强的依赖性，此时他在团队中的实际权力很可能大于他的职位权力。权力越位通常容易造成高管团队中的冲突和团队领导者的不满，从而不利于团队合作效率的提高，因此在高管团队中，应当重视团队成员权力的制衡。一种比较有效的处理方法是按照实际能力而非成员在企业中的职位来建立团队中的管理结构。

（四）高管团队成员的激励

高管团队的特殊性导致团队的激励具有一定的难度。为保证高管团队激励的有效性，可以参考以下四个建议：

1. 利益互惠激励

高管团队中利益的合理分配是合作成功的关键。因此，企业在经营管理过程中，应坚持企业、高管团队和高管团队成员的双赢或多赢原则，设立符合三方利益的制度。通过利益分享和风险共担等互惠机制的设计，促使高管团队成员对合作进行投入并兑现承诺，同时从合作中获得收益。

2. 监督约束激励

在团队合作中，一旦监督不力，势必给偷懒者制造机会，出现“搭便车”的现象。通过设立监督者，制定保护性合同或契约来阻止高管团队成员的机会主义行为，能使成员清楚自己的行为预期，从而根除投机心理，从制度上给予充分的保证。另外，应当建立高管团队绩效考核制度，将高管团队与组织目标联系起来，同时衡量团队和个人两方面的绩效。个人绩效可以通过考核个人对团队的贡献（行为与过程/结果角度）来衡量，团队绩效则通过团队整体性的沟通、决策制定、顾客满意度和运作周期等来衡量。

3. 沟通激励

激励高管团队协作行为的根本是建立高管团队成员间的信任关系，为此必须改善高管团队的沟通渠道和沟通方式。另外，授予一定的决策权力范围也可提高团队成员的可信任度，有利于高管团队建立沟通关系。

4. 学习激励

高管团队要积极主动地创设激励团队成员学习的条件，引导高管团队成员进行学习交流和知识共享，促进团队成员持续地学习，不断超越自我。一般情况下，高管团队还应与外界保持密切的联系，这种联系越广泛，知识的流动性就越好，高管团队成员拥有的知识资源就越丰富，学习效果也越好。

第4节　虚拟团队建设

一、虚拟团队概述

（一）虚拟团队的产生背景

20世纪末，随着新科技革命的兴起，人类社会进入了网络时代。计算机网络技术改变了整个世界的生产运营方式，电子商务蓬勃发展，虚拟组织、虚拟企业也在世界各地出现。市场竞争更加激烈，企业的外部环境瞬息万变，难以掌控。对于企业来说，要在不断变化和具有高度不确定性的市场环境中谋求一席之地，就必须克服资源稀缺的困难和各种技术难关，实现资源的最优配置，更好地利用知识型人才，充分发挥人的创造力，提升自身的核心竞争力。只有这样，才不会为市场所淘汰。新科技革命带来的这些机遇与挑战都促进了虚拟团队的产生。

（二）虚拟团队的概念

虚拟团队是继虚拟组织和虚拟企业之后出现的新概念，有狭义和广义之分。狭义的虚拟团队是指为了更好地迎合市场上消费者的个性化和多样化需求，获取时间和产品（创意、质量等）优势，而以现代通信技术为依托，将不同地区、部门、知识背景的人联系在一起共同解决问题的团队。广义的虚拟团队的成员还包括联合企业的供应商、制造商、销售商以及消费者等利益相关者。虚拟团队既依靠现代通信技术，又依赖成员之间的相互信任与相互合作。

（三）虚拟团队相对于传统团队的优势

1. 工作环境虚拟化

虚拟团队的工作环境是虚拟的，团队成员之间的沟通交流和任务下达都是通过电话、网络等现代通信技术实现的，因此可以节省办公场所和交通等方面的开支。同时，由于虚拟团队跨越了空间的限制，可以将世界各地的人才联系在一起，因此可以利用人力资本较低地区的人才，降低人力成本。

2. 专业化程度很高

现代通信工具不仅多样而且功能齐全，大大方便了人们之间的沟通和交流。时间与空间不再成为障碍，获得专业优秀人才的来源大大增加，因此，借助基于现代通信技术的便捷高效的交流平台，虚拟团队能够将各行各业的专业人士联系在一起共同工作，变得更加专业化。

3. 组织更加灵活

虚拟团队没有固定的组织形式，因此受到组织形式局限性的影响较小，组织的灵活性更高，能够全天候提供服务。此外，它的信息来源广泛，传播渠道多，传播速度和处理信息的速度都非常快。虚拟团队的工作效率很高，能够对市场环境的变化作出最快捷的反应，并采取应对措施。

4. 能够留住知识型员工

相对于传统团队来说，虚拟团队的成员主要实行自我管理和自我控制，他们可以自由地开展工作，而不受别人的指挥，其灵活性和自主性都大大增强。由于不受组织形式的限制，成员的独立性增强，因此他们的工作满意度得到较大的提高，对于虚拟团队的忠诚度更高，成员的流失率也就相应降低。

5. 资源得到更好的利用

企业的发展离不开资源的支持，然而，资源具有稀缺性，资源的获取和利用或多或少制约着企业的发展。在当今知识经济环境下，作为知识载体的人才已成为制约企业发展的瓶颈。现代教育塑造了专业知识人才，他们对于自身专业有着很高的忠诚度，但是市场瞬息万变，使企业不能稳定地拥有全部的专业人才，从而很难实现人力资源与物力资源以及财力资源等的优化配置，这正是传统团队无法充分发挥其作用的关键所在。而虚拟团队形式灵活，传递知识信息的速度快，更重要的是虚拟团队能够获得自身需要的人才资源，因此能够很好地实现资源的合理配置。

二、虚拟团队的建立

任何团队的建立都是一个有具体的计划和步骤的过程，虚拟团队也不例外。总的来说，虚拟团队的建立通常有以下几个步骤：

1. 对团队的工作和角色进行分析

建立虚拟团队的第一步就是对团队的工作任务和团队角色进行正确认识和分析，这是关键。首先要对团队所需完成的任务目标进行分析，梳理其脉络，注意具体细节，掌握好主次关系和完成步骤。其次要了解完成任务需要什么样的人才，要明确团队中需要什么样的团队角色，每一种角色承担的具体任务是什么，他们需要具备什么样的专业技能和个人素质。最后还要明白虚拟团队的构建需要哪些硬件（如计算机技术等）和软件（如团队规范）等。

2. 获取人才资源

专业人才的选择与获取对于虚拟团队的构建非常重要。根据之前对工作和角色的分析，企业应当在选择团队成员之前制定具体的人才计划，计划中应当包括预计所需人才的数量、技术知识水平、获取方式、获取的可能性，以及团队成员的选择标准。这一标准至少应该涉及三个方面：一是虚拟团队成员的价值观要趋同，只有这样，他们才会以相同的价值标准去看待问题。二是虚拟团队成员的性格、气质、能力等要尽可能互补，这有助于减少团队冲突，充分发挥成员的自身潜力。三是尽可能选择那些具有虚拟团队合作成功经验的人，这样比较容易让虚拟团队尽快进入工作状态，减少磨合的时间和其他损耗。

在开始挑选合适的虚拟团队成员时，应当尽可能地将搜索范围扩大，这样不仅有利于从更多的备选人才中找到合适的人员，而且有利于人才资源的优化与整合。

3. 制定团队运作协议

与传统团队不同，虚拟团队的工作环境是虚拟的，而工作是真实的，因此虚拟团队的正常运行离不开团队运作协议。小到团队的某次工作会议，成员的工作交流，大到一个决策的制定和执行，都需要通过团队运作协议来规范和约束。虚拟团队的运作协议必须清晰描述团队目标以及团队成员的工作与职责，以避免团队陷入混乱的困境，避免不必要的冲突，使成员之间达成共识，通力合作。

4. 构建反馈系统

虚拟团队的建设不可能一劳永逸，在其构建过程中，任何一个环节都有可能出现差错而给以后的工作带来障碍和隐患，这一现象是无法避免的。既然无法避免，那么至少应该让今后工作中的问题能够被及时发现和解决。因此，为了更好地发挥虚拟团队的优势，在构建虚拟团队的过程中还应当构建一个有效的反馈系统，以便对工作中出现的新问题、新情况作出及时的反应和适当的调整。

三、虚拟团队的管理

传统的团队管理方法对于虚拟团队不太适用，因此，要充分发挥虚拟团队的优势，将虚拟团队建设成为高绩效的团队，必然需要改进原有的管理方法。虚拟团队的管理需要注意以下几点：

1. 强化共享空间的感觉

由于虚拟团队处于一种虚拟的工作环境中，因此团队成员很难体会到共享空间的感觉，这种时空距离感很可能导致团队成员产生对于团队的疏离感，即缺乏团队归属感。长此以往，虚拟团队将很难留住团队成员，面临瓦解的危险。因此，团队管理者应该努力建立一种共享空间的团队氛围。在虚拟团队中，团队目标和团队愿景是团队的指南针，也是联系团队成员的精神纽带，管理者应当强化团队的共同愿景和共同目标，让整个团队的成员铭记在心。只有这样，虚拟团队的成员才不会在工作中迷失前进和奋斗的方向，才能感受到身处一个拥有共同使命的“真实团队”中。

2. 确立团队成员的正确定位

团队的绩效是由团队的成员共同创造的，团队中的每个成员都有其团队角色和相应的职能与权利。由于虚拟团队使用的是远程管理方式，团队成员的行为有很大的自由度，因此对虚拟团队的管理与监督控制比传统团队更困难。为了维护虚拟团队的稳定和团结，一方面，团队成员要进行自我管理和自我控制，扮演好相应的团队角色；另一方面，团队的管理者要重新审视团队成员的角色，对他们进行正确的定位。管理大师彼得·德鲁克曾说："必须将团队成员看成是伙伴而非下属。伙伴关系是一种平等关系，也是一种双方能够共谋福利的关系。"在虚拟团队中，团队成员与团队管理者间的关系应该建立在互相认可的基础之上。虚拟环境是无形的，而团队管理是实际存在的。因此，为了增强虚拟团队的凝聚力，让团队围绕目标高效运行，最理想的方法是团队管理者帮助团队成员正确认识并适应团队角色，即让他们从"员工"角色转换为"成员"角色，给予他们"成员"应享有的权利和必须承担的责任，最重要的是让他们参与整个虚拟团队的管理。

3. 建立融洽信任的团队氛围

心理学研究显示，人与人之间的相互信任是十分脆弱的，需要很长时间才能建立起来，却又很容易被破坏，破坏之后要恢复则更困难。而且，给予他人信任也会获得来自他人的信任，反之，则会获得不信任。绩效水平高的团队有一个共同的特点，即团队成员之间相互高度信任。也就是说，团队成员之间彼此相信各自的个性、人格和工作能力。

团队成员间的相互信任在很大程度上影响着团队绩效，可见信任的建立与维系是虚拟团队管理的核心问题之一，也是虚拟团队运作的基础。所以，要在虚拟团队中培养并维持相互信任，需要管理者处处留意，步步小心。在虚拟团队的建设和管理过程中，首先要创造一个轻松的团队氛围，使成员在进行工作交流时没有什么精神压力，同时，不管是虚拟团队的管理者还是团队的普通成员都必须彼此尊重，这样才能逐渐培养出虚拟团队中的相互信任关系。S. 亚尔文帕斯和 D. 莱纳德（S. Jarvenpas and D. Leidner）的研究认为，在团队中有九种促进信任的行为，分别是：社交沟通、表达热情的沟通、开发处理技术和不确定性任务的方法、个人主动性的表现、预期的沟通、实质性和及时的沟通、积极姿态的领导、从程序性向任务中心的转变、对危机的冷静反应。虚拟团队的管理者可以从上述九个方面获得管理启示。

4. 建立有效的激励机制

根据之前提到的人性假设理论可知，人的需求多种多样，满足这些需求能够提高员工的工作积极性。在虚拟团队的管理中，要充分分析他们的需求，以便建立有效的激励机制。激励的手段很多，但对于虚拟团队中的知识型员工来说，精神激励比物质激励更重要。因此，在激励机制中要将物质激励与精神激励相结合，并适当提高精神激励的比重，同时要将成员个人的收益与整个团队的业绩相结合，让团队成员具有共同的目标。

5. 控制团队冲突

团队冲突在团队运行过程中无法避免，其中，建设性冲突能够促使新想法的产生，有助于团队目标的实现，而破坏性冲突会打乱团队协作，造成团队工作效率低下，甚至可能毁掉整个团队。因此，对团队冲突要加强控制。然而加强控制并不意味着消灭冲突，一个没有冲突的团队是没有活力和创新性的，这同样不利于团队效率的发挥。所以，要控制团队冲突，就要加强团队中的信息沟通，鼓励团队成员相互交换意见，建立成员间互信互助的关系，在发展建设性冲突的同时尽可能消除破坏性冲突。

思考与讨论题

1. 团队的定义是什么？团队有哪些类型？
2. 团队对企业和员工的重要性体现在哪里？
3. 如何充分发挥创业团队的作用？
4. 高管团队的建设中最关键的因素是什么？你如何建设一个高绩效的高管团队？
5. 简述你对虚拟团队的认识。

随堂测验

团队效率测试

为本次测评选择一个特定的团队。这个团队必须是你曾经工作过或正在工作的，可以是一个学院或者一个工作团队。用下面的5级量表进行评判：1＝通常，2＝经常，3＝不多不少，4＝偶尔，5＝很少。

1. 团队成员互相忠于对方，并都忠于团队的领袖。
2. 团队成员与团队领袖之间高度信任。
3. 团队的价值观和目标很好地代表了团队成员的价值观和需要。
4. 团队的活动都是在一种互相协助的气氛中进行的。
5. 团队积极帮助其成员开发他们的潜能。
6. 团队知道积极服从命令的价值，并知道何时、为何种目的利用它。
7. 成员之间相互充分和诚恳地交流有关团队活动的信息。
8. 成员在作出看起来适合他们的决策时有安全感。

评分方法：把8个项目的分数相加。得分越高，说明这个团队越无效率。

案例研究

团队沟通技巧

吕艳获得法学学士学位后就加入了某律师事务所。作为律师，她和许多律师共事过，并和他们建立了亲密的合作关系。然而，吕艳发现所在部门两位合伙人中那位比她大六岁的公司税收专家吴刚不好相处，他总是喜欢操控一切。

“表面上看，吴刚很合群，从不对人发火，但实际上他总是认为自己正确，很难相处。我刚来时和他共事过一段时间。他让我研究一个问题，我到图书馆查阅资料，写了七页的备忘录交给他。他说这个研究结果不是他想要的，私下里却将我的看法当作他自己的。”

吕艳曾和另一个部门的年轻律师合作解决一项公司的税收业务。当他们得出结论时，需要一个合伙人的意见。吕艳去找了一个合伙人，但年轻律师却让她找吴刚。由于知道吴刚一插手就会有麻烦，同时也不想放弃对该项目的主管，吕艳开了一次例会，准备了分析报告和意见书，并得到另一部门合伙人的批准。到开会那一天，这位合伙人病了，吴刚参会，会议开得很好，吴刚也批准了会议结果。

然而，六周后，当他们与客户讨论时，吴刚打电话对吕艳说，他不同意意见书的内容，这使客户很不高兴。吕艳觉得自己被愚弄了。

“他总是不让你好过，让你在众人面前出丑。每次我提前将事情办好，得到他的同意，和公司合伙人达成一致后，他总是说‘你应该对这几件事多下功夫’，并否定我的意见。之后，搞砸了几件他让我做的事，使我后来能做的事大大减少。”

后来，吕艳由于出色的工作而得到许多律师的认可，成功地被提升为合伙人，成为所在律师事务所最年轻的合伙人。

“当我和部门其他律师合作时，我总认为他们应该能够忍受我的分析过程。我们在一起工作，我不应该隐瞒自己的看法。我们在一起工作是要为特定客户找到特殊的解决方法。但我明显感觉到，合作者更喜欢别人强加一个观点给他们。我真不知该怎么办。”

“我知道客户想要什么，他们想得到最好的结果。如果我从他们那里得到确定的信号，我可以调整我的方法。我真正的麻烦是与事务所内部人没有很好地协作，我希望自己诚实，信任别人并让他们理解自己的分析过程，却遇上了麻烦。”

“曾有一位律师和我一道工作，我和他相处得并不好。我让他觉得紧张，他也对我失去信心。有一天我们和客户谈判时，谈到一些客户并不真正关心的小问题。我没在意，这位律师却抓住不放，问我是不是不知道谈判的规矩。我想他是害怕我比他强。”

“我可以理解他们，我也可以改变自己的行为方式，让别人觉得自己重要。但我不想以这种方式工作，我喜欢自己的工作方式！”

资料来源：http：//wenda. haosou. com/q. /1369757760067948.

【讨论题】

1. 团队沟通与个体沟通有什么区别？
2. 团队沟通的主要障碍是什么？如何提高团队沟通的有效性？
3. 该案例给团队管理者带来什么启示？

第 10 章

群体冲突管理

内容提要

本章主要介绍冲突与冲突管理，包括群体冲突的概念、群体冲突的作用、群体冲突的类型、群体冲突的过程及其解决策略，在本章的学习过程中，冲突的过程与处理是重点，企业组织的冲突管理策略及方法是难点。

第 1 节　群体冲突概述

一、群体冲突的概念

美国著名组织行为学家罗宾斯认为，冲突是一个过程，这种过程始于一方感觉到另一方对自己关心的事情产生消极影响或将要产生消极影响。管理决策学派的代表人物西蒙将冲突定义为：组织的标准决策机制遭到破坏，导致个人和团体陷入难以选择的困境。曾任国际冲突管理协会主席的乔斯·沃德（Joss Warder）教授认为，冲突是指个体或组织由于互不相容的目标认知或情感而引起的相互作用的一种紧张状态。一个人的行为给他人造成了阻碍和干扰就会产生冲突，冲突和暴力、争吵是两码事。

在组织行为学中，群体冲突是指组织内部个体与群体、群体与群体以及群体与组织之间的矛盾，即一方（包括个体、群体和组织）认识到另一方正在或将要采取阻碍、危害自己实现目标的行动过程。

冲突在任何组织中都是不可避免的、普遍存在的，所以说冲突具有客观性和普遍性。在日常生活中，冲突是一种司空见惯的正常现象，长期没有冲突的关系根本不存在。凡是人们共同活动的领域，总会产生不同意见、不同需求和不同利益的碰撞，或在个人之间，或在小团体之间，或在组织之间。

在现实生活中，人们常常能够看到冲突的频繁发生和消退。日常生活中的绝大多数冲突会平息下去，要么是这一方让了步，要么是另一方或者双方都作出可以接受的妥协。但是，也有一些冲突难以调和。例如，恼怒、仇恨和蔑视等情绪会使冲突升级，对立的双方开始攻击和反击，其结局要么是一胜一负，要么是两败俱伤。

二、群体冲突的作用

传统的冲突观点认为，冲突是有害的，会对组织造成不利影响，“冲突”成为组织机能失调、非理性、暴力和破坏的同义词。因此，传统观点强调管理者应该尽可能避免和消除冲突。这种观点出现的原因是组织、团体、个人之间关系不和，人们之间缺乏沟通、坦诚和信任，管理者对员工的需要和抱负不敏感。这种观点在 20 世纪三四十年代占主导地位，直到现在仍然十分流行。现代的冲突观认为，融洽、和平、安宁、合作的组织容易对变革和革新的需要表现出冷漠和迟钝，一定水平的有益的冲突会使组织保持旺盛的生命力，善于自我批评和不断革新。因此，应该鼓励群体领导者保持低水平的冲突，使群体成员充满活力，具有自我批评的精神和创造力。

组织既要限制破坏性冲突，又要促进建设性冲突。最早提出冲突具有建设性这一观点的是美国社会学家刘易斯·科塞（Lewis Coser），他概括地指出了群体冲突的益处：

（1）群体内部的分歧和对抗，能够构成一个个社会部门相互制约的社会体系。例如，美国的三权分立制度导致总统与国会之间权力分散，可以互相否决、互相制约。

（2）让冲突表露出来，犹如提供一个出气口，使对抗的成员采取合适的方式发泄心中的不满。否则，让怨气压抑反而会酿成极端的问题。这就好比对一个人来说，有时需要向朋友倾诉心中的苦恼，而不能总是闷在心里。

（3）群体间冲突会增强群体内部的凝聚力。例如，外敌入侵期间，国家内部往往表现出团结一致，国内矛盾则会减弱。

（4）冲突可以促进联合，以求生存。例如，国家为了对付共同的更强大的敌人而彼此团结起来，企业也可以为了共同的利益而结成联盟。

三、群体冲突的来源

大多数人将冲突归因于对方的性格问题或缺陷，事实上，冲突的来源是多种多样的。

1. 个体差异

由于成长经历、文化和家庭传统、社会化过程的不同，每个人都有独特的个体特征。个体差异表现在性格、气质、能力、需要、兴趣、价值观、认识水平等方面。一般来说，个体差异越大，心理相容程度就越低，从而在交往中容易发生冲突。

2. 角色冲突

在现代组织中，管理者的功能和任务相互之间是高度依赖的，但他们的个体角色可能是互不兼容的。例如，技术部主管和财务部主管之间有相互依赖的关系，技术部提供技术，为财务部带来更多的收益，而财务部需要控制成本，在技术部向财务部申请资金时，财务部会担心技术部带来的潜在收益能否弥补投资成本，这种角色不相容就产生了冲突，需要通过更高层的领导者加以解决。

3. 职责不清

当工作职责和岗位描述不明确时，会使个人之间或单位之间对工作相互推诿、相互插手，公共组织内部经常存在由此引发的冲突。

4. 工作竞争

工作竞争是普遍现象，也是提高群体绩效所必需的。但在工作竞争中，如果有人不遵守竞争规则，采用不正当的手段和方法，将导致冲突。当然，有些情况下，即使双方都使用正当手段，也会产生冲突，这时的冲突源于两个人或多个人的竞争关系，最终演变为角色冲突等其他问题。

5. 组织氛围

当组织的高管者之间存在激烈而频繁的冲突时，这种不良风气会影响下级，导致下级之间也发生冲突，这在公共组织中表现得尤为突出。如一个部门的两个副职，由于两人在分管工作中存在摩擦，可能造成下属分帮结派，形成内部冲突。俗话说“上行下效”，员工的冲突往往与各自的上司间的冲突有关。

6. 组织变革

面对新环境和新事物，组织需要根据不同的要求进行适当变革，组织一旦发生改革、重组或兼并，必然会打破旧的利益格局，不同群体的恐慌、焦虑、利益变动会使冲突频发，这也是公共组织变革难以推进的原因之一。

除了上述冲突来源外，冲突还与组织结构设置不合理、个体间文化差异等因素有关。当组织结构设置不合理，存在多头管理、双重隶属关系等问题时，会引发部门和人员间的冲突；当个体间存在较大文化差异时（如南方人较细腻，北方人较粗犷），两者交流方式不一样，也会发展为冲突。

四、群体冲突的类型

（一）建设性冲突和破坏性冲突

根据冲突对组织的作用的性质，冲突可分为建设性冲突和破坏性冲突。

1. 建设性冲突

建设性冲突又称功能正常的冲突，是指双方目的一致而手段或途径不同的冲突，大多属于良性冲突，这类冲突对于企业目标的实现是有利的。良性冲突的主要特点是：双方对实现企业的共同目标都很关心，乐于了解对方的观点、意见，以争论问题为中心，在冲突中注重互相交流情况。

当冲突作为一种动力时，能够提高群体工作绩效。大量的事实证明，较低或中等水平的冲突可能提高群体的有效性。如果冲突能提高决策的质量，鼓励变革与创新，激发群体成员的兴趣和好奇心，提供公开信息、缓解紧张气氛的渠道，培养自我评估和变革的环境，这种冲突就是有效的。而且，冲突允许大家各抒己见，使得一些不同寻常的或由少数人提出的建议在重要决策中增加权重，并因此提高决策质量。冲突还有助于修正集体决策，避免群体以消极的、不假思索的态度制定决策。冲突向现状提出挑战，并进一步产生新思想，促使人们对群体目标和活动进行重新评估，提高了群体对变革的快速反应能力。冲突会导致更好、更多的决策，促进变革，在现有组织中，存在冲突的组织的绩效优于不存在冲突的组织。当组织决策由组织成员共同作出时，高冲突的组织的改善程度高于低冲突的组织。与由具有相同利益的个体组成的群体相比，由具有不同利益的个体组成的群体，更易作出较好的决策。

2. 破坏性冲突

破坏性冲突又称功能失调的冲突，如果这种冲突程度高，往往会给组织带来破坏性的后果。如两个副职为了争当正职，拉帮结派，关注职务竞争而非日常工作，在整个组织中制造了不良风气。作为组织的领导者，应及时将内部冲突控制在建设性冲突的范围内，避免发展成破坏性冲突。

通常所说的冲突一般都是指这种带来不良后果的冲突。这种功能失调的冲突带来的结果是：信息沟通渠道不畅通，群体的凝聚力降低，群体成员之间的争斗超越群体目标。在极端的情况下，这种冲突会导致组织群体功能的失调，并可能威胁到群体的生存。正常功能的冲突和功能失调的冲突带来的结果差别非常大。因此，我们应该学会识别哪些是功能正常的冲突，哪些是功能失调的冲突。

（二）个人冲突和团体冲突

根据冲突发生的主体，冲突可分为个人冲突和团体冲突。

1. 个人冲突

为了便于研究和讨论，心理学家把个人的心理冲突分成四种类型。这种分类的依据是 20 世纪 30 年代由勒温首先提出的，即按接近（approach）、回避（avoidance）两种倾向的结合方式分类。

（1）双趋式冲突，又称“正正冲突”。指个体在有目的的活动中同时存在两个目标，而且两个目标具有同样的吸引力或引起程度相同的动机，当个人因实际条件的限制（如在某一时刻只能做某一件事或只能到达某一个地方）而无法同时实现两个目标时，就会在心理上造成左右为难、难以取舍的冲突情境，形成双趋式冲突。

（2）双避式冲突，又称“负负冲突”。当同时产生两个对个体都具有危害性的事件时，个体当然都想躲避。但躲开一个事件，则无法躲开另一个事件。在这种情况下，个体将不得不面对其中一个事件以避开另一个事件，在作出这种抉择时，就会出现双避式冲突。例如，“前有悬崖，后有追兵”这种进退两难的处境便会引起双避式冲突。解决这种冲突的办法是“两害相权取其轻者”。

（3）趋避式冲突，又称“正负冲突”。指个体为了实现某个极有意义的目标，必须付出巨大的代价，有时甚至会有生命的危险，而且胜败参半，在这样的情况下作出抉择，就会导致趋避式冲突。解决趋避式冲突的办法是“舍利取义”。

（4）双重趋避式冲突，又称“双重正负冲突”。这种冲突往往在两个目标或情境对个体既有利又有弊，既有好处又有坏处的情况下发生。比如，在选择工作岗位时，一种岗位待遇优厚但地位不高，另一种岗位地位较高但待遇较差，这样的情况容易引起双重趋避式冲突。

在现实生活中，人们的内心冲突是十分复杂的，并非完全如上面所讲的那么简单，因而应从实际情况出发进行分析。但对冲突基本类型的了解无疑有助于进一步了解更复杂的冲突情况。

2. 团体冲突

冲突不仅会在个人的内心产生，而且会由于目标和利益上的矛盾而在群体内部、群体与群体之间经常发生。冲突发生于社会交往的一切层面上，包括群体间冲突及人与人之间的冲突。常见的冲突来源于组织目标的冲突、资源的相对稀缺、层次结构关系的差异以及信息沟通上的失真等。组织中的非正式群体和正式群体之间、直线管理人员与参谋人员之间以及委员会成员之间的冲突是最典型的团体冲突。

（1）正式群体与非正式群体之间的冲突。由于正式群体与非正式群体的成员是交叉的，因此，非正式群体的存在必然会对正式群体的活动产生影响。这种影响可分为正面的和负面的两种。正面的影响可以满足员工在友谊、兴趣、归属、自我表现等方面的心理需要，使员工之间的关系更加和谐融洽，易于产生和加强成员之间的合作精神，使员工自觉地帮助维持正常的工作和生活秩序。但是，一旦非正式群体的目标与正式群体的目标相冲突，则可能对正式群体的工作产生负面影响，特别是在强调竞争的情况下，非正式群体可能会认为这种竞争会导致成员间的不和，从而抵制这些竞争，非正式群体还要求成员行动保持一致，这往往会束缚成员的个人发展，使个人才智受到压抑，从而影响组织工作的效率。由于非正式群体的大多数成员害怕变革会改变非正式群体，因此这种群体极有可能演化成为组织变革的一种反对势力。

（2）直线管理人员与参谋人员之间的冲突。组织中的管理人员是以直线主管或参谋两类不同身份出现的，现实中这两类人员之间的矛盾往往是导致组织缺乏效率的重要原因。直线关系是一种指挥和命令的关系，直线管理人员拥有决策和行动的权力，参谋关系则是一种服务和协调的关系，参谋人员拥有思考、筹划和建议的权力。实践中，保证命令的统一性往往会忽视参谋作用的发挥，参谋作用发挥失当则会破坏统一指挥的原则。这可能导致直线管理人员和参谋人员相互指责，相互推卸责任。

（3）委员会成员之间的冲突。委员会是集体工作的一种形式，它起到了汇集各种信息、加强人员交流、协调部门关系等重要作用。委员会是一个平台，每个成员都有发言权，而这些成员既代表了不同的利益集团、利益部门，也有自己个人的行为目标。在资源一定的条件下，成员之间的利益很难取得一致。一旦某个利益未能得到支持，他将会被动执行或拒绝执行委员会的统一行动，导致组织效率下降。委员会必须充分考虑各方利益，其协调的结果必然是各方势力妥协、折中的结果，这势必会影响决策的质量和效率。

第 2 节　群体冲突过程

一、群体冲突的模式

（一）杜布林的冲突模式

美国行为学家杜布林（Dublin）运用系统观点观察和分析冲突，提出了冲突模式（如图 10—1 所示）。在这一模式中，冲突的来源是系统的干涉变量，处理冲突的手段是系统的输入，冲突的结果则是系统的输出。恰当的冲突处理手段产生有益的冲突结果，不恰当的冲突处理手段则产生有害的冲突结果。因此，杜布林认为，冲突处理手段的选择和采用非常关键。

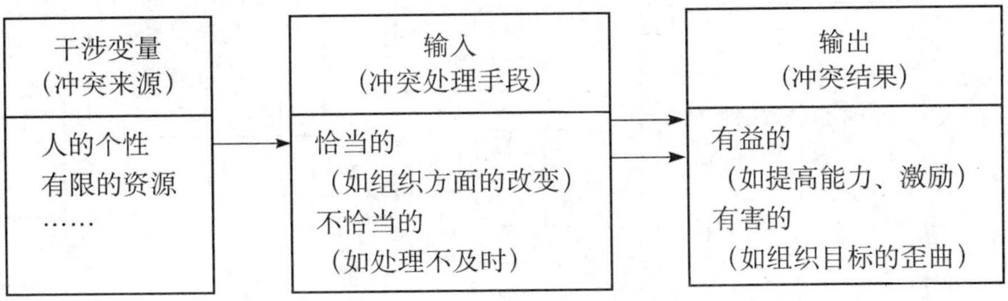

图 10—1　杜布林的冲突模式

资料来源：杜布林：《组织行为基础：应用的前景》，北京，机械工业出版社，1985。

（二）庞迪的冲突模式

美国行为学家庞迪（Pondy）基于冲突的产生过程提出了冲突模式（如图 10—2 所示）。庞迪认为，冲突在潜在阶段并不一定表现出来，经过知觉和感受阶段才表现出来，冲突的结果有冲突极端化（好斗）和合作两种。与杜布林相似，庞迪也认为冲突的结果取决于冲突解决的方法。

（三）伽力和斯达克的冲突模式

美国学者伽力和斯达克（J. J. Gary and F. A. Stark）在 20 世纪 80 年代从冲突来源和目标不相容入手提出了冲突模式（如图 10—3 所示）。伽力和斯达克认为，冲突的潜在因素导致冲突主体双方目标不相容，如果冲突主体有相互妨碍的机会，就会产生冲突，对冲突采取何种解决方法将直接影响冲突的结果，即积极的还是消极的结果。

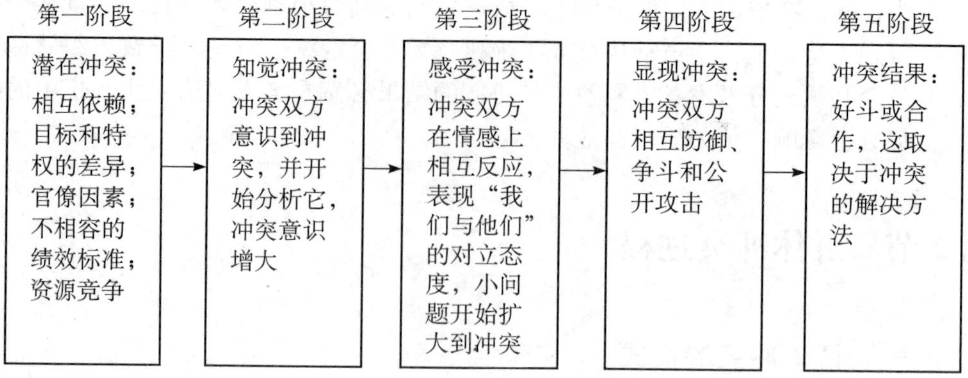

图 10—2 庞迪的冲突模式

资料来源：Pondy，L. R. Organizational Conflict：Concepts and Models. Administrative Science Quarterly，September，1967：296－320.

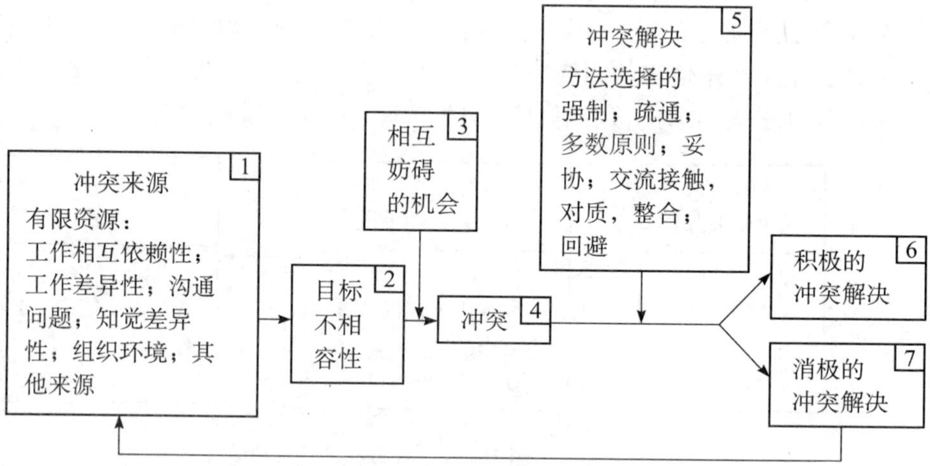

图 10—3 伽力与斯达克的冲突模式

资料来源：顾琴轩：《组织行为学》。

（四）罗宾斯的冲突模式

美国组织行为学家罗宾斯结合组织群体绩效，根据冲突产生过程的五个阶段的研究提出了冲突模式（如图 10—4 所示）。罗宾斯认为，冲突来源是冲突产生的先行条件，整个冲突过程可以分为五个阶段：第一阶段是冲突的潜在对立阶段，第二阶段是冲突的认知和情感投入阶段，第三阶段是行为意向阶段，第四阶段是冲突行为阶段，第五阶段是冲突行为结果阶段，冲突结果的最终表现是组织群体绩效的表现，即群体绩效是提高还是降低。

从上述四种代表性的冲突模式的描述中可以看出，这些模式都将冲突来源作为冲突产生的先行条件，将冲突解决方法的选择和采用作为导致冲突结果的关键因素，并从冲突的积极方面和消极方面分析冲突结果。相比而言，杜布林的冲突模式更简明；罗宾斯的冲突模式与庞迪的冲突模式有更多的相似之处，两者间主要的不

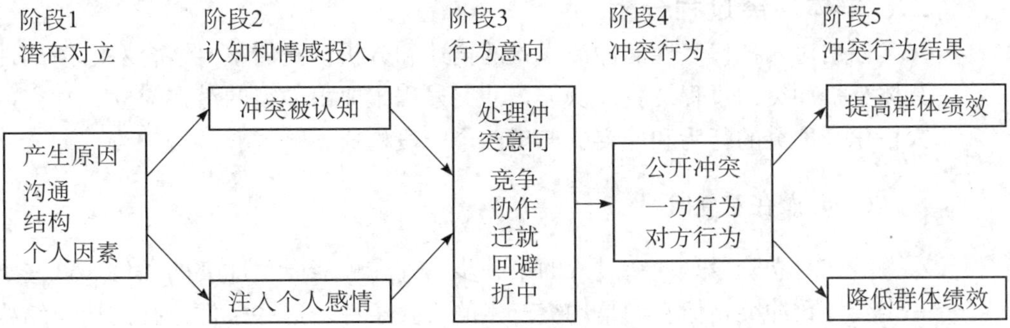

图 10—4　罗宾斯的冲突模式

资料来源：斯蒂芬·P·罗宾斯、蒂莫西·A·贾奇：《组织行为学》，12 版，北京，中国人民大学出版社，2008。

同是，罗宾斯对冲突结果的分析比庞迪更明确和具体；伽力和斯达克的冲突模式与庞迪、罗宾斯的冲突模式也有不少相似之处，所不同的是，前者强调冲突主体双方的目标不相容性，并将后者的冲突知觉和感受环节以冲突主体双方“相互妨碍的机会”来表示。其实，冲突主体双方相互妨碍的阶段，也就是冲突主体双方知觉和感受冲突的阶段。

知识卡片 10—1

解决冲突：日本人与美国人的不同之处

伦西斯·李克特（Rensis Likert）是著名的社会学家和管理学家。他发现，某一社会及其组织用于处理冲突的战略反映了该社会的基本价值观及处世态度。冲突在理想状态下已很难解决，如果再考虑文化差异的因素，解决冲突的工作就会变得更加复杂。表 10—1 显示了日本和美国之间的各种差异。

表 10—1　日本和美国文化差异在冲突解决中的表现

日本	美国
基于团队精神的长期合作	短期视角的竞争和对抗
经常与上级争论但很有礼貌	与上级间的争议很少但很激烈
通过协商和信任来解决争议	通过合同和提交仲裁来解决争议
留出足够的时间非常重要，采取双赢策略	时间就是金钱，采取单赢策略
非常重视对情绪的影响	不重视对情绪的影响
群体利益是最终目标	以盈利为动机或以个人利益为最终目标
顾全面子是关键	顾全面子并不总是重要事项
制定决策的指导思想是使人免于尴尬	制定决策是以成本—收益为出发点

当然，这只是一般概括，对于某些特殊情况、某些个体或群体并不一定适用。尽管如此，表中内容还是说明了文化冲突以及成功解决文化冲突的办法，会受不同文化、价值观和合作风格的影响。这些都是在冲突解决过程中不可忽视的重要因素。

二、群体冲突过程分析

根据对四种代表性的冲突模式的描述和分析，我们主要结合罗宾斯的冲突模式具体分析冲突的过程。我们认为，冲突过程主要由冲突的潜在对立、冲突的认知和人格化、冲突的行为和冲突的产出四个阶段构成。

（一）潜在对立阶段

潜在对立阶段是冲突过程的第一步，存在可能产生冲突的条件。这些条件并不一定会导致冲突，但它们是冲突产生的必要条件。这些条件包括沟通、结构和个人因素。

1. 沟通

沟通失败是由于误解、语义理解上的困难以及沟通渠道中的噪音造成的。常常有人认为，只要充分交流就可以消除人与人之间的差异，这是毫无道理的，因为每个人确实都要花一定的时间进行沟通，而且，有大量证据表明，沟通过程中的问题导致了合作延迟和误解产生，但沟通顺畅并不能消除所有的冲突。

有研究指出，语义理解上的困难、信息交流不充分以及沟通渠道中的噪音，都会导致沟通障碍，并成为冲突出现的潜在条件。大量证据表明，培训的不同、选择性知觉以及缺乏其他的信息，造成了语义理解方面的困难。研究进一步指出，沟通过多或过少都会增加出现冲突的可能性。显然，沟通增加到某种程度时，导致冲突的可能性也会增大。另外，沟通渠道也会影响冲突的产生。人们在传递信息时会进行过滤，正式的或已有的渠道中存在沟通偏差，都有可能导致冲突产生。

2. 结构

结构包括规模、分配给群体成员的任务的专门化程度、管辖范围的清晰度、员工与目标之间的匹配性、领导风格、奖酬体系、群体间相互依赖的程度等。研究表明，群体规模和任务的专门化程度可以成为激发冲突的动力；组织规模越大，任务越专门化，出现冲突的可能性越大；长期工作和冲突呈负相关关系；当群体成员都十分年轻，并且群体的流动性非常大时，出现冲突的可能性最大。

有证据表明，严格控制下属行为的领导风格，增加了冲突出现的可能性。研究表明，参与和冲突之间呈正相关关系，这显然是因为参与方式鼓励人们提出不同的意见。如果一个人获得利益是以另一个人丧失利益为代价的，这种奖酬体系也会导致冲突产生。如果一个群体依赖另一个群体，或群体之间的依赖关系表现为一方的利益以另一方的牺牲为代价，都会激发冲突。

3. 个人因素

个人因素包括个人的价值系统和个性特征。有证据表明，具有特定的个性特质的人将导致冲突。如具有较高权威、武断或缺乏自尊的人容易引起冲突。

（二）认知和人格化阶段

如果冲突的前提影响冲突主体双方，并为冲突主体双方所认知，这些条件就会导致冲突产生。冲突主体双方必须意识到冲突的来源，但是对冲突的知觉并不意味着冲突主体的情绪化反应，即冲突的人格化。例如，一个员工在工作中不同意上司的观点，他与其上司都知觉到他们之间的不一致，但这不一定会影响员工对其上司的感情；如果员工由此对与上司的关系感到焦虑和紧张不安，则冲突即将出现。

一般来说，冲突的知觉和感受是相互作用和相互影响的。人的知觉意识和情感很难分开，正因为如此，我们认为，罗宾斯将庞迪提出的冲突知觉和冲突感受这两个阶段合并为一个阶段更为合理。

（三）行为阶段

冲突过程的第三阶段是冲突的行为阶段，这一阶段的行为包括冲突本身的行为和处理冲突的行为。一方面，当冲突主体双方在知觉和感受到冲突后，采取行动阻挠对方目标的实现或防止对方获得更多利益时，冲突就会公开化。

公开冲突的行为既包括间接的、隐蔽的、高度控制的阻挠形式，也包括直接的、攻击性的、冒犯性和非控制的争斗。在冲突公开化的同时，冲突处理行为也就出现了。当然，这并不排除一些冲突处理行为酝酿或发起于冲突过程的第二阶段，即冲突的认知和人格化阶段，但是在大多数情况下，采取减少而不是预防冲突的行为是在冲突公开化以后。

对冲突主体双方处理冲突的行为，美国行为学家托马斯（Thomas）曾从合作和独断两个维度研究了这个问题，并提出了冲突处理倾向模式（如图 10—5 所示）。托马斯认为，合作维度指冲突主体一方与另一方合作的程度，独断维度指冲突主体双方满足己方利益的独断程度。根据这两个维度，托马斯指出，冲突处理有五种倾向。

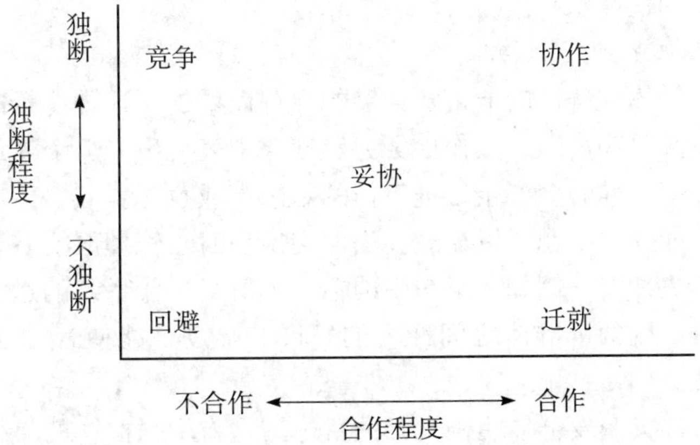

图 10—5　冲突处理倾向模式

资料来源：顾琴轩：《组织行为学》。

（1）竞争。竞争是一种我赢你输的争斗。冲突主体的一方为了实现自己的目标或获得利益，全然不考虑对冲突另一方的影响。冲突主体的一方强硬并占据统治地位。

（2）回避。回避是指冲突主体的一方虽然认识到冲突的存在，但采取退出冲突或忍受冲突的反应。冲突主体的一方对冲突漠不关心或规避冲突，对冲突对方退避三舍，或与对方划清界限，互不往来。如果退出冲突不可能，特别是当组织成员的工作相互依赖，要求冲突双方必须相互接触时，冲突一方就只能忍受冲突。

（3）迁就。迁就是指冲突主体的一方为了平息与对方的冲突，愿意优先考虑对方的利益。也就是说，一方为了维持与对方的关系，愿意作出自我牺牲。

（4）妥协。妥协是指冲突主体双方都必须作出某些让步，才能共同相处。在妥协中，冲突主体双方很难分出谁是赢者，谁是输者。

（5）协作。冲突主体双方的行为目标是解决问题，双方都愿意满足对方关心的利益，寻找相互受益的结果。在协作中，双方提出备选的解决方案，对这些方案进行权衡，并选出一个最佳解决方案。在这个过程中，双方观点中的相似点和不同点变得更加清楚和集中，双方在此基础上整合全部的观点和利益，努力通过一种双赢的途径去解决冲突。

冲突处理的五种倾向各有特点。一般认为协作是最好的冲突处理方法，可以达到双赢的结果。然而，协作往往必须满足一些条件，这些条件包括：没有时间压力；双方都希望解决冲突；问题十分重要，不可能妥协折中。

（四）产出阶段

公开的冲突行为和处理冲突的行为之间的交互作用产生冲突的结果。一种结果是积极的、建设性的，促进组织绩效的提升；另一种是消极的、破坏性的，降低组织绩效。那么，如何识别建设性冲突和破坏性冲突？它们之间有何差异？一般认为，若冲突表现为公然争斗或激烈攻击，则很少是积极性冲突，积极性冲突通常处于受控制的适度水平。

1. 积极性冲突的特征

（1）个体或群体的能量随冲突的出现而增加。这种能量的增加可从人们大声交谈、注意倾听和沟通、工作更努力等现象中表现出来。个体或群体的能量增加会提高工作效率，同时会产生改进工作的新想法或意识。

（2）冲突中问题得以显现。当冲突出现时，管理层能看到某些地方有问题，从而着手解决冲突。例如，组织中两个群体对某工作系统的运作相互抱怨，但管理层并不知晓，则两个群体之间冲突的发展和显现，能使管理层知道导致冲突的问题所在。

（3）冲突激发群体明确自己的目标。这将增强群体的目标意识。如果两个群体在工作中产生冲突，受到来自外部的威胁，一般会促使群体的凝聚力增强，促使每个群体重新思考各自的目标。组织作为一个整体则会受益。

（4）冲突鼓励群体维护其所认为重要的价值观。例如，在一个组织中，营销部强调产品的高质量，生产部则强调产品的低成本。两个部门的价值观似乎是矛盾的，由此引起冲突。这类冲突的解决会使组织受益。

（5）冲突中激发个体或群体交流有关冲突的信息。尽管这些信息带有冲突主体的主观偏见，但是交流、碰撞中产生的新信息有助于冲突问题的解决。

(6) 冲突迫使个体或群体适应组织面临的外部环境变化，从而提高组织的整体效益。冲突表明，环境是不断变化的，如果组织要适应其所处的环境，就必须改变其采取行动的方式。

2. 消极性冲突的特征

(1) 冲突主体双方沟通减少。在冲突中，冲突双方互不沟通，封锁信息。

(2) 冲突中产生敌意和攻击，并不断升级或激化矛盾。

第3节　企业冲突管理策略

一、企业组织的冲突现象

(一) 企业组织冲突的主要形式

冲突是企业组织发展中不可避免的现象，是由企业组织内外某些关系不协调导致的，主要表现为冲突行为主体之间的矛盾激化和行为对抗。当前，由于资源的稀缺性与资源分配的竞争性、工作内容的依赖性与工作地点的分散性之间的矛盾加剧，以及跨职能的任务团队及产品组织的出现，组织冲突变得越来越激烈。如何有效地进行冲突管理已成为关系到企业管理者提高组织绩效、实现组织目标，甚至企业生死存亡的重要课题。

美国管理协会进行的一项调查显示，管理者平均花费20%的工作时间处理各类冲突。因此，了解冲突产生的原因及进行冲突管理已成为与决策、沟通一样重要的管理技能。管理者要能够把握冲突管理的基本模式，及早预见冲突的出现，规避恶性冲突，激发良性冲突，并能针对各类具体冲突提出行之有效的解决方案。

1. 一般性冲突

企业组织中的一般性冲突可以分为三种：

(1) 任务型冲突。主要指工作的内容与目标方面的冲突。

(2) 关系型冲突。主要指人与人之间的关系问题上产生的冲突。

(3) 过程型冲突。主要指工作完成过程中的冲突。

研究表明，关系型冲突一般都是功能失调的。因为人际关系冲突中固有的人与人之间的摩擦和敌对都会增加冲突并降低相互理解的程度，所以阻碍了群体内的正常竞争。低水平的过程型冲突与适中水平的任务型冲突都是功能正常的。如果工作过程中的冲突过多，那么必然影响群体的发展。企业员工就谁将承担工作任务产生争吵，或有意拖延时间，或不清楚工作任务，都属于功能失调的冲突。适中的任务型冲突总是对组织的绩效产生积极影响，因为它引发人们的思考，促使组织发展得更好。

2. 管理冲突

在企业组织中，普遍存在于中高层管理者中的管理冲突可以划分为以下几类：

（1）目标型冲突。指因各自确定的或理解的目标不一致而导致的工作冲突。

（2）情感型冲突。指因个性或对事物的不同感知、理解而导致的差异造成的表面抵触现象。需要冲突双方或多方的积极沟通和了解，增强信任，加固感情基础，以消除彼此之间的隔阂。

（3）强势型冲突。指冲突双方中的一方凭借自己的绝对优势对另一方进行强行压制而产生的冲突。这类冲突在管理过程中极易引起下属的反感甚至反抗，影响工作效率。

（4）背景差异型冲突。指冲突双方或多方由于个性、立场、价值观、受教育程度等方面的差异而导致的冲突。需要管理者求同存异，尽力寻求“交集”。

（5）实质型冲突。指冲突的双方或多方由于规章制度、职责任务、方法、程序、工作的分配等问题而引发的冲突。这种冲突在企业中最常见，通常可以得到有效的解决，或者可以在事先得到预防。

（二）企业组织冲突产生的原因

了解冲突的起因，既有利于管理者对症下药，克服消极影响，也方便管理者因地制宜，激发适度的冲突以利于组织的健康发展。

企业组织冲突产生的一般原因是：个性差异的客观存在，个人或群体价值观的不同，个人文化与组织文化的不匹配，组织沟通的不畅，企业经营活动中的竞争，企业组织结构上的功能缺陷，资源的稀缺，利益分配上的不信任和不合理，个人与组织及社会在目标统一下的对立，等等。

二、企业不良冲突的危害与预防

冲突管理绝对不是简单的“灾害控制”，它实际上是现代和谐管理理论、人本管理理论在企业管理过程中的具体实施。

（一）企业组织中不良冲突的危害

管理者要注意发现功能失调的冲突（即破坏性冲突）的苗头，做到防患于未然。一位哲人说过：“使长途跋涉者停下脚步的，不是漫漫长路，而是鞋里的一粒沙子。”企业发展过程中一些小的冲突很可能变成那一粒阻碍企业前进的沙子。通常，企业中存在的不良冲突主要有：上下级之间或者同事之间工作关系紧张；管理者习惯于以职权压人；多重领导，导致下属无所适从；工作出现问题，相互推诿，且领导者对之视而不见；等等。不良冲突对企业造成的危害主要有：

（1）冲突会在员工情绪和心理上产生巨大的压力，阻碍或扭曲处于冲突中的员工对于事物、矛盾的认知和判断，导致员工行为的失常和不稳定，进而降低企业运营效率。

（2）处理不当的冲突会冲击企业制度和规范，扰乱企业秩序，严重影响员工的工作责任感和企业忠诚度，降低员工的工作满意度，从而导致企业整体绩效下滑。

（3）持续的冲突和难以很好解决的冲突，不仅对企业的资源浪费极大，而且会极大地影响企业绩效，损害企业整体实力。因为在这种情形下，冲突各方最重要的目标是千方百计增强自身实力去战胜对手，企业的目标、企业的利益会被抛至脑后，轻则浪费大量的人、财、物、时间等企业资源，重则导致各种混乱、分裂和破坏活动，给企业带来难以弥补的损失。

（二）企业组织中不良冲突的预防

1. 加强信息公开和共享

研究表明，很多冲突的产生是由于传递信息的渠道不同、掌握信息的程度不同以及对信息的理解不同等原因造成的。为此，必须在组织内建立充分的、合理的信息沟通网络，实现信息公开和共享。

2. 加强正式组织和非正式组织成员的交流

很多冲突是由于人们的经历、知识、认知水平以及价值观不同造成的。因此，要注意加强员工和群体之间各种形式的正式和非正式交流，以加强相互之间的了解、认识和学习，增进感情，减少冲突。

3. 正确选拔群体成员

成员的个性特点对冲突的产生影响很大，关心他人、愿意与人合作的人同他人发生冲突的可能性较小。因此，只有正确选拔群体成员，才能减少这方面的冲突。

4. 防止本位主义，强调整体观念，建立合理的评价体系

不同的群体往往从本部门利益出发来考虑问题，这是冲突的根源之一。如销售部门往往为了满足顾客要求，要求生产部门经常更换产品品种，而生产部门从生产效率和成本出发，希望产品种类尽量少一些，生产尽量标准化。于是，销售部门和生产部门总是存在冲突。这种冲突是由于对不同群体的评价标准相互矛盾造成的，因此，一方面要对员工进行全局和整体观念的教育，另一方面要针对各部门建立更合理的绩效评估体系。

5. 分清责任和权利

冲突有时是因为责任和权利界限不明造成的。如果责任不清，会使双方相互推诿责任，影响组织效率；如果权利不明确，会出现大家争着去行使权利的情形，所以必须分清责任和权利。

6. 建立崇尚合作的组织文化和风气

冲突与组织文化和风气有关，上层管理人员之间的频繁冲突会影响下级。因此，要通过加强沟通、交流以及激励来建立崇尚合作的组织文化和风气，培养员工的包容精神，以减少冲突。

三、企业冲突管理的步骤

现实中冲突的解决和管理是一个过程，由若干步骤构成。冲突管理主要围绕四个方面进行：什么是冲突问题，为什么会产生冲突，怎样解决这些冲突，以及采取什么行动。与此相对应，企业冲突管理过程的主要步骤有：分析和观察迹象及困难，诊断冲突原因，确定冲突解决方法和采取行动（如图 10—6 所示）。

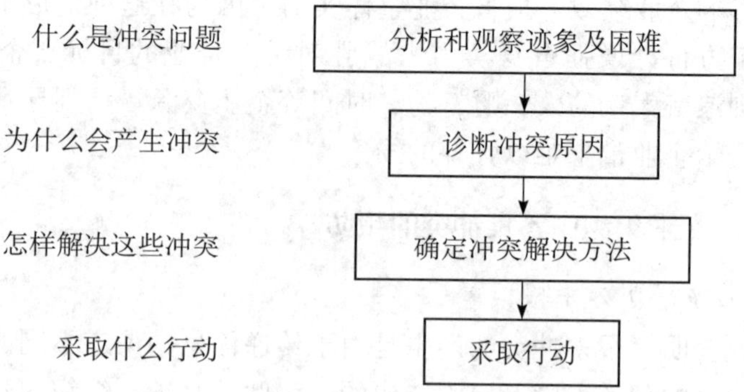

图 10—6　冲突管理过程与步骤

（1）分析和观察迹象及困难。主要观察和分析冲突主体双方是个体还是群体，是内部还是跨部门；分析冲突症结、冲突联系以及冲突时间等。

（2）诊断冲突原因。需要分析以下问题：什么是冲突主体双方的根本利益，冲突主体双方的工作关系状态如何，冲突过程是否正常，冲突主体双方是否理解冲突不解决的后果或风险，冲突主体双方沟通如何，冲突主体双方期望达成何种合约，冲突主体双方怎样考虑他们的选择权，等等。

（3）确定冲突解决方法。根据对冲突原因的诊断，考虑如何解决冲突，冲突主体双方的差异能否拓展而形成共同点，冲突主体双方怎样才能合作，然后确定合适的冲突解决方法。

（4）采取行动。将确定的解决方法付诸实施，并在实施过程中调控冲突解决的结果或产出。

四、企业冲突管理的策略

从前面介绍的托马斯的冲突处理倾向模式中，我们已经了解了冲突处理的五种方式，这也是企业冲突管理的基本策略。组织冲突的破坏性和建设性，往往与管理者采取何种态度和策略有直接关系。企业中冲突管理的特殊策略主要有：

（一）正常时期要适度引导建设性冲突

对功能正常的冲突，即建设性冲突，管理者应该加以利用，而不是消灭它，甚至要在过于和谐的组织中刻意引发一些冲突。在冲突发生之后，常常需要作出改进。管理者在某些情况下应该引导建设性冲突，维持适当的冲突水平，使群体保持旺盛的生命力。

引导建设性冲突的方法有：

（1）重新委任管理者。

（2）重新配置群体成员。

（3）聘用敢于直言的人。其作用是向现有计划和策略提出挑战，找出现有工作的不足。

（4）重新分配资源。使群体为了有限的资源展开竞争，从而刺激冲突的产生。

（二）特殊时期要激发良性冲突

在企业的某些特殊时期，比如企业的创新与创业精神衰退的时期，或者需要大变革的时期，良性冲突具有积极的推动作用，因此，管理者要巧妙地运用一定的技巧，诱导、引发良性冲突。

1. 鼓励冲突

要激发冲突，在企业中首先要营造鼓励冲突的氛围，管理者要大力倡导良性冲突，引入良性冲突机制，对那些敢于向现状挑战、提出新观念和不同看法、进行创新思维的个体给予奖励，如晋升、加薪或采用其他正强化手段。

2. 运用沟通

良好的沟通是激发良性冲突的最好办法。作为管理者要带头参与沟通，直接引发良性冲突。美国通用电气公司前首席执行官杰克·韦尔奇积极倡导并且亲自参与，通过真诚的沟通直接诱发与员工的良性冲突，以便为改进企业的管理作出更好的决策。

3. 引入竞争

引入竞争就是在企业中有意识地加大竞争力度，制造“鲶鱼效应”。如果一个企业长期听不到不同的或反对的意见，就有必要去挖掘和提升内部的“鲶鱼型”员工，或通过从外界招聘的方式引进在背景、价值观、态度或管理风格方面与当前群体成员不同的个体，引导其直接与原有企业员工发生良性冲突。

4. 变革组织

变革组织是指将传统的金字塔式的职能型组织转变为扁平化的网络型组织。这种新型的组织结构讲求平等、重视沟通，有利于良性冲突的产生，可以带来企业管理水平的提升。

（三）关键时期要重视高管团队的冲突管理

冲突管理的重点，就在于人们应该努力谋求就既得利益或潜在利益达成共识。无论是领导还是员工，都应该从自我做起，调整好心态，努力把自己的工作做好。最高领导者在管理冲突时应该做到：冷静公正、不偏不倚；充分听取双方意见；建立共同目标。中层管理者要注意调整好心态，拿出诚意，以客观公正的态度看待部门中存在的问题。如果沟通双方能够坦诚相待，便会使沟通更顺畅。高管团队冲突管理的有效措施主要有：

1. 构建合理的权力结构

建立扁平化、网络化的组织结构，减少管理层次，扩大管理幅度，广泛引入工作团队。

2. 确立目标导向机制

高管团队应共同参与企业愿景和目标任务的设计和确认。调查显示，高效的高管团队总是能把工作重点放在与核心问题有关的难题和事情上。高管团队如果缺乏共同目标，就容易把彼此放在竞争的位置上，从而作出对组织不利的决定。

3. 营造公开交流和团队协作的氛围

公开的交流可以使高管团队成员真诚参与决策过程，达成共识。尽管这种公开、坦诚的交流可能导致一些争论甚至冲突，但是如果团队成员能够认识到冲突是以决策目标为导向的，有利于提高绩效，就能正确对待冲突，踊跃参与交流。这样做还有利于提高团队成员对重大决策的满意度，使他们在执行过程中更加主动积极。

总之，解决冲突的方法有多种，每种方法都有自己的优势与不足，需要根据冲突的情境和产生原因等选择和采用恰当的方法。

知识卡片 10—2

处理冲突时的风格

1. 在时间和成本允许的情况下，为真正地解决冲突，协作是应该优先考虑的方式。

2. 当一项争论价值不高或者有很多更重要的事项需要解决，或者人们需要暂时冷静并恢复理智时，应该采用回避的方式。

3. 当快速的决定性的行动比较关键或者需要采取非同寻常的行动时，可以运用权威命令。

4. 当一项议题对他人比对自己来说更加重要或者需要在以后的议题中建立信誉时，调节性适应的办法应该被采用。

5. 当暂时性地解决复杂的事项或者由于时间的限制需要权宜之计时，应该妥协。

思考与讨论题

1. 冲突有哪些类型？举例说明冲突的过程。
2. 简述企业组织中不良冲突的危害与预防措施。
3. 简述企业组织冲突管理的基本策略。
4. 企业组织中产生冲突的原因有哪些？管理者应该如何化解冲突？
5. 论述企业组织冲突管理的特殊策略。

随堂测验

冲突管理风格测试

设想你处在一个冲突的情境中，你的愿望和一个或者更多的人相背离。用下面的5级量表进行评判：1＝非常不喜欢，2＝不喜欢，3＝中立，4＝喜欢，5＝非常喜欢。

1. 我通常坚持己见。
2. 我努力击败别人。

3. 我可以放弃一些观点以坚持其他观点。

4. 我感到有时分歧是不值得考虑的。

5. 我希望能与其他人达成和解。

6. 为了达成协议，我尽量设身处地地考虑他人的愿望。

7. 我尽力表明我的观点是合乎逻辑的并能为我们带来好处。

8. 我和别人直接讨论问题。

9. 我尽量在我们双方的得失之间寻找一个平衡点。

10. 我尝试直接消除我们之间的分歧。

11. 我努力避免别人对自己的不满。

12. 我尽力安慰别人的感情并保持我们之间的关系。

13. 我尝试直接把所有的顾虑和问题都予以公开。

14. 我有时避免采取有争议的立场。

15. 我努力不伤害别人的感情。

评分方法：把第 1、2、7 条的分数加起来，总分填入［竞争＝________］；把第 8、10、13 条的分数加起来，总分填入［协作＝________］；把第 3、6、9 条的分数加起来，总分填入［迁就＝________］；把第 4、11、14 条的分数加起来，总分填入［回避＝________］；把第 5、12、15 条的分数加起来，总分填入［折中＝________］。

上面五种结果代表五种冲突管理风格。研究表明每种风格在管理中都有用武之地，但是总体而言，最好的冲突管理风格是协作，只有它才能解决问题和实质性冲突。根据你的分数，考虑一下你的冲突管理风格，并设想如果你牵扯进一场冲突，你该如何管理它。

案例研究

企业高层出现裂痕和冲突之后

张雨是留美工商管理硕士，应聘来到某网络公司任市场总监，从正式上任时起，他就知道自己面临着挑战。因为这家网络公司是由两个合伙人各出资 50%创立的，目前面临的问题是第一笔风险投资资金已经到位，对于如何继续开展业务以及资金的使用，两位合伙人（也就是两位老总）意见不一致，令公司员工不知所措。而且这种矛盾大有愈演愈烈之势，并一度闹到即将散伙的地步。

其实，这家网络公司是有很强实力的公司，主业为开发财务及管理软件，两位老总同时分管两项业务，并各自领导着两个负责不同业务的团队开展工作。两位老总由于个人性格上的差异，对于争取风险投资以另外开发网络服务业务没有形成统一的目标和方向，双方经常唇枪舌剑，当然也就毫无效率。公司聘请张雨出任市场总监就是为了改变现状。

冲突的实质

张雨认为，一个公司如果不能解决好内部矛盾，则不论它如何努力调整结构，都不会成功。忽视了高管者之间的矛盾冲突，这个公司将会更热衷于跟自己“较劲”，而不是与同行展开竞争。

接下来的问题就是怎样合理对待和解决冲突。解决冲突的方法有四种：一是正视冲突，并努力加以改变；二是放弃不利的观点，让事情过去；三是逃避问题，不去管它；四是隐藏问题，不让它显现出来。很显然，后两种方法是没有意义的。

让我们来看一下问题的解决办法。其实，任何一个管理团队都在维持一种脆弱的平衡，这其中有各种力量，如利己主义、团队精神和驾驭别人意志的愿望等。这个平衡是否稳定，最终将对公司的竞争力产生影响，因此，该网络公司聘请张雨，就是想达到某种平衡或者说寻找一个冲突的缓冲地带。

经过长期的观察研究，人们发现，要把潜在的冲突转变为良性的分歧，最好的方法是保持管理中的四个因素呈金字塔形排列。首先，战略性的营运目标必须清楚，人人都要服从这一目标；其次，每个人的角色职责要得到仔细划分和界定，每个经理人都要清楚自己负责什么；再次，基本的协议和规则要建立起来，以指导团队的行动；最后一点是人际关系，高层领导对彼此不同的个人风格要互相理解。

冲突的管理

张雨非常简明地概括了公司目标与个人角色界定的重要性：对公司的目标界定越清晰，人们的角色与分工越明确，就可以越得心应手地引导经理们。

这些当然很重要，但建立解决冲突的协议和规则也非常重要。如华为技术有限公司为高管人员列出了种种规则，以保证讨论的客观性及规则的有效贯彻，这就是《华为基本法》。华为的老总任正非称，要建立一个适合狼生存的组织架构和机制。以下四条规则对于解决领导层冲突比较有效。

1. 不要把冲突转向第三方。当团队中某一个负责人与另一个发生冲突时，许多人都会选择去找上级反映，结果使上级牵扯进来并为下属承担责任，这样反而不好。要避开冲突第三方化这个陷阱，领导者就不能充当“消防员”，冲突一方应该找另一方来当面解决问题，只有在不能达成一致的情况下，才可以找一个中立的第三方。

2. 不要再吸纳支持者。冲突管理的一条有效原则就是要让团队里有人可以扮演咨询者的角色。这样做是要让人们找到可以交流和信赖的人，而不要有支持或反对某一方的力量再加入进来。

3. 当事人不在场不要作决定。这条原则是为了尊重缺席者的意见，如果你在开会时遇到一个问题，可能会与你的同事产生分歧，而他又不在场，那么你应当延期讨论此事。但不要过很长时间才跟他商量此事，拖延只会引起麻烦，最好能在48小时内解决。

4. 不要使问题个人化。任何事情要取得进展，最好的办法就是让各种想法一起出现，在商务环境中，意见和看法的不一致会在某种程度上刺激新想法的出现，但这有一个前提，不能使问题个人化，这也是我们常说的“对事不对人”。

产生的结果

冲突是必然的，不冲突是相对的，如果冲突得到好的引导，则会成为发展的动力，能创造这种环境的企业才会拥有一支高效率的队伍。

张雨通过上述多种方法，最终使这家网络公司步入正轨。他建议：两位老总各自负责一块业务，他则从中协调；两位老总坐下来协商，由其中一位拿出1%的股份，让另一位的股权可以达到51%。最后所有的协议和行动计划都被摆上桌面，大家坐下来讨论达成共识，公司的每个人都像公司的主人一样行动起来，公司高层的潜在冲突转化成了革新进步的动力，产品在市场上的竞争力也大大增强。

一个团队在设定目标、明确职责和建立制度方面的努力程度，会直接影响避免冲突问题的程度。高管者如能处理好彼此的关系，成功化解敏感而又棘手的冲突，无疑可以保证公司的竞争优势和持续发展的后劲。

资料来源：袁凌：《组织行为学》，2 版。

［讨论题］

1. 该公司高管者中出现的实质性冲突主要是什么？
2. 为什么新聘高管张雨的主张有效？
3. 高管者如何正确对待在企业发展中出现的工作冲突？

第 4 篇
组织行为与管理

第 11 章　组织行为基础

第 12 章　领导与权力

第 13 章　领导理论

第 14 章　组织变革与发展

第 15 章　组织文化管理

第 11 章

组织行为基础

内容提要

组织结构是指组织各部门之间的一种相对稳定的结构模式，它包括部门结构、职责结构、职位结构、职权结构、人员结构和信息结构。组织设计是指对组织活动和组织结构的设计过程，这一过程既包括对组织内部要素的有效配置，又包括对组织外部要素的有效配置。在本章的学习过程中，组织结构的模式、组织设计的原则是重点，组织结构模式的选择是难点。

第 1 节　组织结构

一、组织结构的基本内容

1. 组织结构的概念

组织结构是指组织各部门之间的一种相对稳定的结构模式。这种结构模式不像机械系统的结构或生物系统的结构那样具体，而是体现在组织的实际活动中。在生物系统中，结构与过程（或功能）的区别比较明显，而对于组织的这种复杂的社会系统，常常难以作出很明确的区分。人们通常把组织结构看成是静态的，把组织功能看成是动态的。

2. 组织结构的内容构成

（1）部门结构。是指管理部门的设置及相互之间的隶属与协作关系。

（2）职责结构。是指业务部门的职责及相互关系。

（3）职位结构。是指各层次职位及相互关系，如局长、处长、科长、股长。

（4）职权结构。是指与职责、职位相对应的权力范围的划分及相互关系。

（5）人员结构。是指各部门的人员配置及人员的相互关系。

（6）信息结构。是指各部门应该拥有和提供的信息及相互间信息沟通的逻辑网络。

组织结构对完成组织目标具有重要作用，它决定组织中正式的指挥系统与信息沟通网络，对组织的效率以及成员的心理状态都会产生影响，是完成组织目标的手段。

二、组织结构的基本模式

按照组织的发展历程，组织结构可以分为传统型组织结构和现代型组织结构。传统型组织结构有直线型、职能型和直线职能型等基本形式，现代型组织结构有事业部型、矩阵型和多维立体型等基本形式。

（一）传统型组织结构

1. 直线型组织结构

直线型组织结构是指按从上至下单线的权力划分形成的组织结构（如图 11—1 所示）。在这种结构中，命令的传递路径是一条直线，任何情况都不会有交叉，上级对下级具有全部责任和权限，下级只接受单一上级的领导。这种结构是最早出现的组织结构，来源于军队，因而又叫军队式结构。

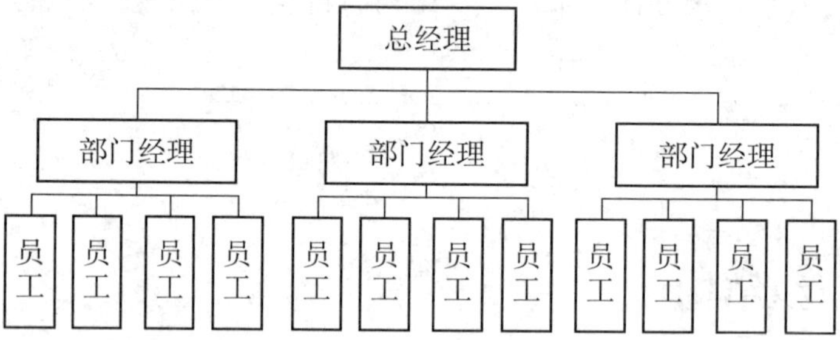

图 11—1　直线型组织结构

直线型组织结构的优点在于：结构简单，职权明确，组织稳定，命令统一，决策迅速。缺点在于：等级森严，形式呆板，缺少弹性，下情难以上达，没有横向联系，管理者负担过重。直线型组织结构适用于产品单一、生产过程简单的小型企业，对于产品多、业务复杂、技术要求高的大型企业，则不适用。

2. 职能型组织结构

职能型组织结构是指按部门分工划分权责的组织结构（如图 11—2 所示）。在这种结构中，管理者设立专门的职能部门和人员，并授予相应的权力和责任以分担主管领导者的部分工作，各职能部门在职能范围内有权直接指挥下级，而下级在不同业务活动上要接受不同职能部门的多头领导。

职能型组织结构的优点在于：能够适应工业技术比较复杂和分工细致的特点；专业化管理具体深入，效率高，并能减轻管理者的工作负担。缺点在于：对下级形成多头领导，命令不统一，协调困难，存在本位主义，责任不明确。职能型组织结构在企业的作业性工作岗位上是适用的。因为作业性工作是分工明确的重复性劳

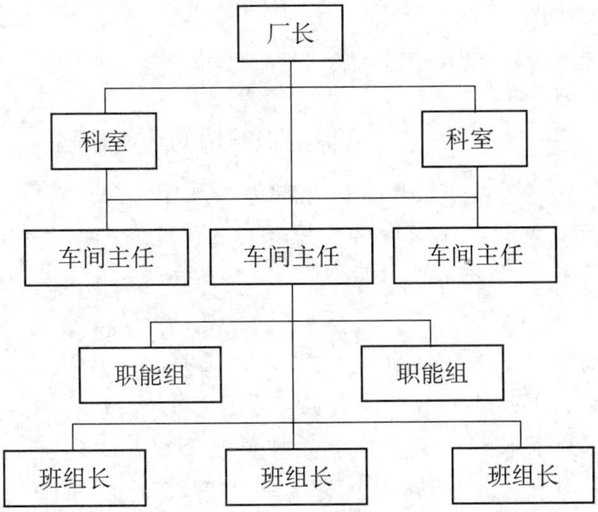

图 11—2　职能型组织结构

动，采用职能型组织结构可提高作业的专业性和操作技术水平，但在企业高管中则不适用。

3. 直线职能型组织结构

直线职能型组织结构是把直线型组织结构和职能型组织结构有机地结合的组织结构（如图 11—3 所示）。这种结构在直线型组织结构的基础上增加了职能部门，作为直线指挥人员的参谋、顾问。职能部门只对下级直线部门提供建议和业务指导，而不能发号施令或作出决策。

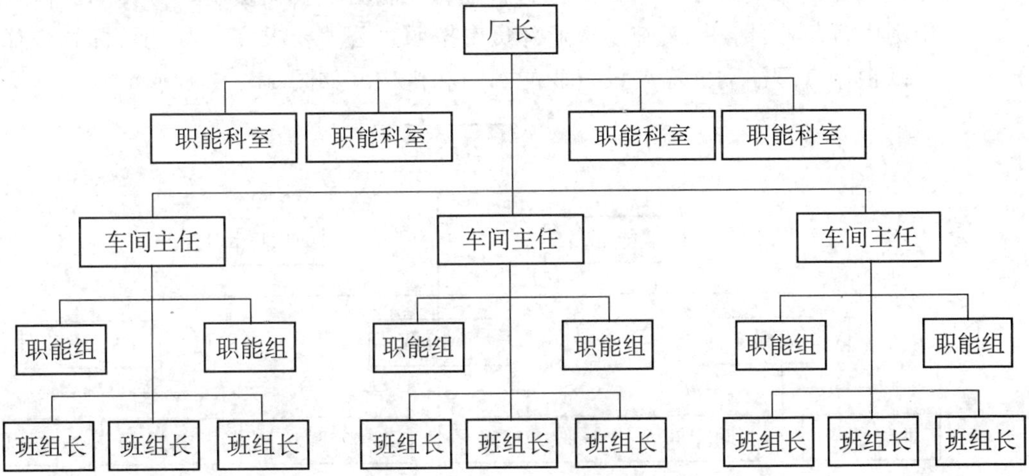

图 11—3　直线职能型组织结构

直线职能型组织结构的优点在于：既保持了直线制的集中统一指挥的优点，又吸取了职能制的专业管理的长处，从而提高了管理的工作效率。直线职能型组织结构在管理实践中的不足之处在于：各职能部门自成体系，不重视信息的横向沟通，造成工作重复，加大了管理成本；职能部门缺乏弹性，对环境的变化反应迟钝。直线职能型是目前应用最广泛的组织结构模式。

知识卡片 11—1

官僚组织结构的功能缺陷

官僚组织结构具有许多功能缺陷，具体表现为：

1. 分工过细，无法缓解其带来的利益冲突。

2. 正式等级分工被过度使用，过于强调依赖正式沟通渠道而不是问题的解决。

3. 高管者的具体工作是充当所有任务的高级执行者和一个政治系统的管理者，而不是可以帮助其他成员实现目标的人。

4. 过于强调没有意义的一致性限制了个人的成长。

5. 将规则看成是最终的结果和自然而然的事情，而不是控制和协调的机制。

（二）现代型组织结构

现代型组织结构是适应现代化大生产的需要而产生的，总的特点是从集权到分权，从以单一直线结构为主到以纵横交叉结构、多维多层立体结构为主。

1. 事业部型组织结构

事业部型组织结构是指在总公司之下按产品或地区设立事业部。各事业部独立经营核算，自负盈亏。组织方针的制定和控制由总公司负责，方针的具体执行和运用则由各事业部自行实施。事业部负有按照总公司要求完成利润目标的责任，同时可以根据自己活动的需要设置职能部门和机构（如图 11—4 所示）。

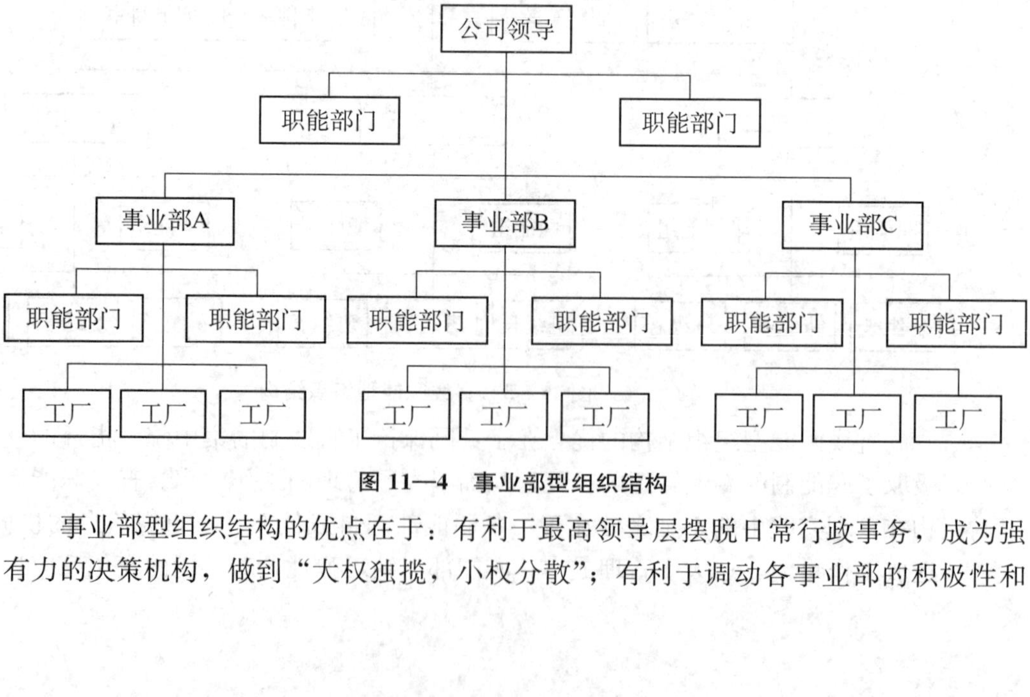

图 11—4 事业部型组织结构

事业部型组织结构的优点在于：有利于最高领导层摆脱日常行政事务，成为强有力的决策机构，做到“大权独揽，小权分散”；有利于调动各事业部的积极性和主动性；有利于联合化和专业化的结合；有利于企业灵活多变地适应市场变化；有利于培养和提高事业部领导者的素质。缺点在于：各事业部之间及事业部与公司之间的关系难以协调，容易出现只顾本部门的局部利益和眼前利益，而忽视企业整体利益和长远利益的倾向；公司与事业部均有自己的职能机构，因而机构重叠，增加企业负担。事业部型组织结构适用于企业规模较大、产品种类较多、各种产品之间的工艺差别较大、市场条件变化较快、要求适应性比较强的大型联合企业。

2. 矩阵型组织结构

矩阵型组织结构是由纵向的职能结构系统和横向的产品或项目系统交叉形成的组织结构（如图 11—5 所示）。在这种结构中，为了完成某项任务（产品或项目），由各职能部门派人联合组成专门的小组，并指定专人领导，任务完成后，小组撤销，成员回到原来的部门。小组成员受到本职能部门和小组负责人的双重领导。

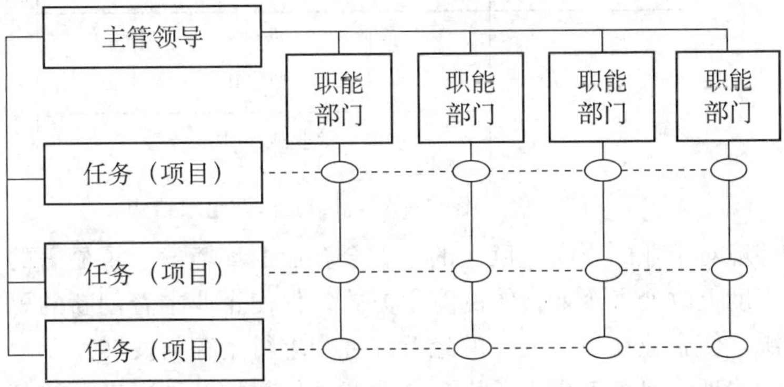

图 11—5　矩阵型组织结构

矩阵型组织结构的优点在于：灵活机动，适应性强，能集思广益，推动创新；有利于加强职能部门的横向业务联系，相互学习，取长补短；对人员使用富有弹性，能充分发挥人的积极性。缺点在于：双重领导，职责不明；员工变动大，组织稳定性差。矩阵型组织结构适用于有设计、研制等创新性质的工作的企业（如军工、航空、航天等高科技公司等）。

3. 多维立体型组织结构

多维立体型组织结构是由三类机构组成的系统结构（如图 11—6 所示）。第一类是按产品划分的事业部，是产品利润中心。第二类是按职能划分的专业参谋机构，是专业成本中心。第三类是按地区划分的管理机构，是地区利润中心。在这种结构中，事业部经理不能单独作出决定，而是由三类部门代表组成产品事业委员会，对产品产销进行领导。

多维立体型组织结构的优点在于：便于协调矛盾，互通情报，集中群众智慧，共同决策。缺点在于：过于复杂，难以控制。

三、组织结构模式的新发展

企业经营的实质是谋求外部环境、企业目标和企业内部条件三者之间的动态平

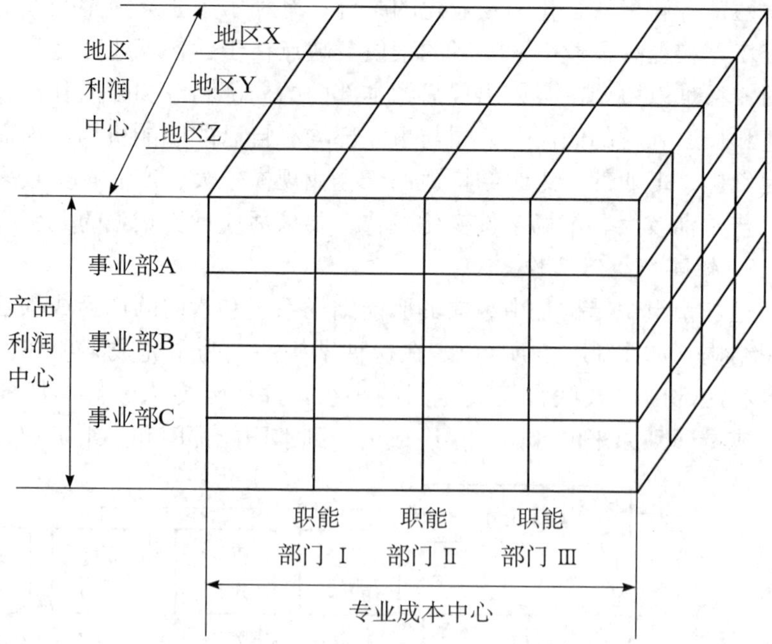

图 11—6　多维立体型组织结构

衡。环境对企业的影响是巨大的。如今企业的环境发生了显著的变化，这些变化在很大程度上改变了企业传统的竞争方式，促使企业本着创新的思想寻找新的竞争优势来源，使企业在快速变化的经营环境中求得生存与发展。

一些理论研究者提出了许多企业竞争优势的各种新来源，其核心可以归纳为将企业的竞争优势建立在企业组织创新的基础上。在适应外部环境的要求下，为了提高自身的适应性和应变能力，许多企业在实践中纷纷进行组织结构的变革。实践表明，三支柱型、网络型和团队型等新的组织结构形式对提高组织的竞争力作出了巨大的贡献。

知识卡片 11—2

21 世纪组织的特征

21 世纪组织的特征就是责任、自主、充满风险和动荡。这也许不是一个仁慈的环境，却是一个人性化的环境。传统企业中人为的僵化和纪律已经成为历史，取而代之的是一个充满动荡和挑战的世界，这才是人类世界的本来面目。21 世纪组织的具体特征有：

1. 衡量成功的唯一尺度是找到有价值的顾客或潜在顾客，找到他们的需求，以其他企业无法比拟的价值满足他们。

2. 没有什么能比为我们的顾客创造最好的价值更重要了。

3. 为顾客服务和创造价值意味着企业里的每个成员都必须是专业人士。不论何时，我们都要掌控全部工作，而不是其中的细枝末节。不要总是和老板协商，你自己必须清楚怎么做是最好的，你有义务服务顾客，而不是总要征得同意。如果你需要帮助，尽管开口。

4. 为了有效地服务顾客，你必须独立自主，同时必须成为专业人士。

5. 如果我们成功地为顾客创造了价值，传统概念上我们就不再需要老板了。我们已经知道该去做什么，我们所需要的就是跟上时代的步伐，让自己变得更成功。

6. 没有任何人安排我们做任何事，我们每天都在为自己工作，我们无法忍受那些对团队毫无贡献的个体。

（一）团队型组织结构

工作团队是指一种为了实现某一目标而由相互协作的个体组成的群体。当管理人员以团队作为协调组织活动的主要方式时，其组织结构即为团队型组织结构。这种结构形式的主要特点是：打破部门界限，可以快速地组合、重组、解散和促进员工之间的合作，提高决策速度和工作绩效。在小型组织中，可以把团队型组织结构作为整个组织形式。在大型组织中，团队型组织结构一般作为典型的职能结构的补充，这样组织既能拥有职能结构标准化的好处，提高运行效率，又能因团队的存在而增强组织的灵活性。

团队这一概念是不断演进的，最初的含义是指一群有相同技能、共同完成一个部门的工作的人；之后扩展为由不同职能部门的人组成的项目小组；如今又融入了顾客的需求，强调一切以顾客为中心的团队不仅是跨职能的，更要为满足顾客需要而成立。在这种观念下，组织运作的要素由过去的个人、部门转变为团队。因此，传统的直线型、职能型的组织结构向以团队为核心的扁平式的结构发展，权力结构从正金字塔形变为倒金字塔形，强调顾客至上的观念。

总之，组织职能的内容十分丰富，其中结构问题往往是最显著的和最基本的，是一个组织的各种运营规则及其变动所依附的基础。正如德鲁克所指出的，不存在唯一正确的组织结构，与丰富、生动的组织现实相比，所有的组织结构类型的划分都是简化的、粗线条的，即便是被归于同一类型的不同组织，在其具体结构上也存在着这样或那样的差异。组织形态的多样性本身表明了这样一个事实：不存在某个特定的最佳的组织结构形式。每一种组织结构都有其产生和存在的具体的环境背景，因而必须随环境的变化作出相应的调整。然而，许多新的组织结构往往是由一些基本结构转化、分拆或融合而来的。随着科学技术和管理手段的进步，新的组织结构不断涌现，并将在一些新的领域成为主导结构，但它们并不会完全取代其他已有的组织结构形式。

（二）网络型组织结构

网络型组织结构是一种小型的中心组织，依靠其他组织，以合同为基础开展制造、分销、营销或其他关键业务的经营活动。在这种组织中，管理人员把公司的基本职能都交给了外部组织，组织的核心是一个较小规模的经理小组，他们的工作是：直接监督公司内部的经营活动，并协调为本公司进行生产、销售及其他重要职能活动的各组织之间的关系。管理人员的大部分时间花在协调和控制外部关系上，包括与外部组织完成合同的签订和履行，以及了解世界各地的文化、法律背景，以提高自身的商务谈判能力（如图 11—7 所示）。

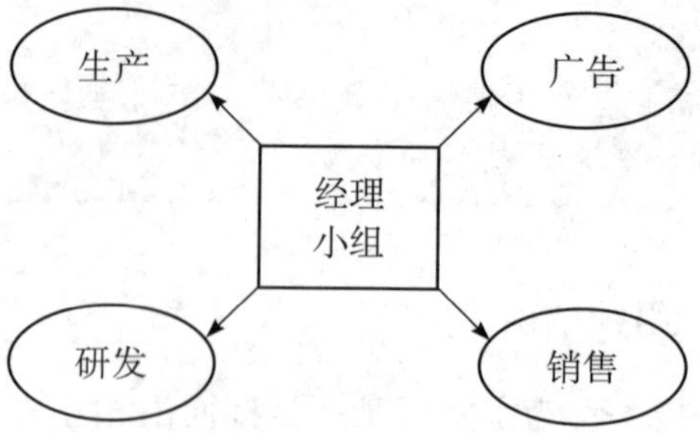

图 11—7　网络型组织结构

伴随着信息技术的发展而出现的虚拟公司（virtual corporation）就是一种网络型的组织。在这种组织形态下运作的企业有完整的职能，如设计、生产、营销、财务等职能，但在企业内部却没有执行这些职能的部门。企业只保留最关键的职能，而将其他的职能虚拟化，以各种方式借用外力进行整合，进而创造企业本身的竞争优势。建立在网络型组织结构基础上的虚拟经营作为一种全新的经营理念，从其诞生之日起便表现出了强大的生命力。

网络型组织结构的优点在于：网络结构精干、灵活，具有很强的应变能力和适应性，不需要大规模的设备投资，也不存在庞大的员工队伍以及由此产生的管理问题；网络结构在灵活对外的同时也有助于降低组织内部的运营成本，无论大规模的组织还是小规模的组织，都可以致力于自己最有优势的专业领域，努力塑造和发挥自身的核心专长。其局限性在于：组织的最高管理者难以保证对组织的生产和经营的全过程实施严密的控制，而其中任何一个环节的失误，都会对整个组织造成极大的危害。网络型组织结构并非对所有的组织都适用，它比较适合服装、玩具、工艺品等受流行时尚影响大、消费者需求变化快的行业。

（三）三支柱型组织结构

美国管理学家彼得斯和沃特曼（Peters and Waterman）设想出一种“三支柱型”的组织结构，由三根支柱分别承担组织的职能（如图 11—8 所示）。

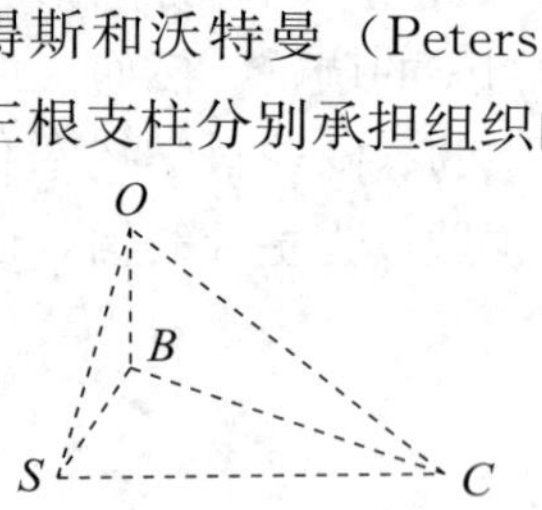

SO——稳定性支柱　　*CO*——创新精神支柱
BO——破旧习支柱

图 11—8　三支柱型组织结构

（1）稳定性支柱。稳定性支柱以某一简单的组织结构作构架，设计时尽可能减少组织关系的交叉点，确立稳定的基本的价值体系。这一支柱专门负责承担机构的基本职能。

（2）创新精神支柱。创新精神支柱旨在建立有创新精神的小单位、解决问题的执行小组以及评价成员创新精神的具体体制，负责给组织提供新观念、新思路，专门承担组织不断创新的职能。

（3）破旧习支柱。破旧习支柱旨在使组织适应变化不定的环境，对组织的过时部分进行综合治理，包括为了某一项目进行会战性的临时改组和定期改组等两个方面。

这种组织结构形态的设想，从理论上讲有一定科学性，但目前尚处在从理论走向实践的实验阶段，未得到实践的普遍证实。

第 2 节 组织设计

一、组织设计的概念

无论是现有组织的变革还是一个崭新组织的建立，都要进行组织设计。什么是组织设计？赫雷季尔、伍德曼和斯洛克姆（O. Hellrigel, W. Slocum and W. Woodman）认为，组织设计是管理者为实现组织目标而建立信息沟通、权力和责任的正式系统，所设计的组织结构是为了实现预期目标而用来联结组织中的技术、任务和人员的分工及协作的手段。西拉吉和华莱士（A. D. Szilagyi and M. J. Wallace）认为：组织设计是通过把任务、权力和工作流组合成结构以实现协调努力的过程。

组织设计是指对组织活动和组织结构的设计过程。它包括以下要点：第一，组织设计是管理者在一定组织中建立最有效的相互关系的一种合理化的、有意识的过程；第二，组织设计过程既包括组织的内部要素（战略、技术、人员等），又包括企业的外部要素（环境）；第三，组织设计的结果是组织结构。

有效的组织设计对提高组织绩效有重要意义。它能为组织活动提供明确的指令，有助于组织内部人员之间的合作，有助于建立合理的组织结构，有助于保持组织活动的连续性，有助于正确确定组织活动的范围及劳动的合理分工与协作，提高工作效率。

二、组织设计的目的

特定组织的组织结构的构建是长期的动态过程，组织设计的根本目的在于创造和保持组织的有效性，衡量其有效性的根本标准是稳定性与创新性的结合。每一个组织都必须从实际出发，在综合分析各种因素的基础上选择一种或几种形式，以形成适合自身特点的组织结构。但是，组织无论采取何种组织结构形式，都会面临一系列客观存在的矛盾冲突，这些冲突包括：

（1）集权与分权。集权有助于统一指挥、统一行动，分权有助于发挥员工的主动性和积极性，两者各有利弊。因此，任何组织都不可能采取绝对的集权或分权的结构，而必须在集权和分权之间取得一定的平衡。

（2）效率与战略。战略强调长期、面向外部环境，效率则强调短期、面向组织内部，这两者之间会存在矛盾。管理者必须设计出既符合提高效率的要求，又能满足组织战略要求的组织结构。

（3）稳定与创新。一种组织结构一旦确定，必须经过一段时间的稳定运行，才能发挥出其积极的作用。然而，即使在选择的当时是合理的组织结构形式，也会随时间的流逝而发生某些变化。因此，组织必须在稳定与创新之间找到一定的平衡。

总之，组织的具体目的就是谋求集权与分权、效率与战略、稳定与创新的动态平衡。

三、组织设计的标准

组织设计要符合一定的标准，这些标准对组织设计提出了基本要求，是衡量组织设计有效性的依据。一般来说，组织设计要符合以下标准：

（1）目标明确。组织机构是为了完成一定目标而设置的，组织设计必须将组织的目标明确化和具体化，即建立起明确的目标体系，使所有成员都知道自己要干什么、如何干，知道个人的行动如何服从整个组织的要求。明确的目标是组织成员活动的动力和指南。

（2）决策迅速。良好的组织设计必须符合决策程序的要求，从而保证各级管理者迅速作出正确的决策。

（3）结构简单。在完成目标的前提下，组织设计越简单，产生的问题越少，从而使职责更加明确，沟通更加方便，决策更为迅速，灵活性、适应性更强。最简单的组织是最好的组织。

（4）管理效率高。组织的高效率是组织设计的核心。一个组织如果能以最少的人力、物力、财力投入维持正常运转，实现组织目标，就是一个有效的组织。

（5）信息渠道畅通。组织的优劣程度很大程度上取决于信息沟通的能力，组织的共同目标是通过信息沟通使组织中的成员有所了解的。组织成员的一切活动也是以信息沟通为基础的。因此，良好的组织设计必须使组织的信息渠道明确、直接、完整、畅通。

（6）人际关系和谐。组织是由人构成的，组织设计不能忽视人的因素，必须考虑人的社会、心理需要，使组织内部有和谐的人际关系。良好的人际关系能增强组织的凝聚力，提高成员的士气，有利于组织目标的实现。

（7）稳定性和适应性。一个组织必须有充分的稳定性，能在动荡的环境中开展工作，并能连续、持久地运行。但稳定性并不是僵硬性。相反，组织结构要有高度的适应性，能适应新的要求、新的需要、新的条件，只有这样才能持久生存。

四、组织设计的原则

(一) 传统组织设计的原则

传统的组织设计应遵循以下原则：

1. 明确等级原则

这一原则是指将组织目标、责任、权力从组织最高层向最低层垂直分解，并建立起一个等级层次结构。明确规定上下级的关系并公之于众，以便大家共同遵守。各级主管都有各自的目标和职权范围，在各自的权限范围内对下级有决定权，超出权限范围则要向上级请示。

一般来说，组织划分为以下几个基本层级：

(1) 最高管理层：负责总目标的制定，人、财、物的分配，重大人事变动的决定。

(2) 中级管理层：负责分解目标，为最高管理层做助手，提供情况，协调下级活动。

(3) 低级管理层：具体执行命令，完成组织目标。

(4) 操作层：根据命令进行各项实际操作。

2. 统一指挥原则

统一指挥是指组织中的每个人只有一个直接的上级，只接受一个上级的指挥和命令并与这个上级联系，而不是同时有多个上级对一个下级发布命令。各级主管负责本级的全部工作，向下级下达全部的命令，但不能越级授权，越级指挥。

贯彻统一指挥原则要处理好两个方面的关系：

(1) 集权与分权的关系。集权是指有关组织全局的重要权力集中在上级手中，以保证统一命令的贯彻执行，下级必须服从上级的领导，不能自行其是。分权是指上级将非必要的、一般性的权力授予下级，使下级能承担有关的任务，以加强组织的灵活性和适应性。

(2) 直线职权与参谋职权的关系。直线职权对完成组织目标起直接作用，统一指挥原则要求保证直线职权的行使，同时也要发挥参谋职权对直线职权的辅助、建议、参谋作用。

3. 专业分工原则

专业分工的类型有任务型、职能型、过程型、产品型、顾客型和地区型等。

随着组织规模的扩大和生产经营活动的复杂化、多样化，组织业务活动的种类越来越多，管理者必须在劳动分工的基础上将各项活动进行归类，使性质相同或相似的工作合并到一起，这样就形成了一个个专业化的部门。

传统的部门化原则仍被许多组织采用，但 20 世纪 90 年代以来有两种趋势值得注意：一是由于顾客导向战略的要求，顾客部门化愈来愈受到高度的重视；二是跨越传统部门界限的团队的采用，使得原来僵硬的部门划分有了弹性。

4. 权责对等原则

权责是指职权与职责。职权可以分为直线职权和参谋职权，介于这两者之间的是职能职权（管理人员将原本属于自己的某些直线职权授予有关的参谋部门或参谋人员行使，从而使参谋人员不仅具有参谋职权，而且有一定的直接指挥和控制权力）。职责也可以分为两类：执行职责与最终职责。管理者向下授予执行职责，且这一职责还有可能继续下授，最终职责则是不可下授而需保留的，管理者应对他授予了执行职责的下属的行动最终负责。因此，管理者应当下授与所授职权相等的执行责任，但最终的责任永远不能下授。

权责对等原则的要求是：一定的职权应当与一定的职责相一致，职权大于职责会导致滥用职权而不考虑职权运作的绩效；职权小于职责会导致指挥失灵而难以发挥作用。

5. 适当管理幅度原则

管理幅度是一个主管所直接管理的下级人数。管理幅度对管理工作的复杂程度和组织结构都有影响。管理幅度宽，则组织层次可以相应减少，组织呈扁平结构，管理人员负担重；管理幅度窄，则组织层次相应增多，组织呈直式结构，管理人员负担较轻。

（二）现代组织设计的原则

现代组织设计在传统组织设计的基础上发展了一些新的原则，主要有以下内容：

1. 以人为中心的原则

组织设计不能以物为中心，而应以人为中心。组织虽然是人、财、物、信息在一定时间和空间内的有效组合，但人是其中的主体。管理者只有发挥人的主动性、积极性、创造性，才能确保组织目标的实现。组织设计不能仅仅重视法定的权力结构，完全靠职权对组织中的人的思想和行为进行控制，而应该注意人群关系，建立彼此关切和相互支持的制度。

2. 符合人的需要和特点的原则

人有被他人理解、尊重、信任、支持的社会心理需要。组织设计要考虑人的这种心理需要的特点。例如，组织的层级不宜过多。因为层级过多，上下级距离远，相互沟通困难，下级成员会感到自己难以被上级了解，在组织中微不足道，从而缺乏组织整体观念，无形中拉大了上下级人员心理上的距离，不利于调动人的积极性。

3. 弹性原则

组织设计应具有一定的弹性，不能墨守成规，一成不变，这样才能适应情况的不断变化。因此，必须综合考虑当时具体的环境、技术、战略、人员情况，采用不同的组织设计或者对组织设计及时作出适当的调整改进，以实现组织目标。

五、影响组织设计的因素

影响组织设计的因素很多，组织规模、组织战略、环境因素、技术因素是最重要的影响因素。

（一）组织规模

组织规模的大小影响管理层次和管理幅度。管理层次是指生产指挥系统划分为多少等级，管理幅度则是指一名上级主管人员直接管理的下属人数。一般来说，管理层次决定组织的纵向结构，管理幅度则决定组织的横向结构。

管理层次与管理幅度常常是联系在一起的。在组织规模一定的情况下，较大的幅度意味着较少的层次，较小的幅度意味着较多的层次，管理幅度与管理层次呈负相关关系。按层次的多少和幅度的大小，组织结构可分为直式结构和扁平结构。

直式结构是指管理幅度小而管理层次多的结构。这种结构的优点是：管理严密，分工明确，上下级容易协调。其缺点是：由于管理层次多导致管理费用高；信息沟通时间长；由于管理严密，容易影响下级人员的满意度和创造性。

扁平结构是指管理幅度大而管理层次少的结构。这种结构的优点是：由于管理层次少导致管理费用低，信息交流速度快；由于管理幅度大，成员有较大的自主性，因而满意度增加。其缺点是：不能严密监督下级的工作，上下级协调较差。

在组织中采用直式结构还是扁平结构，应考虑如下因素：

（1）工作任务的相似程度。工作任务越相似，管理幅度就越可能加大，可采用扁平结构减少管理层次；工作任务差异大，则应采用直式结构，减小管理幅度，适当增加管理层次。

（2）工作岗位的接近程度。在员工工作岗位较接近的情况下，可以加大管理幅度，采用扁平结构；反之，应采用直式结构。

（3）员工的素质水平。员工工作自觉性高、责任感强且有工作能力，则应提高工作的自主性，让员工自己管理自己，发挥创造性，宜采用扁平结构；反之，员工的素质不高，宜采用直式结构。

（4）主管人员的素质水平。主管人员的素质高，有较强的管理能力，可以增加管理幅度，采用扁平结构；反之，宜采用直式结构。

（5）工作任务需要协调的程度。如果工作任务要求各部门之间或一个部门内部高度协调，则应减少管理幅度，以直式结构为宜。

因此，我们要根据组织的实际情况，因地制宜地选择组织结构，提高组织的效能。

（二）组织战略

组织的战略就是组织的总目标，它决定着组织在一定时期内的活动方向和水平，战略的变化必然会导致组织的变化。从组织结构与战略的相互关系来看，一方面，战略的制定必须考虑到组织结构的现实；另一方面，一旦战略形成，组织结构应作出相应的调整，以适应战略的实施。

美国管理学家雷蒙德·E·迈尔斯和查尔斯·C·斯诺（Raymond E. Miles and Charles C. Snow）在 1978 年出版的《组织战略、结构和程序》一书中阐述了组织战略与组织结构的关系（如表 11—1 所示）。

表 11—1　组织战略与组织结构

组织战略	目标	环境	组织结构特征
防守型战略	追求稳定和效益	相当稳定	严格控制，专业化程度高，规范化程度高，规章制度多，集权程度高
进攻型战略	追求快速、灵活的反应	动荡而复杂	松散型结构，劳动分工程度低，规范化程度低，规章制度少，分权化
分析型战略	追求稳定、效益和灵活相结合	不断变化	适度集权控制，对现有的活动实行严格控制，但对一部分部门采用分权或相对自主的方式，组织结构采用部分有机型和部分机械型

（三）环境因素

环境因素主要是指组织的内外部环境的影响。其中，外部环境主要包括组织间的竞争、购销的状况与市场的需求，以及整个社会文化背景对组织的要求和影响等因素；内部环境主要包括组织管理、目标价值、技术结构、社会心理等因素。任何一个组织系统都与社会环境有着极其密切的联系。企业的组织结构必须适应内外部环境的变化，根据社会和员工的需求不断调整，以保证自身的生存和发展。

管理人员和员工需要评估的环境力有：（1）目前和将来可能的环境特点；（2）上述要求如何影响组织处理信息、应对市场和技术变化、取得理想的专业化（劳动分工）和联合（协作）水平的能力。一些行业（如家电、航空、个人电脑行业）的高度竞争要求管理人员在考虑环境时采用新的思维方法。随着政府调节的参与和市场的全球化，追求生产率、质量和速度使大量新的组织设计应运而生。许多组织都因不能对自己进行重新设计，进而领先于竞争对手而感到沮丧。

任务环境可分为同质性—稳定、异质性—稳定、同质性—不稳定以及异质性—不稳定四种情况（如图 11—9 所示）。

异质性—稳定环境（象限Ⅰ）给管理人员和员工带来一些风险，但人们对该环境以及其他选择相当了解。该环境比较稳定，员工需要大量的培训和经验，以理解它并使它更有效。

最简单的组织设计在同质性—稳定环境（象限Ⅱ）中可能是有效的。该环境包含的意外情况很少，管理人员的作用是确保员工始终如一地遵循既定的日常程序。管理人员和员工在这种环境中只需要相对较少的能力、正规训练以及工作经验就可以成功地进行操作经营。在这种环境中运作的组织主要有草坪修整公司、地方运输服务公司、汽车清洗公司、邮政服务公司以及一些自助的仓储公司。当然，这些公司也的确面临由竞争者的行为、顾客不断变化的喜好以及公司产品和服务的替代品所造成的不稳定性。

同质性—不稳定环境（象限Ⅲ）要求管理人员、员工以及组织设计具有灵活性，能够以适当的技术水平和积极性应对经常发生的变化。计算机信息系统通常可

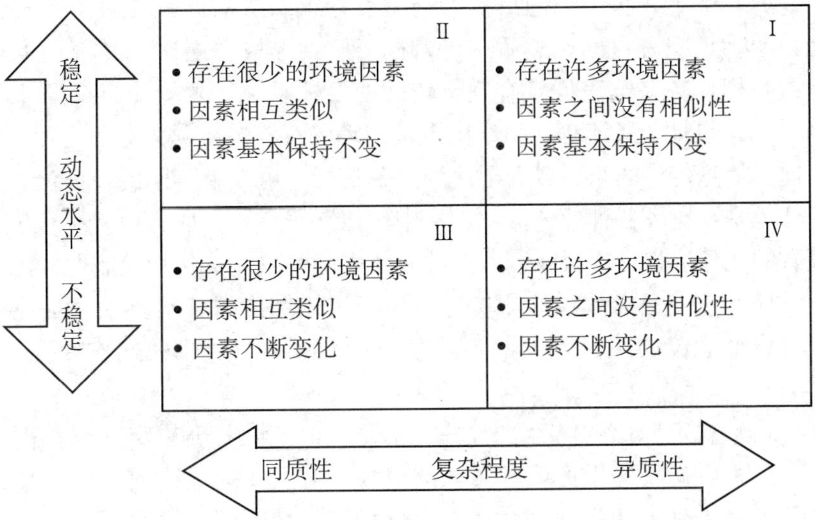

图 11—9　任务环境的基本类型

以帮助组织适应这些变化。

异质性—不稳定的环境（象限Ⅳ）代表的是对一个组织来说最困难的情境，因为该环境中存在众多的不稳定性，要求管理人员和员工高度成熟，有洞察力和解决问题的能力。在这种环境中，管理人员不能仅仅靠标准的程序来解决他们面对的问题。

(四) 技术因素

组织中技术活动的确定性程度决定了对组织结构有不同的管理和协调的要求，确定性程度越高，越可以加强组织结构的正规化和集中化，反之，则需要组织结构具有较大的灵活性。

美国管理学家琼·伍德沃德（Joan Woodward）在 20 世纪 60 年代初首先对技术与组织设计的关系进行了研究，重点分析了企业技术与组织结构之间的关系。她把组织分为三种技术类型：单件生产技术、大量生产技术和连续生产技术，对这三种技术类型的组织及其组织结构进行了比较和考察，并对管理层次、管理幅度以及生产工人与管理人员的比例进行了分析比较。查尔斯·佩罗（Charles Perrow）主要研究了知识技术与组织结构的关系。他认为，技术愈常规，结构就愈标准化，机械式组织结构是与常规技术相匹配的；若是非常规技术，结构就应是有机式的。

总之，工作流程的不确定性、任务的不确定性以及任务的相互依赖性等技术因素会影响组织设计。同样，技术因素在创立团队和部门、授予权力和责任以及建立正式的联合机制方面也会影响组织设计。

六、组织设计的程序

组织设计是一项工作量大、涉及面广、技术复杂的工作，应该按一定的程序有步骤地进行，以提高组织设计的成效。组织设计的程序如下：

（1）确定各级组织的目标。这是设计组织机构首先要解决的关键问题，其任务是：明确组织总目标；然后进行目标分解，形成各层次、各部门的目标；列出各级组织目标任务一览表。只有确定较好的目标系统，才能使组织设计有依据。

（2）设计业务流程。组织内人员活动的逻辑关系称为业务流程，它是组织内权力传递、信息传递的路线。为了达到同一目标，可以有不同的业务流程。业务流程设计的任务是：比较各种业务流程，从中选出路线最短、职务设置少、配备人员少、费用最省的业务流程；进行业务流程的总体平衡和总体优化；绘制业务流程图。

（3）按业务流程设立职位。职位是组织结构的基本要素，是业务流程的基本环节。设计职位的任务是：确定职位划分标准；划分职位；进行平衡；列出职位体系表。

（4）规定职位的内容。对每一个职位都应该明确规定其职权范围，即告知该职位的员工应做哪些工作，有多大的权限，对主要的最终成果应负什么责任。该步骤的任务是：确定职权内容；建立考核指标；编写职位说明书。

（5）配备人员。每个职位都应配备合适的人员，该步骤的任务是：确定本职位所需人员的素质，即根据职位要求考核员工的能力；确定本职位所需人员的数量，即根据工作量编制人员定额；编制在职人员一览表。

（6）设置组织机构。将组织目标、职权关系、职位内容、各职位的人员等各种因素进一步综合起来，形成一个整体，就构成了组织机构。该步骤的任务是：确定职位组合形式；成立职能部门，划分权责关系；审议、修改、确定组织形式，编制职权系统图和组织结构图。

以上组织设计的六个基本步骤简要归纳在表11—2中。

表11—2　组织设计的程序

程序	任务	图表
1. 确定各级组织的目标	确定总体目标；进行层层分解	组织目标任务一览表
2. 设计业务流程	设计业务流程；比较、选择、总体平衡和优化	业务流程图
3. 按业务流程设立职位	确立职位划分标准；划分职位；进行平衡	职位体系表
4. 规定职位的内容	确定职权范围；建立考核指标体系	职位说明书
5. 配备人员	考核人员素质；确定人员数量	在职人员一览表
6. 设置组织机构	确定职位组合形式；设立职能部门；划分权责关系；审议、修改、确定组织形式	职权系统图 组织结构图

七、获取竞争优势的组织设计

（一）赢得国内优势的组织设计

1. 横向公司

现在许多公司正在摆脱过去的高层负担过重的职能型结构，转向另一种模式，即横向公司。事实上，这种模式淘汰了纵向层级制度，模糊了原有的部门边界。

(1) 横向公司的特征。

1) 围绕工作流程或过程而不是部门职能来建立结构，传统的部门边界被打破。

2) 纵向的层级组织扁平化，可能只在传统的支持性职能部门（如财务和人力资源部门）保留少量高层管理者。

3) 管理的任务委托给更低的层级。多数员工在多职能、自我管理型团队中工作，这些团队围绕诸如新产品开发之类的过程而组织。

4) 由顾客驱动横向公司。为了使横向设计奏效，流程必须以满足顾客需求为基础。

(2) 横向公司的基本单位。自我管理型团队，也称自我指导团队，是新型横向型组织的基本单位。自我管理型团队一般由 5～30 名员工组成，这些员工拥有不同的技能，可以轮换工作，负责某一产品的生产过程或某项服务的整个过程，承担管理任务，比如工作和假期安排、订购原材料、雇用成员等。美国和加拿大的许多公司都曾经设立过自我管理型团队。

(3) 横向公司的优势与劣势。自我管理型团队在许多组织中取得了显著的成效。但是，与所有组织结构一样，它既有优势也有劣势。最显著的优势在于：第一，短暂的反应时间和快速的决策意味着更高的顾客满意度；第二，部门间的障碍在减少或实际上已不存在，这意味着为完成整个任务有意识地争取合作；第三，士气更加旺盛，因为员工热衷于参与；第四，减少了高管费用，因为团队承担了部分管理工作。

自我管理型团队的劣势在于：第一，由纵向结构向横向结构的转变可能是一个漫长和困难的过程，需要在工作设计、管理哲学以及信息和奖励系统方面进行重大调整；第二，管理者需要培训以了解参与式管理，提高技能、成为教练并为别人提供便利条件，而不是成为“监工”，员工需要接受培训以便在团队环境中高效地工作；第三，需要重新设计信息系统，以便为团队成员提供所需的信息，不仅包括组织内部的信息，而且包括来自顾客和供应商的信息；第四，员工不得不耗费更多的时间参加冗长的会议，以相互协调，达成一致的决策；第五，必须设置奖励系统以鼓励团队绩效和承诺。

2. 再造工程

(1) 再造工程的本质。再造工程是一种涉及业务流程彻底再设计的跨职能的创新。它将导致组织结构、文化、信息技术同时变革，并在客户服务、质量、成本、速度等方面引起绩效的重大改善。在后工业社会中，原来的做事方式已经不再有效。再造工程是企业用来驱使自身迎接新的挑战的一种方式。

再造工程的本质是采用全新的方式，抛弃所有关于现有工作方式的概念，着眼于如何更好地设计工作，以取得更好的绩效。其目的在于消除工作流程中的死角和时滞。

(2) 再造工程的内容。成功的再造工程是由顾客驱动的。当再造工程驱使企业按照消费者的价值观检查工作和工作流程时，企业更有可能围绕关键目标和核心竞争能力来进行流程设计。再造工程在组织结构、文化、信息系统方面也带来了一些根本的变化。

1）组织结构。由于再造工程要审查跨职能边界的工作流程，因此近几年引起了组织结构向横向型结构转变，如组织结构扁平化，管理层级减少。大部分再造工程使企业的改革完成了一半，少数企业已经完成了向完全基于流程的组织结构的转变。

2）文化。当企业扁平化使更多的权力转向较低层级时，企业文化便发生了变化；较低层级的员工被授予决策权，并对绩效的改进负有责任。信任和对过失的宽容成为核心文化价值观。

3）信息系统。在拥有传统组织结构的企业中，信息系统一般将职能部门内的人员联系起来。但是随着工作流程向注重过程而不是职能转变，信息系统也需要跨越部门边界。

再造工程可以带来令人意想不到的效果，但与所有经营理念一样，它也有自己的劣势。再造工程的成本高、耗时长，而且常常会遇到许多困难。领导者应该意识到，再造工程是一个长期工程，要求在思维方式和组织系统各方面都有重大的转变。

3. 动态网络结构

20世纪90年代，组织结构设计的一个重要的趋势是：一些公司决定只从事自身擅长的活动，而将其余部分交由外部专家来处理。这些网络化组织，有时也称为集成式公司，在一些快速发展的行业（如服装或电子行业）尤为盛行。在诸如钢铁、化工等行业中，一些公司的结构也在向这种类型转变。

动态网络结构以自由市场模式组织替代传统的纵向层级组织。公司自身保留关键活动，对其他职能（如销售、会计、制造）则由一个小的总部来协调。在多数情况下，这些分离的组织通过电子手段与总部保持联系。

动态网络结构的优点在于：精简程度令人难以置信，几乎没有上层行政首脑，因为工作任务被外包了，协调是通过电子化方式进行的。缺点在于：一是缺乏可控性。由于生产与经营不在一起进行，管理者必须调整自己以适应这种情况，依靠相互独立的下级承包商来完成工作。当涉及许多不同的分包商时，公司可能会遇到质量方面的问题。二是识别组织变得很困难。随着分包商组合的变化，组织也在不断变化。如果某个分包商脱离组织、不再承接业务并且不可代替，那么该组织将失去一部分利益。三是员工忠诚度很低。对较大的组织来说，建立一种有凝聚力的组织文化并不容易。流失率高的原因在于员工仅仅被委托负责他们自己的工作，公司为了自身的利益可能随时将他们解雇。

（二）赢得全球优势的组织设计

1. 国际战略联盟

战略联盟可能是国际化运作中最流行的方式。典型的联盟包括特许经营、合资企业和企业联合。特许许可方式被一些制造型公司采用，以便快速、低成本地使用新技术，在全球获得优势。一个制造商可能会试图创建一个合资企业，以通过他国的销售渠道和市场来输出它的新技术和新产品。

考虑到新技术的成本，企业联合很可能是未来的潮流，独立公司的联合——供应商、客户乃至竞争者——将取代单个公司之间一对一的竞争，共享技能、资源，共担成本，共同开发新的市场。

管理者不仅要学会竞争，而且要学会合作。一种名为"虚拟组织"的联合形式，正在美国被越来越广泛地采用，并为未来的国际竞争提供了一条可行的道路。虚拟组织是那些具有持续发展能力的成长性公司的集合。这些公司联合起来以利用特殊的机会或获得特殊的战略优势，在目标完成时解散。在任一时间，一家公司可能参加多个联盟。美国的一些管理者认为：要想在全球市场保持竞争力，转向企业联合或虚拟组织形式是一条最佳途径。

2. 全球工作团队

在全球经营环境中，当今国际商务的现状使得一些公司建立了全球工作团队，以在国际市场上扩大其产品和业务。全球工作团队也称跨国团队，是由多国成员组成的一种工作团队，这些成员的活动跨越多个国家。全球工作团队的主要作用是从全球角度来促进组织的持续学习与适应。

全球工作团队的使用有不同的方式。有的团队通过构建地区或国际成本优势，实现设计和运作的标准化，来带动组织提高全球效益；有的团队通过满足不同区域的市场需求和顾客偏好，适应政治法律体系来帮助公司更加适应当地情况。

全球工作团队导致了有关团队概念的特殊问题。团队领导者和成员必须学会适应他人的文化价值观和背景，学会在高速变化的条件下与别人进行协作。一种被称为 GRIP 的全球团队效率模式，主张团队在目标、关系、信息与工作流程等四个关键方面达成共识，以使团队高度协作，拧成一股绳。对全球工作团队的需求和应用很可能将扩大。如果团队成员能够将他们不同的背景和利益融合成一种团队文化，而这种文化关注的焦点是为组织的国际目标服务，那么这种团队将会大大提高组织的全球竞争力。

思考与讨论题

1. 什么是组织结构？其基本要素有哪些？
2. 管理幅度窄的组织是否有效？
3. 简述组织设计的原则。
4. 简述组织设计的程序。
5. 比较赢得国内竞争优势与全球竞争优势的组织设计的异同。
6. 请画出你所熟悉的某一组织的结构图，并说明该组织的管理层次、管理幅度和结构形式。

随堂测验

组织结构偏好测试

请用下面的5级量表进行评判：1＝强烈同意，2＝有些不同意，3＝无法决定，4＝有些同意，5＝强烈同意。

我喜欢在这样的组织里工作：

1. 工作目标都是上级制定的。
2. 工作方法和程序都已经规定好了。
3. 高管人员制定重大决策。
4. 我的忠诚度和工作能力一样重要。
5. 权限和职责得到清晰界定。
6. 高管人员果断而坚定。
7. 我的职业生涯已经被规划好了。
8. 我能够从事专门研究。
9. 我的工作时间几乎与我的业绩表现一样重要。
10. 管理人员能向我提供工作所需的信息。
11. 命令链清晰。
12. 规章和程序对每个人都是平等的。
13. 人们尊重领袖的权威。
14. 人们忠于他们的老板。
15. 人们按照指示工作。
16. 在老板来检查前，人们总是先整理一番。

评分方法：将所有得分加总，得分越高（高于64分），表明你越适应机械型组织；得分越低（低于48分），表明你越适应有机型组织；得分在48～64分之间，表明偏好不明显。

案例研究

星巴克公司的成功与组织结构

舒尔茨在1985年买下星巴克后，将它从一家小企业发展成世界上最大的零售组织之一。除了个人因素和人际因素之外，组织因素对星巴克的成功起到了重要的作用。

在过去的几十年里，星巴克的组织结构一直保持稳定。最低层是由店面组成的区域结构。区域经理向两名执行副总裁之一汇报，其中一名负责美国市场，另一名负责海外市场。高层经理负责支持职能，例如采购、销售、法律事务、人力资源和信息资源。由高层组成的小组负责公司的社会责任和组织文化。星巴克还设立了高级经理来负责创新，他们专注于公司的新兴业务和新的娱乐业务。

为了实现规模经济和保持品质，绝大多数决策（例如采购、饮品开发、店面设计等）都是集权化的。为了保证公平，公司政策也是集权化的。然而，也有一些决策采取了分权制。店面经理有权聘用和评估咖啡调理师，本地经理对完成经营目标承担责任。公司利用集权和分权决策的差异性引导决策在适当的层次作出，使决策者可以更方便地收集信息和执行决策。

星巴克的组织设计依赖于它的差异化战略，它强调自己是一家独特和卓越的公司。组织设计支持着公司的差异化战略，向顾客提供独特的和合乎期望的产品与服务，包括高品质的产品、出色的客户服务、高档和娱乐化的环境。公司的另一个重要战略是增长战略，为此，它的组织设计结构简单，下设大量小型的单体店面。这一结构很容易增加店面数量，保持增长的空间。

公司的历史相对较短是影响组织结构的另一个因素。星巴克转向当前的战略方向的时间并不长，因此，它的组织结构相当简单。尽管组织已经实现了惊人的增长，但它还没有建立起与这一规模相适应的层级，其中层经理和总部人员的数量比历史悠久的旧式组织少得多。然而，随着星巴克的成长，它将需要更复杂的结构。事实上，公司已经在脱离简单结构，转向机械官僚主义结构。机械官僚主义结构更依赖行政协调和工作标准化。在星巴克，由最高层作出重要决策以及要求员工保持产品品质，就是机械官僚主义结构的特点。

最后，环境对组织结构也有重要的影响。快餐行业的技术、经济要素和竞争者的变化较缓慢。由于星巴克本身就是咖啡行业变化的主要发起者（推出新饮品、销售 CD），因此它在预测产业变化方面并不感到吃力。不确定性较小的环境意味着星巴克可以专注于内部运营，从而实现快速成长、高效率和创新。

与有效的、不断演进的组织设计相伴的，是星巴克独特的组织文化。舒尔茨和其他星巴克领导人了解组织文化对于创建成功组织的重要性。舒尔茨说："让员工对星巴克感到骄傲，让我们的决策合乎员工的预期，这些都是极其重要的。"

这一文化始于创始人舒尔茨的价值观。他反复强调星巴克的两个重要目的："建立一个有灵魂的公司"和"追求完美的咖啡"。1990 年，在首席执行官舒尔茨的领导下，公司的高级经理们写下了第一份组织文化的官方陈述。公司的使命陈述提出"以人为先、利润在后"，这一使命陈述得到了进一步的说明，产生了诸如尊重、多元化和卓越等原则。许多美国公司拥有与之类似的价值观，但星巴克尤其强调伦理、社会责任和创新。

星巴克发布了许多证明其合乎伦理地对待员工的政策。例如，公司将员工称为"合伙人"；员工（包括临时员工）都享有优厚的福利，公司承诺向员工提供能够过上体面生活的报酬。

星巴克比大多数其他公司更透明。它向员工发布财务和其他信息，同时积极地寻求员工的贡献和反馈。它出版了几份内部刊物，并为员工提供培训。公司设立了一个名为"使命回顾"的项目，鼓励员工提交关于公司实践其价值观的报告和问题。员工提交的报告促使运营政策方面发生了许多变革。

星巴克还积极投身于慈善事业。店面经理可以向本地慈善项目提供捐赠和商品。公司支持与教育、年轻人、贫困有关的项目。星巴克还花费数百万美元支持咖啡生产国的医疗、卫生和扫盲事业。星巴克的慈善项目为它赢得了积极的公共形象，吸引着年轻而富有的顾客。咖啡调理师格罗斯说："星巴克主要是在出售形象，而不是咖啡。"

回顾星巴克过去的成长和发展，最引人注目的是它对创新的执著。这家公司中没有任何一个部分可以远离变革的影响。星巴克是第一家在美国推广意大利式特品咖啡的公司。星巴克不断推出新产品，包括冰咖啡、茶、热巧克力、咖啡冰激凌，甚至还有时令饮品，例如，在万圣节前推出的南瓜香料咖啡。新的餐食则包括三明治和沙拉。午餐食品为每家店面创造的利润高达 3 万美元。

星巴克还将产品扩展到食品和饮品以外。在星巴克可以买到 CD，它出版了儿童图书，还出售棋盘游戏，每十个美国人中就有一人持有星巴克预付卡，公司还发行了一种自有品牌的维萨卡，绝大多数店面支持无线上网，这些举措创造出了舒尔茨所说的“第三空间”，即介于工作和生活之间的社会化空间。普通星巴克顾客在店内停留的时间不超过 5 分钟，但互联网使用者的平均停留时间是 45 分钟，从而创造了更多的销售机会。此外，上网顾客通常会避开早高峰，带来收入。公司营销高级副总裁说：“如果我们自认为只是一家咖啡馆，我们就不会做这些。”

运营是另一个创新的领域。1/3 的新店面向时间紧迫的顾客提供免下车服务。公司引进了更快速、自动化的浓缩咖啡机。新店的设计增加了销售面积，提供了更高效的展示、更优化的库存和食品准备区。星巴克收购了几家小型的咖啡公司以增加品牌的深度。公司还扩大了销售的渠道，包括在传统的超级市场和通过食品批发商西斯科公司销售咖啡豆、罐装咖啡和冰激凌。在博达书店和西夫韦超市还可以买到星巴克的现制咖啡。

星巴克正在扩大顾客的基础，吸引更多年轻的、多元化的顾客。它试图超越原来界定的白人、受过良好教育和富裕的顾客群体。《福布斯》杂志的卡夫卡写道：“星巴克可能是美国唯一一家夸耀自己的顾客基础正在变得不那么富有的公司。”星巴克开始在小镇和内陆城市开店，希望触及更广阔的市场。

星巴克不断地进行自我超越。舒尔茨说：“每当你到达一个平台，也就是需要重新思考的时候。当你已经成为第一名的时候，也许就是重新考虑的时刻……为产业创造更广泛的定义，然后制定一个新计划来实现它。”星巴克对此深有体会。它先是从咖啡豆零售商转变为一家咖啡馆，然后成为社会化和人们工作的第三空间。它还曾经引入“听音乐”的概念，顾客可以在店内购买 CD 或制作自己的 CD。

创新在星巴克是一项持续的活动。管理顾问斯里沃茨基说：“舒尔茨的做法在商界是罕见的。他总是向前看、进行推算，然后说，‘我们当前的模式不会永远有效’。星巴克很可能会顺利成长多年，他却已经在问自己：‘如果几年后不可避免地出现增长速度下降的情况，我们该怎么办?’”星巴克希望保持自己的增长速度。在公司持续增长和变化的过程中，星巴克的领导人还要努力保持它的文化、形象和小店面的吸引力。舒尔茨说：“最难的事情就是在组织变大的时候保持小规模组织的特点，就算你的交际面变得很大，你仍然必须找出与顾客和员工亲密接触的方法。”

资料来源：肖余春：《组织行为学》，北京，机械工业出版社，2009；http：//www.huxiu.com/article/108973/1.html。

[讨论题]

1. 你认为随着组织的成长，组织的结构将会发生怎样的变化？这种结构变化可能导致哪些问题？

2. 描述星巴克的组织文化。

3. 星巴克将会遇到哪些对变革的抵制行为？公司可以怎样克服变革的抵制？

第 12 章

领导与权力

内容提要

一个组织要生存和发展，就需要有效的领导。本章主要介绍领导的性质和作用，领导与管理之间的差异，领导权力与领导权力管理。在本章的学习过程中，权力管理是重点，领导行为测评是难点。

第 1 节　领导概述

一、领导

（一）领导的概念

在管理学的文献中，有多种关于领导的定义。有的学者认为领导是一种统治形式，其下属或多或少地愿意接受另一个人的指挥和控制；有的学者认为领导是对一个组织起来的集体确定和实现目标所施加影响的过程；有的学者认为领导是促使一位下属按照所要求的方式活动的过程；有的学者认为领导即有效的影响。

从上述各种定义中可以看出，西方管理学界至少是从四个不同的角度去界定领导这一概念的。相应的四种学说如下：

（1）中心说。中心说认为，领导就是领导者依靠权力和人格所构成的影响力去指导下属实现符合领导意图和追求的目标。中心说关注的是领导者的能力。

（2）互动说。互动说认为，任何领导活动都是在领导者和被领导者之间的互动过程中共同实现符合双方追求的目标。

（3）结构说。结构说认为，领导是在一定组织结构中展开的一种特殊活动。领导者是这一结构中的一种特殊角色，通过角色权力的运作实施对组织活动的控制。

（4）目标说。目标说认为，领导活动的焦点在于实现一个符合群体需要的公共目标。在这种界定中，领导在道德上是中立的，它发挥组织成员的全部力量，通过代表全体成员的集体意志，完成组织所规定的目标。因此，领导的实质是为实现目标而促使其成员努力进步的动力。

我们认为，领导是引导和影响个人或组织在一定条件下实现目标的行为过程。这里我们强调两点：一是施加影响。这种影响的来源可能是正式的，如来源于组织中的管理职位。由于管理职位总与一定的正式权力有关，因此人们可能会认为领导角色仅仅来自组织所赋予的职位。但是，仅仅凭借组织提供给管理者的某些正式权力，还不能保证他们实施有效的领导。人们发现，那些非正式任命的领导者，即影响力来自组织的正式结构之外的领导者，他们的影响力与正式影响力同等重要，甚至更重要。换句话说，一个群体的领导者可以通过正式任命的方式出现，也可以从群体中自发产生。二是领导是一个过程。组织的领导和决策是一个极其复杂的问题。正是由于这一过程十分复杂，因此不能指望人们利用简单而有效的模型进行思考。

（二）领导的作用

哈罗德·孔茨（Harold Koontz）认为，领导的作用就是诱导或劝说所有的下属或随从人员付出最大的努力，自觉地为实现组织的目标作出贡献。具体地说，领导的作用主要体现在：

1. 实现组织目标

乐队要奏出和谐美妙的音乐，球队要战胜对手，公司要生存和发展，指挥、教练和经理的首要作用，就是通过一系列的行为过程来实现各自组织的目标。没有领导，组织就无法实现目标。

2. 在满足组织需要的同时尽可能地满足组织成员的需要

领导者从组织全局的角度考虑，通过实施领导行为来有效地实现组织目标。但在这一过程中，若领导者不能满足组织成员的需要，就不可能有追随者，没有追随者就没有影响力，没有影响力就无法实施领导，也就无法引导组织朝着目标前进。反之，如果领导者只是一味满足组织成员的需要，而不重视组织目标，就会迷失前进的方向，组织目标无法实现，组织成员的需要也就无法真正得到满足。实践证明，组织目标与个人目标常常是不一致的，因此，领导者必须运用智慧和领导艺术，将组织成员的目标融入组织目标，创造出组织的共同意愿。只有这样，才能真正做到在实现组织目标的同时，最大限度地满足组织成员的需要。

（三）领导与管理的关系

领导是管理的一个方面，属于管理活动的范畴，但是除了领导外，管理还包括其他内容，如计划、组织、控制等。

1. 领导与管理的区别

领导是管理的重要组成部分，但领导似乎又可以从管理中独立出来。管理学创始人法约尔在谈到管理与领导的区别时说，领导就是寻求从企业拥有的所有资源中获得尽可能大的利益，引导企业达到它的目标，就是保证技术职能、商业职能、财务职能、安全职能、会计职能和管理职能的顺利履行。显然，在法约尔看来，领导无论在层次还是意境上都高于管理。

领导是一种变革的力量，管理则是一种程序化的控制工作，这是领导与管理的最大区别。亚伯拉罕·扎莱兹尼克（Abraham Zaleznik）指出，管理者和领导者是两类完全不同的人，他们在动机、个人历史及想问题做事情的方式上存在差异。他认为，管理者倾向于把工作视为可以达到的过程，这种过程包括人与观念，两者相互作用就会产生策略和决策；领导者的工作具有高度的冒险性，他们常常倾向于主动冒险，当机遇大、奖励高时尤其如此。管理者根据自己的时间和决策过程中所扮演的角色与他人发生关系；而领导者关心的是以一种更为直觉和移情的方式与他人发生关系。约翰·科特（John Kurt）认为，管理主要处理复杂的问题，优秀的管理者通过制定正式计划、设计规范的组织结构以及监督计划实施的结果而达到有序一致的状态。相反，领导主要处理变化的问题，领导者通过开发未来前景来确定前进的方向。然后，他们将这种前景与其他人进行交流，并激励其他人克服障碍达到这一目标。具体来说，领导与管理的区别主要体现在以下三个方面：

（1）领导具有全局性，管理具有局部性。也就是说，领导侧重于战略，管理侧重于战术。领导活动注重对组织内部各个组成部分进行整体性的计划、协调和控制，管理则是一种技术性较强的工作，其目的在于提高某项工作的效率。

（2）领导具有超前性，管理具有当前性。领导活动致力于整个组织发展方向的把控，这主要体现在决策和目标的制定等方面，管理则侧重于当前活动的落实。

（3）领导具有超脱性，管理具有操作性。领导要从根本上、宏观上把握活动过程，管理则必须注意细节问题，要统揽对人、财、物、时间、信息的安排与配置，使诸因素得到合理运用。

知识卡片 12—1

企业组织中领导与管理的区别见表 12—1。

表 12—1　企业组织中领导与管理的区别

	管理	领导
决策的制定	计划、预算过程：确定实现计划的详细步骤和日程安排，调拨必需的资源以实现计划	确定经营方向：确立将来（通常是遥远的将来）的远期目标，并为实现远期目标制定变革的战略
人力资源的使用	企业组织和人员配备：根据完成计划的要求建立企业组织机构，配备人员，赋予他们完成计划的职责和权力，制定政策和程序以对人们进行引导，并采取某些方法或创建系统来监督计划的执行情况	联合群众：通过言行将所确定的企业经营方向传达给人们，争取有关人员的合作，并结成影响力，使相信远景目标和战略的人们结成联盟，并得到他们的支持
计划的执行	控制、解决问题：相当详细地监督计划的完成情况，如发现偏差，则制定计划，组织人员解决问题	激励和鼓舞：通过唤起人类通常未得到满足的最基本的需求，激励人们战胜变革过程中遇到的政治、官僚主义和资源方面的主要障碍
结果	在一定程度上实现预期计划，维持秩序	引起变革，通常是剧烈变革，并形成非常积极的变革潜力

2. 领导与管理的联系

实际上，领导与管理在组织的实际运作过程中并不是泾渭分明的。领导与管理的区别是相对而言的。领导是从管理中分化出来的，领导活动和管理活动在现实生活中具有较强的复合性和相容性。一个人在从事管理工作时，也在承担领导工作。当然，领导与管理在功用和形式上的差别也会引起潜在的冲突。例如，有力的领导可能会扰乱一个有序的计划体制，削弱管理层的基础；而有力的管理可能会打消领导行为所需的冒险意识和积极性。只有有力的管理与有力的领导结合起来，才能带来满意的效果。

管理过度而领导不力必然导致以下情况：过分强调短期行为，注重细节，侧重规避风险，而很少注意长期性、宏观性和敢冒风险的战略；过分注重专业化，选择合适的人员从事各项工作，要求服从规定，而很少注重整体性和联合群众；过分侧重于控制和预见性，而对扩展、授权和鼓舞强调不够。总而言之，管理过度而领导不力的组织往往行为刻板，不具备创新精神，难以应对市场竞争和技术环境中出现的重大变化，必然走向衰退。领导有力而管理不足会导致以下结果出现：强调长期远景目标，而不重视近期计划和预算；产生强大的群体文化，不分专业，缺乏体系和规则；鼓励那些不愿意运用控制体制解决问题的人集结在一起，导致局面最终失控，甚至一发不可收拾。因此，没有与领导相结合的强而有力的管理可能会变得更加官僚主义，令人感到压抑，为维持秩序而维持秩序；没有与管理相结合的强而有力的领导会变得以救世主自居，形成狂热崇拜，为变革而变革，甚至朝着完全错误的方向变革。

二、领导者

（一）领导者的概念

领导者是指在社会共同活动中，经过选举、任命产生或从群体中涌现出来的能够指导和协调群体成员朝着既定目标努力的、具有影响力的个人或集体。领导者是一个组织正常运转的推动者。领导者通过计划、组织、指导和监督群体成员的活动，发展和维持成员之间的团结以及调动其工作积极性，使之成为一个有机的整体。过去，人们更多地将领导与拥有某种职务联系在一起，认为领导就是统治和指挥别人。现代领导观念则认为，领导的实质是影响别人。领导是一种影响过程，也是一种人与人之间的交往过程，可以通过该过程来影响、激励和引导人们执行某项任务，以达到特定目标。作为领导者，应帮助群体最大限度地发挥其能力来实现组织的目标。他们不是站在一个群体的后面去推动、去督促，而是作为带头人来引导、鼓励人们实现组织的目标。优秀的领导者能激励别人去思考、去行动，他们是力量的主体。

被领导者是指在领导活动中执行具体决策方案和实现组织目标的行动者。被领导者可以分为两个层面：一是领导者直接统率的下级部属，即相对被领导者；二是领导者为之服务的广大员工和群众，即绝对被领导者。被领导者实现组织目标的积极程度以及能动程度，从根本上决定着领导活动的成败。一项领导活动，如果没有被领导者的支持和行动，最终是不可能完成的。因此，科学的决策一旦作出，被领导者就成为决定领导活动成败的最重要的因素。

相对被领导者是领导活动得以推进的关键力量。我们知道，现代决策体制中“制定”与“执行”相对分工的特点，决定了执行决策是领导活动得以展开的关键。再好的决策，如果执行质量不高，也难以获得积极的实际效果。被领导者作为执行决策的要素之一，在领导活动中具有不可替代的作用：使得领导活动能够成为上下连贯的整体，保证了决策方案从高层领导者贯彻到基层。因此，相对被领导者是保证领导活动连续性和整体性的重要力量。绝对被领导者是组织目标得以最终完成的决定性力量。绝对被领导者作为领导者为之服务的员工和群众，是把组织的总目标分解为具体的工作目标的主体，是把决策落实到实践中的决定性力量。他们完成工作目标质量的高低，直接关系到整个组织的总目标能否按时按质完成。因此，绝对被领导者是任何高层领导者都不容忽视的重要因素。

（二）领导者的职责

领导者的职责是指领导职位所确定的责任。领导者要正确履行职责，否则就是失职。因此，领导者的职责比职权更重要。

1. 处理与人的关系

领导工作首先是做人的工作。在企业组织的所有资源中，人力资源是最重要的资源。领导者要通过一系列的措施了解、掌握人的需要，从而有目的地引导、指挥和协调人的行为，通过提高员工的满意度来调动人的积极性。领导者在处理与人的关系时，一项非常重要的工作是识人和用人，即发现人的长处，用好人的长处。

2. 处理与事的关系

作为一个组织或群体，均有一定的存在目的，并要为实现目的开展大量工作。领导者的职责之一就是处理这些事务，如制定各种决策，进行现场指挥，使各项工作有条不紊地进行。科学决策是领导者的首要职责。各级领导者，无论层次高低，都有责任对所面临的诸多问题作出决策，但因所处层次不同，其决策的内容和重要程度有所不同。统筹协调是指协调组织内部和外部各单位、部门的工作或活动，以建立良好的协作关系，有效地实现组织的宗旨和目标。各级领导者有责任防止因组织内部分工过细带来的不协调和扯皮现象，加强协调。为避免因多头指挥而导致忙乱和低效，各级领导者有责任对本单位工作实行统一指挥，确保政出一门。领导者可越级检查下属的工作，但不可越级指挥，其下属可越级向上反映情况，但不可越级请示。

3. 处理与时间的关系

一方面，领导者需合理安排个人和组织的时间，有计划、有条理地根据轻重缓急安排组织的各项活动，从而充分有效地利用时间，实现组织目标；另一方面，领导者需要预测未来，走在时间的前面，以真正把握时机，使组织持续发展。

（三）领导者的类型

马克斯·韦伯把领导者分为三种类型：

1. 超凡魅力型领导者

这种领导者通过他的创新之举和英雄行为，把一些人吸引在自己的周围成为追随者、信徒。他们之间形成的领导与被领导关系，是基于被领导者对具有超凡魅力领导者的敬仰，而不是基于某种形式的强制力量，其特点是被领导者对这种神化的个人绝对服从。一旦被领导者丧失对领导者的敬仰，这种领导关系就会崩溃。在领导者与被领导者之间保持着一种人性和情感关系，无须经由任何的机构或程序使这种关系固定下来。在这里只有领袖对信徒的召唤，以及后者对前者的效忠奉献。

2. 传统型领导者

这种领导者获取权力是基于世代沿袭下来的惯例。领导者的命令必须是基于某种传统，即历代相传的神圣规则，超出这种限制就会导致领导失效。被领导者对这种领导者的服从是对拥有这种不可侵犯的正统地位的个人的服从。

3. 法理型领导者

这种领导者的权力是由理性和法律赋予的。在领导者与被领导者的关系中，法律具有至高无上的地位，无论是领袖、官员还是普通民众，在法律面前人人平等，都要受法律的制约和束缚。

（四）领导者与被领导者的关系

在任何领导过程中，只有把被领导者动员起来，领导活动才能顺利进行。一切领导系统的最终动力在于接受领导的被领导者。领导者的决策只有在被领导者理解、执行时，才能起到领导决策的作用；领导者的指挥只有在被领导者接受时，才能称为指挥。如果被领导者不接受领导，反其道而行之或者不行动，那么，领导者将无法发挥领导作用。领导者与被领导者的关系主要有以下几种类型：

1. 命令关系

在这种类型中，领导者始终处于主动地位。领导者与被领导者之间有一条不可逾越的鸿沟，二者在思想、意志、意愿、利益方面，即使没有根本对立，也很少进行相互沟通。领导者凭借手中的权力，强迫被领导者按照他们的意图采取行动，任何偏离领导者既定路线的行为都将受到严惩。被领导者因恐惧而服从领导者的指挥，一旦这种恐惧消失，就会导致领导失效，其后果大多是灾难性的。这种类型在历史上比较常见，比如我国封建社会中的皇帝与臣民之间的关系就是如此。

2. 放任关系

在这种类型中，领导者与被领导者虽然有上下级之分，但是与强迫命令型相比，放任型的领导者与被领导者的个人意识中都没有严格的界限。在人际关系上，二者之间虽然比较随便，但关系并不好，在一定的情况下相互攻击也是常见的现象。领导者的主要目的是维持现状，保住自己的职位，采取的是无为而治的方针，尽量少制定目标，少采取行动，不犯错误是其最高目标。对于被领导者来说，对领导者的领导能力的信任度比较低，主动与领导者沟通的情况比较少，在某些问题上要么消极怠工，要么自行其是，这种现象是领导失效的重要征兆之一。

3. 合作关系

在这种类型中，领导者与被领导者都感觉到自己在集体中占有比较重要的地位，拥有相当大的权力。领导者与被领导者之间的相互了解比较充分，信任程度比较高，在工作中是合作关系；领导结构比较松散，领导者很少动用或者不动用惩罚的权力，即使使用这些权力，也是在被领导者认可的前提下进行的。领导者与被领导者之间的区别在于，领导者是发动者，被领导者是响应者。

4. 理想关系

在这种类型中，领导者与被领导者之间有良好的人际关系。领导者找出对二者来说都有价值的共同资源，以取得被领导者的信任和理解，并注意在平时搞好私人关系。领导者在决策目标确定后，就采取启示性的行动去争取被领导者，启迪被领导者进行判断，并最终得到被领导者的支持。在这种类型中，领导者与被领导者之间不仅需要建立良好的人际关系，而且要有共同的专业背景、爱好、价值观等。领导者所采取的启示性行动只有符合被领导者的认知水平和参照标准，才能让被领导者理解和接受，也就是说，领导者必须了解追随者的心智模式、需要、目标及其他有关的思想状况。这种类型被许多学者所推崇，但由于对领导者个人素质要求比较高，因此是一种理想的类型。

第2节　领导权力与组织政治

一、领导权力

（一）领导权力的概念

关于权力的定义，学者们众说纷纭。马克斯·韦伯认为，权力等同于一个人或若干人在社会行为中实现自己意志的机会；托马斯·霍布斯（Thomas Hobbes）认为，权力是个人获得任何未来明显利益的当前手段；伯特兰·罗素（Bertrand Russell）认为，权力是预期效果的产生。我们认为，领导权力是领导者影响组织决策的能力。一方面，它是一种职位上的权限，是组织以章程或条例形式固定下来的；另一方面，它是领导者个人基于所拥有的专门知识、特殊技能以及下属对他的信赖而获得的。

权力是领导的基础，没有权力，领导就无从谈及。在一定的组织内，领导者凭借权力的控制力，可以招聘人员、给予成员晋升奖励，也可以解聘、开除成员，或者给予成员一定的惩罚，在法律允许的范围内剥夺他们的某些权力和需求等。因此，领导权力的实质是一种控制力。

（二）领导权力的类型

领导权力有职位权力和个人权力之分。职位权力（position power）就是职权，是一种由掌握职权的人在组织中所处职位决定的合法权力；个人权力（personal power）则是指领导者基于自身的品质而获得的影响力。职位权力是权力的一部分，它只授予在职者；个人权力人人都有，只是强度不同而已。

1. 职位权力的内容

（1）合法权（legitimate power）。这种权力来自一个人在组织机构中的地位。例如，公司经理比副经理有更多的权。合法权是组织章程或规则所授予的，代表一个人在正式层级中占据某一职位所相应得到的一种权力，还反映出组织成员对某一职位权力的接受情况，例如，在企业的经理、学校的校长发表讲话时，企业的员工、学校的师生都会认真地听，并遵照讲话的精神执行。

（2）强制权（coercive power）。这是建立在惧怕基础上的权力。强制权依赖于惧怕的力量，借助一些手段使下属认识到不服从上司的意愿会受到惩罚。例如，对不服从上司的下属给予批评，通过某些限制使下属感到失意，对生理上或安全上的基本需求不予满足等。强制权与奖赏权实际上是一对相辅相成的权力，它们的共同点是，都建立在下属的认知基础之上。

（3）奖赏权（reward power）。这是强制权的相对物。下属认识到服从上司的意愿会带来积极的奖励，这些奖励可以是金钱奖励或非金钱奖励。一个能给他人施以他们认为有价值的奖赏的人，就对这些人拥有一种权力。奖赏的内容可以是其他人看重的任何东西，从组织的角度看，包括给予金钱、职务的晋升、良好的工作评价、有趣的任务、满意的工作环境等。

2. 个人权力的内容

（1）专家权（expert power）。拥有这种权力的人是具有某些专门知识、特殊技能的人。具有一种或多种相关能力的人会赢得同事和下属的尊重和服从。专家权是基于专长、特殊技能或知识的一种影响力。随着科学技术的快速发展，专家权在组织中越来越显示出重要的作用。如果一个员工在工作中掌握了某种至关重要的知识，而这些知识又不为其他人同等程度地掌握，那么他的专家权就得到了显示。因为这个员工可以用他的专长来获得仅依靠其职位的权力所不能达到的目的。在这种情况下，组织的领导只有雇用有这方面知识的新人，才能使该员工的权力得到抑制。

（2）参照权（referent power）。这种权力是建立在下属对领导者的认可的基础上的。领导者或许由于具有一种或更多的良好的个人品质而受到敬佩，或许由于过去的成就而得到下属的认可和敬佩。正是出于这种敬佩，下属能够接受其影响。参照权的基础是对一个人所拥有的独特智谋或个人特质（个人所拥有的好品质、独特的智谋或个人特质就是参照物）的一种确认。参照物产生于对他人的倾慕和希望自己像他人一样的心理，如果倾慕某人到了自己在言行上都要模仿这个人的地步，那么这个人对你就具有感召力。

二、组织政治

（一）组织政治的概念

组织政治是指使用不正当手段达到正当目的或使用正当手段达到不正当目的。

这里主要说明什么样的目的或手段是正当的。图 12—1 列出了反映组织政治特点的目的和手段的各种组合。

		政治结果：允许的结果	政治结果：不允许的结果
政治手段	允许的手段	非政治行为（允许的手段和允许的结果）	不良政治行为（允许的手段和不允许的结果）
政治手段	不允许的手段	有效的政治行为（不允许的手段和允许的结果）	不良政治行为（不允许的手段和不允许的结果）

图 12—1　组织政治行为的类型

资料来源：袁凌、李敬、吴文华：《组织行为学》。

（1）允许的手段和允许的结果。此时权力的行使是为了得到合法的结果，在没有政治行为干预的前提下，下级部门取得正当的结果。

（2）允许的手段和不允许的结果。此时上级用自己的权力来掩盖一些不正当的行为。

（3）不允许的手段和允许的结果。此时当事人采用不正当的竞争手段来达到自己的目的。

（4）不允许的手段和不允许的结果。这是在组织中运用政治手段最极端的例子。此时，当事人很善于掩盖自己的行为。

（二）组织中权力的政治内涵

政治和权力是联系非常紧密的概念。有学者认为，组织总是存在内部的政治斗争、权力斗争和明争暗斗等，这就是平常的生活。也有学者认为权力和政治之间存在反转的关系。

1. 组织中权力的政治观点

经典的组织论学者将组织描述为高度理想的结构，在组织中，权力精确地按照命令链运行，并且管理者具有法定权力。但是在现实的组织中，权力在政治方面的重要性得到凸显。要理解组织就必须理解组织的政治，正如要理解政府就必须理解政府的政治一样。组织政治的研究者得出以下结论：组织中的行为在本质上通常是政治性的。最近，一些概念性和经验性的研究更进一步支持了这个观点。如今，一些大型组织甚至将政治的特征形式化，创立政治行动委员会来支持某种管理职位。

对于组织政治的研究已经确定了与组织的政治化有关的内容，归纳如下：

（1）资源。政治行为的程度与资源的重要性和稀缺性有关。而且，当有新的资源注入时，政治将得到鼓励。

（2）决策。模糊的决策、缺乏一致同意的决策、不确定的决策以及长期性的决策比较容易导致政治行为。

（3）目标。目标的模糊性和复杂性越高，政治行为越多。

（4）内部技术和外部环境。一般而言，组织的内部技术越复杂，政治行为越多。同样，如果组织在一个混乱的外部环境中运作，政治行为也会更多。

（5）变革。组织重组、计划中的组织发展的努力，乃至因外部力量导致的非计划的变革，都会鼓励政治行为。

当今绝大多数组织拥有有限的资源，进行模糊的、不确定的决策，具有不明确但复杂的目标，具有日益增加的复杂的技术，并且正在经历巨大的变革，组织面临的这些现实情况使它们更加政治化，更看重权力游戏。

2. 引发政治行为的因素

最近的研究和观察识别了一些引发政治行为的因素。一些属于个人特质，是由组织员工表现出来的；另一些与组织文化或组织内部环境相关。

（1）个体因素。研究者从个体角度进行考察，确定了某些与政治行为相关的因素，如个体特质、需要及其他。那些喜欢专制、倾向于冒险或拥有外部控制力的员工的行为往往政治性更强，他们通常不考虑对组织的影响。员工的政治行为倾向主要表现为对权力、自主、信用和职位有很高的需求。

（2）组织因素。政治行为更多地源于组织文化，而非个人差异。因为许多组织员工都具有上述个性特征，而政治行为的表现程度却相去甚远。特定的情境和文化更有助于政治行为的产生。在具有信任度低、角色模糊、绩效评估不明确、报酬分配体系灵活、决策民主、以高压为手段追求高绩效、高管者自私自利等特征的组织中，最容易产生政治行为。

（三）不良人际政治的管理

在一个组织中，有良性的人际政治，也有破坏性的人际政治。对良性和破坏性的人际政治的判断取决于你所选择的个人、群体、组织、社会等层面。显然，有时对个人有利的人际政治行为对群体、组织和社会都是不利的，有时对整个组织有利的人际政治行为对个人和群体不一定有利，而对整个社会有利的人际政治行为对目前的组织却不一定有利。

人际政治行为主要包括上告、散布流言、发展关系网、拉帮结派、固有的权力相争和对抗。要针对这些行为采取有效的管理措施。

1. 上告

上告是指员工向其直接上级反映问题或越级反映问题。更严重的一种情况是，当员工认为组织违背了伦理道德或法律时，向新闻媒体或其他有影响的人反映。此时，各级接受上告的人员或机构都要对有关情况进行认真的调查。当上告者反映的情况属实时，应该采取措施保护上告者。如果经调查发现上告的内容中有与事实不符的部分，有关人员应该慎重对待，对上告者加以分析，如有严重捏造事实的情形，要诉诸法律。

2. 散布流言

散布流言是指组织中有的人为了满足个人的利益，故意在组织中散布对某个人或群体不利的信息。流言虽缺乏可靠的来源、无法考证，但有些人对此具有好奇心，因而会在组织中传播。流言在传播过程中会越来越偏离真实的情况，最后的结果往往对当事人不利。在不同的文化环境中，流言传播的阻力是不同的。在一个重视道德和个人权益的社会，人们对各种流言的态度是谨慎的，因此流言不易传播。在组织中，应该制定严格的制度和处罚条例，制止这种不道德的行为。

3. 发展关系网

发展关系网是指个人为了自身的利益和权力，采用各种办法和手段与组织中有权力、掌管重要资源和信息的人建立关系网，以了解组织中各种重要的信息，获得进一步发展的机会。

4. 拉帮结派

组织中的员工为了减少威胁，壮大自身，可能与组织中志同道合的组织成员缔结同盟。如果他们结成的小群体处于领导层，往往会在作出组织决策时制定对本群体有利的方案。这样，显然会造成对其他群体利益和积极性的巨大损害，严重时会造成组织运行不正常。这是一种危害很大的政治行为。

5. 固有的权力相争

现在的组织结构一般都将直线制和参谋制相结合，这种管理模式会造成参谋部门与直线部门之间的固有矛盾。参谋部门专家有丰富的知识，可以协助直线部门管理人员提高决策水平，而直线部门管理人员担心参谋部门人员会影响他们在直线管理中的权力。直线部门和参谋部门人员都会通过控制信息、争取权力、建立好的印象、提高中心效应来争取更大的影响力。管理者对直线部门和参谋部门人员之间的这种冲突要尽量控制，否则会给组织造成巨大的损失。

6. 对抗

这是组织中政治行为最激烈的形式。它常常表现为员工“按照法律的规定办事”，而“不按照管理人员的意愿办事”。对抗行为很难被纠正，因为它的发生会导致组织文化的迅速恶化，会对管理造成很不利的影响。为了减少这种对抗行为的发生，组织应该多观察了解员工的动向，及时缓解矛盾。

三、领导影响力

（一）影响力的概念

影响力是指一个人在与他人的交往中，影响和改变他人心理与行为的能力。这种能力人人都有，只是强度各不相同，而且随着交往对象和环境的变化，影响力所起的作用也会发生相应的变化。

根据影响力的性质，可将影响力分为权力性影响力和非权力性影响力。

1. 权力性影响力

权力性影响力是由社会赋予个人的职务、地位、权力等构成的。这种影响力不是人人都有的，在企业里为管理者所有，在军队里为长官所有，在家庭里为家长所有，在学校里为校长和教师所有。总之，凡是掌权者都具有这种影响力。其特点在于，它对人的影响带有强迫性、不可抗拒性，它对人的心理上和行为上的影响主要表现为被动、服从。

2. 非权力性影响力

非权力性影响力产生于个人自身的因素，也就是人们常说的个人威信。领导者往往因为自身具有良好的表现而受到下级的敬佩，并依靠自己的威信和以身作则来影响别人，从而起到领导作用。这种影响力的特点在于，它对别人所产生的心理上和行为上的影响是自然的，建立在使人感到信服和敬佩的基础上，对被领导者并不形成心理压力，而是通过潜移默化的自然过程变为他人的内驱力，并在行为上表现为自愿、主动。

在现代管理活动中，领导者身居要职，承担着带领众多下级去实现组织目标的职责，因此其影响力具有不同寻常的意义。领导者的影响力已成为领导工作成败的关键。

（二）领导者影响力的构成要素

领导者的影响力由权力性影响力和非权力性影响力组成，其构成要素如图 12—2 所示。

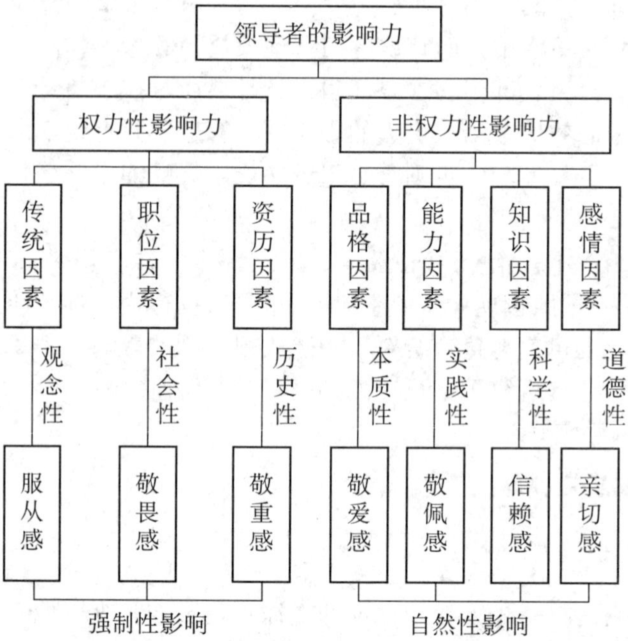

图 12—2 领导者影响力的构成要素

1. 权力性影响力的构成要素

（1）传统因素。传统因素是指人们对领导者的一种传统观念，它是由于人们的偏见造成的。几千年来，人们对领导者形成了一种观念：领导者不同于普通人，他们有权力、有才干，比普通人强。这些观念逐步成为某种表现形式的社会规范，使人们产生了对领导者的服从感。这种影响力普遍存在于领导者的行为之前，可以说是传统附加给领导者的力量，只要你正式成为领导者，就自然获得了这种力量。

（2）职位因素。职位因素是指个人在组织中的职务与地位。占据领导地位的人，组织授予他一定的权力，而权力使领导者具有强制下级的力量，凭借权力可以左右被领导者的行为、处境、前途以及命运，因而使被领导者产生敬畏感。职位因素造成的影响力是以合法权为基础的，与领导者本人的素质没有直接关系，领导者的力量纯粹是由社会组织赋予的，任何人只要获得了这个职位，就会拥有这种力量。它同样也存在于领导者行为之前。职位因素造成的影响力表现在影响的强度与范围两个方面。领导者的职位越高，其影响程度与范围就越大。

（3）资历因素。资历因素是指领导者的资格和经历会对被领导者产生心理影响，它反映了一个人的生活阅历和经验。一般来说，如果领导者资历很深，会使被领导者产生一种敬重感。由资历因素产生的影响力也存在于领导者的现时行为之前。例如，一个领导者过去工作很出色，显得资历深，但现在工作表现很差，仍然会使群众大失所望，失去敬重感。

总之，由传统因素、职位因素和资历因素构成的影响力都存在于领导行为之前，是外界赋予的，其核心仍然是权力。

2. 非权力性影响力的构成要素

（1）品格因素。品格因素主要是指领导者的道德、品行、人格、作风等对他人的影响，它反映在领导者的一切言论和行为之中。优秀的品格会给领导者带来巨大的影响力，使人产生敬重感，而且能吸引和诱使人模仿，我们常说“榜样的力量是无穷的”，就是因为榜样能给人以直观的感受，形成一种感染力。实际上，领导者的言行时刻都在起着榜样作用。如果领导者的品格出现了问题，不管他的职位多高，权力多大，他的影响力都会受到严重的削弱。

（2）能力因素。能力因素是指领导者的才干、能力。一个才能出众的领导者会给组织带来成功的希望，使被领导者产生敬佩感。敬佩感是一种心理磁力，它会吸引被领导者自觉地接受影响。领导者的才能是多方面的，任何才能都会给他带来影响力。例如，某单位的领导者不仅善于领导，而且是一位体育爱好者，曾参加多项比赛为集体争得荣誉，那么这位领导者的影响力会因其出众的体育才能而有所提高。领导者要有真才实学，职位与能力要相适应，因为由能力因素带来的影响力比其他影响力更有力量。现实生活中存在一些位高才疏的无能领导者，他们身居高位，难谋其政，办事效率低，缺乏判断能力和决策能力，因而使各项工作无法顺利开展。这种领导者的影响力肯定很小。

（3）知识因素。知识是一个人最宝贵的财富，知识本身就是一种力量，是科学所赋予的力量。知识因素会给领导者带来良好的影响力，使下属对领导者产生信赖感。一个人的知识与才能是紧密联系在一起的。知识水平的高低主要表现为对自身和客观世界认识的程度，如果领导者知识丰富，就容易使人们产生信赖感，从而增强其影响力。如果领导者的知识面很窄，对许多新事物一无所知，就会削弱他的影响力。从这个意义上讲，领导者的知识越丰富越有利。

（4）感情因素。感情因素是指领导者能否经常与他的下属保持亲密的关系。感情是人对客观事物与人的态度的一种反映，包括积极感情（如热情、关怀、快乐、满意等）和消极感情（如冷淡、愤怒、哀怨、憎恨等）。人与人在一起相处，就会产生一定的感情关系，或亲密，或疏远。领导者与下属建立了良好的感情关系，便能产生亲切感。有亲切感的人与人之间，相互吸引力大，影响力也大。如果领导者平时待人和蔼可亲，体贴关怀下属，与群众的关系十分融洽，他的影响力往往较大。如果领导者与下属关系比较紧张，会使双方的心理距离拉大，从而产生负面的影响力。

综上所述，由品格因素、能力因素、知识因素和感情因素形成的影响力，都与领导者自身的素质与行为有关，与权力没有直接的联系，即使是一个普通的员工，只要他具备了这四个因素，也能对别人产生较大的影响力。在领导者影响力的构成中，非权力性影响力占主导地位，起决定作用，权力影响力只起次要作用，而且其发挥作用的大小往往受到非权力性影响力的制约。

（三）提高领导者影响力的有效途径

提高领导者影响力的有效途径是合理发挥权力性影响力与非权力性影响力的作用。一个善于将两种影响力综合应用的领导者将会取得最佳的领导效果。

1. 正确使用权力性影响力

合法权是企业组织中权力的基础，组织领导者必须首先依靠并正确使用合法权，使它在企业组织中发挥应有的作用。使用合法权时，领导者必须注意以下几个问题：

（1）持审慎态度。由于使用权力性影响力时往往带有执法的性质，因此，要求使用权力的人既按照规章制度办事，又真正做到秉公处事。

（2）具有无私精神。领导者担任一定的职务，拥有一定的合法权，但是不能炫耀权力、滥用权力，更不能以权谋私，追求个人特权。领导者必须以身作则，罚不避亲，赏不避仇，这样才能取得运用合法权的巨大效果。

（3）善于授权。领导者绝不能事必躬亲，要善于授权，敢于授权，并在授权过程中将监督和指导结合起来，形成大权集中、小权分散的局面，以全面发挥权力的作用。

（4）具体指导。领导者不能仅仅要求下属怎样去做，还要让下属明确为什么要那样做，指导他们有效地去执行命令。

2. 努力提高非权力性影响力

我们已经知道，非权力性影响力在领导者影响力的构成中占主导地位并起决定作用。如果一个领导者的非权力性影响力较大，那么他的权力性影响力也会随之增加。反之，如果他的非权力性影响力较小，他应有的权力性影响力也会降低。因此，要提高领导者的影响力，关键在于努力提高非权力性影响力。提高非权力性影响力的根本途径有：

（1）加强领导者的自我修养，提高领导者的政治思想水平。

（2）扩大领导者的知识面，提高领导者的知识水平。

（3）增强领导者的各方面才能，提高领导者的处事能力。

（4）增加“感情投资”，密切领导者和下属的关系。

第 3 节　领导权力管理

一、领导者的权力需要

1. 领导者权力需要的概念

领导者权力需要是指领导者对权力的渴望和追求。通常表现为领导者期望对其他人施加强烈影响，使别人对自己服从、忠心，按照自己的意志行事。权力需要是一种普遍的社会心理现象。一般来说，领导者都不同程度地存在支配他人的本能和意志，这种本能和意志的外化或对象化，就构成权力需要。因此，权力需要的内在根源是人的心理的支配本能。权力需要的外在原因是社会环境的刺激，外界刺激使领导者的权力需要得以强化。社会心理学发现，在职业的等级制度中，最高层的领导者与最低层的领导者都表现出最大的权力需要。

2. 领导者权力需要的实现途径

领导者权力需要有两种实现途径：一种是采取非社会认可的个人统治方式。例如，拥有大量财富的人认为，可以凭借自己的经济优势控制别人的行动，甚至可以采用暴力手段等。另一种是采取得到社会认可的个人统治方式。例如，担任政府要职，行使个人统治权力。

3. 领导者权力需要的特征

权力需要有两个特征：一是权力需要的肯定特征。它是指领导者正确地行使权力会得到肯定的评价。例如，一个企业的厂长行使职权，把一个企业管理好，带领全体员工为实现企业目标而努力生产，这种权力的行使得到社会的肯定、认可。二是权力需要的否定特征。它是指领导者不正确地行使权力会得到否定的评价。例如，企业领导者不为员工谋福利，不尽力办好企业，而是以权谋私，必然不会得到好评。由这种权力需要诱发权力动机的人，时刻都在追求权力和地位。

对于领导者是否应该有权力需要这个问题，答案是肯定的。但作为一个领导者，应特别注意正确对待权力需要，把权力需要看成是人际交往与组织活动的手段，而不是追求的目标。如果将权力作为一种目标来追求，显然大错特错。因此，适度的权力需要是指领导者在具有社会价值的领导活动中实现组织或个人目标以获得满意感的心理愿望。社会学研究表明：没有对角色的期待，就不可能有对角色的追求，要想获得角色的成功就是一句空话。如果一个领导者没有对权力的渴望和追求，就难以得到权力，即使得到了权力，也不可能用好权力。具有适度权力需要的领导者，对最佳角色的追求比较积极，在领导活动中能获得理想的领导效果。

领导者的权力需要并非越大越好，超过适度的范围，就会给领导工作造成不良的后果，特别是当领导者对权力的认识发生偏差时，会进一步扭曲个人心理。在我国，长期的封建社会强化了人们的权力需要的意识。“有权就有一切”，“无权丧失一切”，“一年清知府，十万雪花银”，“有权不用，过期作废”等错误思想长期占据着人们的头脑，使不少领导者的权力需要超过了适度的范围。由于领导者的权力需要过大而造成的不良影响主要有以下四个方面：一是造成不良的权力矛盾，从而恶化领导关系；二是阻碍领导者之间的沟通和交流；三是挫伤下属的积极性；四是容易产生官僚主义和独裁的领导者。

二、领导者的权力矛盾

（一）个体权力超越

1. 个体权力超越的概念

个体权力超越是指领导者个体的实际权力超越职位权力的现象。实际权力是领导者个体在领导活动中实际可行使的权力，是由领导者个体的才能和动机因素共同作用产生的权力。职位权力是由一定职位赋予的权力。这是以法律制度作为保证的法定权力，是静态的，任何人担任某一职务后都可以拥有这种权力。实际权力是动态的，因领导个体的才能和动机品质的不同而不同。由于领导者个体的才能和动机品质有大小优劣之分，因此领导个体的实际权力也有大小之别。可以说，领导者的职位权力因职而异，实际权力则因人而异。当领导者个体的实际权力低于职位权力时，我们通常认为领导者“无权”或“有职无权”。当领导者个体的实际权力超越职位权力时，我们通常认为领导者“有权”或是“实权派”。

2. 个体权力超越的心理因素

当领导者的职位权力与实际权力相等时，权力处于稳定状态，领导活动可以顺利有效地进行。当职位权力与实际权力不相等时，一般会产生权力矛盾。在现实生活中，产生权力矛盾的根本原因不是领导者个体的实际权力低于职位权力，而是领导者个体的实际权力超越职位权力。导致领导活动中实际权力超越职位权力的心理因素有很多，其中主要的心理因素是领导者个体的才能和动机。

才能是领导者成功地完成有关领导活动的各种能力的有机结合，也是造成权力超越的基本因素。领导者个体的才能超位为其权力超越提供了可能性，没有才能的超位就不可能有权力的超越，因此，才能超位是领导者权力超越的必要的心理条件。

动机是直接引发、推动和维持人的行为，以实现某种目标的内部动因。权力动机是以追求权力为目标的内部动力。要正确地认识和把握权力动机，需要对动机的结构、强度和性质做深入的心理分析。权力动机包括权力兴趣、权力价值观和权力志向水平三个要素。权力动机的强度是指权力动机作为内在推动力的大小。权力动机的性质是指权力动机的社会价值，即该动机是否以增加社会利益为宗旨。权力动机是实际权力超越职位权力的动力因素。没有权力动机，领导者就不可能有掌握权力、超越权力的动力。即使领导者个体有领导才能，也不会产生权力超越的现象。事实上，只有领导者既具有超越权力的才能，又具有超越权力的动机，领导者的实际权力超越职位权力才可能成为现实。可见，权力动机是领导者个体权力超越的充分条件。

（二）领导集体的权力矛盾

在领导群体中存在两个权力系统，一个是职位权力系统，另一个是实际权力系统。职位权力系统是指按职位等级构成的权力链。如企业厂长→副厂长→科长构成三级权力链，这是一个职位权力系统。实际权力系统是指领导群体成员在领导活动中实际行使的权力构成的权力链。

当职位权力系统与实际权力系统处于稳定、协调状态时，职位权力链和实际权力链是一致的。在稳定、协调的状态下，领导群体内部不存在派系，领导者共同维护职位权力链和实际权力链的一致，但这种稳定和协调必须以领导者个体的职位权力和实际权力一致为前提。如果领导者个体出现权力超越，这种稳定和协调就会被打破，从而造成两个权力系统的矛盾和失调。

职位权力系统和实际权力系统出现矛盾和失调，表现为领导群体中出现掌握不同实际权力的派别。其派别通常形成以下几类矛盾：一是某领导者个体权力发生超越，手中掌握较大的实际权力，从而产生许多追随者，追随者分掌较小的权力，出现实际权力系统与职位权力系统对立的现象，形成一派突出型权力矛盾。二是领导群体中有两位领导者发生权力超越，分别掌握较大的实际权力，各自拥有许多追随者，形成两大主要对立派别，这时出现的权力矛盾既有两大实际权力系统之间的矛盾，又有实际权力系统与职位权力系统之间的矛盾，形成两派对立型权力矛盾。三是领导群体中有三个或三个以上的领导者发生权力超越，形成三个或三个以上的实权派别，分别掌握一定的实际权力。同时，多个派别之间存在某种制约关系，其中没有一派能占优势，此时权力矛盾呈现多种形式，形成多派均衡型权力矛盾。

实际上，领导群体对权力矛盾有一定的“容忍度”。在容忍度以内，矛盾虽然存在，但不会影响领导群体的领导活动的正常进行。当矛盾超过容忍度时，领导群体内部的权力矛盾就会变得激烈，各种力量相互冲突和抵消，进而削弱职位权力系统的作用，降低领导活动的效率，妨碍组织目标的实现。这时必须设法化解权力矛盾，使职位权力链免受破坏，保证领导活动的正常进行。

三、领导者必须正确对待权力

领导群体中的权力矛盾具有必然性。这种必然性可以从两个方面来理解：一方面，领导者的才能和动机品质由于先天的素质和后天的实践活动的不同而有着不同程度、不同速度的发展变化。因而，从整体上来看，领导者的才能和动机品质在领导过程中发生变化具有一定的必然性，这种必然性导致领导者个体两种权力关系和领导者群体两个权力系统之间的关系发生变化。另一方面，领导者的职位权力的划分不可能在任何时候、任何条件下都是十分明确的。即使在最有利的条件下，权限不明的情况也会发生。因此，职权划分的模糊性是不可避免的，由此产生的权力矛盾也带有一定的必然性。

尽管领导群体的权力矛盾具有一定的必然性，但绝对不能说所有的权力矛盾都是正确合理的。在现实生活中，如何评判领导群体权力矛盾的正确性和合理性？评价权力矛盾的标准主要是权力动机的性质，即权力动机的社会意义。在评价领导权力矛盾时，主要看领导者个体的动机体系中是否以具有高尚的社会意义的权力动机为主导动机。如果领导者把掌权作为更好地完成组织任务和为人民服务的手段，那么，这种权力动机是正确的、高尚的；反之，以权谋私的权力动机是错误的、卑劣的。

领导者的权力建立在积极权力的基础之上，应得到正确的使用。如果一个组织内部不正当地追求权力的人增多，在位的领导者滥用权力，组织就不可能生存和发展。因此，领导者必须正确对待权力。

（一）追求积极权力

消极权力是以个人的需要和目标为导向的，一般产生消极的后果。消极权力来源于个人的权力欲，权力欲膨胀的人会不择手段、争权夺利。如果这种人增多，组织会陷入无穷无尽的争夺权力的旋涡，影响组织的正常运转。以消极权力为目标的人一旦掌权，就会为了一己私利而肆无忌惮地损害组织和集体的利益。

积极权力是以组织或群体进步为导向的，一般产生积极的后果，它能在组织中把个人的长处结合起来，营造一种民主的氛围，促使组织快速发展。一个领导者必须意识到，权力只是管理活动中为实现组织目标服务的一种工具，而不是为个人利益服务的私人财富。领导者追求权力的动机和使用权力的目的是否正确，衡量的标准就在于他追求和使用的是积极的权力还是消极的权力。

（二）增强权力基础

组织行为学家杰弗瑞·P·费弗（Jeffrey P. Pfeffer）认为，组织中的权力并不只是一种个体现象，管理者对组织活动结果的影响程度，取决于他所处的职位和所担负的职责，而不是他的品质与行为。因此，增强权力基础的策略应从组织结构本身而非个人能力与行为入手。费弗认为，增强权力基础的策略主要有：

1. 识别、处理和消除关键的不确定性因素

管理者个人和部门权力的一个来源就是处理关键的不确定性因素。如果部门管理者能够识别关键的不确定性因素并能采取措施消除这些不确定性，那么该部门的权力基础将得以提高。一旦某种不确定性因素得到识别，该管理者或部门即可采取相应行动进行处理。具有不确定性的任务因其性质而不可能马上完成，此时就需要反复试错，这样做实际上对该管理者或部门有利，因为反复试错的过程给该管理者或部门提供了经验和专业知识，其他管理者或部门无法轻而易举地复制这些经验和专业知识。

2. 创造依赖关系

依赖关系是权力的另一个来源。当组织依赖于某一管理者或部门而得到信息、材料、知识或技能时，这个管理者或部门就掌握了支配其他部门的权力。通过产生义务，这种权力能够不断加大。个人掌握了对他人来说不可或缺的信息，他人就对这个人有一种依赖关系，这是一种重要的权力来源。与此同等有效的相关策略是，

通过获取必要的信息和技能来减少自己对其他部门的依赖。

3. 提供资源

资源对于组织的生存总是很重要的。那些负责汇集资源，并以资金、信息或便利条件等方式将其提供给组织的部门总是拥有相当大的权力。管理者个人若能掌握各种信息通道，便可以拥有权力。

4. 解决战略权变

战略权变理论认为，组织内外部环境的某些因素对组织的成功至关重要。一个权变事件可能是一个关键的事件、一项不存在替代方案的任务，或者一项不需要许多人协同完成的任务。对组织及其环境变化进行分析，如果我们发现战略权变难以圆满解决，就表明存在某个人进入这些关键领域，从而增强个人的重要性和扩大权力空间的可能性。

总之，组织内权力的获得并不是随机的，一个人减少不确定性、增强自主性、获取资源、应对战略权变事件的能力等，都能够增强权力。

（三）不可滥用权力

领导者一旦滥用权力，不但会阻碍组织目标的实现，还会导致人际关系恶化、组织凝聚力下降，最终会导致领导者权力的丧失。为避免滥用权力，领导者应遵循以下使用权力的原则：

（1）不炫耀自己的权力。生活中许多领域都存在权力，从学校到家庭，从公司到公共场合，但人们讨厌老是将权力挂在嘴边，尤其是玩弄权术的人。领导者应以一种谨慎的态度对待权力，合理地使用，不夸大炫耀。

（2）客观一致地使用权力。这包括两个方面：让大家知道在何时、何种情况下使用权力，以及始终如一地遵守这种行事方式。这样，权力的使用就成为工作秩序的一部分，这种秩序一旦被接受，下属就不会认为使用权力是领导者主观的随意行为，即使可能产生不愉快，也不会引起针对领导者个人的愤恨仇视，从而减弱领导者使用权力的有效性。

（3）牢记使用权力的目的是建立所期望的行为模式。每一项重大的领导决策都会对群体态度和行为产生影响，使组织内部的结构发生变化。在使用权力的过程中，领导者应引导下属建立并维持组织所期望的行为模式。

思考与讨论题

1. 什么是领导？领导与管理有什么联系与区别？
2. 领导者是否应具备某些个人特点？请举例说明。
3. 什么是领导权力？领导者应该如何处理好领导过程中的权力矛盾？
4. 简述领导影响力的组成要素。领导者应该如何提高自己的影响力？

随堂测验

领导信誉能力测试

请用下面的5级量表对自己进行逐项评价：1＝从不，2＝偶尔，3＝有时，4＝经常，5＝总是。

1. 我能清楚地说出自己所处的地位。
2. 我的合作者和下属总是知道我的立场。
3. 我能耐心而恭敬地倾听别人的意见。
4. 我能接受我的下属与合作者的不同意见。
5. 我能设法把他人的意见和自己的想法结合起来。
6. 我能鼓励和接受建设性的反馈意见。
7. 我能鼓励和接受合作。
8. 我能使不同的观点最终达成一致。
9. 我能帮助合作者和下属提高专业技能。
10. 我能不断地提供反馈与授权。
11. 我能和他人一起参与行动计划。
12. 我能做到言行一致。

评分方法：把上述12项的得分相加，分数越高，表明你越有能力建立自己的信誉。

案例研究

史玉柱败中求胜

史玉柱从深圳到珠海发展时，意外地收到一份大礼：一块被减免了很多费用的1万平方米土地（后来扩大到2.9万平方米）。对于政府送的这块地，史玉柱拿到手的时候战战兢兢，一时不知道怎么办才好。先是想盖一座19层的自用楼，后来想盖38层的自用和商用混合楼，但此后，它一路由48层、58层升至64层、70层。巨人大厦的长高，变成了一种在图纸上比想象、比气魄的竞赛。从1994年2月大厦动工到1996年7月，史玉柱未申请过一分钱的银行贷款，全凭自有资金和预售的钱支撑。稍微懂点经济知识的人都知道，房地产必须有金融资本作后盾，可史玉柱将银行晾在了一边。他对此的解释是，到1996年6月前，我没感到资金紧张，生物工程方面的销售回款源源不断，账上的钱花都花不完。1996年5月，各子公司交来毛利2 570万元，史玉柱把留下来的850万资金全部投入巨人大厦。这是投入资金最多的一个月。

到1996年下半年，巨人大厦急需资金的巨大压力向史玉柱袭来，这比市场上产品销售下降的颓势和企业内部机制不畅造成的漏洞导致的压力更大，迫使他迅速作出抉择：是停建巨人大厦，还是拆东墙补西墙。实际上，史玉柱此时已意识到，仅靠巨人的生物工程和电脑两个产业支柱，不足以支撑巨人大厦，但史玉柱还是作出了一个违背企业利益的决定：抽调生物工程的流动资金，去支撑大厦的建设资金，这导致活钱变成了死钱。进入7月以后，保健品的销量急剧下滑，维持生物工程正常运作的基本费用和广告费投入不到位，许多公司一筹莫展，只好等待总部政策。进入 8 月，史玉柱发动了一场秋季攻势，力挽颓势，但并未奏效，所有子公司的任务完成率都有不同程度的下降。

巨人大厦抽干了巨人产业的血，史玉柱把生产和广告促销的资金全部投入大厦，结果生物工程公司一度停产，资金补给线戛然中断。老天好像成心和史玉柱作对，巨人大厦非常不巧地建在三条断裂带上，为解决断裂带积水问题，需要多投入 3 000 万元。其间，珠海还发生了两次水灾，大厦地基两次被泡，使整个建设工期耽误了 10 个月。尽管史玉柱勉强支撑，但他已回天乏力。

1997 年 1 月 12 日，危机总爆发。此后，史玉柱从电脑业完全撤出，因为他清楚地认识到，在电脑业要想白手起家已很难很难。当时的史玉柱已一贫如洗，其实就算有资金，鉴于电脑业的投入巨大，即便销售额能做起来，利润也很难实现。在审时度势，分析了计算机行业的特点之后，史玉柱果断撤出，选择了保健品行业。

1998 年 3 月，史玉柱带领剩余人马，从无锡开始做保健产品脑白金。而此前在江阴的实地调查，可以说是其由败转胜的第一步。从此，史玉柱对东山再起树立了信心。

脑白金是在 1998 年 5 月问世的，市场反应非常好，于是史玉柱信心大增，向朋友借了 30 万元，开始启动市场。10 万元广告费在江阴这样的县级市一投入，立刻产生了市场效应，并迅速影响到无锡市所属的两个县级市和无锡市区。接着，史玉柱在南京打开市场，带动了整个江苏省，之后又相继进入全国多个市场。

由于其出奇的广告效应，脑白金在面世的第三年即 2000 年便实现销售收入 8.01 亿元，上缴税收 1.01 亿元，位居全国同行前列。2001 年，销售收入更是突破 10 亿元，稳居保健品市场榜首。而生产脑白金的无锡健特药业有限公司也成为我国首批通过国家 GMP 认证的少数企业之一，并被江苏省科学技术厅认定为江苏省高新技术企业。

“前车之鉴，后事之师”，史玉柱做脑白金的每一步都是非常谨慎的，稳扎稳打，没有了当年的冒进，少了狂热，多了理性。脑白金再好，史玉柱也不会抱着它直到终老，因此，从 2002 年 8 月 10 日起，他开始在江苏、浙江、福建、山东和安徽五省推广未来有可能像脑白金一样强势的产品“黄金搭档”，这是一种补充维生素的食品，它创新地在维生素中加入了矿物质，它的问世标志着 1989 年巨人公司创立者史玉柱开始了一场新的赌博。那年，1962 年出生的史玉柱刚好 40 岁。

分析人士称，在美国价值数百亿美元的保健品市场中，维生素产品占了 2/3，而中国虽然试水者甚众，但是响当当的品牌不多。这恐怕是让史玉柱下决心的原因。

资料来源：谢赤、袁凌：《管理学概论》，2 版，长沙，湖南大学出版社，2008。

[讨论题]

1. 史玉柱为什么能败中求胜？

2. 从史玉柱身上我们可以看到中国企业家的什么精神？

第 13 章

领导理论

内容提要

领导有效性理论包括领导素质理论、领导行为理论和领导权变理论。在领导实践中，领导者要通过领导行为测评了解自己的领导能力，不断提高自己的领导艺术。在本章的学习过程中，领导理论和领导艺术是重点，领导力测评是难点。

第 1 节　领导素质理论

一、领导素质研究的代表性理论

素质理论（Trait Theory）也称伟人理论（Greatman Theory），是研究领导者的心理特质与其影响力及领导效能关系的理论。这种理论阐述的重点是领导者与非领导者的个人品质差别。素质是指领导者个人的品质、个性和特点，特别是人格特征。素质理论的提出，源于人们很早就观察到的一个简单事实，即并非任何人都可以成为成功的领导者。素质理论的研究重点在于，通过对领导者的特性分析，预测什么样的人当领导才能取得最满意的效果。素质理论可分为传统素质理论和现代素质理论。

（一）传统素质理论

传统素质理论认为领导者的素质是与生俱来的，天生不具备这种素质的人就不能当领导者。古希腊的亚里士多德认为，有的人从其诞生的那一刻起，就命中注定要当领导者，有的人则注定要服从。在中国，孔子说："唯上智与下愚不移。"孟子说："劳心者治人，劳力者治于人。"这些观点在某种意义上具有相似的含义。早期的唯心主义素质论者还罗列了一些社会名流、历史人物的范例，通过生理特征的对比，得出身高、体重、相貌、五官等素质与领导成效相关的结论。这种观点实质上是唯心主义的“伟人论”或“天赋决定论”。

多年来，人们一直试图通过调查研究来寻找成功的领导者具备的一些有共性的个人特质。各种研究因为角度不同，得出的结果各有特色，甚至相互矛盾。下面简单介绍几种研究结果。

1. 吉普的研究

1969年，美国心理学家吉布（C. A. Gibb）指出，天才领导者有七个方面的素质：（1）善言辞；（2）有自信心；（3）外向而敏感；（4）智力过人；（5）外貌英俊潇洒；（6）心理健康；（7）有支配他人的倾向。

2. 斯托格迪尔的研究

美国学者斯托格迪尔（R. M. Stogdill）通过调查总结出了领导者的素质，包括：

（1）5种身体特征，如精力、外貌、身高、年龄、体重等；

（2）2种社会特征，如社会经济地位、学历等；

（3）4种智力特征，如果断、表达流利、知识广博、判断分析能力强等；

（4）16种个性特征，如适应性、进取心、热心、自信、独立性、外向、机警、支配、有主见、急性、慢性、见解独到、情绪稳定、作风民主、不随波逐流、智慧等；

（5）6种工作特征，如责任感、事业心、毅力、首创性、坚持、关心他人等；

（6）9种社交特征，如能力、合作、声誉、人际关系、老练程度、正直、诚实、权力的需要、与人共事的技巧等。

3. 吉塞利的研究

埃得温·吉塞利（Edwin Ghiselli）的研究表明，某些个人品质与领导者的管理成就及其在组织中的地位密切相关。这些品质包括：

（1）智慧。一个人的智慧水平是其成为成功领导者的明确指标，因为人与人之间的竞争本质上是智慧的竞争。要成为一个成功的领导者，必须具有某种水准的智慧，否则成功的可能性极小。但是，如果一个人的智慧超出了某一水准（即智商特别高），成功的机会反而很小。根据吉塞利的解释，智慧超群人物的超常智慧，用来处理抽象的意念和观念有余，用于管理行为则反而不足。

（2）管理才干。吉塞利认为，管理才干是对任何管理技巧的有效运用，必须视所处的特殊情景而定。吉塞利发现，管理才干与职位存在显著的正相关关系。一般来说，一个人在组织结构中的才干越高，其才干越能适应管理上的需要。

（3）创造力。吉塞利认为，创造力应该包括两个部分，一是独立的行动能力，即无须他人鼓励和支持就能自觉行动；二是识别的才能，即能观察和预测他人所难洞悉的行动途径。吉塞利也发现了创造力与职位的关系，即高职位管理人员的创造力，无论是表现程度还是需要强度，都远远高于低职位的管理人员。

（4）自信心。自信心是指一个人相信自己对某些问题的处理能力。吉塞利发现自信心与职位等级之间存在正相关关系。基层和中层管理人员的自信心明显不如高管人员强。

（5）自我性。若从工作表现来观察，人与人是完全不同的。吉塞利的研究也证明了这一点。在一个组织中，那些能在工作中表现自我的人，往往被认为适合担任领导者。

早期的传统素质理论有鲜明的剥削阶级属性，应该受到批判。晚期的传统素质理论试图采取科学的态度与方法，从先天素质的角度来选择领导，预测其成功的概率，尽管出发点是好的，但终因研究者的视野局限于遗传因素，把领导视为静态的行为过程，而使领导的概念僵化。

（二）现代素质理论

现代素质理论与传统素质理论的差别主要表现为，它不否认先天因素的可能性，但是更强调后天因素的影响。现代素质理论认为，领导是一个动态的行为过程，领导者的素质是在实践中形成的，可以培养和改造。许多学者进行了相关的研究。

1. 帕金森的研究

帕金森（N. Parkinson）总结了以下一些成功的领导者具备的特性：

（1）总是很守时；

（2）让下属充分施展才能，并通过良好的、恰如其分的管理，而不是靠蛮干来达到目标；

（3）注意提高自身素质，也注意提高上司与下级的素质，绝不姑息缺点；

（4）抓住关键，先做最重要的事，次要的事宁可不做；

（5）深知仓促决定容易出错；

（6）尽可能授权给他人，使自己获得时间规划组织未来。

2. 德鲁克的研究

美国管理学家德鲁克在《有效的管理者》一书中指出了五种有效领导者的特性，并指出它们是可以通过学习掌握的。这五种特性包括：

（1）知道时间该用在什么地方。领导者支配时间常处于被动地位，所以有效的领导者都善于系统地安排与利用时间。

（2）致力于最终的贡献。他们不是为工作而工作，而是为成果而工作。

（3）重视发挥自己的、同事的、上级的和下级的长处。

（4）集中精力于关键领域，确立优先次序，做好最重要的和最基本的工作。

（5）能作出切实有效的决定。

3. 鲍莫尔的研究

美国普林斯大学教授鲍莫尔（W. J. Baumol）提出了十大条件论。他认为企业领导者应具备下列十大条件：（1）合作精神；（2）决策才能；（3）组织能力；（4）恰当授权；（5）善于应变；（6）勇于负责；（7）敢于创新；（8）敢冒风险；（9）尊重他人；（10）品德超人。

4. 日本学者的研究

日本对企业管理人员在品德与能力两方面各有十项要求。品德方面的要求是：

有使命感、有责任感、有进取心、热情、公正、勇敢、诚实、忍耐性强、可信赖的程度高和有积极性；能力方面的要求包括：思维决策能力、规划能力、判断能力、创造能力、洞察能力、劝说能力、对人的理解能力、解决问题的能力、培养下级的能力和调动积极性的能力。

5. 中国学者的研究

我国的专家学者是从政治品质、知识素养、业务素质、实际能力等方面提出企业领导者的基本素质要求的。

综上所述，现代素质理论都是根据各自的国情与具体要求对企业领导者进行研究而形成的结论，因此，相互之间有见解不一致的地方。但也不难看出，各国对领导者应具有一定的智力水平和处理问题的能力、敢于承担风险、关心下属、精于决策等方面的认识趋于一致，反映出一定的规律性。相对于传统素质理论而言，现代素质理论将研究重点从先天素质转向后天作用，特别是环境因素的影响，这就为素质理论的研究开拓了视野，为领导者的选拔与培养提供了理论支持，无疑是一个进步。

二、对领导素质理论的评价

长期以来，“伟人论”一直存在争议。有的研究者认为，只要测定优秀的领导者和平庸的领导者的特质，比较其差别，就可找到问题的答案。1940年，曾有人列出了包括20种不同性格的表，认为表上所列的性格就是领导者的特征。之后又有不少人提出，个人才智、工作能力、自信心、决断能力、客观性、主动性、可靠性、干劲、善于理解人、体贴人、感情的稳定性、追求成功的强烈欲望、与他人合作的能力、个人品德的高度完善性，甚至身高、体格、外貌等，都能决定领导的成败。还有人认为领导特质是与生俱来的，先天不具备这些特质的人就无法成为领导者。

大量的研究表明，具有某些特质确实能提高领导者成功的可能性。例如，一般领导者在社交性、坚持性、创造性、协调性、处理问题的能力等方面都胜于普通人。此外，其性格特征也有别于普通人，如性格较外向、智力水平较高、爱好群居、责任心强、积极地参与相应的社会活动、在工作中有坚韧性、能细致周到地考虑和解决问题，等等。但是，持反对意见的人认为，很多领导者并无上述个性特质，而很多有上述特质的人并未成为领导者。

一般来说，通过研究领导者的品质来解释领导行为并不是一种好方法。首先，并非所有领导者都具备所有这些品质，而许多非领导者却可能具备其中大部分甚至全部品质。其次，个人品质论并没有明确一个人究竟应当在多大程度上具备某一种品质。最后，各种研究所阐述的领导品质并不一致，对这些品质与实际领导者是什么关系的解释也不一致。大多数的品质实际上是行为方式。有些学者在研究后得出结论，没有任何一项个人品质能够区分领导者和非领导者。行为学派强调，一个人除了来自遗传的体质特征之外，并没有什么天生的品质，有些人可能只是天生比别人健康些。

各种领导特质理论所显示的结果相当不一致，这是因为领导特质理论忽略了被领导者和环境的作用。事实上，一个领导者能否发挥作用，会因被领导者的不同而不同，也会随环境的改变而改变。对领导活动的研究若不考虑被领导者因素和环境因素，仅从领导者自身入手进行研究，就会产生相互重叠甚至相互矛盾的情况，导致提出更纷繁复杂的特性，无法形成一致认同的稳定特性。

第2节　领导行为理论

一、领导行为研究的代表性理论

领导行为理论（Personal Behavioral Theories of Leadership）认为，依据个人品质或行为方式（风格）可以对领导进行最佳的分类。领导行为理论着重研究领导者应该做什么来完成管理工作。领导素质理论提供了一个为组织中的正式领导岗位选拔"正确"人员的基础，领导行为理论则侧重寻找领导行为成功的关键决定因素并通过训练使人们成为领导者。代表性的领导行为理论主要有：

（一）领导作风理论

最早提出领导作风理论的是德国心理学家勒温，他以儿童为研究对象，以制作面具为实验内容，考察不同领导作风对于群体的影响，从一个特殊的角度来研究领导行为。领导作风是领导者在活动中表现出来的比较固定的和经常使用的行为方式和方法的总和，又称领导方式，它反映出领导者的个性。勒温根据权力定位于谁，将领导作风分为三种类型：

（1）专制型。这种领导方式下，权力掌握在领导者个人手中，一切由领导者决定，下属只能执行，而且由领导者监督执行情况。

（2）民主型。这种领导方式的特点是权力定位于群体。成员可以在很大程度上参与集体讨论和决策，在一定范围内决定工作内容和工作方法，在工作中有一定自主权。

（3）放任型。这种领导方式将权力定位于群体中的每个成员。领导者只布置任务，既不监督执行，也不检查完成情况，而是放任自流。

三种领导方式的主要差别如表13—1所示。

表13—1　三种领导方式的比较

项目	专制型	民主型	放任型
群体方针的决定	一切由领导者一人决定	所有方针均由群体讨论决定，领导参与协调	任由群体或个人决定，领导者不参与
群体活动的了解与透视	方法和步骤由领导者决定，以命令的方式让成员接受	在讨论中已了解工作程序和最终目标，成员有选择方法的自由	提供工作中所需的各种材料，对成员的提问及时给予回答
工作分组与同伴选择	由领导者指定工作任务及工作伙伴	工作分组由群体决定，同伴可自由选择	领导者完全不干预

续前表

项目	专制型	民主型	放任型
工作参与及工作评价	回避群体作业，领导者依据个人好恶给予表扬或批评	在精神上成为群体成员，依据客观事实来表扬或批评	除非成员要求，不经常发表评论，不主动协调
与下级关系	严厉、不可亲近，以特殊身份出现，高高在上	可以亲近，且觉得可以依靠，不以特殊身份出现	可以亲近，但觉得不太可能
与上级关系	只听从上级指示，不考虑下属的情况	关心下属，将下属的要求反映到上级	不关心下属，也不在乎上级
出现问题时的做法	不向下属做任何说明即下命令	先向下属说明情况，再作出适当指示	不向下属作任何说明，也不作指示
对于下属的意见	根本不让下属发表意见	尽可能听取下属的意见	不太注意下属的意见
成员反应	缺乏主动意识，失去个性，依赖性大，消极、自卑、不满，不负责任	个性发展，群体观念强	感觉自由，但缺乏群体观念

继勒温等人之后，1961 年美国密歇根大学社会研究中心的李克特等人经过长期的领导行为研究，提出新的作风理论，称为“管理的新模式”或“李克特管理系统”（如表 13—2 所示）。

表 13—2　李克特的管理系统新模式

系统 1	系统 2	系统 3	系统 4
剥夺式集权领导	仁慈式集权领导	协商式民主领导	参与式民主领导

在这个模式中，李克特将企业的领导行为归纳为四个系统：

（1）剥夺式集权领导（系统 1）。权力完全集中于高层领导者手中，下属只能执行决定，无任何发言权，有时还要受到惩罚。因此，领导者与下属之间互不信任，组织目标的实现势必受到影响。

（2）仁慈式集权领导（系统 2）。领导者对下属态度较好，有适度的中下层分权行为，根据下属完成任务的好坏，既有惩罚也有奖励。但实际上，领导者仍然掌握着权力，并不真正相信下属，下属对于上级亦心存畏惧。因此，上下级之间虽然存在一定程度的沟通，但只是表面的、肤浅的。

（3）协商式民主领导（系统 3）。最高领导者对下属有一定的信任感，虽然权力集中在自己手中，但是会在充分听取下属意见并征得他们的同意后再作出决定，在一些次要问题上还会授予下属决定权。因此，上下级在协商的气氛中实现了心理上的沟通，减少了下属的畏惧，从而在工作中能彼此相互支持。

（4）参与式民主领导（系统 4）。在参与式民主领导的情境中，上级对下级给予充分信任，在人格上是平等的。问题与决策都是以民主协商方式提出和讨论的，最后由最高领导者作出决定。与此同时，按照分工授权的原则，在规定的范围内，下属有自行决策的权力，领导者不予干涉。对于组织目标的实现，上级只提出具体目标和给予支持，不介入实现目标的步骤与方法。这种领导作风的意义在于，在工作中，上下级实现了充分的心理沟通，建立起信任与友谊，因此，能齐心协力地克服困难，实现组织的目标。

李克特理论的最大意义是：在广泛且深入研究的基础上为民主管理提供了心理学依据，指出了领导有效性取决于领导者的主观认识与领导作风。在长期的研究过程中，李克特发现，一个部门生产效率的高低，不在于士气的高低，而是取决于领导者的领导方式是“以工作为中心”还是“以人为中心”，是“集权”还是“民主”。为此，李克特特别强调，领导者应该真心诚意地而不是虚情假意地进行民主管理，从内心去调动人的积极性比什么都重要。他断言，民主式管理制度下的生活水平与群体工作的满意感，是独裁式管理永远无法企及的。对于现在的一些民主管理观念淡薄、热衷于“家长式统治”的领导者来说，李克特的这一思想发人深省。

（二）领导二维度理论

领导二维度理论包括领导行为四分图理论和管理方格图理论。这两种领导行为理论把“以工作为中心”和“以人为中心”这两个维度综合在一起加以研究，并且用方格图形比较全面地表现其内容，比领导作风理论具有更大的适应性。

1. 四分图理论

在密歇根大学以李克特为首研究领导行为的同时，美国俄亥俄州立大学的学者也开始了这方面的研究。为证明领导的复杂性，他们将 1 000 多种反映领导行为的因素在反复验证和筛选概括之后归纳到两个维度上，即关心工作的领导和关心人的领导。这两种领导行为，前者重视组织设计、明确职责关系、确立工作目标、安排工作程序等，即以工作为中心；后者则关心与体恤下属，注意与下属群体成员建立友谊，尊重感情，有强调人际关系的倾向。通过问卷调查他们发现，这两种领导行为在同一个领导者身上的表现并不是绝对分明的，实际的领导行为往往是两种行为的组合。据此，他们以工作行为为横坐标，以关系行为为纵坐标，制作出包括四个方格的领导行为四分图，以反映四种典型的领导风格，评定领导的类型（如图 13—1 所示）。

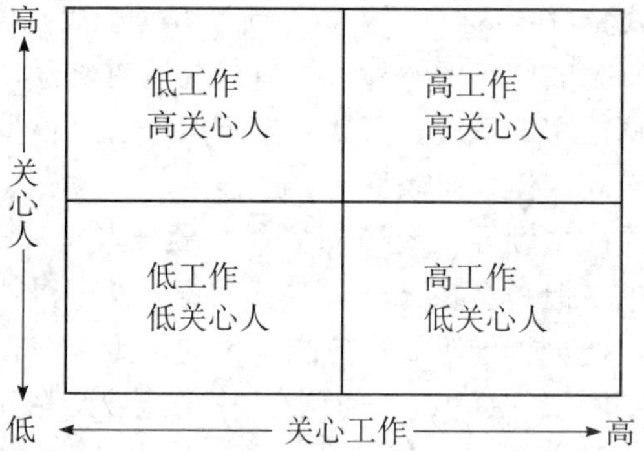

图 13—1　领导行为四分图

资料来源：陈春花、杨忠、曹洲涛：《组织行为学》。

俄亥俄州立大学的研究证明：

(1)“低工作、低关心人”的领导行为是最差的领导行为，上级与员工都不会满意，称为虚弱型领导。

(2)“高工作、低关心人”的领导行为称为任务型领导，只顾及工作目标，不关心下属疾苦，上级可能满意，但群体成员肯定会有意见。

(3)“低工作、高关心人”的领导行为称为福利型领导。由于只注重群体成员的需求，因此容易丧失原则，完不成工作任务，引起上级的不满。

(4)“高工作、高关心人”的领导行为是最好的领导行为，称为战斗型领导。因为既完成了上级的任务，又满足了下属的要求，所以达到了两个目标的统一。

领导行为四分图理论第一次将两种领导行为综合在一起考察，为具体评定领导行为提供了简单明了的方法与工具，这是它的贡献。但是它的局限性在于，由于领导行为的复杂性，用四个方格显然难以进行精确的描述。

2. 管理方格图理论

管理方格图理论又称管理方阵或管理坐标图，是由美国心理学家罗伯特·布莱克（R. R. Blake）和简·莫顿（J. S. Mouton）在俄亥俄州立大学四分图理论的基础上，经过进一步研究于 1964 年提出的（如图 13—2 所示）。管理方格图以横坐标表示对生产的关心，以纵坐标表示对人的关心，并且各自分为九个等份，构成了一个有 81 个小方格的正方形。布莱克和莫顿认为，任何领导行为的评价与自测都可以通过对生产的关心程度和对人的关心程度这两种变动因素来予以衡量。衡量的方法是通过 1～9 的计分方法在管理方格图上找出领导者的行为类型。例如，某领导者既关心人，又关心生产，得分均为 9，那么他属于（9，9）者型领导者；如果他既不关心人，又不关心生产，则为（1，1）型领导者，其他情况与此类似。

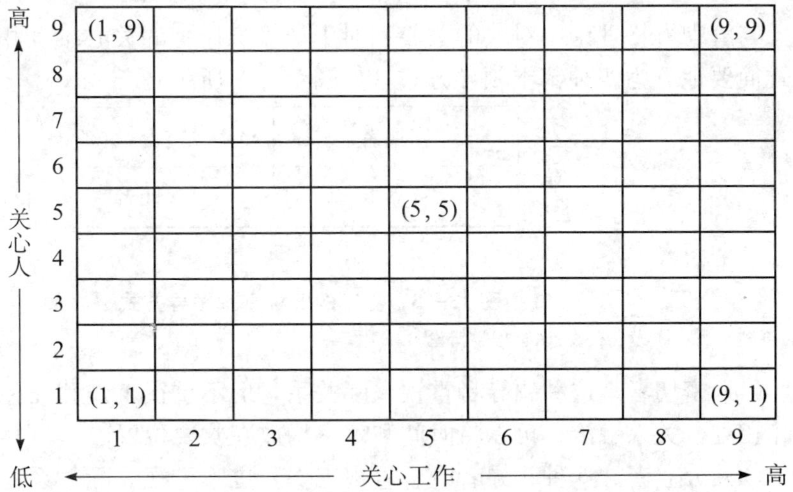

图 13—2　管理方格图

资料来源：斯蒂芬·P·罗宾斯等：《管理学》，7 版，北京，中国人民大学出版社，2003。

与四分图理论不同，布莱克与莫顿指出，有五种典型的领导行为分布在管理方格图的中心和四角。它们是：

(1) 贫乏式管理（1，1）型。领导者既不关心生产，又不关心人，亦可理解为用最小努力以求完成工作。

(2) 任务式管理（9，1）型。领导者只抓生产，不关心群体成员，又可理解为使人为因素的干扰降至最低限度，以提高营运效率。

(3) 中游式管理（5，5）型。领导者关心人也关心生产，但只是过得去而已，并不突出。中游式管理使员工感到基本满足，以求得生产任务的完成。

(4) 俱乐部式管理（1，9）型。领导者对人高度关心，使组织充满了轻松友好的气氛，但对生产目标漠不关心。

(5) 战斗式管理（9，9）型。这是最好的领导方式。在生产与人都得到关心的情境中，士气饱满，群体关系协调，能很好地完成生产任务。

管理方格图理论是一种影响较大的领导行为理论，得到了广泛的应用。这主要是由于它在吸取四分图优点的基础上，用 81 个方格更好地反映了复杂的领导行为的类型，方便了领导者的培养与选拔、领导行为的评估和自测，能帮助领导者清醒地认识自己的领导水平从而作出反省。值得注意的是，管理方格图理论仍然存在不足，并非完美无缺。一般认为，它对于领导者自身状况与周围的环境缺少考虑，因而影响了它的精确性，在一些条件下，即使是（9，9）型领导方式也未必是最好的。

（三）领导三维度理论

从二维度理论演进为三维度理论，是 20 世纪 70 年代以来美国管理学家威廉 · J · 雷定（William J. Reddin）的贡献。他所利用的三个维度是：任务导向（task oriented）、关系导向（relationships oriented）和领导效能（leadership effectiveness）。

与管理方格理论中对人的关心和对生产（工作）的关心维度相似，雷定把领导方式简要地分为四种基本领导方式（如图 13—3 所示）。

关系导向		
	密切者	整合者
	分立者	尽职者
	生产导向	

图 13—3　雷定的四种基本领导方式

资料来源：谢赤、袁凌：《管理学概论》，2 版。

(1) 密切者。这种领导者重视人际关系，但不重视工作和任务，只要能使群体和睦相处，关系融洽，可以将时间和效率均放在次要位置。

(2) 分立者。这种领导者既不重视工作，也不重视人际关系，与下属似乎互不相干，一切按规定行事，不考虑个人差异和创新。

(3) 尽职者。这种领导者一心只想完成任务，铁面无私，秉公办事。

(4) 整合者。这种领导者兼顾群体需求及任务完成情况，能通过群体合作实现目标。

雷定的理论贡献在于提出了第三维度，即领导效能。雷定不认为上述四种领导方式中有一种最具效能，而是认为每一种方式都可能具有效能，也都可能缺乏效能，因此他认为，效能是另一种单独的维度。雷定分别给每种一方式确定了两个名称，一个代表有效的领导方式，另一个代表无效的领导方式（如图 13—4 所示）。

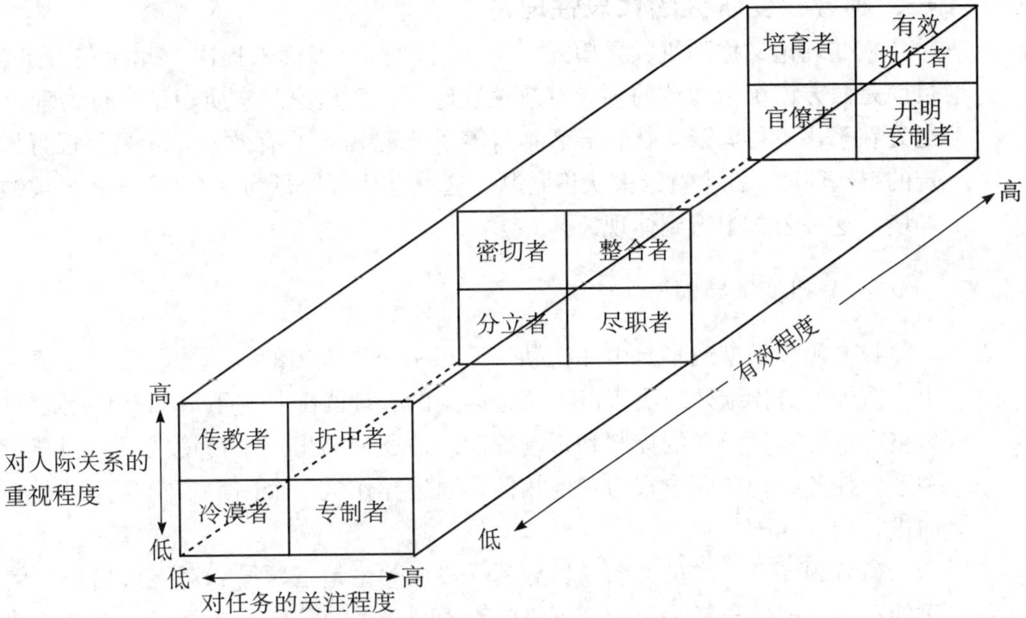

图 13—4　三维度的领导者效能模式

资料来源：谢赤、袁凌：《管理学概论》，2 版。

雷定认为，一种领导方式有效或无效，取决于当时所处的环境；使用得当，便是有效的领导方式，使用不当则无效。这就包含了环境因素对领导方式和领导效能的影响。

二、对领导行为理论的评价

总体来说，研究者在确定领导行为类型与群体工作绩效之间的一致性关系方面仅获得了有限的成功。行为理论所欠缺的是对影响成功与失败的情境因素的考虑。在各种不同情境下，领导风格还能同样有效吗？当情境发生变化时，领导风格也应发生相应的变化。遗憾的是，行为理论观点未能看到这些情境的变化。行为理论认为，领导者的某种行为在不同情境中都有效，这可能是不现实的。许多事例使得研究者开始探索更切实可行的观点。

人们越来越清楚地认识到，为了预测领导成功而对领导现象进行的研究其实比分离特征和行为更复杂。由于未能在特征和行为方面获得一致的结果，使得人们开始重视情境的影响。领导风格与有效性之间的关系表明：第一，领导的有效性取决于情境因素；第二，这些情境条件可以被分离出来。

第3节 领导权变理论

一、领导权变研究的代表性理论

权变理论又称随机领导模式，于20世纪50年代末提出，此后获得迅速发展，目前是西方占统治地位的领导有效性理论。权变理论与素质理论、行为理论的不同之处在于，不再局限于从领导者本身着手研究领导的有效性，而是将视野扩展到一定的自然环境、社会背景去认识问题，这一点从领导行为$=f$（领导者×被领导者×环境）这一公式中得到体现。

（一）权变领导模型

权变领导模型最早是由菲德勒（F. Fiedler）提出的。菲德勒的权变领导模型指出，有效的群体绩效取决于以下两个因素的合理匹配：与下属相互作用的领导者的风格、情境对领导者的控制和影响程度。他还分离出三个情境因素：领导者—成员关系、任务结构和职位权力，他相信，通过操作这三个因素，能与领导者的行为取向进行恰当匹配。

（1）领导者—成员关系。领导者—成员关系是指领导者对下属信任、信赖和尊重的程度，即领导者是否受到下级的喜爱、尊敬和信任，能否吸引下级并使之愿意追随他。

（2）任务结构。任务结构是指工作任务的程序化程度（结构化或非结构化），即工作团体要完成的任务是否明确，有无含糊不清之处，其规范化和程序化程度如何。

（3）职位权力。职位权力是指领导者拥有的权力变量（如聘用、解雇、训导、晋升、加薪）的影响程度，即领导者所处的职位能提供的权力和权威是否明确充分，在上级和整个组织中所得到的支持是否有力，对雇佣、解雇、纪律、晋升和增加工资的影响大小。

将上述变量从正负两极考察，如上下级之间关系的好与差，工作任务的明确与不明确，领导地位与权力的强与弱，以及这些情况对领导有利还是不利，则可以将其归纳为八种情境类型（如表13—3所示）。

表13—3　菲德勒权变领导模型的领导形态与绩效分析

对领导者的有利性	有利			中间状态				不利
领导者所处的情境类型	1	2	3	4	5	6	7	8
领导者与成员的关系	好	好	好	好	差	差	差	差
任务结构	明确	明确	不明确	不明确	明确	明确	不明确	不明确
职位权力	强	弱	强	弱	强	弱	强	弱
与工作效率有关的领导方式	任务导向型			人群关系型		无资料	无资料	任务导向型

说明：任务导向型指偏重于任务行为的领导方式；人群关系型指偏重于关系行为的领导方式。

资料来源：陈春花、杨忠、曹洲涛：《组织行为学》。

菲德勒的研究表明，在上述八种情境类型中，只有前三种情境对领导者有利，第八种情境对领导者最不利，其他的处于中间状态。菲特勒进一步指出，一般而言，在条件有利与不利的两种极端情况下，采取以“工作为中心”的任务导向型领导方式有效；处于中间状态时，则采用“以人为中心”的人群关系型领导方式效果较好。

那么如何确定领导方式或领导风格呢？菲德勒的方法是采用 LPC 问卷，LPC 是“ Least Preferred Coworker”的缩写。使用问卷的方法是：列出一些包括正反两方面含义的表示评价的问题，例如，让领导者在“友好—不友好”、“拒绝—接受”、“关心人—不关心”等词中选择相应的等级，对他“最不喜欢的同事”进行评价。问卷的理论依据是：一个领导者如果对他最不喜欢的同事给予很高的评价，即 LPC 得分高，那么可以证明他是宽容的、关心人的领导者；反之，如果对他最不喜欢的同事给予很低的评价，即 LPC 得分低，则可认为他是以工作为中心的领导者。

菲德勒从上述研究中得出以下两个结论，揭示了领导者的领导方式的一般规律。

(1) 以人为中心的领导方式，在对领导者有利程度为中间状态的环境中效率较高；以任务为中心的领导方式，在对领导者非常有利或不利的环境中效率较高。所以，不存在适合所有情况的最好的领导方式。领导者的领导方式必须适应客观条件的多种变化，对环境、领导者和下属的关系、工作类型等方面的因素加以综合分析，根据不同的情境采取不同的领导方式。

(2) 要提高领导效率，可以从决定领导效率高低的两个方面着手：一方面，改变领导者的个性和领导方式；另一方面，改变对领导者不利的情况，包括改变领导者与下属的关系，改变工作结构程度的高低，改变领导者的地位和权力。

菲德勒的权变模型对管理的有益启示主要有两个方面：一是领导者应按照上述一般规律，采用相适应的领导方式，实施有效的领导；二是上级领导者在选择下级领导者时，应以权变模型为指导，从企业和组织的实际情况出发。如果是顶尖的或很差的企业或组织，选拔任务导向型的领导者最好，对于其他的企业或组织，则选拔人群关系型的领导者最合适。

(二) 情景领导理论

赫塞和布兰查德（P. Hersey & K. H. Blanchard）将菲德勒模型向前推进了一步，将领导风格更具体地分为四种类型：

(1) 指示（高任务—低关系）。领导者定义角色，告诉下属应该做什么、怎么做以及何时何地做。

(2) 推销（高任务—高关系）。领导者同时提供指导与支持。

(3) 参与（低任务—高关系）。领导者与下属共同决策，领导者的主要角色是提供便利条件与沟通。

(4) 授权（低任务—低关系）。领导者提供极少的指导或支持。

赫塞和布兰查德又引入了下属的成熟度（maturity）这一概念，将其定义为人们有意愿和能力完成某项特定任务的程度，一般是指责任心、成就感、工作经验和受教育程度等。他们将下属的成熟度划分为四个等级。

M1：人们不能也不愿负责任去完成任何任务，他们既无能力也无自信。

M2：人们不能胜任但是愿意承担必要的任务，他们有能力，但暂时缺乏技能。

M3：人们能够完成任务，但是不愿意听从领导的指挥。

M4：人们既能胜任也愿意完成要求他们完成的任务。

情景领导理论认为，“高任务—高关系”的领导风格并不一定经常有效，而“低任务—低关系”的领导风格也不一定总是无效，这里应充分考虑下属的成熟度因素，把关心工作、关心人和下属的成熟度结合起来。只有领导者的风格与其下属的成熟度相适应，才能产生较好的领导效果。这三者构成曲线关系（如图13—5所示）。

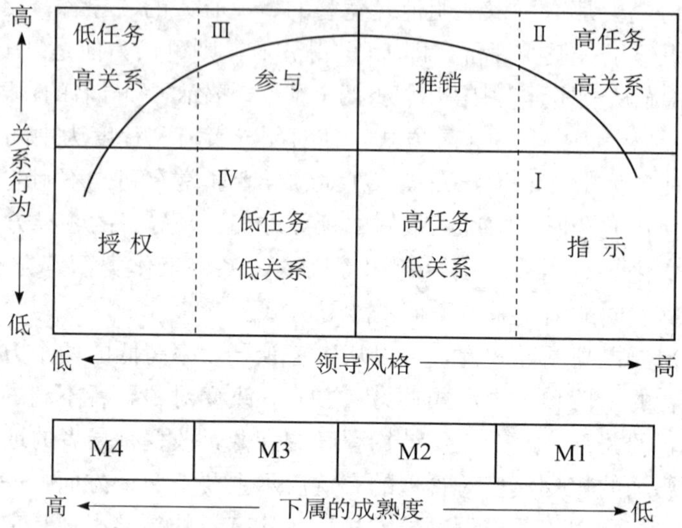

图13—5 情景领导模型图

资料来源：陈春花、杨忠、曹洲涛：《组织行为学》。

领导者应能够敏锐地觉察到下属的不同的能力、动机，具备改变自己行为和领导方式的能力，并随着下属成熟度的改变相应地调整领导行为。当下属的成熟度提高时，领导者不仅要不断降低对下属活动的控制，而且要调整其关系行为。

第Ⅰ象限表示，当下属的成熟度较低，处于M1阶段时，下属需要比较明确的指示，因而应采取高任务—低关系的领导方式，即命令式的领导方式，以单向下达工作任务的沟通方式为主。

第Ⅱ象限表示，当下属的成熟度逐步提高，处于M2阶段时，则既需要高任务行为，也需要高关系行为，高任务行为用以补偿下属能力的不足，高关系行为则能够促使下属愿意按照领导者的意图行事。在这种领导方式下，除了必要的命令外，主要通过说服、感情沟通、相互支持来完成工作任务。

第Ⅲ象限表示，当下属的成熟度有较大提高，处于M3阶段时，就会产生激励问题，此时最好采用低任务—高关系的领导方式，即参与式领导方式，让下属参与讨论，加强交流，进行双向的思想沟通，由领导与下属共同作出决定。

第Ⅳ象限表示，当下属相当成熟，处于 M4 阶段时，领导者几乎不需要做什么事，由于下属既能胜任工作又愿意承担责任，因此可采用低任务—低关系的领导方式，即授权的领导方式，赋予下属较多的权力，领导只需要抓住主要的决策和监督工作。在低任务—低关系的情况下，也能提高领导行为的有效性。

根据情景领导理论，对于不成熟、未经训练的下属，应给予更多的管理、控制和监督；而对于成熟负责的员工，只需要较松的控制、有弹性的组织和一般的监督就能发挥其潜力。

（三）目标导向模式

目标导向模式也称通路—目标模型，是加拿大多伦多大学教授罗伯特·J·豪斯（Robert. J. House）在综合美国心理学家弗鲁姆的期望理论和俄亥俄州立大学的四分图理论的基础上，于 1971 年提出的一种领导有效性理论。

目标导向模式的基本立足点放在被领导者身上，认为被领导者的利益、动机、满足感、成就感等对领导成效有很大影响。因此，反过来对领导者的基本要求是：阐明要求下属所做的工作；帮助下属排除实现目标的障碍，使之顺利地达到目标；在工作过程中给员工提供各种能够满足需要的机会。

通路—目标的含义是，领导者通过明确工作内容、方向、意义等，让下属明确工作的性质与完成任务的方法，一旦下属明确了目标与通路，领导者就帮助、支持、协助他排除实现目标的障碍，同时满足他多方面的需要，激励他更快地接近目标，而不是高高在上地进行指挥和发号施令。从领导者的角度来看，该理论认为，领导的有效性取决于领导者激励下属达成目标的能力和使员工在工作中得到满足的能力。在这种认识的基础上，豪斯提出四种领导方式供领导者选择，这四种领导方式反映出四种领导特性：

（1）指令性领导方式，即领导者在发布指示和决策时可以没有下属参与。

（2）支持性领导方式，即领导者对下属很友善，更多地考虑员工的要求。

（3）参与性领导方式，即领导者在决策时征求下属的意见并采纳下属的建议。

（4）成就性领导方式，即领导者向下属提出挑战性目标，并对实现目标表现出信心。

总之，领导者的目的就在于努力协助下属找到实现目标的最好途径。

豪斯批评了俄亥俄州立大学的领导行为四分图理论，认为高任务和高关心的组合并不一定是最有效的领导方式，这主要是因为它忽视了情境因素的作用。豪斯认为，在工作任务模糊不清、无所适从时，员工希望领导者采取高任务方式；在例行的工作已经非常明确时，他们希望领导者采取高关心方式，使个人需要得到满足，若领导者仍喋喋不休地发布指示，他们就会感到厌烦，甚至认为是对自己的侮辱。

将被领导者与目标联系起来视作一种重要的情境因素，强调领导成效取决于被领导者，是目标导向模式理论的特点与贡献。目标导向模式的核心是：要求领导者关心生产，激励员工明白达到目标的通路；主动关心员工，满足他们的需要，激励他们实现工作目标。

（四）领导参与模式

领导参与模式也称最新权变模式或领导规范模式，是由美国心理学家弗鲁姆和耶顿（P. W. Yetton）在1973年撰写的《领导和决策》一书中提出的。该理论的核心是：强调领导的有效性取决于领导者根据不同情况让被领导者参与决策的不同程度；领导行为应随情境的需要而变动。

弗鲁姆和耶顿在大量调查研究的基础上提出，领导者在决策时，经常会受到下列八种因素变化的影响：决策质量的重要性；领导者作出高质量决策时，掌握资料和技能的程度；为获得高质量的决策，下属应掌握资料的程度；问题的明确程度；下属接受决策与贯彻执行决策的关系的程度；领导者自行作出的决策为下属所接受的可能性；下属对组织目标所表现的积极程度；准备采用的方案可能引起下属间发生矛盾的程度。

因此，领导者在决策时可以分析自己需要考虑哪一种因素，然后从以下五种方案中选取有效的领导方式。

（1）领导者运用手头现有资料，自己作出解决问题的决策。

（2）领导者和下属取得必要资料，然后自己作出决策。领导者从下属那里获得资料时，可能向下属说明情况，也可能不说明。下属只提供必要的资料，并不提供或者评价解决问题的方案。

（3）以个别接触的方式让下属了解问题，征求他的意见或建议，随后由领导者作出决策。决策可以反映下属的意见，也可以不反映。

（4）让下属集体了解问题，集体提出意见、建议，随后由领导者作出决策。决策可以反映下属的意见，也可以不反映。

（5）让下属集体知道问题，并一起提出和评价可供选择的方案，争取获得解决问题的一致意见。

例如，领导者在作出决策时需要考虑下属接受的可能性，若认为下属肯定会接受，则可选用第一种领导方式，反之，最好采用第五种领导方式。

鉴于领导过程的长期性与复杂性，领导参与理论只从情境的角度研究决策的有效性，相对于前述各种领导有效性理论而言，似乎更缺乏整体上的代表性。但我们由此可以发现，人们对领导有效性的研究进入了一个具体入微的新阶段。

二、对领导权变理论的评价

对影响领导效果的主要情境因素进行分离的研究很多。在权变理论的发展过程中，常用的中间变量有：工作的结构化程度、领导者—成员关系的质量、领导者的职位权力、下属角色的清晰度、群体规范、信息的可获得性、下属对领导决策的认可度与下属的工作士气，等等。

权变领导方面的研究不是孤立地研究领导者的个性和行为，而是从研究环境的角度出发，观察环境对个性和行为的影响。强调领导环境的作用并不否认领导者个性和行为的作用，而是强调这三种因素都会影响一个领导者的领导效率。换言之，有效的领导是三种因素共同作用的结果。在这方面，菲德勒的理论研究具有代表性。

第4节　组织管理中的领导实践

一、领导艺术

（一）决策艺术

决策是一门科学，也是一种艺术。领导者不仅要熟悉和掌握决策思维的一般程序，而且要在工作实践中细细体察，熟练运用，不断提高自己的决策水平。

1. 把握决策要求

（1）科学。科学是决策的优化要求。现代决策已经不再是指非此即彼、是与非之间的选择，而是指在各种方案中进行优化选择。没有科学选择就不能决策。为此，领导者要重视专家在决策中的作用，并采取正确的态度。具有高素质的领导者总是高瞻远瞩，有大系统观；居高临下，有大局观；寓“自利”于“他利”和“共利”之中，有大哲学观；融经济效益与社会效益于一体，有大效益观，即放弃眼前利益以求长远的发展，牺牲局部利益以求全局的发展。领导者的成功，源自利害的取舍和机会选择中的智慧和勇气。

（2）民主。在现代社会活动高度群体化的今天，要正确地作出决策，需要依靠领导集体集思广益，专家智囊团积极参与，并广泛征求群众的意见。实践证明，任何决策都不是在“众口一词”的求同思维中得到的，而是在众说纷纭的思维碰撞中作出的。如果大家都是一味地同声响应，领导最好不要急于决断。为此，凡是重大决策，应建立决策对抗程序，有意寻找否定决策方案的材料，把潜在的矛盾和可能产生的矛盾充分地揭示出来，在对决策方案作肯定证明的同时，也作否定证明。如果否定证明能成立，那么该决策方案就是不正确的；如果否定证明不能成立，那么就进一步证明决策方案是正确的。通过这种方式，可以纠正决策制定过程中产生的思维定式，弥补单向论证的缺陷，提高决策的正确率，也可以避免或减少在实践过程中陷入多种矛盾纠纷而不能自拔的现象。

（3）集中。领导者应十分重视决策的民主化，但是，决策的民主化决不能代替领导者个人的独立判断。因为决策的过程并不是从收集信息资料开始的，而是从决策者的独立判断开始的。在一个决策过程中，既有民主又有独断，而领导者的独断力起着关键作用。如果一个领导者只知道“谋之贵众”而不懂得“断之贵独”，只知道实施民主程序的重要性而不懂得发挥领导决断权威的重要性，那么他只是一个不清醒的领导者。有的领导者在知识和智慧方面、民主作风方面并无多大欠缺，但在需要作出决断时，怕担风险，怕负责任，犹豫不决，以致丧失时机。这种领导者不会是成功的。

（4）责任。由于需要承担决策责任，领导决策的方式正逐渐由“凑议式”转变为“审议式”。凑议式决策即集体领导，实则无人负责，参与决策者凑合议事，作出决定。可以用这种方式来处理眼前的、比较单纯的问题，但是如果用来处理性质复杂、联系广泛、具有战略意义的问题，就会出现很多弊端。审议式决策是指议题确定之后，指定专人或职能机构进行调查论证，准备议案，并在会前将议案通报决策参与者进行酝酿，然后正式提交会议讨论审查，作出决定的决策方式。讨论和表决情况均须记录在案，决议案应成文、归档。责任要求是审议式决策的灵魂。

（5）权变。有效的领导决策并不取决于固定不变的最佳的原则和方法，需要具体情况具体分析，随着情况的变化，不失时机地因时、因地、因人、因事、随机制宜地作出处理，将原则性与灵活性巧妙结合，以取得最佳实效。权变方法论的核心在于适变、应变和制变。适变在于顺势。在适应环境中改造环境，在缓和矛盾中解决矛盾，在允许群众发泄的情况下化解群众的不满情绪，维持社会心理平衡等，这就是顺势。应变在于度势。现代决策中有许多是在不确定和非常规的情况下作出的，需要领导者有很强的应变能力。它对领导者提出了特殊的要求，即必须善于审时度势。制变在于控势。制变比适变和应变难度更大，对技巧的要求更高，但以后二者为基础。一个组织是否稳定，并不在于矛盾的多少和大小，而在于领导者的有效控制，在于领导者是否具有善于控制局势、驾驭事态发展，直至有理有利有节地妥善解决各种矛盾冲突的能力。

（6）效益。科学、民主的决策能否达到预期的效果和目标，关键在于执行。在现实中，有些工作不落实，或没有做好，或效果很差，就是由于领导者的决策缺乏科学性，决策方案本身不合理，导致决策方案在执行过程中无法取得理想的效果。因此，领导者的决策活动一定要考虑方案的经济效益。

2. 增强预见能力

增强预见能力是决策成功的基础。凡事预则立，不预则废。任何事物的发展都有过去、现在和将来，因此，一个领导者应该具有战略眼光，正确地掌握并分析现有的情况，进行科学的预见，把握未来的发展趋势。但是要做到这一点并不容易，往往会出现这样的情形：顾及了眼前，却忽略了将来；想到了第一步，却没有考虑到第二步、第三步，导致事与愿违。

事物之间的联系有的是直接的，有的是间接的。直接的联系比较容易看到，间接的联系就不太容易看到了。领导与下棋一样，看一步、两步比较简单，看三步、四步以至更多步就比较复杂。因此，要想科学正确地作出决策并不是一件容易的事情。不论是处于哪一个层次的领导者，都要有一定的预见能力，以增强工作中的预见性，也要了解和掌握一些科学预测的基本方法，以提高自身的预测能力和决策水平。

3. 善于审时度势

领导者要在复杂的环境中获得成功，必须有准确无误的决策，为此就必须能够对发展变化的各种因素进行研究、分析，善于审时度势。所谓时，是指各种机遇；所谓势，是指事物发展变化的趋势。审时度势就是强调要认清形势，把握事物发展变化的趋势，顺应发展的方向。《孙子兵法》中说：“善战者，求之于势，不责于人。”善于指挥作战的将帅，在作战中总是依靠有利形势，以造就最佳态势，夺取战争的胜利。

要作出正确的决策，首先必须认清形势，确立明确的目标，这是前提。如果形势不明，目标选择不准确，势必导致决策的失误。毛泽东是审时度势的典范，他多谋善断，全局在胸，因此能在许多重大的历史关头选择正确的目标和方向。

4. 注意非程序化决策

非程序化决策是领导者决策行为的重点。领导者在日常的领导活动中总要面对许多问题，提高工作绩效的有效方法就是对这些问题进行必要的区分。根据问题出现的频率，可以把它们区分为例行问题和例外问题。例行问题是指那些重复出现的、日常的管理问题，偶然发生的、性质不明的管理问题则属于例外问题。对于例行问题，一般来说不需要每次都作出决策，只要建立一定的制度、规则、程序和政策，使得这些问题在重复发生时有据可循即可。只有例外问题才是真正需要领导者认真进行研究、慎重决策的问题。每天都忙于作出各种决策的领导者并不一定是一位好的领导者，不必要的决策往往是领导者缺乏领导能力的表现。

非程序化决策是针对非重复性的、非结构性的、异乎寻常的和没有限定的情况而作出的决策。高层领导者所面对和处理的问题大都属于非程序化决策问题。非程序化决策面对的是众多的不确定因素，没有固定程序和规律可循，因而是一种难度较大的决策，需要依靠决策者的知识、经验、思维能力和观察能力作出主观的判断。企业的投资方向、新产品开发、市场定位、人事政策的改变等都属于非程序化决策的范畴。非程序化决策处理的问题往往关系到组织的发展方向，影响组织目标的实现和组织的兴衰存亡，因此，非程序化决策是领导决策中更具影响力的重要决策。

5. 处理应急决策

应急决策属于非程序化决策。有时，领导者会遇到一些无序的突发性的问题，需要在短时间内作出有效的处理。这时，如果采用通常的决策程序按部就班地进行决策，就会贻误时机，造成不可挽回的损失。为此，必须采取特殊的非程序化的办法作出及时的决策。

应急决策一般都有较大的风险，属于风险型决策，而风险的来源是多种多样的，如市场竞争、自然灾害或意外事故等。领导者应针对不同情况，采取不同的应急对策。

（1）应急先治标，求因再治本。“急则治标，缓则治本”，这是中医辨证论治的一条原则。它同样适用于领导决策。应急决策应首先治标，特别是在发生意外事故时，应立即制止事态朝恶化的方向发展，并尽可能予以缓解。但是，在采取必要的应急措施后，就要求本溯源，从中取得深刻的经验教训，以防患于未然，尽量避免同类事件的再次发生。如果只是就事论事，满足于矛盾的暂时缓解或事态的表面平息，治标不治本，就会造成意外事件不断出现，使应急成为常态，导致整个工作的正常秩序受到破坏。

（2）先行一步，抢占阵地。这特别适用于竞争型的应急决策。在两军对战中，谁抢先占领有利阵地，谁就能取得主动，在市场竞争中也是如此。为此，企业领导者就要信息灵通，反应灵敏，善于抓住时机，果断决策。过去，我国的一些企业领导者由于信息不灵、缺乏企业家的胆略或应有的经营自主权，往往在市场竞争中反应迟钝，动作迟缓，被别人抢先占领了阵地，导致陷入被动。

(3) 集中力量，保住重点。在一般情况下，组织领导者总是希望尽量避免损失，但是在危急情况下，当为了确保组织整体的利益不得不损失局部利益时，领导者就要敢于“动大手术”，集中力量保住最必要的部分，不惜舍弃其余部分。

(4) 忍痛转移，以退为进。在竞争中，当组织自身的力量在某个领域远弱于竞争对手时，如果在这个领域内继续坚持与竞争对手正面抗衡，就可能使组织遭受更大的损失，甚至被彻底击败。在这种情况下，领导者比较明智的做法就是果断地从这个领域中撤出来，把资源转移到其他较有利的领域里去，即使要蒙受一定损失也在所不惜。这看似一种消极的退让，却内含着积极进取的意义。

6. 发挥智囊团的作用

领导者个人的知识、能力、经验以及所掌握的信息总是十分有限的，在日益复杂的内部和外部决策环境中，仅凭领导者个人的力量以及组织内部领导集团的力量是难以作出科学而准确的决策的。要正确地作出决策，一方面要依靠领导者所在组织的群体力量，集体参与制定决策，另一方面要充分利用各种参谋咨询机构，为领导决策提供必要的支持。因此，积极利用各种参谋机构，为决策寻找必要的支持和帮助是现代领导决策的重要特点。“智囊团”被看作领导者的“外脑”，是领导者知识、能力、经验、信息等的延伸和扩展。

智囊团的类型多种多样，包括：专门为政府组织和政府官员服务的官方智囊团，如美国总统科学咨询委员会就是根据总统所提出的问题从事研究分析，为美国发展科学技术提供建议的常设智囊团；以营利为目的的参谋咨询机构，它们属于独立经营的企业，通过面向社会提供咨询服务获取经济利益；大型企业的自设咨询机构，是一些大企业为满足本企业发展和决策的需要，在企业内部设立的专门的参谋咨询机构，它属于企业组织系统的组成部分，为组织决策提供必要的支持；柔性智囊团，它是专门为某个项目或课题设立的临时性智囊组织，完成该项任务后，机构便自行解体。

(二) 用人艺术

领导者能否获取事业上的成功，很大程度上取决于他是否掌握了高超的用人艺术。用人艺术是领导者根据特定情况灵活用人的方法和技巧。当领导者的用人水平达到一定高度时，用人的方法和技巧就成为一种高超的领导艺术。领导者的用人艺术主要表现在：

1. 赢得忠诚

赢得忠诚是指领导者要赢得员工的忠诚。而要赢得员工的忠诚，领导者要努力做好以下工作：

(1) 协助员工规划职业生涯。领导者要协助员工设立目标，并与企业的目标相结合，形成以员工的个人目标来达成企业的目标，再由企业的目标来支持员工的职业生涯规划这种良性循环。在企业组织中，要选择重要岗位的管理人员或忠诚度较高的人员加以栽培，并帮助他们设立目标。当一个人有了明确的目标时，不但可以激发他的潜能，更可以实现他的满足感，提高他的工作意愿，这也是目标管理被企业界竞相引入的原因。

（2）与员工建立伙伴关系。一家成功企业的总经理曾很自豪地谈起自己与员工相处的方式：他与员工一起工作，一起吃饭，一起读书，慢慢地，企业内形成了一种氛围，大家一起享受成功带来的喜悦，也一起分担困难带来的忧虑。要建立伙伴关系，领导者首先要真诚付出，互相扶持，这样员工会付出更大的努力，作出更多额外的贡献。

（3）发展互信的关系。互信是人际关系的基础，领导者要有“我办事，你放心”的心态，被领导者要有“实实在在，勇于负责”的作风。企业内部的每位成员互相信任，才能在工作中放手去做。

（4）给予员工应得的待遇和福利。在现阶段，劳动是人们谋生的手段，物质利益仍是员工的首要追求。想要有忠诚的员工，首先要有忠诚的老板。组织的领导者要根据实际情况给予员工应得的待遇和福利。

（5）给员工提供成长的机会。企业应协助员工规划职业生涯发展，提供教育培训，同时应制定明确的升迁制度，使员工的工作表现与他的报酬相联系。日本年轻人找工作时，通常不优先考虑薪酬的多寡，而是把在工作中是否有成长的机会作为第一选择。因此，日本的企业很重视员工的前程规划，全力培养员工，提供成长的机会，员工也全心全意地为企业作出奉献。

（6）兼顾员工工作与生活需求的平衡。许多企业领导者总是希望员工能抓紧时间、全力以赴地做好他们的工作，任劳任怨、无私奉献，这是可以理解的。但是，除了工作之外，员工生活的需求也不可忽视，因为只有二者兼顾，才能持续地激励员工为企业作出贡献。

2. 善待员工

（1）推功揽过。任何一项事业的成功都包含着领导和下属的心血、智慧和汗水。领导者的聪明和高明，不仅体现在他们能够带领下属取得胜利，而且体现在取得成绩后善于将荣誉归功于下属。这不仅是领导者品格高尚的具体体现，而且是感召下属、调动大家积极性的重要方法，是领导者用人之道的一个重要方面。与“成绩面前不揽功”相对应的是“失误面前不诿过”。领导者面对失误应该高风亮节，勇于揽过，使下属感受到上级的关怀，从而自觉地改过。

（2）学会尊重。领导者要想在自己的岗位上有所作为，首先应该学会尊重别人。可以说，尊重人是对领导者基本的心理素质要求，离开了这一点，领导、管理他人就会变成赤裸裸的权力的实施或强制。成功的领导者会尊重他人的人格，尊重他人的辛勤劳动，宽容他人善意的讽刺。尊重他人，包括尊重上级、同级和下属，其中尊重下属显得尤其重要。领导者不应因上下有别而产生尊卑的观念，不要因亲疏远近、有权无权、权大权小而有尊卑贵贱的区别，更不应尊上鄙下，以权压人，仗势欺人。

（3）学会赞赏。领导者与其注意下属的缺点，不如发现他们的优点，特别是对那些虚荣心很强的人，只要有机会就应给予表扬，这样能更好地激发他们的工作热情，满足他们心理上的自尊需要；对那些失去信心和比较怯弱的下属，为了使他们能够振作起来，充分发挥自己的聪明才智，更应当给予鼓励，消除其心理上的障碍，让他们放下思想包袱，充满自信，这样才能保证一些有才能但心理素质较差的优秀人才不至于流失或被埋没。

（4）攻心为上。在所有的用人艺术中，攻心为上是最重要、最关键的一条。攻心就是征服人心。领导者不仅需要准确了解下属的内心世界，而且要在此基础上进一步征服下属的心，使下属发自内心地信服你、敬重你、服从你、爱戴你，心甘情愿为你效力。攻心的方法有很多，主要有：以情起始、先顺后逆、以大同求小同和寻找沟通点。

（5）以柔克刚。以柔克刚是指领导者在用人过程中，面对下属的过激行为，采取理智和冷静的方式，既巧妙坚持原则，又缓解矛盾的一种用人艺术。这里说的“柔”，并不意味着软弱、迁就和退让，而是领导者在知己知彼和有充分把握的条件下理智、机敏、冷静、克制、坚定、沉着和自信的表现，以有原则的、机智的柔，去碰撞无原则的、粗暴的刚，就会势如破竹，无往而不胜。具体方法包括以智驭人、以理服人、以情动人和以法治人。

3. 维持平衡

领导者的责任之一就是衔接、平衡、协调好各方面的关系。在处理各种关系时，既不能简单从事，也不能随意迁就，更不能做“老好人”，丧失原则，这就要求把握好原则性和灵活性，将二者恰当地结合起来。领导者在领导活动中要巧妙处理用人行为中各种势力之间的动态平衡关系，注意做到：区别对待，用其所长；宏观控制，微观松缰；不偏不倚，一视同仁；分开管理，分而治之。

4. 典型警示

典型警示是一种选择个别典型、惩一儆百的驭人艺术。严明的纪律、有序的组织是一切领导活动得以顺利开展的根本保证。为此，有必要及时抓住个别害群之马，从严处理，以教育多数下属遵纪守法、服从指挥，确保整个领导活动得以顺利进行。这是一种用权驭人的手段，十分有效，但是不能滥用，否则就会变成封建官场的权术，而不再是领导艺术了。领导者在运用典型警示中要注意以下几点：

（1）决不轻易放过第一个以身试法者。因为这时以身试法者数量少，影响面大，镇住一个就等于制服了一大片。

（2）重点惩处性质最恶劣的人。当领导者同时遇到几个违反规章者时，要有策略地加以处理。对于性质最恶劣、影响最坏的人予以重点惩处；对其他情节较轻的人，则给予适当的批评教育，既减少打击面，又能收到惩一儆百的效果。

（3）惩处违规应尽量做到合情合理。这就要求领导者既要按章办事，又要适度灵活，既使被惩处者和群众受到应有的教育，又让广大群众能够接受、被惩处者口服心服。

（4）辅之以必要的关心帮助和教育。“杀鸡儆猴”虽然是一种惩处的方式，但目的是教育人。所以，只有在惩处时辅之以必要的关心和教育，才能达到既惩处了坏人坏事，又使被惩处者和群众都受到教育的目的。

典型警示作为一种用人的艺术手段，是在实践中总结出来的有效方法，运用这种方法的诀窍在于审时度势、灵活巧妙，切不可生搬硬套。同时，还应辅之以其他教育手段，以达到领导者用人的目的。

（三）沟通艺术

沟通是领导者处理人际关系和进行社会交往的一项重要内容。在现实生活中，如果领导者具有人际沟通能力，所带来的实际效果是极佳的，会赢得别人的爱戴和尊敬。另外，在工作中，领导者之间产生误会是经常的事，如果注意沟通，则话明气散，误会得以消除；如果不注意沟通，就会加深矛盾，影响团结，妨碍工作。

领导者的沟通艺术实质上就是提高沟通的有效性。要实现有效的沟通，就必须克服不良习惯对沟通造成的障碍，并养成良好的习惯，使沟通得到改善。因此，领导者在沟通过程中要做到：

1. 学会交谈

（1）明确交谈的主题。说什么，是领导者与对方交谈时必须首先考虑的问题。一般而言，领导者找人谈话的目的有四个：一是了解情况，二是解决问题，三是鼓励进步，四是布置工作任务。领导者一旦掌握了这些情况，并对其进行科学的分析综合，就可以确定交谈的主题。

（2）设计好交谈的程序。领导者明确了交谈的主题之后，就要设计交谈的程序。一般而言，说话有开头、中间、结尾三个部分。

（3）善于表达。领导者找人谈话的根本目的是使对方更好地领会和接受正确的意见。

（4）真诚赞美。真诚的、及时的赞美，是领导者鼓励下级的最好方式之一。领导者应该了解赞美的价值，并且能慷慨地给予，让人们从正面激励中得到奋发向上的力量。正确地运用赞美的前提是真诚地待人处事。

2. 善于倾听

倾听有两层含义，一种是狭义的，就是听某人讲话；另一种是广义的，即悉心听取意见。二者既有所区别又有共同点，其共同点在于：都要求听的时候认真、专注，积极地对说话人作出反应。二者密切关联，有时不易区分。一般来说，在交谈时能认真倾听的人，也会善于听取意见；善于听取意见的人，交谈时必定是谦虚诚恳的倾听者。反之，交谈时以自我为中心的人，不会耐心听取别人的意见；轻视别人意见的人，在交谈时也不会甘当配角。领导者在倾听时要注意：

（1）全神贯注。领导者与人交谈，是一种近距离的直接交谈。这种交谈不仅能传递信息，而且能传递感情。和人交谈的方式，暗示着人与人之间心理距离的大小，情感上的喜欢或厌恶，行为上的接纳或排斥。一般来说，领导者在听别人讲话时，应该表情自然，姿态放松，注意力集中；不打断对方的谈话，以表示对别人意见的重视、人格的尊重，使对方产生亲近、舒畅、愉快的心理反应。如果别人讲话时，自己心不在焉、态度冷漠，或一边听一边干别的事，都是十分不礼貌的，是缺少修养的表现。特别是在个别交谈时，只要出现一次这样的情形，就足以使交谈双方难以建立良好关系。

（2）恰当的配合。倾听并不是消极被动地听对方讲，还要有适当的反馈和配合。最常见的配合是点头，以表示自己赞同他的意见，或表示自己在认真地听，这是一种呼应，也是一种礼貌。但是点头要适时，有一定限度，频频点头也不好。有的说话者希望听者对他所讲的事情有评价，这时听者如赞同说话者的意见，可简单地说“是的，是这样”，如不赞同，也可以沉默不语。为了能听到想了解的内容，听者可以用简短的话诱导讲话人，如说“这个见解对我有启发”等，但这种诱导要自然。

（3）防止和克服不良的倾听习惯。不良的倾听习惯通常包括：对谈话主题没有兴趣，因此不能安下心来倾听；被对方的说话姿势所吸引，而忽略其谈话内容；听到不合意的事情就情绪激动，影响对其他信息的接受和理解；只重视事实而忽视原则或推论；过分重视条理，对于条理较差的谈话内容不愿多考虑；假装在倾听；注意力不集中，分心于其他事；对较难的词语或技术性词语不求甚解；因对方的情绪性语言分心；利用空当思考别的事。

3. 面对分歧

领导者在工作中经常要面对各种分歧，正确解决分歧是领导水平的表现。

（1）正确对待分歧。领导工作中意见不一致、观点不统一的情况经常发生，这是不可避免的。不同的人对各种问题都会有自己的看法，看问题的角度也会有差异，而且组织成员越精干，这种分歧越多，大家都可能提出不一致但有价值的意见。工作和生活中的分歧往往不是简单的对错问题，处理起来比较复杂。既不能粗暴拒绝而阻塞言路，也不能违心赞同而使组织蒙受损失。一般来说，解决分歧的方式有三种：强加于人；自己妥协；双方都满意。

（2）力争双方满意。对于分歧，较理想的处理结果是使双方都满意，出现“双赢”的局面。争取这种可能性的前提就是双方积极沟通，运用倾听的技巧和应答的技巧，理解彼此的需求，分析矛盾产生的原因，寻求解决的方式。面对分歧，人们首先应判断它是不是真正的分歧，看一看表面现象说明了什么实质问题，有时它们之间的联系并不十分清楚，需要通过交谈和倾听去了解对方的真实要求。当我们仔细倾听时，会发现有一部分问题只是思想情绪问题。比如，由于领导关心不够，内心苦恼无处诉说，因此用一些过激的言辞来引起别人的注意。通过倾听可以解决一部分非原则性分歧，同时还可以缓和一些与实际问题无关的情绪。

（3）巧妙地拒绝。一般来说，在交际中表现出随和、恭顺、敦厚总是受人欢迎的。但是这些优点若走向极端，也会变成人的弱点。在生活、工作中有很多时候需要说“不”，如果不敢在出现分歧时大胆表明自己的态度，予以回绝，就不能成为开创新局面的强者。

（4）勇敢地道歉。领导者认识到自己有错误时，要敢于承担责任，诚恳的道歉会使自己远离虚荣和谬误，而得到自尊和友谊。因道歉而千载传颂的“负荆请罪”的故事，清楚地说明了道歉的作用。诚恳的道歉，最重要的是爽快地承担自己的责任。在很多情况下，仅仅承认错误是不够的，因为过失给别人带来的损失可能无法弥补，所以要通过道歉告诉对方自己愿意弥补过失。领导者应该重视道歉的艺术，通过坦率的道歉来疏通阻塞的感情通道，达到彼此谅解、互相合作的目的。当然，道歉不能停留在口头上，要发自内心，勇于改正错误。

（四）协调艺术

在日常的领导工作中，协调是一项十分重要的工作。协调艺术是指在面对矛盾和冲突时，兼顾原则性与灵活性处理矛盾的方法与技巧。企业领导者的协调艺术是一种润滑剂，能保证企业得以正常运转。

（1）尽可能争取上级的支持。对于上级，一要尊重，二要沟通，三要灵活。下级一方面要想方设法使上级了解工作的重要性、工作意图和工作进展，以便上级尽可能地提供帮助和支持；另一方面对上级坚持原则要讲究方法和策略，不能固执己见，鲁莽顶撞。

（2）搞好班子内部团结。在领导班子中，由于每个成员的知识、阅历、认识事物的方法以及观察问题的角度有差异，对同一个问题往往会有不同的看法和认识，这是极为常见的事。对不同意见，处理得好，能增强领导班子的战斗力；反之，会加深班子内部的矛盾，削弱其战斗力。

（3）调动下级的积极性。对于下级，要谦虚和蔼，平等待人，关心他们，体谅他们的疾苦，并及时帮助他们解决困难。领导者对下级要做到“三情”和“三心”，即“热情、真情、深情”和“关心、放心、知心”。

（4）重视发挥公共关系的协调作用。公共关系既是研究和争取自己的朋友，建立信誉，使事业获得成功的法宝，又是“内求团结、外求发展”的管理艺术。有人把公共关系艺术形象地比喻为“现代管理的骄子，走向世界的名片，事业成功的法宝，发财致富的诀窍”。总之，公共关系艺术值得现代企业领导者研究和实践。

（五）授权艺术

授权是指领导者将一定的职权委授给下级去行使，使之有一定的权力承担一定的领导职责。授权者对被授权者有指挥权、监督权；被授权者对授权者有报告情况及完成任务之责。

领导者把部分权力委授给下属，既让下属有机会施展自己的才能，也充分体现了领导者对下属的信任，从而会激发下属更大的工作热情。同时，领导者授权给下属，可以弥补自己的不足。在授权过程中领导者要注意：

1. 遵循授权的原则

（1）视能授权。领导者委授下级的权、责，要从工作任务出发，以被授权者的品德好坏、才能大小和知识水平高低为依据。授权前，应对被授权者进行严格的考察，力求将权力和责任授给最合适的人。凡被授权者，都应当受过专门的训练，有资格、有能力完成所授予的工作。因工作急需而又一时看不准的人员，可以先试用一段时间，以便在工作中继续考察。

（2）明确权责。授权者必须向被授权者明确所授事项的任务、目标、权力和责任范围，使被授权者工作时有据可循。没有明确目标的职务，必然是虚设的职务，被授权者在工作中摸不着边际，无所适从，可能导致整个组织失去战斗力。

（3）适度授权。授权者所委授给下级的工作任务和权责，既要不超出被授权者力所能及的范围，又要使其有紧迫感。授权者与被授权者应建立相互信任的关系。授权者应当考虑所授的工作量，不能超过被授权者的能力和体力所能承受的限度，应适当留有余地。

（4）加强监控。要对被授权者实行必要的监督和控制，以防止偏离工作目标，但不要事事干涉。授权者应当尽力支持被授权者的工作，并协助解决困难，被授权者能自己解决的问题，授权者不要过多地干涉。当被授权者在工作中出现疏忽或失误时，上级领导者要勇于承担责任，并给予善意的引导和启发。

2. 掌握授权的技巧

（1）做好授权准备。首先，要了解授权人选的长处以及发展前途。其次，要按照结构优化的要求，合理配备人员。需要强调的是，若被授权者是一个集体，必须明确一个牵头人，也可为牵头人明确一个副手，但不能同时有两个牵头人，以免相互推诿扯皮。最后，如果觉得被授权者还不太成熟，能否完成任务还有待观察，或者还需要进一步考验，授权时可以加上“代理”、“助理”等头衔，并明确宣布时间期限，到时再决定取舍。

（2）紧握核心职权。领导者若把大小权力紧紧地抓在自己手中，事无巨细都亲自过问、拍板，必然变成一个忙忙碌碌、疲于奔命的事务主义者；相反，领导者若图省事省心，把权力全部下放给下属，把自己的责权“瓜分”完毕，就会成为“空头司令”。至于授什么权，授多少权，并没有绝对的标准。一般来说，除了领导者工作职责的核心或关键部分外，其他工作都可以授权；凡是下属能够同样做好甚至能够做得更快更好的工作，都可以授权。

（3）把握授权时机。领导者授权予下级的目的是让下级更好更快地工作，所以要及时授权、适时授权，既不能授权过早，也不能授权过晚。过早授权可能导致下级滥用职权，过晚授权可能使下级不能及时完成任务。

（4）掌握控制方法。授权是自上而下逐级开展的工作，一级抓一级，一级管一级，下一级对上一级负责。上级人员少，下级人员多，构成一个金字塔形的管理系统。因此，按照系统论的观点，授权不会弱化组织整体的功能，反而会进一步强化整体功能。为了保证授权后的综合功能不断加强，领导者要实施必要的监督与控制。

二、领导力测评

（一）领导力测评的概念

领导力测评就是运用科学的领导理论以及实用测评技术，将组织人事工作的实际需要、标准和要求转化为有效测定指标体系和具体测评方案，对领导者的领导力进行科学的检测和评价。实际上，这是一种科学的组织人事鉴定和考核过程，是对领导者进行的一系列专门测评活动。概言之，领导力测评就是对领导者的素质和领导过程中的领导行为进行令人信服的科学测评。

领导力测评是一种非常有效的组织人事工作手段，是领导人才培养、选拔、开发和使用诸环节都必须借助的科学手段，它对于选拔将在激烈市场竞争中发挥关键作用的企业领导者具有非常重要的意义。

我国学者周新民通过大量的实证研究，为国有企业领导者设计了以“政治辨别力、工作推动力、持续创新力、自我提升力”为主要能力和“政治判断力、政策运用力、决策力、驾驭力、运作力、创造力、应变力、学习力、自省力、自律力、自纠力”为次要能力的核心能力模型体系。这是中国领导力测评本土化的成果。中国科学院科技领导力课题组提出了领导力五力模型：前瞻力，即对应于群体或组织目标的目标和战略制定能力；感召力，即对应于或来源于被领导者的能力，包括吸引被领导者的能力；影响力，即影响被领导者和情境的能力；决断力，即对应于群体或组织目标实现过程的能力，主要包括正确而果断决策的能力；控制力，即控制目标实现过程的能力。领导力五力模型为领导力评估内容的设定、评估方法的设计提供了充足的理论依据。

（二）领导力测评的方法

（1）传统测评方法。主要包括关键事件法、访谈法和观察法等。

（2）360 度测评法。该方法可用于测评公共组织领导者的领导技巧，通过收集信息、分析问题、提出解决领导技巧问题的方法，来帮助领导者最大限度地发挥自身潜力。

（3）自我测评法。自我测评法兴起于国际互联网，是非正式评估，它为测评者提供了一种衡量自己是否已成为有效领导者或具有相应能力的方法。

（4）评估中心测评法。评估中心运用多种方法测评领导者的能力并有效提升其潜力。评估中心不仅用于对领导者的选拔，而且广泛应用于对领导者的培训。

（三）领导力测评的要素

对领导者进行评估时，若只就其整体状况作出评价，既很难操作，也很难得到全面而准确的结果。通常的做法是分解出德、智、能、绩四种要素，然后分别沿着这四个主要方面去评测。

（1）德。德是指领导者的品德。用人的标准是德才兼备，以德为先，这是古代帝王就运用的原则。中国共产党的干部路线历来也强调这一原则。德首先是指对干部的政治要求。邓小平同志说：“选拔人，第一个是政治条件。”他又进一步明确提出：“用人的政治标准是什么？为人民造福，为发展生产力，为社会主义事业作出积极贡献，这就是主要的政治标准。”德还包括干部的原则性与是非观念、实事求是与踏实苦干的精神、谦虚民主、能团结人和听取不同意见、诚实坦率等作风与修养方面的品质。

（2）智。智是指领导者的知识。领导者所在单位与行业的性质不同，对胜任工作所需知识的要求也不同，这里的知识主要指专业知识。作为一名管理者，除需要具备一定专业技术知识外，还需具备必要的基础知识、现代管理理论知识、政策法律知识与包括常识在内的广泛的知识。

（3）能。能是指领导者的能力。对于领导者来说，沟通能力、人际关系处理能力、组织能力与计划实施能力、授权能力、自学能力、创造革新能力以及分析与决策能力等都必不可少。据调查，领导者的工作活动时间中约有70%～80%用于与各种人打交道，所以沟通与人际关系处理能力（包括团结协调、化解矛盾、谈判交涉、倾听表达、说服辩论等）颇为重要。但最需强调的是管理者的分析与决策能力，又称解决问题的能力。具体来说，它是指这样一种能力：一事当前，能从纷繁头绪中找出存在哪些问题和矛盾，分清主次轻重，诊断出问题产生的原因，制定出至少两种有针对性的备选解决方案，对它们各自的利弊进行比较权衡，从而作出最后决策，并予以贯彻执行。

（4）绩。绩是指领导者的绩效。需要指出的是，进行领导力测评时要正确地看待绩效的作用，原因在于：一是绩效不仅取决于当事者的个人能力，而且受客观条件与本人激励状况的制约，甚至与偶然的运气等因素有关，不能直接、准确地反映其潜能；二是绩效是该领导者在过去的岗位与条件下显现出来的，只能作为估计他未来表现的参考。从这一角度来看，绩的作用不同于德、智、能三项要素。

思考与讨论题

1. 领导素质理论和行为理论各有什么主要原则和局限性？
2. 简述领导行为权变理论的关键因素及其与领导效能的关系。
3. 什么是领导艺术？领导艺术包括哪些内容？提高领导艺术的关键是什么？
4. 运用领导行为理论说明选择领导方式应注意什么问题。
5. 某公司首席执行官诺尔曼说："我不怕失败，也不怕犯错误。对我来说，当你们把所有的风险都拿走时，那就没有什么乐趣了。"这句话对吗？诺尔曼的领导方式说明了什么？
6. 某公司的高级执行官在谈及领导时说："我不把人找来，多半到其他人办公室看他们而不是让他们来看我。"这说明他采用的是哪一种领导方式？这种方式在何种情况下可能有效？

随堂测验

领导者人际关系能力测试

请根据自己的实际情况对下列题目作出"是"或"否"的选择。每题选择"是"记1

分，选择“否”记0分。将各题的得分相加得出总分。

1. 我很容易交上新朋友。（ ）

2. 我在与陌生人谈话时，常常不知如何开头。（ ）

3. 我交朋友常由别人引见。（ ）

4. 我喜欢参加群体活动。（ ）

5. 我能很好地体会别人的心情。（ ）

6. 我常能准确地猜出别人为什么高兴或不高兴。（ ）

7. 我不轻易评论别人。（ ）

8. 好多人都不讨人喜欢。（ ）

9. 初次打交道不应信任别人。（ ）

10. 人只应与对自己有利的人交朋友。（ ）

11. 我很容易同别人见面熟。（ ）

12. 在社交场合，我可以很投入地与大家一起快乐。（ ）

13. 一个人外出时，我常不知如何排解孤独。（ ）

14. 我不喜欢常有人打扰。（ ）

15. 我常忘记答应别人要做的事情。（ ）。

说明：如果你的得分接近分数的最大值，说明你很善于建立人际关系，容易结识新的朋友，在人际关系上的处境也较好。如果你的得分更接近分数的最小值，则意味着你建立人际关系的能力尚需要改善。

案例研究

危机中的克莱斯勒与艾柯卡

李·艾柯卡被福特公司解雇后，又被岌岌可危的克莱斯勒公司聘为总裁。他未到任前，《底特律自由报》刊登了两条大标题新闻：“克莱斯勒空前亏损”和“李·艾柯卡加盟克莱斯勒”。

就在他到任的那天，克莱斯勒公司宣布第三季度亏损近1.6亿美元，这是该公司有史以来最严重的亏损。正当艾柯卡组织好领导班子准备大干时，伊朗国王巴利维出走，几星期内，国际油价上涨一倍，能源危机首先冲击了加利福尼亚，当地到处是排队买汽油的人们，纽约加油站甚至出现了混乱。

一个月后，能源危机东移，到了6月的最后一个周末，要是能找到一家还在营业的加油站，就称得上走运了。家用小轿车、大型客车、周末旅游车、厢式车一时间全没了销路。克莱斯勒正是生产房车与周末旅游车的大户，石油危机使它供应周末旅游车工业的引擎和底盘几乎全部滞销，自产的厢式小客车销售量减少了50%。克莱斯勒马上采取措施，增加对新工厂和新产品的投资。

正当公司采取这些代价很大的初步措施时，美国又陷入了经济衰退，全国汽车年销售量下降近50%。经济形势需要加倍投资，而收入只有原来的一半，克莱斯勒连挨两拳，几乎被打趴下了。为了生存下去，艾柯卡采取了一系列措施，如精简人员，节约开支，并向政府求援。

向政府求援的申请，在全美引起了激烈争论，整个社会舆论纷纷，投反对票的甚多，理由是保护自由竞争，该破产的就让它破产，政府干预经济，既代价高又无准备。在那段时间内，最大的危机是用户对克莱斯勒的信任度下降，谁也不愿意购买一家请求政府贷款且即将破产的企业生产的汽车，那些仅仅愿意考虑一下克莱斯勒的汽车用户占整个汽车用户的比例由原来的30%下降到了13%。

如何应对这样的危机？一些人主张沉默，不愿意让公众注意公司的悲惨处境；但也有人反对，与其悄无声息地死去，不如大喊大叫。艾柯卡同意后者的观点。

克莱斯勒公司首先开展了消除公众对公司前途顾虑的广告运动，让公众明白两点：第一，克莱斯勒绝无停业打算；第二，公司正在生产美国真正需要的汽车。这次广告运动一反过去刊登图片、文字说明的方法，刊登了一系列文章，这些文章不宣传产品，而宣传公司和它的前景、事业，以及公司的决心与能力。

还有一些广告，自问自答了一些相当棘手的问题。比如问："没有了克莱斯勒，美国的经济情况会好转吗?"回答是：如果克莱斯勒倒闭，整个国家的失业率将上升5%；公司的工人、经销商和材料供应商加起来共60万人，国家为失业保险和福利的开支一年就将达到27亿美元。

这些广告全部经艾柯卡本人签字认可，以示以个人声誉来为公司担保。广告使所有公众意识到个人与克莱斯勒的关系，社会舆论发生了变化，卡特政府与国会人士手里也拿着这些广告奔走相告，有的愤怒，有的欢喜，有的沉思。

其次是紧紧团结经销商，由他们发起游说议员活动。克莱斯勒原来与经销商关系不好，因为多年来克莱斯勒的产品质量不高，以至于经销商已习惯在收到新车后重装一次。

艾柯卡到任后，首先挑选了两名助手，其中一名负责与经销商联系。他把经销商都请来，心平气和地交换意见，告诉他们：公司新领导准备在各领域树立纪律观念；在质量问题方面，他们决心马上整改，并再三许诺会兑现。之后又组织经销商讲习会，为他们提供商品信息，介绍汽车技术知识等。

艾柯卡派另外一名助手抓汽车质量，从设计到制造都制定了规范，并广泛吸收工人参加质量活动，提出了劳资双方共同执行的质量纲要，允许大家对任何其他问题开展争论，但不允许对质量问题进行争论，不能用劳资谈判中常用的妥协办法来解决质量问题。每天早晨，负责质量管理的人员都从装配好的车中随意挑出5辆，要求生产人员与一辆新的日本丰田车进行比较，寻找两者的差距。

通过这些工作，经销商与克莱斯勒的关系日趋融洽。此次如果克莱斯勒破产，将导致半数经销商相继破产，因此将经销商组织起来并不难。

汽车经销商一般比较富裕，在团体里也比较活跃，交际广，且多是共和党党员，因此对那些反对给克莱斯勒贷款的共和党议员的影响极大。他们来到华盛顿，找自己熟悉的议员游说，阐明公司破产将对社会产生什么影响，讲清公司的实力与前途。

他们把每个议员选区中与克莱斯勒有业务往来的供应厂商与经销厂商列出来，打印成表，发给每位议员。该表显示，在全部535个选区中，只有2个选区没有克莱斯勒的厂商、材料商、推销商。这张表击中要害，产生了十分明显的效果。

经销商的办事能力惊人，甚至拉进了其他公司的经销商，他们从竞争角度撰文提出，应保全克莱斯勒，高呼“如果克莱斯勒倒闭了，福特还能长久维持吗?”

工会也紧紧团结起来，它们认识到，如果公司破产，会员会出现什么情况。工会负责人弗雷泽在组织游说活动时说：“我们不是为克莱斯勒辩护，我们所关心的是破产对工人和社会的严重影响。”弗雷泽同众多的议员与参议员个别会晤，不但如此，作为副总统蒙代尔的好友，他还为公司的事到白宫进行了两三次重要访问。

到了国会表决时，克莱斯勒公司已有了很多支持者，众参议院都以多数票同意通过帮助克莱斯勒重新站起来的方案。

贷款保证法通过后，克莱斯勒有了战斗机会。艾柯卡要求公司上下团结起来，并使员工认识到：我们从“阔舅舅”那里借到一笔钱，现在咱们得证明，咱们不会欠债不还的！

首先，艾柯卡把自己的薪酬减到每年1美元，这在底特律成了一大新闻。之后又做经理主管人员的工作，让他们主动削减自己的薪酬，最多减少10%，这在汽车行业中是从来没有过的。最后又做工会的工作。

工人们作出了相当大的让步。工人的工资每小时减少了1.15美元，后来又减少了2美元。在整整19个月期间，克莱斯勒的工人平均每人少拿近1万美元工资。

克莱斯勒团结工人的办法是：一是让工人拥有公司股票，让工人分享利润，把个人利益与企业紧紧结合在一起，当时每个工人账上约有5 600美元，这是一笔不小的储金。二是与工会一起制定了处罚规章，并对少数旷工、不好好干活的人予以严厉处罚。三是不得不解雇一大批工人，关闭一些厂。为此，艾柯卡走遍了公司每个工厂车间，与工人直接沟通，他感谢工人在艰苦日子里与公司合作，并告诉工人，待情况好转，一定会让他们重新得到与福特公司和通用汽车公司工人同等的待遇。四是请工会的弗雷泽担任董事会成员。这引起了实业界的极大愤怒，因为当时美国大公司的董事会中从未有过劳方代表，他们认为工人与总裁是天然的不共戴天的仇敌。艾柯卡认为，美国经济的发展取决于政府、工会和资方之间的合作。只有合作，才能在全球市场上接受挑战。弗雷泽进董事会后发挥了巨大的作用。

后来，克莱斯勒又与银行进行了艰苦的谈判，获得了政府保证的借款。公司在新车型上下功夫，终于站稳了脚跟，渡过了难关。此时，艾柯卡的第一个行动就是召开记者会，宣布克莱斯勒比原定偿还期提前7年偿还了全部贷款。

资料来源：袁凌、李敬、吴文华：《组织行为学》。

［讨论题］

1. 在克莱斯勒起死回生的过程中，艾柯卡的决定作用体现在哪些方面？
2. 从克莱斯勒的沉浮中我们可以知道一个企业成败的关键是什么？
3. 试想一下，假如没有李·艾柯卡这个人，克莱斯勒将会怎样？
4. 假如你被聘为克莱斯勒总裁，你将怎样使其重振雄风？

第 14 章

组织变革与发展

内容提要

组织变革是组织根据外部环境和内部情况的变化，及时改变自身的结构，以适应内外部环境不断变化的过程。组织变革既存在动力，也存在阻力。组织发展以改善和更新人的行为、人际关系以及管理方式为重点，其根本目的在于增强组织的活力，提高组织的效率。在本章的学习过程中，组织变革的动力和阻力分析、组织发展的内容是重点，组织发展的路径选择是难点。

第 1 节 组织变革

一、组织变革的概念

变革（change）就是变化或改变。组织变革（organization change）是组织发展过程中的一种经常性活动，是任何组织都不可回避的问题。是否顺利地引导组织变革是衡量管理工作有效性的重要标志。

不同的专家对组织变革有着不同的认识。传统观点认为，组织变革是指运用行为科学和相关管理方法，对组织的权力结构、规模、沟通渠道、角色设定，组织与其他组织之间的关系，组织成员的观念、态度和行为，以及成员之间的合作精神等进行有目的的调整和革新，以适应组织所处的内外部环境、技术特征和组织任务等方面的变化，提高组织绩效。现代观点认为，伴随着组织在各个时期的成长，组织变革与组织演变交替出现，进而促使组织发展。我们认为，组织变革是组织根据外部环境和内部情况的变化，及时地改变自身的内在结构，实现组织功能结构的局部调整，以适应内外部环境不断变化的过程。

组织作为一个开放的系统，必然会不断地与外界进行交换，并随着内外部环境的变化而变化。那种静态的和完全不适应内外部环境发展变化的组织是难以生存和发展的。只有不断地进行变革并保持动态平衡的组织，才能担负起自己的责任，才是有效的组织。组织行为学的研究表明，组织变革的核心问题是效率、效益和员工的满意度。因此，组织变革应该有其基本的目标，主要包括以下三个方面：

（1）使组织更具环境适应性。环境因素具有不可控性，任何组织都难以控制环境的变化，不能避免环境变化对组织的影响，这就决定了组织必须经常审视自身的战略发展规划，主动改变自身的结构，不断设计出新的制度和方法，只有这样，才能有效地把握各种机会，识别并应对各种威胁，使组织更具环境适应性，顺利地实现组织目标。

（2）使管理者更具环境适应性。在一个组织中，管理者是决策的制定者和组织资源的分配者。在组织变革中，管理者必须清醒地认识到自己是否具备足够的决策、组织和领导能力来应对未来的挑战。因此，管理者一方面需要调整过去的领导风格和决策程序，使组织更具灵活性和柔性，另一方面要能根据环境的变化要求重构层级之间、工作团队之间的各种关系，使组织变革的实施更具针对性和可操作性。

（3）使员工更具环境适应性。组织是由员工构成的，组织的各项变革都会相应地引起员工心理和行为的改变。管理者在进行各项变革时，要认真研究员工心理和行为的特点，按照员工的心理和行为规律，采取有针对性的管理措施，以提升员工的满意度，激发员工实现组织目标的积极性。组织如果不能使员工充分认识到变革的重要性，改变员工对变革的观念、态度、行为方式等，就可能无法使组织的变革措施得到员工的认同、支持和贯彻执行。

知识卡片 14—1

组织的生命周期

任何动物都有自己的生命周期，要经历一个诞生、成长、成熟和死亡的过程，组织也不例外，一般也有其出现、成长、发展、衰退、消亡的过程，不得不面临衰老和死亡的问题。根据权威统计，日本和欧洲公司的平均寿命是12.5 年，40%的公司不到 10 年便消失了，即便是大型公司，也很难维持 40 年。而在美国，平均有 62%的公司存活不到 5 年，大约 10%的公司寿命超过 20 年，只有 2%的公司能存活 50 年以上。但是世界上仍有不到 1%的组织打破了生命周期的轮换，创造了不朽的长寿神话。

这些组织长寿的原因是什么？通过对这些企业组织生命周期的比较分析，我们认为：如果组织敢于在生命周期的成熟期进行彻底的变革，打破已成为组织发展绊脚石的旧的组织结构，重新进行正确的战略规划和架构调整，并以此作为新的发展起点，追求更高水平的发展，就可以渡过组织危机，跨入新的生命周期阶段，实现组织生命再生。具体的变革时机如图 14—1 所示。

因此，在竞争越来越激烈的市场环境下，任何组织，要么变革，要么死亡。只有不断变革与创新，组织才能永葆青春，实现可持续发展。

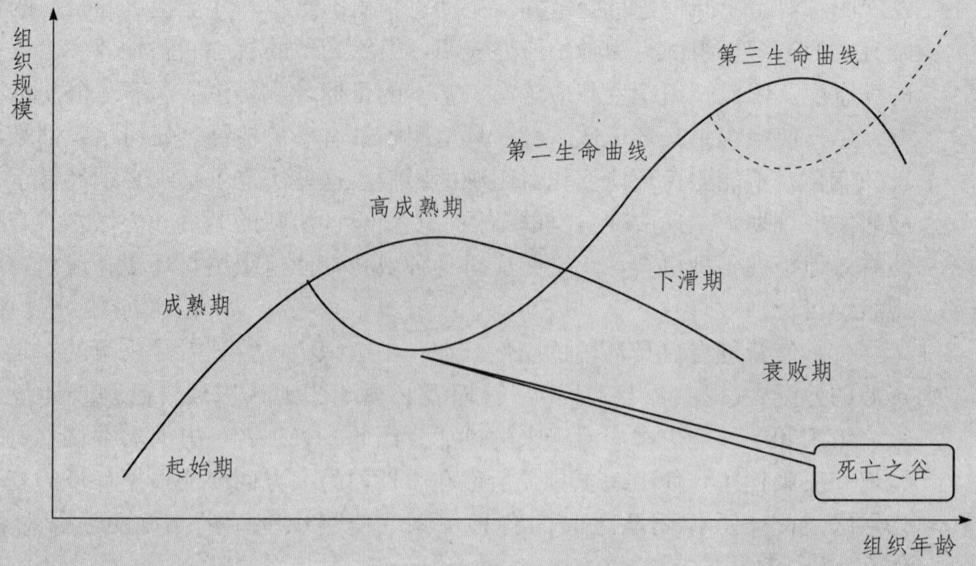

图 14—1 组织的生命周期

资料来源：马作宽：《组织变革》，北京，中国经济出版社，2009。

二、组织变革的过程

组织变革过程是指组织变革从开始到结束的全过程。关于在组织变革中如何控制变革的全过程，如何得到变革的满意结果，西方许多组织行为学家进行了大量卓有成效的研究，提出了许多关于变革过程的理论。

（一）勒温的“三阶段”理论

勒温认为，组织变革应当包括三个基本阶段：解冻、变革和再冻结。

（1）解冻。在这一阶段，要激励要求变革的动机。首先，要使组织成员认识到，按照原来的办法是不可能获得预期的效果的，应该否定旧的态度和行为，从而对变革的必要性和迫切性有正确的认识。其次，要创造一种心理上的安全感，消除变革的心理阻力，使大家认同变革，加速解冻的进程。

（2）变革。这一阶段要达到的目的是：通过变革，使成员学习一种新的观念，形成新的态度，接受新的行为方式。为了达到目的，要注意树立变革的榜样，供其他成员学习、模仿、认同与内化，以促进变革的进程。

（3）再冻结。这一阶段的目的是稳定变革的成果。为达成这一目的，最好的办法之一是，系统地搜集变革获得成功的客观证据，并经常将这些信息提供给变革的参与者，增强他们参与变革的信心；同时，利用必要的强化手段，使已经实现的变革趋于稳定、持久，以形成固定的行为模式。

（二）卡斯特的“六步骤”理论

美国管理学家卡斯特（F. E. Kast）认为，组织变革包括六个环节：

（1）回顾和反省。在该阶段，组织的主要工作是回顾、反省和批评，对组织的内外部环境进行必要的调查研究，为变革做准备。

（2）觉察问题。通过调查研究发现问题，认识到组织确实需要变革。

（3）分析问题。通过分析找出存在的问题，找出现有状态与应达到状态之间的差距。

（4）确定解决问题的办法。对可供解决问题的各种方案、方法加以讨论，从中选择最佳方案。

（5）实施变革。这是采取具体行动的阶段，即根据选择的方法和行动方案，实施具体的变革。

（6）反馈。检查与评定变革效果与原计划有无差距，根据实施的效果作出反馈。如有问题，根据上述步骤再次循环。

（三）凯利的“三阶段”理论

心理学家凯利（J. Kelly）认为，组织变革的步骤包括诊断、执行和评价三个阶段（如图 14—2 所示）。

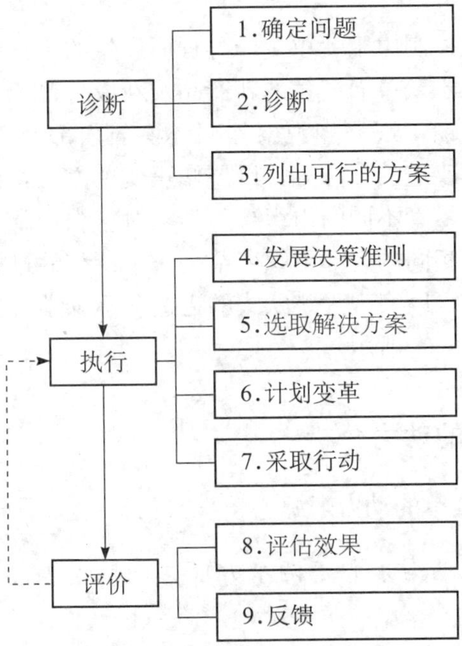

图 14—2　变革过程三个阶段示意图

资料来源：袁凌：《组织行为学》。

（1）诊断。在诊断过程中，首先要调查现状，包括重新审查组织结构、岗位责任、管理制度等；对用户及市场进行调查；对员工心理及态度进行调查和测量；对组织管理的效率进行调查，如了解利润、成本和经营效果等方面的情况。其次要对调查材料进行定性与定量的分析，找出现实与期望目标之间的差距，据此准确地确定需要变革的具体问题和将要达到的目标。最后，制定出可行的方案。

（2）执行。在执行过程中，组织首先要提出明确的变革方案及方案的评价标准，然后进行变革方案的选择，接下来围绕选定的方案制定具体的实施计划，最后采取切实行动，落实变革计划。

（3）评价。将变革的结果与变革的目标进行对比，肯定成绩，找出不足，不断地进行调查，并将调查得出的结论加以反馈。

（四）沙因的“六步骤”理论

美国行为学家沙因提出的关于组织变革的步骤和方法，与卡斯特提出的步骤和方法大同小异，但更重视信息的传递过程，并指出了解决每一个过程中可能出现的问题的方法。沙因提出的适应性变革循环的理论，将适应循环过程分为以下六个步骤。

（1）洞察内部环境及外部环境中产生的变化，使之成为主动变革的起点。组织可以经常开展市场调查、顾客心理调查和民意测验来及时了解内外部环境的变化情况。

（2）向组织的有关单位提供组织内外部环境变化的确切情报资料，准确判断情报资料，以便制定变革方案。

（3）根据输入的情报资料，采取行动，进行变革，如变革组织内部的生产过程。

（4）减少或控制由于变革生产过程而产生的不良影响。

（5）输出由于变革而产生的新产品及新成果等。

（6）通过反馈，进一步观察外部环境与内部环境的一致程度，评判变革的成果，找出进一步改进的办法等，以便修正变革方案，再进行下一个循环。

综上所述，尽管不同的组织行为学家对组织变革程序持不同的见解，但他们论述的实质是大致相同的，即组织变革是一个持续的过程，这个过程既可以表现为渐进式的调整，也可以表现为跳跃式的迈进。不少学者把企业组织变革过程划分为三个步骤（如图 14—3 所示）。

三、组织变革的动力分析

（一）组织变革的动力来源

组织变革的动力来源于两个方面：一是组织的外部环境；二是组织的内部条件。

1. 外部环境

外部环境可分为一般环境和特殊环境两类。一般环境是指对任何组织都有同样影响的环境，如经济、政治、文化、技术、法律、政策等因素；特殊环境是指与某一组织有关的更为特殊的一些因素，即任务环境。如纺织机械厂的任务环境与石油化工厂的不同。任务环境还包括同行业的竞争。

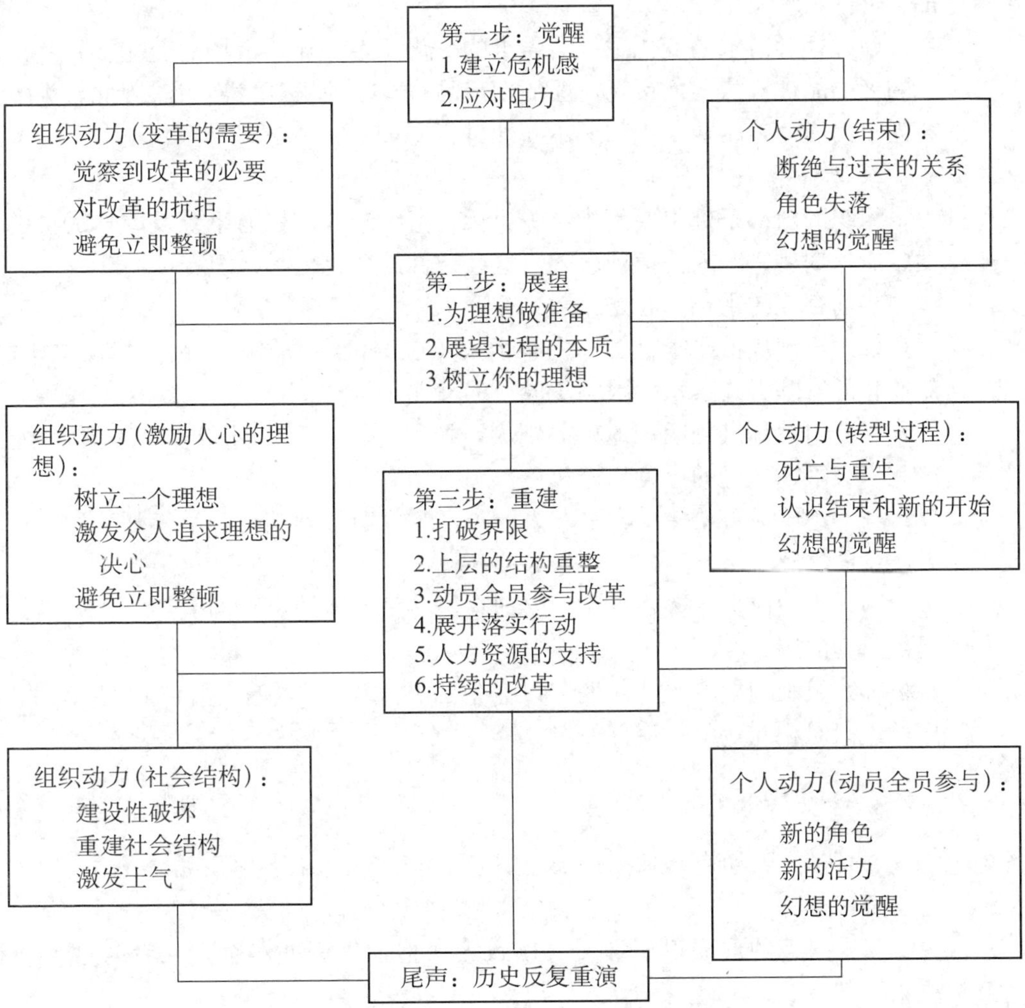

图 14—3　组织变革的步骤

资料来源：诺尔·蒂奇、斯特拉福德·舍曼：《掌握命运：通用电气的改革历程》，上海，上海译文出版社，1996。

外部环境导致组织变革的动力主要来自四个方面：

（1）技术的不断进步。新技术的飞速发展，影响到人类生活的每一个方面。在不久的将来，企业将只需要少量的员工做重复性的常规性工作，很多产业将只存在很少的直接的体力劳动，几个工人就能控制一个大型水力发电厂、炼油厂，或通过电子计算机来控制全部自动化的水泥厂。由此可见，技术的进步会促使组织发生重大变革。

（2）价值观念的变化。价值观念的变化是组织变革的一种外部动力。随着社会的进步，价值观念（包括社会价值观念和个人价值观念）都在发生变化，过去认为有价值的东西，现在被人们认为是无价值或价值不高的东西，人们不断追求新的价值。这种价值观念的变化必然会反映到组织中，对组织产生潜移默化的作用。

（3）社会制度结构的变化。宏观经济政策和社会体制的变化，必然会影响企业组织的变革。如国家的产业政策、投资政策、消费政策、管理体制等方面的变化，都会促使组织发生变革。

(4) 社会需求的变化。社会需求的变化，必然导致市场的变化。有些市场不需要的老产品被淘汰，而市场需要的新产品将不断地被开发出来。因此，为了适应社会需求的变化，企业组织需要不断地进行变革。

2. 内部条件

组织的内部条件主要是指组织目标、组织结构、权力系统及内部成员的工作态度、工作期望、个人价值观念等。这些条件的变化也是组织变革的动力。

当前存在的主要问题是：

(1) 组织成员要求在工作中有个人发展的机会，但是组织仍然倾向于简单化、专业化的管理方式，从而限制了成员的发展。

(2) 组织等级分明，地位差别大，控制严格，而成员希望在工作中相互影响，彼此以公平、平等的态度坦诚相见。

(3) 组织成员希望在自尊、人际关系等方面得到满足，组织却强调理性，不关心成员的情感。

(4) 组织成员希望在工作中立即获得满足，但是组织的奖惩、晋升等仍然只能提供后延的满足。

(5) 组织领导者仍然习惯于以竞争的方式设计组织，但随着生活水平的提高，成员逐渐对相互竞争失去兴趣。

(二) 组织变革的征兆

心理学家西斯克（N. L. Sisk）认为，当组织面临下列几种情况之一时，变革就是必要的。

(1) 决策的形成过于缓慢，以致无法把握良好的机会，或者时常形成错误的决策。

(2) 组织沟通不畅。

(3) 组织的主要功能显得无准备或低效率。

(4) 组织缺少创新。

尽管组织有了变革的必要性，但是否实行变革，仍然要进行综合经济技术论证。对此，美国利特尔咨询公司提出了一个公式：

$$c=(abd)>x$$

式中，c 表示变革，a 表示人们对现状的不满程度，b 表示变革后可能达到目标的概率，d 表示现实的起步措施，x 表示变革付出的代价。只有当 c 大于 x 时，变革才有实际意义。c 和 a 的差值越大，变革的可行性也就越大。

四、组织变革的阻力分析

(一) 组织变革的阻力来源

组织变革是组织权力、利益和关系的大调整，因此不可避免地会触及一部分人的既得利益和权力，切断一些人已经形成的亲密关系，或者使人们感到不习惯、不舒服。变革的阻力主要包括个人阻力和组织阻力。

1. 个人阻力

（1）注意力和保持力。一个人一旦确立了自己的态度，对他人的建议就只是在自己既定态度的框框内作出反应，即使他人的建议是正确的，若与他本人的想法不一致，也会产生阻力。

（2）习惯。除非情况发生了显著的变化，否则人们通常总是按照自己的习惯对外部环境的刺激作出反应。

（3）依赖性。如果人们没有形成自我尊重的意识，对他人的依赖性就可能成为变革的阻力。

（4）认知障碍。例如，员工不明白变革的意义，心理承受力弱，担心变革不能成功，对发动变革缺乏信心。

（5）经济原因。员工担心变革会影响到自己的利益，主要体现在以下方面：担心变革后被解雇；实行计时工资制的员工担心变革之后减少工作时间，使自己的收入减少；担心改变职务而降薪；担心只增加产量而不增加个人收入；等等。

（6）职业的心理定式。员工在常规性的工作中和长期从事的职业中，容易形成心理上的准备状态。职业的心理定式对常规性工作有积极作用，可以大大提高生产效率。但在变革中，这一心理定式会使员工觉得对工作难以适应而产生心理上的压力，影响工作效率，对变革产生消极影响。

（7）嫉妒心理。有嫉妒心理的员工，往往对变革取得的成绩不满，常用流言蜚语中伤改革者，用匿名信诬陷和威胁改革者，甚至直接攻击改革者。这种病态的心理和行为不仅会给改革者造成心理压力，而且会给积极支持和参加变革的员工造成心理障碍。

（8）害怕权力和地位受到威胁。组织中的某些人可能把变革看成是对他们的权力或地位的一种威胁，因而在思想和行动上以各种形式抵制变革。

（9）组织效益预期。如果变革能促进组织的发展，提高效益，人们会乐意接受变革；否则，人们会抵制变革。

2. 组织阻力

（1）组织结构障碍。组织的等级层次过多，可能使一些触及组织某一层级利益的好主意、好方法因信息沟通环节过多而遭到抵制。

（2）资源限制。资源的缺乏使某些企业愿意维持现状，除非能够获得可利用的资源，否则它们不愿意变革。因此，资源的缺少也构成对变革的一种阻力。

（3）群体自动制衡。如果变革的意义尚未被群体成员认同，或群体目标与变革目标不一致，那么由于群体规范和群体压力的作用，群体成员会采取一致行为加以抵制，以保持原有的平衡。

（二）克服变革阻力的途径与方法

要成功地进行组织变革，必须克服组织变革的各种阻力。其具体途径和方法如下：

1. 采用“力场分析法”，降低以至消除不满

力场分析法是由勒温创造出来的一种方法。他提出，当变革遇到阻力时，如果用强硬的手段予以压制，可能一时会平息，但反抗的情绪会悄悄地蔓延、聚集起来。因此，他主张把支持变革与反对变革的所有因素进行排队，分析其强弱程度，并采取措施，增强支持因素，促进变革顺利进行。勒温在第二次世界大战期间曾亲自进行“力场分析”实验。他在一家工厂要求全体女工戴防护眼镜，受到抵制。他通过调查，把正反两方面的因素归纳为两个方面。一是推动力，即要求戴眼镜的理由：（1）保护眼睛；（2）与企业合作；（3）按规定办事。二是抑制力，即不愿戴眼镜的理由：（1）太重；（2）不美观；（3）这是个人自己的事情。对第一个反对因素，经了解，只要花5美分就能调换一种比较轻而舒适的镜架，公司同意增加这笔支出；对第二个反对因素，他让女工自己设计美观合适的眼镜式样，并公开评比，激发了大家的兴趣。这样，女工们从反对公司的规定变为支持公司的变革措施。

2. 进行变革教育，消除对变革的担心

一般来说，变革有一个过程，组织成员很难在短时间内统一思想，总有人存在这样那样的担心。为了适应变革的长期过程，要进行相应的变革教育，把变革的原因、步骤和可能达到的效果等告诉成员，提供准确的信息，减少以至消除担心。

3. 让员工参与变革的决策

组织行为学的研究认为，让所有与变革有关的人员参与变革活动，能增加他们对变革的认同感。这是保证统一行动的基础。因此，实行参与制，让员工参与组织变革的决策过程，是克服变革阻力的有效途径。

4. 选择有变革精神的人负责各级领导工作

任何变革都不是一帆风顺的，难免会受到各种干扰。如果领导者有所动摇，就会导致变革的夭折。因此，要选择那些聪明能干、积极上进、富有改革精神、办事公道且为广大员工所信赖的人领导变革。

5. 运用经济手段加以鼓励

由于许多员工对变革的担心都与经济利益相关，变革如果可以增加员工的收入，往往会受到赞同；反之，则会招致阻碍。因此，通过变革尽快提高效益、增加员工的收入是克服阻力的有力措施。

6. 创造和培养革新氛围

变革是组织生存的关键，只有变革才能进步。创造革新的氛围对于员工自觉推行组织变革大有益处，但这绝非一朝一夕之事，需要领导和员工长期不懈地努力。

五、组织变革的基本对策

组织变革的基本对策，实质上就是选择组织变革的技术路线。组织变革的技术路线是组织变革的方法与策略的总称。组织管理者对某种变革技术路线的选择，取决于组织被诊断出来的问题的性质。为了解决变革中出现的问题，组织管理者必须选择最有可能产生预期效果的技术路线。在改革的实践中，运用较广泛的技术路

线有：

1. 改变组织结构

改变组织结构是指对组织的结构成分根据变革的需要进行调整。改变组织结构是一项复杂的系统工程，包括：成立新的部门或合并某些部门；调整领导班子；调整管理层次和管理幅度；扩大基层单位的自主权，实行人员的优化组合；等等。目前，有的企业将大厂划分为若干分厂，实行独立核算，自负盈亏，扩大基层单位的自主权，结果使组织结构更灵活，大大提高了经济效益；有的企业为适应内外部环境的需要，跨行业跨地区实行横向联合，形成中型或大型的企业集团，从而增强了企业的竞争能力。这些都是改变组织结构的表现形式。

2. 改变人的行为

要获得良好的组织绩效，不仅要有健全的组织结构，更重要的还在于各级组织的员工能按照新方案确定的组织目标自觉地改变其行为。可以说，如何改变人的行为，是一个比设计出健全的组织结构方案更复杂的问题。改变人的行为，包括改变员工的工作动机、态度和技能等多方面的内容。它既包括思想教育方面的内容，又包括生产管理方面的内容。在我国的企业组织中，当前的重要任务是加强社会主义精神文明建设，加强共产主义理想信念和道德的教育，增强员工的主人翁责任感和集体主义思想，树立社会主义的权利义务观念和组织纪律观念。

3. 改变技术

通过改变技术来实现组织变革，主要有两种方式：一是变革直接工作技术，即引进和使用新机器、新设备、新工艺、新技术；挖掘潜力，进行技术改造；提高和改进产品质量；控制技术和生产进度等。二是变革管理技术，即采用现代化的信息收集和处理系统、现代化的办公系统及文件处理系统、工程管理或程序管理的方法等。改变技术既是组织变革的一项内容，又是推进其他组织因素合理化的强大杠杆，对组织的结构与行为有深远的影响。

4. 调控外部环境

组织和外部环境是相互影响、相互作用的。组织不仅要适应外部环境的变化，而且应该在力所能及的范围内主动地调节、控制和改造环境，使其适应组织的发展。这方面的工作包括：开发和占领新的市场；扩大与外界的信息交流，及时掌握信息情报；优化组织功能；等等。

第 2 节　组织发展

一、组织发展的概念

对于组织发展（organization development，OD），尽管目前还没有统一的定义，但它在管理理论和实践中显示出来的客观价值已引起了人们的普遍重视。在管理科学中，早期有人把组织发展看成是“改善组织中人的因素”；后来也有人认为组织发展就是运用行为科学的知识进行有计划的、全面的、自上而下的努力，目的在于通过对组织内各种过程进行干预，以提升组织的有效性，并使之健康发展；还有人认为，组织发展就是通过运用行为科学的概念、理论和方法，对组织结构进行有计划的、系统的研究，以期对构成组织的三个基本要素（结构、技术和人）进行系统的变革，使之适应形势的要求，提高组织绩效，实现组织目标。

遵循以人为中心的原则，通过综合管理学家对组织发展内涵的描述和考察组织发展活动的实践，我们认为：组织发展就是运用心理学、社会心理学和行为科学的知识，根据组织的内外部环境变化的要求，通过有计划的、长期的努力，来改进和更新组织，从而实现更协调、更有效的管理的过程。这个过程又以改善人的行为、人际关系以及管理方式为重点。

组织发展的根本目的在于增强组织的活力，提高组织的效率。具体表现在：一是使组织的结构、战略、活动、人员与组织的作风、制度更好地互相配合；二是提出新的和创造性的解决问题的方案；三是开发组织自我更新的能力；四是提高组织的工作效率。

知识卡片 14—2

未来的组织

随着变革日益深入和紧迫，公司和业务部门的战略生命周期逐渐缩短。很多公司已经从几年前普遍采用的2～5年的战略开发，转向连续的战略开发。照此趋势，如果未来仍需要连续的战略调整，那么我们对于未来的组织可以作出以下一些预测：

1. 只有在具备执行快速战略变革的能力，而且没有适应性和机能等方面的问题时，组织才能在未来生存下去。

2. 为应对这些改变，组织要不断调整或彻底重新设计结构。

3. 未来的组织除了今天已知的大部分结构外，还会出现一系列新的结构，其中有很多新颖别致甚至重大的突破。

4. 公司对这些新结构满意与否，将越来越少地依赖于结构本身，而是取决于公司如何科学地设计方案，彻底地执行新的设计方案，以及设计相应的协调机制。

二、组织发展的特征

组织发展是提高企业员工积极性和自觉性的手段，也是提高组织效率的有效途径。其特征主要有：

1. 组织发展是相互作用的过程

组织发展是一些相互联系的事件随着时间的推移而朝一定目标运动的过程，这些事件就是组织改革与发展的各种措施或活动。这些措施或活动相互作用的过程就构成了组织发展。这一过程主要包括两个方面：一是解决企业和组织中当前存在的问题；二是使企业和组织成员获得解决与管理将来可能出现的问题的能力。

2. 组织发展是以有计划的再教育手段来实现变革的策略

组织发展是一场有计划的变革，并且代表了一种新的价值观。它通过再教育手段，使人们抛弃不适应生产和企业发展的旧规范，形成新的积极的规范，改变人们的信念、态度和价值观，从而改变组织气氛和组织结构，使之更适应新的技术、市场和环境。

3. 组织发展是一个动态系统，强调各子系统的相互联系、相互依存和相互作用

组织中存在许多子系统，组织发展要求其中的各个子系统协调配合，维持组织的功能。例如，在引进新技术时，必须在工作设计、管理方式、群体结构和组织体制等各方面作出相应的改变，使之适应新技术的应用，实现全面的组织发展。

4. 组织发展是组织自我完善、组织成员自我提高的过程

组织发展虽受外部环境的影响，但它主要不是靠外部力量的推动，而是靠本身的力量去自我完善。组织要有计划、有步骤地对组织机构进行有效的调整，对组织成员进行培训和教育（如进行一般工人的技术培训，组织工程技术人员的继续教育），使之抛弃不适应新形势发展的旧的行为规范，建立新的行为规范，并获得解决今后可能出现的问题的能力。

5. 组织发展是确立目标、制定计划并付诸实施的实践活动

组织发展十分强调目标与计划的作用。如企业的许多活动本身就是确立目标、制定并实施计划的过程。组织目标应明确而具体，并具有一定的难度；计划应具有科学性和合理性，以激发员工的积极性，提高工作效率，实现组织目标。

三、组织发展成功的条件与失败的原因

（一）组织发展成功的条件

（1）组织的内部和外部确实存在压力，有发展的客观需要。

（2）有愿意认真研究和分析问题的关键人物。

（3）具有相应的知识和经验。

（4）有良好地执行组织发展任务的领导。

（5）已认识到直线管理人员与参谋人员之间的合作有问题。

（6）对采用新的组织形式有一定的愿望。

（7）有远景规划和现实规划。

（8）有面对并努力改变现实情况的愿望。

（9）除了对人们取得眼前的成果给予奖励之外，对他们从事变革的努力也予以奖励。

（10）有看得到的中间成果。

（二）导致组织发展失败的原因

（1）把手段当成目的。例如，培训目的是改进组织效率，如果把培训作为目

的，就成了为培训而培训，难以取得实效。

(2) 高管人员急于求成。组织发展一般需要三到五年才能收到实际效果。

(3) 改革方案与实施措施不配套，缺乏协调和联系。

(4) 过于依赖外来的咨询专家。

(5) 直线管理人员不过问变革，全部由变革专业人员负责。

(6) 在推行变革的过程中，高层管理人员与中层管理人员脱节，沟通不畅。

(7) 在实施重大改革措施时仍沿用老的组织结构。

(8) 把搞好关系作为最终目的，而不是提高组织效率的手段。

(9) 一心想找速战速决的变革方式。

(10) 采用的变革方法没有针对具体情况。

总之，要使组织发展取得成功，必须创造成功的条件，避免导致组织发展失败的原因出现。

四、组织发展的内容

（一）以人为中心的组织发展

任何一个组织都是由技术、管理结构和人这三个子系统有机整合而成的整体。组织的发展是这三个子系统相互作用的结果，但以人为中心是组织发展的本质，从某种意义上说，组织发展就是组织中人的发展。离开对人的培养使用，离开人的智能的开发，离开人的个性的全面发展，组织发展就是一句空话。

以人为中心的组织发展，聚焦于组织成员和群体活动的整个过程，其理论来源主要是心理学、社会心理学、人际关系学说的研究与发展。这一类型的组织发展的基本构想是，通过一些专门的程序和训练，提高组织成员的心理素质和人际交往水平，以达到改进组织效能的目的。具体方法有以下几种：

1. 调查反馈

调查反馈被认为是组织发展的一种基本方法。它主要采用问卷调查方式，通过分析调查反馈的意见和建议来评价工作，发现问题，收集解决问题的方法和意见，并帮助管理者找出现实与目标之间的差距，以激发变革的动力和确定努力的方向。

调查的对象可以是整个组织，也可以是组织中的某一部门或群体。调查的内容根据调查的主要目的和要求而定，一般包括组织的沟通、决策和协调等方面的问题，领导者的行为与管理过程中存在的问题，组织中的员工对组织各方面情况的满意程度。管理实践证明，这种方法一般能在较短时间内比较准确地诊断出组织存在的弊端及问题，找出解决问题的办法，并有助于改变参与者的态度和行为，改善人际关系和组织的气氛。

这种方法能否取得预期的效果，取决于问卷的设计是否科学，以及被调查者是否说真话，反映真实的想法和情况。调查者可以参阅心理测验和态度测量的有关内容。问卷设计和调查材料的处理分析，可与心理学家等有关专家共同进行。为了消除被调查者的疑虑，要在组织内营造一种民主的氛围，贯彻“言者无罪，闻者足戒”的原则。调查反馈所用的问卷，一般采用无记名的方式。

2. 班组建设

班组建设是依靠成员自己（或辅之以外来咨询人员）的一种有计划的提高群体效能的活动。这种形式既可应用于群体内部，也可用于相互依赖的一些群体之间。

一个组织的整体效率受组织内部各群体工作效率的影响很大。因此，如何提高组织内各个群体的效能，也是组织发展的重要内容。班组建设的目的是通过运用行为科学、管理心理学的知识和方法来解决群体内的问题，以协调群体之间的关系，充分发挥群体的潜能，提高群体的工作效率。这些活动涉及群体建设的各个方面，根据内容和要求的不同，可采取多种形式，如分析讨论会、班组建设会、角色分析会等。

班组建设可在一种开诚布公的合作气氛中提高班组的工作效率。它不仅可以促进信息的沟通，增进了解，而且可以使参加者体验到心理的满足，提高处理人际关系的能力。国外组织发展专家认为，班组建设是最主要的组织发展单项干预措施。近年来，这一方法被广泛运用。我们可以借鉴和运用这种方式，联系实际开展思想教育，加强基层班组的建设，从而提高整个组织的工作效能。

3. 过程咨询

任何一个组织在实现其目标的过程中，都会遇到各种难以诊断、难以解决的问题。作为组织的决策者，有时也难以确定本组织应该改进什么以及如何改进。过程咨询就是聘请具有专门业务技能的咨询顾问，帮助诊断并解决组织中存在的问题，促进其发展。

过程咨询的范围主要包括：群体成员的角色、人际沟通、群体规范、群体决策、组织发展、领导与群体的关系等问题。组织发展的过程咨询主要有开始接触、确定关系、选择背景与方法、收集材料进行诊断、咨询干预、结束咨询等步骤。

过程咨询有两个主要的优点：一是可以解决现代组织面临的重要的人际关系问题和群体之间的关系问题；二是可以帮助组织自己解决存在的问题，促进组织的发展。其不足之处是：耗费时间较多，费用较高，组织成员不能广泛参与整个过程等。

4. 相互作用分析

相互作用分析是组织发展中改变人的行为的方法。组织行为学认为，人的态度和行为是在人们的相互作用中形成的。为了改进个体的态度与行为，要着眼于相互作用的改进。

相互作用分析的基本理论认为，相互作用分析既是分析行为的方法，又是一种性格形成的理论。它认为，人的个性是由三种心理状态（即“父母”、“成人”、“儿童”）构成的。这三种状态与年龄没有关系，只是指心理上的状态。“父母”心理状态是以权威和优越为标志，通常表现为统治人、训斥人，以及其他权威式的对待人的作风，这种状态常见于父母或其他权威人物。“儿童”心理状态类似于儿童时期的自然冲动，表现为服从和任人摆布，这种状态源于一个人一时的感情冲动。“成人”心理状态的表现比较客观和理智，它不受“父母”和“儿童”心理状态的干扰。因此，相互作用分析理论认为，理想的相互作用应该是“成人”刺激和“成人”反应。

国外企业运用相互作用理论进行的训练是：将受训对象集中起来进行短期培训，灌输相互作用分析的理论知识，观看影片、录像等资料，使他们更好地了解人们相互接触中的心理动态，采取积极措施消除信息交流中的心理障碍，建立互信互助的关系。采用这种方法训练员工，一般会有良好的效果。例如，美国航空公司有800名接触顾客的员工接受了这种训练，多数人转变了对顾客的态度，工作更积极。

5. 敏感性训练

敏感性训练是对组织成员进行改变行为方面的教育的一种新方法。这种训练旨在让参加者通过深入了解自己和其他人的感情和意见，以及群体间的相互帮助，来提高组织成员的自我认识和分析他人行为的能力。

敏感性训练的主要目的是增强小组成员处理人际关系的能力和组织能力，同时，使个体的态度或行为发生变化。

敏感性训练参加者的典型人数是8～15人，训练时间可以集中安排在一周内，也可以间断安排，持续较长的时间，没有固定的程序或专门的议事日程。但是，当参加者发现自我认知与其他人对自己的感觉和反应发生冲突时，会产生焦虑或心烦意乱的内心体验。实践证明，心理健全的人具有灵活性和适应性，从而能够承受心理压力，从训练中获得新的洞察力和行为方式；心理不健全的人则不宜参加敏感性训练，以免心理上受到伤害。

杜布林认为，敏感性训练的必备条件是：

（1）仔细地筛选和安排参加者，强调参加者应该是能胜任且心理健康的人。

（2）负责训练的组织者参加过适当的心理训练，并具有这方面的技能。

（3）敏感性训练从组织的上层开始，自上而下进行。

（4）在训练中所鼓励的领导方式或管理策略，在参加者原来的组织环境中也得到鼓励，并适合那种环境。

6. 方格训练

方格训练是由莫顿和布莱克的管理方格图理论发展而来的一种组织发展方式。在莫顿和布莱克的管理方格图中，（9，9）位置表明对人和生产都表现出极大的关心，因此，（9，9）型管理方式就是方格训练的一个目标。方格训练一般包括实验室讨论会式的训练、小组发展、群体内的发展、制定组织目标、完成目标、稳定效果等六个部分。

方格训练与敏感性训练的区别在于，敏感性训练只是作为组织发展的一种工具和手段，方格训练则不仅是作为工具和手段，而且是组织发展的一项全面计划。完成这一计划所需的时间，因实际情况不同而有差别，有的需要几个月，有的需要3～5年。但一般认为，此种训练方法对于提高工作效率有显著作用。目前，方格训练在一些西方国家已得到广泛应用，并成为最流行的组织发展方式之一。

（二）以任务和技术为中心的组织发展

以任务和技术为中心的组织发展主要包括以下内容：

1. 社会技术系统

社会技术系统是指为了提高组织的效益而进行技术和社会两方面的变革，使二者的关系达到最佳配合的一种有计划的组织发展方法。社会技术系统的理论强调，变革技术系统最终会影响到社会心理和组织结构。组织发展的任务就是要使组织中的技术、组织结构和社会心理系统诸方面达到有机的结合。

从理论上看，社会技术系统的知识来源于两个方面：一是科学管理学和工业工程学，它们比较注重企业的物理环境与工效；二是普通心理学和社会心理学，它们比较注重员工之间的关系和个人的需要。因此社会技术系统的理论强调，在改变工作环境和管理制度的同时，还要注意在员工之间和上下级之间建立积极合作的关系，并且满足所有成员的不同需要。

从实践来看，这一思想在著名的霍桑实验中已有所体现。最早进行社会技术系统研究的是英国的塔维斯托克研究所。它在 20 世纪 50 年代初就运用系统分析的方法，对一个煤矿的技术工艺改革进行了对比研究，发现技术系统的变革必然影响到社会心理系统，由此提出了社会技术系统的概念。这个理论认为，任何生产性组织都是由技术体系与社会体系组合而成的。这两种体系交互影响，互为因果，只重视其中任何一种体系都是片面的。

2. 工作任务设计

工作任务设计是为激发员工的积极性、增加工作内容、提高工作效率、改善工作绩效而进行的一种有计划地重新安排工作方式的方法。它始于 20 世纪的科学管理运动。当时泰勒和吉尔布雷斯等人运用时间和动作分析技术，系统地考察了不同类型的工作，试图最大限度地提高工作绩效。

工作任务设计包括工作扩大化、工作丰富化等方面的内容。工作扩大化是指横向扩大工作范围，主要是在一些重复性的劳动工序中，为了减少工人单调、乏味的劳动而扩大某些工作内容。通过扩大某些工作内容，使每个工人不再只负责一道工序，而是同时承担几项工作，或者做周期更长的工作，以增加他们对工作的兴趣。工作丰富化是指纵向扩大工作范围。这是根据美国心理学家赫茨伯格的双因素理论提出的新的劳动组织概念。赫茨伯格认为，一个人若对工作本身产生兴趣并获得责任感和成就感，就会受到激励，劳动积极性将会进一步提高。

3. 弹性工作时间

弹性工作时间又称浮动工作时间或滑动工作时间。这种工作时间制度从 20 世纪 60 年代开始得到大量的研究，70 年代首先在德国的企业中实施，80 年代以来在西欧和美国得到较为普遍的推广。弹性工作时间制的主要做法是：员工有明确而具体的工作或生产任务，在企业规定的时间内必须始终在工作或生产岗位，其余时间可以根据每个人的需要自行安排。因此，每个员工每天的上下班时间和在单位的工作时间都可根据自己的需要灵活安排。

实践证明，弹性工作时间制是组织发展中的一项比较成功的经验，它不仅是企业对工作制度进行的一项有效的改革，而且是一种激发工作积极性的好办法。欧美一些国家在实施了这种弹性工作时间制后，效果明显：员工出勤率提高，迟到人数减少，员工满意度上升，生产士气提高，工作中的差错和事故减少，产品的质量和工作效率提高。此外，由于员工可以根据自己的需要安排作息，也缓解了上下班交通拥挤的状况。员工可以自由安排个人的社会交往活动或其他活动，亦有助于自身的全面发展。

4. 目标管理

在组织发展中，目标管理已成为重要内容之一。目标管理就是通过制定和实施具体的目标来提高员工积极性和工作效率的管理方法。

目标管理有两大特点：一是能发挥激励作用。通过设置目标、参与和反馈，可以激发人的积极性。二是可作为组织变革的手段。通过目标管理，可以发现问题，上级和下级可以共同研讨问题。

（三）以组织结构为中心的组织发展

以组织结构为中心的组织发展，主要通过改变职位或角色的含义，改变职位之间的相互关系，以及修正外部变量或因素来改变人们对某职位所期望的行为结果。以组织结构为中心的组织发展因素主要有规章制度、管理层次、管理幅度、管理决策的程序、信息沟通系统、工作绩效标准。在以组织结构为中心的组织发展中，组织结构的内容、形式以及组织设计、管理原则均对组织发展有重要作用。这里介绍矩阵组织和间接组织。

1. 矩阵组织

矩阵组织（matrix organization）是在航天企业中运用的组织结构，它强调各管理部门之间的横向联系，从而形成灵活的、适应性强的系统。这种结构解决了传统直线职能型组织过分部门化和分层管理带来的弊病，不但广泛应用于航天、化工、电子、机械和医药等行业，而且应用于银行、保险、建筑等行业，以及政府机关、医院、学校和部队等组织。

矩阵组织在传统职能型组织中增加了横向的项目协调关系，赋予项目负责人协调各职能部门的权力。那么，矩阵组织在什么情况下优于传统的职能组织或产品组织呢？组织行为学家研究指出，在面对以下三种压力时，应该采用矩阵组织。

（1）外部的压力。当企业受到来自外部的压力，不得不把注意力同时集中于复杂的生产、技术问题和用户的特殊项目时，应采用矩阵组织，使不同部门之间有一种“权力平衡”，形成高度的协调。

（2）信息加工方面的压力。每个组织都必须有信息沟通渠道。在传统组织结构中，随着组织规模的扩大，传统信息沟通渠道的信息超载，负荷不断增加对信息加工的要求越来越高，这时应采用矩阵组织。因为矩阵组织可以从体制上建立和加强横向信息沟通，增强组织的信息加工能力。

（3）分享资源的压力。传统的组织结构有碍于组织内人力、物力资源的分享，矩阵组织设计可以在相当程度上协调各部门的人力、物力，平衡企业总体目标及各部门的子目标，使整个企业的资源得到更充分的利用。

2. 间接组织

间接组织（collateral organization）是一种平行的、并存的组织。管理者可以用这种组织形式来补充现在的正式组织。这种组织形式为群体以外的人员提供规范的、权威的信息沟通渠道，使群体以外的人能够帮助组织解决面临的问题。与其他组织相比，间接组织有不同的协同工作的规范、决策的规范和解决问题的规范。这些差别使间接组织更适合认识和解决正式组织所不愿意或不可能解决的难题。间接组织具有下列特征：

（1）所有的信息沟通渠道均是开放的和互相连接的。

（2）可以迅速、充分地交流与解决问题有关的信息。

（3）在运用规范时，鼓励小心地提出问题、分析目标、提供方案及其评价标准。

（4）管理者可以寻求和获得组织中其他人的帮助来解决问题。

思考与讨论题

1. 简述组织变革的动力。
2. 联系实际分析组织变革的阻力。
3. 组织变革有哪些基本对策？
4. 组织变革给我国企业员工带来哪些心理压力？如何提高员工的心理承受力？
5. 现代企业为什么要构建学习型组织？如何构建？

随堂测验

组织类型测试

使用下面的 5 级量表对你所在的组织进行逐项评价：1＝完全不同意，2＝有点不同意，3＝不确定，4＝有点同意，5＝完全同意。

1. 我所在组织的特点是决策集权化。
2. 我所在的组织有非常丰富的文化内涵。
3. 我们能做到和先进潮流保持一致。
4. 大多数重要决策是由少数人制定的。
5. 组织内部有很多小集团。
6. 我们最关心的是效率。
7. 我们的创新能力有口皆碑。
8. 我们可以广纳各种不同的观点。
9. 员工有权制定各种决策，而无须与管理层商量。

10. 过去几年我们的运行方式几乎没有变化。

11. 我们承担了很多风险。

12. 我们制定了很多工作规则与程序。

13. 我所在的组织鼓励人们做自己的事。

评分方法：对第5、6、8、9和第13项反向计分。组织结构：把第1、4、9和第12项得分相加，高分表明组织的结构属于集权和控制型；组织文化：把第2、5、8和第13项得分相加，高分表明组织是单一文化型组织，不鼓励多元化；战略：把第3、6、7、10和第11项得分相加，高分表明组织属于风险承担与创新型。

案例研究

东原公司的组织变革

开完一整天的公司高层例会后，东原国际实业有限公司总经理徐文陷入了难以名状的焦虑之中。例会由徐总主持，几位副总经理参加，原本想探讨一下公司今后的发展方向问题。因为东原公司成立6年来，始终呈现跳跃式的发展势头，取得的发展成就众人瞩目，例会上徐总想就公司如何进一步发展倾听几位副总的想法，没想到会上的意见争执大大出乎他的意料。很明显，几位公司高层领导对东原公司面临的主要问题以及下一步如何发展的认识已经有了明显的分歧。

徐总试图整理一下被一整天的会议搅乱了的思绪，他独自坐到沙发上，静静地沉思起来……

东原公司6年来从艰难创业到成功的经历依然历历在目。公司由初创时的几个人发展到今天的1 300余人，资产也由当初的1 500万元发展到今天的58亿元，经营业务从单一的房地产开发拓展到以房地产业为主，集娱乐、餐饮、咨询、汽车维护、百货零售等业务于一体的多元化实业公司。东原公司已经成为沈阳乃至辽宁地区有较强竞争实力和较高知名度的企业。近来公司上下士气高涨，从高层到中层都在筹划着业务的进一步发展。房产建筑部要求开展铝业装修，娱乐部想要租车间搞服装设计，物业管理部门甚至提出经营园林花卉的设想。有人提出公司应介入制造业，成立自己的机电制造中心。自公司创业以来一直担任主帅的徐总在成功的喜悦与憧憬中增加了一丝隐忧。在今天的高层例会上，他在发言中也是这样讲的："东原公司成立已经6周年了，在过去的几年里，公司经过努力奋斗与拼搏取得了很大的发展。现在回过头来看，过去的路子基本上是正确的。当然也应该承认，公司现在面临许多问题：一是企业规模较大，组织管理中遇到许多新问题，管理信息沟通不及时，各部门的协调不力；二是市场变化很快，我们过去先入为主的优势已经逐渐消失，且主业、副业市场竞争都渐趋激烈；三是我们原本的战略发展定位是多元化，在坚持主业的同时，积极向外扩张，寻找新的发展空间。"会上，各位高层领导都就公司未来的走向、目前的主要问题谈了各自的想法。

在参加高层会议的副总中，最有威望的是前年加盟公司的管理科班出身、对管理业务颇有见地的刘副总经理，他主管公司的经营与发展；其次是公司创立三元老之一、主管财务的大管家——陈副总经理。有点学究气的刘副总经理在会上说："公司过去的成绩只能说明过去，面对新的局面必须有新的思路。公司成长到今天，人员不断膨胀，组织层级过多，部门数量增加，这就在组织管理上出现了阻隔。例如，总公司下设 5 个分公司，即娱乐中心、房屋开发公司、装修公司、汽车维修公司和物业公司，各分公司都自成体系。公司管理层级过多，总公司有三级，各分公司又各有三级以上的管理层，娱乐中心多达七级。此外，存在专业管理部门重复设置的情况。总公司有人力资源开发部，分公司也相应设置人力资源开发部，职能重叠，管理混乱。管理效率和人员效率低下，导致管理成本加大，组织效率下降，这是任何一个公司的发展大忌。从组织管理理论的角度看，一个企业发展到 1 000 人左右，就应以管理制度代替人治，企业由自然生成转向制度生成，东原公司可以说正处于这一管理制度变革的关口。过去创业的几个人、十几个人，增加到上百个人，靠的是个人的号召力；但发展到今天，更重要的是要依靠健全的组织结构和科学的管理制度。因此，未来公司发展的关键在于进行组织变革。我认为，如今的管理模式已不适应公司的发展，事业部制应是东原组织变革的必然选择。事业部制组织形式适合东原公司业务种类多、市场分布面广、跨行业的经营管理特点，整个公司按事业部制运营，有利于把专业化和集约化结合起来。当然，推行事业部制不能只注意分权而削弱公司层面的管理。另外进行组织形式变革可以是突变式，一步到位，也可以是分阶段的发展式，以免给成员造成过大的心理震荡。”

坐在徐总右边的陈副总经理考虑良久，说道：“公司之所以有今天，靠的就是最早创业的几个人，不怕苦、不怕累、不怕丢了饭碗，有一股闯劲、拼劲。一句话，这种敬业、拼搏精神是公司的立足之本。目前我们公司的发展出了一点问题，遇到了一些困难，应该说是正常的，也是难免的。要走出困境，关键是强化内部管理，特别是财务管理。现在公司的财务管理比较混乱，各个分公司独立核算后，都有自己的账户，总公司可控制的资金越来越少。资金分散管理容易出问题，若真出了大问题，恐怕谁都负不了责。现在我们上新项目或维持正常经营的资金都很紧张，若想再进一步发展，首先要在财务管理上集权，该收的权力总公司一定要收上来，这样才有利于公司通盘考虑，共图发展。”

高层会议的消息在公司的管理人员中间亦引起了震荡，有些人甚至开始考虑自己的去留。

资料来源：谢赤、袁凌：《管理学概论》，2 版。

[讨论题]

1. 东原公司面临什么管理问题？
2. 东原公司应该如何进行组织变革？

第 15 章

组织文化管理

内 容 提 要

组织文化千差万别，任何两个组织都不会有完全相同的组织文化。组织文化具有独特性、无形性、民族性、功用性、承传性和革新性等特征；组织文化具有导向功能、规范功能、凝聚功能和激励功能。在本章的学习过程中，组织文化的概念、功能、结构、基本模式和组织文化建设是重点，企业组织跨文化管理是难点。

第 1 节　组织文化概述

一、组织文化的概念

组织文化（organization culture），也称企业文化（coporation culture）或管理文化（managerial culture）。国内外学者对组织文化的定义众说纷纭，大体可分为四种类型：

1. 观念说

持这种观点的学者认为，组织文化是一种观念形态的价值观，既是企业的经营哲学，也是企业的信仰。也有学者认为，“组织文化是企业生产经营和管理活动中逐步形成的观念形态、文化形式和价值观念的总和”。

2. 构成说

持这种观点的学者认为，组织文化是由企业的行为文化、心理文化和物质文化构成的。也有学者认为，组织文化是经济意义和文化意义的混合，并指出：“这里的文化不是指知识修养，而是指人们对知识的态度；不是指利润，而是指对待利润的心理；不是指人际关系，而是指人际关系所体现的处世哲学；不是指社交活动，而是指社交方式；不是指企业管理活动，而是指造成那种管理方式的原因。”

3. 总和说

持这种观点的学者认为，组织文化是“逐步形成并为全体员工所认同、遵循、带有本企业特点的价值观念、经营准则、经营作风、企业精神、道德规范、发展目标的总和”。也有学者认为，组织文化是“企业管理硬件和软件的结合”，是“外显文化和内隐文化的复合体”，是企业“物质财富和精神财富的总和”。

4. 群体说

持这种观点的学者认为，组织文化是一种群体文化，是企业内在的文化特质、外在的文化环境和群体文化素质的综合体现，是企业形成的价值观念、行为准则在人群中和社会上产生的文化影响。也有学者认为，组织文化是某个行业的企业群体在实践中形成的公共组织文化。

我们认为，组织文化是由企业领导层提倡、上下共同遵守的文化传统和不断革新的一套行为方式，它体现为企业价值观、经营理念和行为规范，渗透于企业的各个领域和全部时空。可见，组织文化的内涵包括：组织文化是企业的一种经营理念、价值观和行为准则；组织文化不是突然出现的，它与企业相伴而生，因而它是继承下来的，但又不是一成不变的，而是随时代的发展不断变化的；企业领导层在组织文化的形成过程中起主导作用，组织文化通常体现企业创始人及其后继者所提倡的文化和经营思想；组织文化无时不在，无处不在，体现于企业员工的一切行为之中。

二、组织文化的特征

组织文化的内容十分丰富，但从其本质特性来说，有别于其他文化。组织文化的特征可归纳为以下几点：

1. 独特性

不同的企业走过的从创立、生存到发展的道路各不相同，所采用的推动企业经营与管理的手段和方法也不同。每家企业内部都存在自身所独有的组织文化，它能够辅助企业对外适应外部社会与市场环境，对内营造良好的协调机制与人际关系，促进企业全面成长。因此，每家企业的文化各具特色，表现出明显不同于其他企业的、不可替代的个性化和独特性特征。一般情况下，相同或相近行业内的组织文化的类型相近或相似；不同行业间组织文化的差异较大。正是这种组织文化的异彩纷呈形成了整个企业界或行业内组织文化的多样性，即众多的、局部的个性化和独特性构成了全局的多样性。每一家企业在文化建设中都必须以自身的特点为立足点，充分利用自己已有的条件，发挥自身优势，有选择地学习于己有益的理论、方法和经验，克服盲目追赶或照搬，力图建立和发展具有本企业特色的组织文化。盲目照搬其他组织的文化，不仅不能发挥组织文化的作用，而且没有生命力。

2. 无形性

组织文化所包含的共同理想、价值观念和行为准则是作为群体心理定式及氛围存在于企业员工中的，在这种组织文化的影响下，员工会自觉地按照企业的共同价值观念及行为准则去工作、学习、生活，这种作用是潜移默化的、无法度量和计算的，因此，组织文化是无形的。

组织文化是一种信念的力量，这种力量能支配、决定企业中每一个成员的行动，能引导、推动企业朝着既定目标前进；组织文化是一种道德的力量，这种力量促使其成员自觉地按照某一共同准则调节和规范自身的行为，并转化为成员内在的品质，从而改变和提高成员的素质；组织文化是一种心理的力量，这种力量使企业员工在各种环境中都能有效地控制和把握自己的心理状态，即使在激烈竞争和艰难困苦的环境中也能保持旺盛的斗志、乐观的情绪、坚定的信念、顽强的意志，从而形成整个企业的心理优势。以上三种力量互相融合、促进，形成了组织文化优势，这是企业战胜困难、夺取战略胜利的无形力量。

组织文化虽然是无形的，却是通过有形的载体表现出来的。没有企业，没有员工、设备、产品、资金等有形的载体，组织文化将不复存在。组织文化作用的发挥有赖于企业的物质基础，而物质优势的发挥又必须以组织文化为灵魂，只有企业的物质优势与文化优势有机结合，才能使企业基业长青。

3. 民族性

企业不是一个孤立的生产单位或经济组织，更不是若干生产人员、经营人员的简单组合。企业是社会群体中的社会组织。企业的文化绝非自然生成，而是企业所属的地域的社会文化影响、渗透的结果。组织文化植根于民族文化，直接反映民族文化的特征。民族的传统文化是孕育组织文化的土壤，直接影响着企业员工的言论、思想和行动，并随时代的变迁而发扬光大，长久流传。反过来，富有创新意识和崭新风貌的成功的组织文化又会丰富民族文化，为传统的民族文化增强生命力，添加光彩。

4. 功用性

组织文化是维系企业生存和发展的内在动力之一，这在本质上体现出它的功用性。组织文化之所以对企业经营管理起作用，并不是靠规章制度之类的硬约束，主要是靠其核心价值观对员工的熏陶、感染和诱导，使企业员工产生对企业目标、行为准则及价值观念的认同感，自觉地按照企业的共同价值观念及行为准则去工作。它对员工有规范和约束的作用，而这种约束作用总体来看是一种软约束。员工的行为会因为合乎组织文化所规定的行为准则而受到群体的承认和赞扬，从而获得心理上的满足与平衡。反之，如果一名员工的某种行为违背了组织文化的准则，群体就会规劝、教育说服这位员工服从企业群体的行为准则，否则他就会受到群体意识的谴责和排斥，从而产生失落感、挫折感及内疚感，甚至被群体抛弃。

5. 传承性

每一种文化都是在承袭前人的优秀文化成果和传统的基础上建立起来的。组织文化历经漫长岁月的磨炼逐渐形成自身相对稳定的传统，是企业成员共同拥有的财富，更是所有成员行为的规范和法则。每个成员要想在一个企业中求得发展，就要不断地学习所在企业的文化。这种学习包括员工在日常的工作和生活中不断地实践和探索，积累新的经验，在更高的层次上加深对组织文化的认识。这种对组织文化的由适应、遵守到为其发展作出贡献的过程，带来的是成员自身素质的提高和组织文化的持续进步。同时，企业也需要通过教育、培训等途径培养和提高整个企业员工的文化素质，并在此基础上推动企业的整体文化不断发展。

6. 革新性

组织文化在企业中一经形成，便具有了自己相对稳固的模式和传统，但它也不是亘久不变的。随着社会历史时期的不断交替，组织文化赖以生存的社会文化会不断地变换其内容和形式，与此相适应，组织文化具有显著的革新性。只有随着社会历史和文化的发展不断地变革，它才能保持旺盛的生命力和活力。只有与时代潮流持续磨合，组织文化才能够在保持自身优势的前提下，历经适应、变革、创新到新的适应这一循环往复的过程，确保企业永远走在时代潮流的前列，在竞争中立于不败之地。

三、组织文化的功能

组织文化具有以下功能：

1. 导向功能

组织文化的导向功能是指企业以自己的价值观和崇高目标指引员工向企业生产和经营的既定目标努力奋进。组织文化所包含的企业价值观和经营目标记录了企业过去成功与失败的经验，以及企业决策者为企业指明的未来努力的方向、勾画的发展前景。可以说，企业的经营管理离不开组织文化的引导。

一个企业的价值观直接影响到企业活动的各个方面，从企业制定什么目标、生产什么产品、满足什么需要、怎样进入市场，到如何对待员工、如何对待消费者和客户、如何对待竞争对手等。积极向上的价值观，保证企业的经营决策既符合本企业的利益要求，又符合社会整体利益的要求，满足人民日益增长的物质文化需要；保证企业的行为遵纪守法，恪守职业道德和社会公德，杜绝欺诈行为和各种形式的假冒伪劣。

2. 规范功能

企业价值观是企业制定各种行为规范和职业道德规范的依据，也是贯彻执行这些规范的精神武器。在具有浓厚文化氛围的企业中，企业价值观引导和约束人们的行为，使之符合企业整体的价值标准。在组织文化的引导与约束下，员工能自觉意识到什么事应该做，什么事不应该做，什么是应该提倡的，什么是应该反对的，从而对产品和服务的质量精益求精，对客户和消费者高度负责，为企业创造美誉度和知名度。经验表明，这种在企业价值观基础上形成的组织文化“软性”约束机制，对企业及其员工行为的规范与约束是十分有效的。

3. 凝聚功能

企业中每一个群体组织和每一个员工都有自己的价值评判标准和行为准则，以及物质和精神方面的需求，因此，不同的组织和个人表现出不同的个性特征。要将这些个性特征凝聚为一个整体，必须依靠企业的整体价值观。企业的各个群体组织和各位员工，只有把个人的理想信念融入企业整体的理想信念，形成价值观共识，才能为企业发展提供强大的精神动力。当个人价值观与企业价值观融为一体时，员工会感到自己不仅是在为企业工作，而且是在为自己工作。这种员工与企业的和谐一致，能够激发员工强烈的归属感和自豪感，使员工的士气保持长盛不衰。

4. 激励功能

现代组织文化管理模式将以人为本视为企业的主要价值观念，将人力资源视为企业最宝贵的资源，对激励问题极为重视。但组织文化管理模式有别于传统企业管理模式，它由重视激励个体转变为重视激励群体，为提高企业员工的生产积极性、主动性和创造性提供了新的手段与方法，为更好地激励企业员工开辟了新的途径。

现代组织文化管理理论认为，企业价值观不仅使员工明确企业的发展目标和方向，而且使员工了解工作的目的不仅仅是赚钱，个人的需要也不仅仅是物质上的需要，还有比赚钱和物质需要更重要的东西，那就是满足社会需要和实现自我人生价值。企业价值观所确定的共同目标和共同信仰，能够激发员工的积极性和忘我工作的精神，促使大家追求更加卓越的目标，把工作做得更好。

四、组织文化的内容

组织文化由以下三个层次的内容组成：

1. 物质层文化

物质层文化是组织文化的表层部分，是形成制度层的条件，它往往能折射出企业的经营思想、经营管理哲学、工作作风和审美意识。

2. 制度层文化

制度层文化是组织文化的中间层次，主要是指对员工行为产生规范性、约束性影响的部分，它集中体现了组织文化的物质层及精神层对企业员工行为的要求。

3. 精神层文化

精神层文化又称组织的深层文化，主要是指企业员工共同信守的基本信念、价值标准、职业道德及精神风貌，它是组织文化的核心和灵魂，决定着整个组织文化的性质与状态。其主要内容包括：

（1）企业的最高目标或宗旨。每个企业都有其经营的目标。企业是一个经济实体，必须获得利润，但我们绝对不能把盈利作为企业的最高目标或宗旨。企业经营实践证明，单纯把“尽量增加股东的财富”或“最大利润”作为最高追求，往往适得其反。纵观世界上比较优秀的企业，大都将为社会、顾客、员工服务等作为最高目标或宗旨（如表15—1所示）。

表15—1　不同企业最高目标或宗旨的比较

公司	最高目标或宗旨
摩托罗拉	以公平的价格向顾客提供品质优良的产品和服务，以服务社会为荣。
沃尔玛	“我们存在的目的是为顾客提供物有所值的东西”，用比较低的价格和比较多的选择改善他们的生活，其他一切都是次要的。
默克	我们做的是维持和改善生命的事业，我们所有的行动都必须以达成这个目标的成就来衡量。

续前表

公司	最高目标或宗旨
摩托罗拉	以公平的价格向顾客提供品质优良的产品和服务，以服务社会为荣。
迪士尼	"带给千百万人快乐"，并且歌颂、培育、传播"健全的美国价值观"。
索尼	体验以科技进步、应用与创新造福大众带来的真正快乐，提升日本文化与国家地位。
IBM	充分考虑每个员工的利益，坚持到底把事情做好，所作所为追求完美。

（2）共同的价值观。价值观就是人们评价事物重要性和优先次序的一套标准。组织文化中的价值观是指企业员工共同的价值观。共同的价值观是组织文化的核心和基石，它为企业全体员工提供了共同的思想意识、信仰和日常行为准则，这是企业取得成功的必要条件。因此，优秀的企业都十分注重塑造和调整其价值观，使之适应不断变化的经营环境。例如，惠普的核心价值观是"尊重惠普人并给予他们机会，包括共享企业成功的机会"。

（3）道德规范或行为准则。组织文化中的最高目标、经营理念往往比较抽象，为了使它们在员工的日常行为中得以贯彻，还需要一些道德规范对团体成员的行为进行规范，以协调和处理团体成员间的关系。例如，松下幸之助为了使企业内部形成通力合作的团队精神，提出了"光明正大、团结一致、奋斗向上、礼貌谦让、感恩报德"的 20 字社训。

（4）企业精神。组织文化的精髓是富有企业特色的企业精神，它是企业员工智慧、经验、信仰、追求的提炼和升华，代表着企业员工的价值取向和精神风貌，它具有内在、本质的特定含义，构成与众不同的"企业语言"，因此，企业精神是组织文化的灵魂。国有国魂，军有军魂，企业也应有企业之魂作为其生存和发展的支柱，这种精神既要长期艰苦地精心构筑，又要得到员工的高度认可。

五、组织文化的传播

组织文化是很难"看到"的，组织需要有意识地创造、培养和管理自己的文化，管理者需要采取一系列的手段向员工（尤其是新员工）传播这一文化，以维系和加强组织文化。传播组织文化的方式包括：向新员工介绍组织的未来愿景、组织哲学以及道德行为标准；利用仪式庆典、传说故事、象征物和专用语言以及公开表彰先进人物等方式。管理者还可以通过自己的日常行为传播文化。

1. 仪式庆典

仪式庆典是有组织、有计划的活动，构成一个特别事件，而且常为一批观众而举行。例如，企业经常定期举行仪式典礼，以显示和宣扬企业所推崇的人和事物，同时大家利用欢聚一堂的契机，加强沟通，构筑员工之间的纽带；学校定期举行升旗仪式，通过有组织的活动（如开学典礼、毕业典礼等），对学生进行爱国主义教育。

2. 专用语言

专用语言或口号可以用来塑造和影响组织的价值观和信念。如美国在线（American Online，AOL）的口号“AOL 与众不同，无论何处”传达的理念是：AOL 是独一无二的，并且无处不在。

3. 传说故事

传说故事是以事实为基础的，许多故事涉及企业的功勋和英雄，他们是体现本企业组织的准则和价值观的样板或模范。这些故事往往在组织员工中长久流传，人们向新员工加以介绍，以使组织的基本价值观永存。有些故事因为历史悠久，可能在细节上有所虚构，所以被认为是传说。由于讲故事会激发视觉想象及情感，因此是传递信息的一种强大的手段，是组织文化传播的重要方法之一。如安利公司经常讲述两位创始人的故事：20 世纪 50 年代，两个年轻人在自家的地下室研制成功第一桶洗涤剂，然后兴奋地告知邻里，直接售出。这个故事告诉人们：公司的产品是自己研制的，公司推崇勤奋的直销精神。

4. 象征物

象征物是代表某种意义的事物，它可以是物体、行为和事件。在某种意义上，仪式、庆典、故事也是象征物——象征着组织更深刻的价值观。如在新西兰的奥克兰市国际机场外矗立着一个硕大的船帆，它象征着这个城市是帆之都，该市的人民酷爱水上运动，体现了一种健康、积极向上的城市文化。

第 2 节　组织文化建设

一、组织文化建设的内容

组织文化建设是指企业的领导者有意识地培养优良文化、克服不良文化的过程，这一过程也被称为企业的“软管理”。组织文化是企业的灵魂，它与企业共存亡。组织文化是一种客观存在，无论你是否意识到它，是否重视它，都无法改变它的存在这一客观事实。客观存在的组织文化，有优良的，也有不可取的。优良的组织文化能够创造出和谐、上进的氛围，产生源源不断的动力，对企业发展起到巨大的推动作用；反之，恶劣的组织文化会阻碍企业前进的步伐，甚至导致企业走向衰退和灭亡。优秀的企业领导者不仅应强烈地意识到组织文化的存在，而且应不断提倡和发扬企业中好的传统、好的精神，摈弃和消除企业中不良的观念、习惯和风气，能动地引导组织文化的运行和完善，自觉地进行组织文化的管理。组织文化建设通常包括以下方面的内容：

1. 建立企业价值体系

培育和建立爱国家、爱人民、努力提高企业经济效益和社会效益的优良价值体系，教育员工认可这些价值标准和价值取向，恪尽职守，把高度的工作责任感和良好的职业道德结合起来，把一切为了客户和消费者、股东、员工及社会利益作为企业的共同理念和承诺，形成杰出的组织精神。企业价值体系一般是通过企业的宗旨、愿景和核心价值观来表达的。例如，万科的宗旨是“建筑无限生活”，愿景是“成为中国房地产行业持续领跑者”，核心价值观是“创造健康丰盛的人生”，它们将万科的价值体系表述得非常清楚，言简意赅。

2. 推行科学的经营管理

建立一整套科学的、符合市场规律的、行之有效的管理思想和先进的管理机制与制度；实行科学管理，建立科学的工作程序和流程，提高效率，形成实事求是的工作态度和严谨的工作作风；形成科学的决策机制，避免人为失误。

3. 建立先进的管理机制

建立先进的管理机制和行为规范，形成良好的组织氛围，坚持以人为中心，尊重、关心、爱护员工，激励员工努力学习和工作，充分发挥员工的聪明才智以及积极性和创造性，使员工与企业共同成长，并与企业分享成功的果实。

4. 增强组织内部的凝聚力

以企业的价值观念、企业宗旨教育和团结员工，激励和鼓舞员工团结一致；加强道德观念和科学文化知识的培训和教育，全面提高员工的科学文化素质，培养员工的责任感和职业道德。

5. 塑造组织形象

重视企业的形象设计，因为企业的识别标志（如商标）、办公室、工厂车间、员工娱乐场所的布置及工作服装都能体现企业的文化和精神；重视公司的礼节和仪式。

二、组织文化建设的流程

企业文化建设的流程如图 15—1 所示。

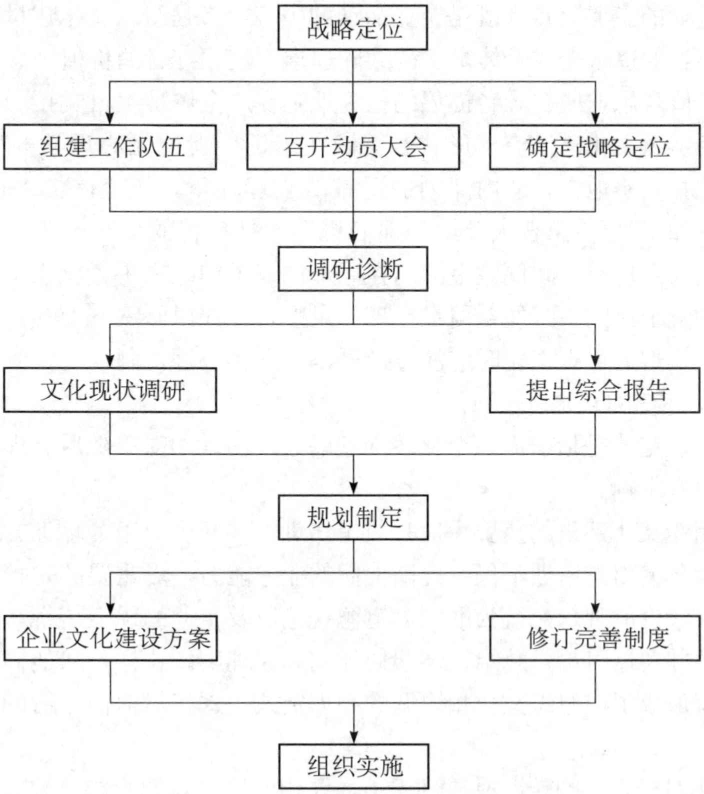

图 15—1 企业文化建设流程图

1. 战略定位

根据企业发展确立符合企业实际的企业文化定位，明确企业文化的建设方向。步骤主要包括成立企业文化建设领导机构、召开企业文化启动大会等。

2. 调研诊断

通过深入的调查研究，对企业在过去、现在和未来，各阶段、各部门以及企业各层次的文化表现进行深入研究和透彻分析，提出企业文化综合情况报告。

3. 规划制定

运用适当的工具、方法重塑企业文化。具体步骤为：企业文化定位、提出理念、全方位征求意见、修订完善制度。

4. 组织实施

在推进企业文化建设的过程中，必须明确方法、制定规定，同时根据需要加以检查、判断。对实施方法中不符合实际需要的规定进行修改、调整。社会在不断进步，企业在不断发展，在维护企业文化相对稳定的同时，还应该不断开拓创新，使企业文化与时俱进。

三、组织文化建设的心理机制

组织文化作为微观的文化氛围，构成了企业内部的心理环境，影响和制约企业员工的理想和追求、道德、感情和行为，发挥着凝聚、规范、导向等作用。

企业的主要负责人既是企业活动的中心，又是组织文化建设的倡导者。怎样才能使领导者的追求变成全体员工的共同追求，使领导者的价值观念变成全体员工共同信奉的价值观念，使领导者提倡的行为准则变成全体员工自觉接受的行为准则？怎样才能避免组织文化建设流于形式？关键在于领导者遵循心理学的规律，采取相应的措施，扎扎实实地在企业内部创造适宜的心理环境，使全体员工在感染熏陶中达成共识。例如，“尊重惠普人并给予他们机会”是惠普的核心企业文化之一。一天，惠普的创始人发现有一间储藏室的门在周末被链子锁起来了，就用一把螺栓剪撬开，并把剪碎的链子连同一张便条留在经理的桌上，批评说储藏室上锁不符合惠普尊重员工的观念。在塑造组织文化时应注意遵循以下六种心理机制：

1. 运用心理定式

心理定式是指前面一个比较强烈的心理活动，对于随后心理活动的反应内容及反应趋势有影响。

组织文化建设的重要手段是员工培训。在对新员工的培训方面，心理定式规律的作用十分突出。培训不仅要提高他们的业务能力，更重要的是把企业的经营哲学、战略目标、价值观念、行为准则、道德规范以及企业的优良传统，系统而详细地灌输给他们，并通过讨论、总结、体验使他们加深理解。这样，从他们成为新员工的第一天起，就形成了与组织文化相协调的心理定式，这将对他们今后的行为产生指导和制约作用。

在对老企业的转型改造过程中，要相应地更新和改造原有的组织文化，首先要打破传统的心理定式，建立新的心理定式。事实证明，观念的转变绝非易事，企业的主要负责人应率先转变观念，通过参观、学习、培训等多种方式，帮助全体员工理解和掌握新的组织文化，形成新的心理定式。

2. 重视心理强化

心理强化是指运用某种手段，通过一定的肯定或否定（奖励或惩罚）方式，使某种行为得到重复或制止，使某种心理品质变得更加牢固的过程。使人的行为重复发生的手段称为正强化，制止人的行为重复发生的手段称为负强化。

这种心理机制运用到组织文化建设上，就是及时表扬或奖励与组织文化相一致的思想和行为，及时批评或惩罚与组织文化相违背的思想和行为，使奖励或惩罚尽量成为企业精神的载体，使企业精神变成可见的、可感的、现实的东西。

3. 利用从众心理

从众是指在群体影响下放弃个人意见而与大家保持一致的社会心理行为。从众的前提是实际存在或想象存在的群体压力，它不同于行政压力，不具有强制性。一般来讲，重视社会评价、社会舆论的人，情绪敏感、顾虑重重的人，文化水平较低的人，性格随和的人以及独立性差的人，从众心理较强。

在组织文化建设中，企业领导者应该运用一切舆论工具，大力宣传本企业的组织文化，同时发挥管理者和英雄人物的示范带头作用，形成潮流和声势，主动利用从众心理，促成全体员工行动上的一致。一旦这种行动一致的局面初步形成，就会对个别后进员工构成一种群体压力，促使他们与大多数员工保持一致。这样就实现了组织文化建设所需的舆论与行动的良性循环。

4. 培养认同心理

认同是指个体将自己和另一个对象视为等同，引为同类，从而产生彼此密不可分的感觉。初步的认同处于认知层次，较深入的认同进入情绪认同的层次，完全的认同则含有行动的成分。个体对他人、群体、组织的认同，使个体与这些对象融为一体，休戚与共。

为了建设优良的组织文化，企业主要领导者的首要任务是取得全体员工的认同。员工一旦对企业主要领导者产生认同感，就会心甘情愿地把领导者所倡导的价值观念、行为规范当作自己的价值观念、行为规范，从而形成领导者所期望的组织文化。

除此之外，还应注重培养员工对企业的认同感。企业领导者应充分尊重员工的人格和权益，同时，应尽量使企业目标与个人目标协调一致，使员工深刻地认识到这种利益上的一致性。久而久之，全体员工就会形成个人与企业共命运的主人翁责任感，这正是一切优良组织文化的真正基础。

对企业认同感的最高表现形式，是对企业的自豪感。为了培养这些积极的感情，一些企业开展了撰写公司史、设计司徽、创作司歌、制作司旗等活动。当然，更重要的措施是，把社会各界对企业产品和服务质量以及企业形象的良好评价，及时地反馈给全体员工，激发全体员工的集体荣誉感和自豪感。对企业充满自豪感的员工，必定对企业满怀热爱之情，总是站在企业发展的角度思考和行事，自觉地维护企业的好传统、好作风，使优秀的组织文化不断发展和完善，这是主人翁责任感的升华。

5. 激发模仿心理

模仿是指个人受到社会刺激后引起的一种按照与别人行为方式相似的方式行动的

倾向，它是社会生活中一种常见的人际互动现象。显而易见，模仿是形成良好组织文化的一种重要的心理机制。而榜样是模仿的前提和根据。企业中的模范人物、英雄人物是组织文化的人格化代表。全体员工对他们由钦佩、爱戴到模仿的过程，也就是对组织文化的认同和实践的过程。

6. 消除挫折心理

在企业的各项活动中，上下级之间、同事之间会产生一些矛盾和冲突，员工会遇到各种困难和挫折，此时，他们容易产生挫折心理。这种消极的心理状态不利于优良组织文化的形成。如何消除员工的挫折心理，也是组织文化建设中应该加以注意的问题。

第3节　企业组织的跨文化管理

一、跨文化管理的概念

美国著名管理学家德鲁克曾说，跨国经营的企业是一种多文化的机构，其经营管理思想基本上是把政治、文化上的多样性结合起来而进行统一管理的哲学思想体系和方法。

跨国公司面临的是存在诸多差异的经营环境，企业经营环境的跨文化差异是企业跨文化管理的现实背景。跨国公司面临的经营环境包括经济、政治、法律、社会和文化环境等。各民族的文化在客观上存在差别，不同国家、不同民族的风俗习惯、道德与传统、生活与环境、风格与需求、物质与精神追求都不相同。企业的跨文化管理是指把当地或本土文化理念融合在企业经营管理之中，使跨国经营的资源整合、产品创新、品牌创立、市场营销等多方面更加本土化。

成功的跨国公司在这方面作出了有益的尝试。惠普（中国）公司探索了一种建立在东西方文化结合基础上的人本管理新模式，即在中国文化和美国文化背景的相互交融中，不断提高外部适应性和内部和谐性。共同的长期战略、互利、相互信任和共同管理是跨国经营哲学的基础。国外许多管理学家的研究表明，跨国经营中许多重大的失败都是因为忽略了跨文化管理而导致的。

二、企业组织跨文化冲突的危害

不同国家和民族的文化差异对跨国经营管理有巨大影响。从跨国经营的角度看，文化冲突是跨国经营企业管理人员在不同文化背景下经营管理所必须避免和解决的问题，否则，必然发生文化冲突。文化冲突会导致文化困惑，文化困惑又会进一步加剧文化冲突。这二者的交互影响会对企业组织产生极大的危害。

1. 极度保守

文化冲突将影响跨国管理人员与当地员工的和谐关系，使管理人员只按照呆板的规章制度控制企业的运行，对员工更加疏远；与此同时，员工工作上不思进取，管理人员的行动计划实施起来十分艰难，使双方都难以有所作为。

2. 沟通中断

当管理人员与员工的距离大到一定程度时，自下而上的沟通便自然中断，导致管理人员无法了解实际情况，双方在不同的方向上相距越来越远。

3. 非理性反应

管理人员如不能正确对待文化冲突，就会感情用事。这种非理性的态度很容易引起员工非理性的报复，导致误会更多，矛盾更深，对立与冲突更趋剧烈。

4. 怀恨心理

对于发生的冲突的结果，冲突双方如不耐心地从彼此的文化背景中寻找文化根源，而一味地抱怨对方鲁莽或保守，只会造成普遍的怀恨心理。

由于处于不同的"文化边际区域"而产生的文化冲突，对于一个渴望成功的跨国公司来说无疑是巨大的挑战，如不能有效管理，会造成跨国公司市场机会的丧失和组织结构的低效率。在内部管理上，人们不同的价值观、生活目标和行为规范将导致管理费用增加，企业目标整合与制度实施的难度加大，经营管理成本上升。

三、企业组织跨文化冲突的管理方法

1. 建立跨文化的共同价值观

在企业内部建立的跨文化的共同价值观，是一种比较持久的信念，它可以确定人的行为模式、交往准则，并用来判别是非、好坏等。不同的文化具有不同的价值观，人们总是对自己国家或民族的文化充满自豪，大多数人总是有意无意地把自己的文化视为正统，而认为外国人的言行举止是稀奇古怪的，事实上，这些看似古怪的言行举止、价值观念对外国人来说是再自然不过的。因此，我们要尽可能地消除民族优越感，尊重和理解对方的文化，以平等的心态进行交流。在此基础上，找到两种文化的结合点，发挥两种文化的优势，在企业内部逐步建立起统一的价值观。

2. 进行跨文化的员工培训

进行跨文化的员工培训是防止和解决文化冲突的有效手段。作为跨国经营企业，要解决文化差异问题，搞好跨文化管理，就需要一批高素质的跨文化管理人员。因此，双方选派的管理人员尤其是高管人员，除了要具有良好的敬业精神、技术知识和管理能力外，还必须思想灵活，不墨守成规，有较强的移情能力和应变能力，尊重他人、平等意识强，能够容忍不同意见，善于与不同文化背景的人友好合作。在可能的情况下，尽量选择那些在多文化环境中经受过锻炼的人及懂得对方语言的人。

一般而言，跨文化培训的主要内容应包括：对对方民族文化及原公司文化的认识和了解；对文化的敏感性、适应性的培训；语言培训；跨文化沟通及冲突处理能力的培训；接受对方先进的管理方法及经营理念的培训。

3. 坚持管理本土化

越来越多的跨国公司已意识到本地化对于在异国投资取得成功的重要性。1992年，IBM（中国）公司成立时不到 200 人，现在已增加到几千人，发展速度相当快。本地化战略除了包括尽可能雇用本地员工，培养他们对公司的忠诚之外，最重要的是聘用能够胜任的本地经理，以更好地避免文化冲突，顺利开展业务。ABB 公司也是实施本地化战略的典范，它在世界各地拥有1 300家子公司，自称是一家“多国籍”的公司，它鼓励子公司淡化母公司的民族背景，完全按东道国本地公司的方式运作。只有根据东道国的国情，依靠东道国员工实行本地化管理，让本地的优秀人才参与各种管理活动，并不断地提供机会提高这些人才的管理能力，公司才能充满生机与活力。

4. 立足长期的共同目标

跨国经营中合作双方应该为了共同的利益，精诚合作，从整体利益出发，兼顾双方的需求，要有长期办好企业的共同目标，不能抱着“捞一把就走”或“打一枪换一个地方”的思想。只有这样，才能实现“双赢”。

四、企业兼并中的文化整合

企业文化具有无形性、软约束性、相对稳定性、连续性及个性化等特点。美国学者达文波特（T. Davenport）于1998年在其《管理评论》一书中将文化定义为组织的基因，虽不可见但在组织构造中起着关键作用。在企业兼并过程中，原属于不同企业的文化合并在一起，导致文化结构的有机性差，各要素之间不够协调或相互不同步，能量内耗大，因此，系统整合兼并企业的文化并优化其整体效应非常重要。

（一）企业兼并中文化整合的条件

为确保企业兼并中文化整合的有效性，除了要根据兼并企业的具体情况考虑合适的文化整合模式外，还必须创造或提供文化整合的必要条件。有效文化整合的条件有：

1. 管理者积极支持并参与文化系统的整合

企业兼并中文化整合主要通过若干具体方式来实现：一要利用各种外在表现形式来营造组织文化氛围；二要通过培训、座谈、会议、庆典等方式传播、灌输文化内涵；三要使企业文化在各种事件的处理中不断得到强化、积累和升华。所有这些都离不开管理者的支持和参与，管理者对文化的重塑和建设起关键作用。

2. 健全文化系统的“复制器”与完善文化系统的“传输带”

文化系统中的“复制器”是制造或产生一个“与自己相似的个体”的机构。文化系统中的“传输带”是传递信息和输送物质、能量的通道。在兼并企业的文化系统的整合中，二者紧密联系，同时又有很大区别。健全“复制器”的关键是：一要了解原企业文化系统的“复制器”，并加以有效抑制，以避免原有文化的干扰；二要创造并培育新文化系统的“复制器”，以使其得以持久流传。完善“传输带”的关键是：在企业内部建立完善的传输机制，确保信息在组织内外、组织上下的畅通。

3. 建立企业开放的文化系统

兼并企业的文化整合主要涉及怎样对不同文化系统进行组合构造和优化，使之成为一个整体的文化系统。这需要在一个开放的企业系统中对文化进行一系列的调查和深入了解，同时从外界获取所需的新材料、新信息和新资源，进而对文化系统进行优化组合。文化系统整合的最终目的是建立一个有利于企业发展的文化，因此，只有在系统开放的条件下，才能不断地调整文化系统的结构，充实文化系统的内容，使之健康发展。

（二）企业兼并中文化整合的模式

在企业兼并中，有许多影响企业文化整合的因素。一是企业兼并战略，是横向兼并，还是纵向兼并，抑或是多元化兼并；二是两个兼并企业的原有文化特征，是强文化还是弱文化，以及文化的优劣性如何；三是企业兼并中面临的风险，是高还是低，抑或是中等；四是兼并后企业的集权程度，是高还是低，抑或是中等。依据这四个主要因素，企业兼并中的文化整合模式可分为三种：吸纳式、渗透式和分离式（如表 15—2 所示）。

表 15—2　企业兼并中的文化整合模式

	模式 1：吸纳式	模式 2：渗透式	模式 3：分离式
文化类型	优质强文化 劣质强文化/弱文化	优质弱文化 优质/劣质弱文化	优质强/弱文化 优质强文化
适用的兼并战略	横向兼并	横向/纵向兼并	纵向/多元兼并
兼并方面临的风险	极小	一般	极大
兼并后企业的集权程度	高度集权	一般	分权

资料来源：顾琴轩：《组织行为学》。

1. 吸纳式文化整合模式

吸纳式文化整合模式是指被兼并企业完全抛弃自己原有的企业文化，接受兼并企业的文化理念。它适用于具有较强优质文化的企业兼并具有劣质文化的企业。海尔集团是个企业文化浓厚、团队凝聚力强的企业，它在兼并相关企业时，多采用文化注入的方法，使对方融入本企业。例如，它在兼并青岛电器厂时，没增加一分钱的投入，没有换一台设备，只派了三个海尔文化中心的人员。他们以海尔的管理理念转变员工的观念，转换机制，以海尔文化重塑员工的思维，以无形资产盘活有形资产，使这家 1995 年名列洗衣机行业最后一位的企业在 1997 年就位居本行业的前列。海尔运用这种“吃休克鱼”的理念，兼并了很多硬件设备较好但管理理念落后的企业，在被兼并企业中注入海尔文化。

2. 渗透式文化整合模式

渗透式文化整合模式是指兼并双方的企业文化都有一定程度的调整，以形成一种新的优质强文化。它比较适用于兼并双方都具有较好的文化弹性，但又都存在一定的文化缺陷的情况。

3. 分离式文化整合模式

分离式文化整合模式是指在短期内双方的企业文化均未大幅改变，被兼并企业拥有很大的经营自主权。这种模式较多地用于纵向一体化兼并战略和多元化兼并战略，而且有一个重要的前提，即被兼并企业具有优质强文化。美国通用电气公司控股日本五十铃公司时，并没有向五十铃公司输入自己的文化模式，而是采用了文化隔离的整合方式，较好地避免了两者存在的较大文化差异成为合并障碍。

思考与讨论题

1. 什么是组织文化？组织文化包括哪些内容？结构如何？
2. 组织文化对组织行为产生怎样的影响？
3. 什么情况下不应进行组织文化的更新？
4. 组织形象与组织文化有什么关系？
5. 组织文化建设中应处理好哪几个辩证关系？

随堂测验

组织文化测试

对一家你所熟悉的公司或学校，就下列问题表明你的观点，并用5级量表作出评判：1＝强烈反对，2＝反对，3＝中立，4＝赞成，5＝强烈赞成。

1. 总体上说，公司中所有的管理者和绝大多数的员工都能够正确地表述公司的价值观、公司经营的目的和顾客的重要性。
2. 组织中所有成员的工作对实现组织目标的作用是非常清楚的。
3. 管理人员很少出现与公司所推崇的价值准则相悖的行为。
4. 即使在不同部门之间，员工间相互关怀和照顾也被视为一种优良的道德准则。
5. 公司和管理者更珍惜对公司长远发展而非短期发展有益的事情。
6. 领导者特别注重对员工的引导与教育。
7. 招聘工作严肃认真，多次与应聘人员接触，以寻找与公司文化相符的特性。
8. 招聘中，向应聘者如实介绍公司的情况，由应聘者决定是否加盟。
9. 期望员工能靠真才实学而非政治投机来获得晋升的机会。
10. 公司价值准则强调在剧烈变动的环境中取得成功，而不是必须做得更好。
11. 与公司使命和价值准则相一致比恪守管理规程和统一服装更重要。
12. 你曾经听说过公司领导者的一些使公司变得伟大的传奇故事。
13. 仪式和特殊事件被用来认可和奖励对公司作出特殊贡献的个人。

评分方法：如果总分在52分以上，说明你所在的公司具有同宝洁和惠普公司相类似的强有力的文化；如果得分在26～51分之间，说明你所在的公司文化一般，但对组织是有利的，同美国航空公司、可口可乐公司的文化相类似；如果得分低于25分，则说明公司的文化很弱，难以帮助组织适应急剧变化的外部环境，也不能满足组织成员的需要。

案例研究

英特尔公司的企业文化创新

英特尔公司创立于1968年。20世纪70年代，英特尔开发出世界上第一个用于个人电脑的4004型微处理器。80年代，英特尔把普通的芯片制造工艺改造成为世界上最高效、最尖端的工艺。90 年代，公司在创新理念的指引下不断改进芯片的设计，使它的年销售额增长了 7 倍，超过 250 亿美元，投资回报率增长了 1 倍，资本投资达到 183 亿美元。在 2013 年全球 500 强企业排行榜中，英特尔公司排名第 183 位，年营业额达到 533.4 亿美元。

组织文化是一系列准则、信仰、仪式、活动和传统习惯的积累。可以将一个组织的文化比喻为一个有投入、中间过程和产出的池塘，投入就是从外面流入的活水，中间过程就是池塘中生物之间的共生关系，产出就是新形成的涌入其他系统的水流。组织有人员、思想、目标和技术等新鲜投入，中间过程和产出包括规则、角色关系、相互作用的方法、态度、价值观和信仰。组织文化的成长是分阶段的，一般分为诞生期、青春期和成熟期。要克服组织文化在每个阶段的危机，都需要进行文化的转型，经历一系列变革。英特尔公司的企业文化建设牢牢抓住了文化创新这个关键。

摩尔定律

英特尔的创始人摩尔从 70 年代起就构筑了其赖以成功的商业模式——不断改进芯片的设计，以技术创新满足计算机制造商及软硬件产品公司更新换代、提高性能的需要。摩尔提出，计算机的运行速度每 18 个月将翻一番，只有不断创新，才能赢得高额利润并将获得的资金再投入到下一轮的技术开发中去。

英特尔在推出第一个用于个人电脑的 4004 型微处理器之后一年内，又推出了升级产品 4008，但此时微处理芯片还未广泛应用于 CPU。于是，英特尔一年后开发出了真正通用型的微处理器 8080，使英特尔成为 8 比特芯片市场的领导者。由于市场前景十分看好，竞争对手很快也开始生产 8 比特微处理器。为了保持竞争优势，英特尔随后推出了速度更快、功能更多的 8085 型微处理器，并调集人员开始研制更先进的 32 比特 432 型微处理器。为了确保市场份额，抵御其他制造商的竞争，英特尔确立了“永不停顿，不断创新”的企业理念，在技术方面，不断加强研发，并努力拓展产品的适用范围，始终牢牢把握产品更新换代的主动权。从 1985 年起，英特尔就同康柏联合研制以 80386 型微处理器为基础的新型计算机，并于 1987 年成功地推出运算速度比 IBM 个人计算机快三倍的台式 386 计算机。1991 年，英特尔又与 IBM 公司达成一项为期 10 年的协议，研制能用一块芯片代替许多计算机芯片，并且容量更大、速度更快的处理器。

强强联手，联合开发，使英特尔不断领先于同行，始终占据着微处理器市场的极大市场份额，利润连年上升。但英特尔并不满足于现状，依然频繁地“自己淘汰自己”。1993 年 3 月，英特尔推出微处理器的第五代产品——Pentium，该处理器系列包括 10 多种主频产品。1997 年 1 月，当人们沉醉于廉价的第五代 CPU——PentiumMMX 时，英特尔将其缓存从 16KB 增加到 32KB，并且对结构作了调整。1997 年 5 月，当 PentiumMMX 还在热销时，英特尔又推出了第六代处理器 Pentium Ⅱ。此后，英特尔不再满足于全球最大电脑芯片供应商的角色，开始挺进网络市场。英特尔公司让人们真切地感受到，创新才能使企业获得永久的活力。

文化准则

英特尔在公司中确立了企业文化的六项准则，即客户服务、员工满意、遵守纪律、质量至上、尝试风险和结果导向。

除了上述六条准则外，英特尔的公司文化还把求实精神和平等原则作为科研准则。英特尔公司的创业者大多来自硅谷北端的斯坦福大学和加州伯克利大学，他们在科研上的求实精神、在学术上的平等原则影响着后来者。英特尔公司员工与各级主管之间保持着经常性的交流；涉及重大决策，会先在基层征询意见，表决通过后坚决执行；总裁、副总裁出差一般不坐头等舱，中午与员工在同一个餐厅就餐，办公室的门从来不关，以便与员工随时沟通，同他们打成一片，了解他们的愿望。充分调动员工的积极性、鼓励他们的创造性已成为英特尔吸引公司外精英的主要因素之一。

贯彻公司文化，首先需要高层管理人员带头。一些看起来不太起眼的小事，如果高层管理人员不努力做好，就会影响到全体员工的执行。所以，公司的主要管理人员都倡导事业上执着进取的价值观。公司高层管理人员曾说，如果有什么关键因素指导我们如何推进企业发展的话，那么这个关键因素就是公司文化。80 年代风靡全球的“走动式”管理模式强调企业家身先士卒，体察下属，了解真情。时任公司总裁巴特雷每年都会巡视公司国内外的所有工厂，为此，人们给了他一个绰号，叫“环球飞行管理者”，笑称他的累积飞行里程足以买下美国西部航空公司。

巴雷特早期负责英特尔公司的质量保证计划，他像侦探一样执着，像研究生一样急切地寻找解决问题的途径。英特尔公司曾因在竞争中惨遭打击，而一度从作为公司支柱的存储器制造领域全线撤退。在惨淡经营的日子里，巴雷特向购买芯片的大主顾打听他们在日本供应商处参观时的见闻，还亲自到英特尔公司自己的日本合作伙伴那里进行考察，并且研究每一条有关竞争者如何设计和管理其业务的公开的或学术上的信息，对英特尔的制造流程进行改革。

资料来源：http：//www. cqn. com. cn/news/zgzljsjd/324209. html.

［讨论题］

1. 英特尔公司经久不衰的原因是什么？
2. 英特尔公司文化的六条准则对公司运营有什么帮助？
3. 在知识经济时代摩尔定律对管理者有什么启示？

参考文献

[1] 曹卫红，冯水冷．新组织管理心理学．北京：中国物价出版社，2000.

[2] 陈春花，杨忠，曹洲涛．组织行为学．北京：机械工业出版社，2010.

[3] 陈国海．组织行为学．北京：清华大学出版社，2009.

[4] 陈加洲．员工心理契约作用模式与管理对策．北京：人民出版社，2007.

[5] 陈力华，邱羚．组织行为学．北京：清华大学出版社，2005.

[6] 陈亭楠．现代企业文化．北京：企业管理出版社，2003.

[7] 成刚．组织与管理原理．上海：上海人民出版社，2002.

[8] D. 赫尔雷格尔．组织行为学．上海：华东师范大学出版社，2001.

[9] 黛布拉·L·纳尔逊，詹姆斯·坎贝尔·奎克．组织行为学：基础、现实与挑战．北京：中信出版社，2004.

[10] 德博拉·安科纳，托马斯·A·科奇安，莫琳·斯库利，约翰·范马阿南，D·埃莉诺·韦斯特尼．组织行为学：面向未来的管理．北京：机械工业出版社，2006.

[11] 德博拉夫·安拉拉等．组织行为与过程．大连：东北财经大学出版社，2000.

[12] 窦胜功．组织行为学教程．北京：清华大学出版社，2009.

[13] 费雷德·鲁森斯．组织行为学．北京：人民邮电出版社，2009.

[14] 顾琴轩．组织行为学：新经济·新环境·新思维．上海：格致出版社，上海人民出版社，2007.

[15] 黑尔里格尔，斯洛克姆，伍德曼．组织行为学．北京：中国社会科学出版社，2001.

[16] 杰勒德·哈格里夫斯．压力管理．北京：中国社会科学出版社，2001.

[17] 李元宝．组织行为学通论．北京：清华大学出版社，2008.

[18] 李原．企业员工的心理契约．上海：复旦大学出版社，2006.

[19] 里基·W·格里芬，格利高里·摩海德，唐宁玉．组织行为学．北京：中国市场出版社，2010.

[20] 里基·W·格里芬，格利高里·摩海德．组织行为学．北京：中国市场出版社，2008.

[21] 理查德·L·达夫特，雷蒙德·A·诺伊．组织行为学．北京：机械工业出版社，2004.

[22] 理查德·L·达夫特．领导学原理与实践．北京：机械工业出版社，2005.

[23] 理查德·L·达夫特．组织理论与设计精要．北京：机械工业出版社，2002.

[24] 路易斯·卡特．公司转型：全球著名公司组织变革与领导力开发的最佳案例．北

京：经济管理出版社，2005.

［25］罗珉．现代管理学．成都：西南财经大学，2004.

［26］马作宽．组织变革．北京：中国经济出版社，2009.

［27］玛丽·艾伦·伽菲．商务沟通过程与结果．大连：东北财经大学出版社，2001.

［28］迈克尔·A·希特，C·切特·米勒，安瑞妮·科勒拉．组织行为学：基于战略的方法．北京：机械工业出版社，2008.

［29］迈克尔·波特．竞争战略．北京：华夏出版社，2006.

［30］莫少坤．大领导力．上海：东方出版社，2006.

［31］聂永有．组织行为学．上海：立信会计出版社，2009.

［32］芮明杰．管理学：现代的观点．上海：格致出版社，上海人民出版社，2005.

［33］石田淳．管理中的行为心理学．北京：机械工业出版社，2009.

［34］史蒂文·L·麦克沙恩，玛丽·安·冯·格里诺．组织行为学．北京：机械工业出版社，2007.

［35］斯蒂芬·P·罗宾斯，蒂莫西·A·贾奇．组织行为学．北京：中国人民大学出版社，2008.

［36］斯蒂芬·罗宾斯．组织行为学．北京：中国人民大学出版社，2005.

［37］苏勇，何智美．组织行为学．上海：上海人民出版社，2009.

［38］孙卫敏．组织行为学．济南：山东人民出版社，2006.

［39］孙泽厚．组织行为学．北京：清华大学出版社，2010.

［40］唐·荷尔瑞格，小约翰·W· 斯劳卡姆，理查德·W·渥德曼．组织行为学．大连：东北财经大学出版社，2006.

［41］王彬．组织行为学．大连：大连理工大学出版社，2007.

［42］王好．如何进行冲突管理．北京：北京大学出版社，2005.

［43］王晶晶．组织行为学．北京：机械工业出版社，2009.

［44］沃伦·本尼斯，琼·戈德史密斯．领导力实践．北京：中国人民大学出版社，2008.

［45］肖余春，金杨华，葛玲英，姚丽霞．组织行为学．北京：机械工业出版社，2009.

［46］徐显国．冲突管理：有效化解冲突的10大智慧．北京：北京大学出版社，2006.

［47］许德军．领导力决定竞争力．北京：当代世界出版社，2009.

［48］杨忠．组织行为学：中国文化视角．南京：南京大学出版社，2006.

［49］尤建新．CEO管理与组织行为学．北京：北京大学出版社，2009.

［50］余凯成．组织行为学．大连：大连理工大学出版社，2006.

［51］俞文钊．管理心理学．大连：东北财经大学出版社，2008.

［52］袁凌．组织行为学．长沙：湖南大学出版社，2008.

［53］约翰·M·伊万切维奇，罗伯特·康诺帕斯基，迈克尔·T·马特森．组织行为与管理．北京：机械工业出版社，2006.

［54］张德．组织行为学．大连：东北财经大学出版社，2006.

［55］张中华．管理学通论．北京：北京大学出版社，2005.

[56] 章文光．公共组织行为学．北京：北京师范大学出版社，2009.
[57] 赵国祥．管理心理学高级教程．合肥：安徽人民出版社，2008.
[58] 周菲．组织行为学．北京：机械工业出版社，2007.
[59] 周文霞．管理中的激励．北京：企业管理出版社，2004.

图书在版编目（CIP）数据

组织行为学/袁凌，雷辉，刘朝编著．—2版．—北京：中国人民大学出版社，2015.9
高等院校精品课程教材
ISBN 978-7-300-21827-4

Ⅰ.①组… Ⅱ.①袁… ②雷… ③刘… Ⅲ.①组织行为学-高等学校-教材 Ⅳ.①C936

中国版本图书馆CIP数据核字（2015）第203478号

普通高等教育国家级精品课程教材
高等院校精品课程教材
组织行为学（第2版）
袁凌　雷辉　刘朝　编著
Zuzhi Xingweixue

出版发行　中国人民大学出版社
社　　址　北京中关村大街31号　　　**邮政编码**　100080
电　　话　010－62511242（总编室）　010－62511770（质管部）
　　　　　010－82501766（邮购部）　010－62514148（门市部）
　　　　　010－62515195（发行公司）　010－62515275（盗版举报）
网　　址　http://www.crup.com.cn
　　　　　http://www.ttrnet.com(人大教研网)
经　　销　新华书店
印　　刷　北京密兴印刷有限公司
规　　格　185 mm×260 mm　16开本　　**版　　次**　2011年10月第1版
印　　张　24.25 插页1　　　　　　　2015年9月第2版
字　　数　513 000　　　　　　　**印　　次**　2019年8月第4次印刷
　　　　　　　　　　　　　　　　　定　　价　45.00元

教师教学服务说明

中国人民大学出版社工商管理分社以出版经典、高品质的工商管理、财务会计、统计、市场营销、人力资源管理、运营管理、物流管理、旅游管理等领域的各层次教材为宗旨。

为了更好地为一线教师服务，近年来工商管理分社着力建设了一批数字化、立体化的网络教学资源。教师可以通过以下方式获得免费下载教学资源的权限：

在“人大经管图书在线”（www. rdjg. com. cn）注册，下载“教师服务登记表”，或直接填写下面的“教师服务登记表”，加盖院系公章，然后邮寄或传真给我们。我们收到表格后将在一个工作日内为您开通相关资源的下载权限。

如您需要帮助，请随时与我们联络：

中国人民大学出版社工商管理分社

联系电话：010－62515735，62515987，62515782，82501048

传　　真：010－62515732，62514775　　　电子邮箱：rdcbsjg@crup. com. cn

通讯地址：北京市海淀区中关村大街甲 59 号文化大厦 1501 室（100872）

教师服务登记表

<table>
<tr><td>姓 名</td><td></td><td colspan="2">□先生　□女士</td><td>职　　称</td><td colspan="2"></td></tr>
<tr><td>座机/手机</td><td colspan="3"></td><td>电子邮箱</td><td colspan="2"></td></tr>
<tr><td>通讯地址</td><td colspan="3"></td><td>邮　　编</td><td colspan="2"></td></tr>
<tr><td>任教学校</td><td colspan="3"></td><td>所在院系</td><td colspan="2"></td></tr>
<tr><td rowspan="3">所授课程</td><td>课程名称</td><td colspan="2">现用教材名称</td><td>出版社</td><td>对象（本科生/研究生/MBA/其他）</td><td>学生人数</td></tr>
<tr><td></td><td colspan="2"></td><td></td><td></td><td></td></tr>
<tr><td></td><td colspan="2"></td><td></td><td></td><td></td></tr>
<tr><td colspan="2">需要哪本教材的配套资源</td><td colspan="5"></td></tr>
<tr><td colspan="2">人大经管图书在线用户名</td><td colspan="5"></td></tr>
<tr><td colspan="7">院/系领导（签字）：
院/系办公室盖章</td></tr>
</table>